Angewandte Data Science

Lothar B. Blum

(Hrsg.)

Angewandte Data Science

Projekte | Methoden | Prozesse

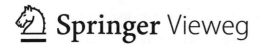 Springer Vieweg

Hrsg.
Lothar B. Blum ⓘD
Schlangenbad, Deutschland

ISBN 978-3-658-39624-4   ISBN 978-3-658-39625-1   (eBook)
https://doi.org/10.1007/978-3-658-39625-1

Die Deutsche Nationalbibliothek verzeichnet diese Publikation in der Deutschen Nationalbibliografie;
detaillierte bibliografische Daten sind im Internet über http://dnb.d-nb.de abrufbar.

Planung/Lektorat: David Imgrund
Springer Vieweg ist ein Imprint der eingetragenen Gesellschaft Springer Fachmedien Wiesbaden GmbH und ist
ein Teil von Springer Nature.
Die Anschrift der Gesellschaft ist: Abraham-Lincoln-Str. 46, 65189 Wiesbaden, Germany

Meiner Frau Almagul Shambay gewidmet

... realizing that data science is the science of interpreting reality, not of summarizing data.

Judea Pearl, 2022

Vorwort

Data Science und ihre Anwendung ist in rascher Entwicklung begriffen. Kannten vor 10 Jahren nur wenige in Deutschland den Begriff „Data Science", so gibt es heute bereits Studiengänge mit diesem Namen, die aktuelle Zahl der Stellenangebote mit diesem Jobtitel beträgt momentan mehrere Hundert mit ausdifferenzierten Skilleveln und Rollenvarianten wie beispielsweise „Data Engineer", es gibt Hunderte von Weiterbildungskursen, die diesen Begriff in ihrem Programm referenzieren.

Diesen Entwicklungsschub verdankt die Data Science im Wesentlichen der immer weiter fortschreitenden Digitalisierung und Automatisierung in Industrie, Dienstleistung, Verwaltung, Bildungswesen, Wissenschaft und Gesellschaft im Allgemeinen. Und natürlich ist Data Science nicht nur Resultat dieser Veränderungen, sondern auch selber Treiber dieser Veränderungen. Als Wissenschaft von den Daten bildet sie die fundamentale Basis für maschinelles Lernen, das wiederum wesentlicher Bestandteil von Systemen der künstlichen Intelligenz ist.

Diese KI-Systeme verändern gerade im Moment – ich schreibe dies im August 2022 – radikal Bereiche, die bisher dem Menschen vorbehalten waren: das kreative Fortentwickeln von literarischen Essays, das kreative „Malen" von Bildern nach erhaltenen Stichworten, das Komponieren von Musik. Die täglich neu veröffentlichten Bilder von DALL·E 2, Midjourney, Stable Diffusion und anderer generativer KI lässt mich und viele um mich herum erstaunen in ihrer thematischen Vielfalt, stilistischen Breite, perfekter Imitation verschiedener Papierqualitäten oder Zeichenwerkzeuge. Diese Outputs reichen von kolossalen barocken Bildimpressionen bis zum Porträt einer fiktiven Person, die aus mehreren anderen „ge-mergt" wurde („Jefflon Zuckergates") und in deren Gesichtscharakteristik alle anderen erkennbar vertreten sind. Noch nie gesehene Bildwelten und neue Stile werden täglich – nein: stündlich! – publiziert von diesen kreativen KI-Systemen. Dass die Ergebnisse der KI-Systeme steuerbar sind (Stichwort „Prompt Design"), macht den Eindruck der Magie vollkommen. So wie die Zauberschüler in Hogwarts oder wie Gandalf muss der Prompt Designer nur die richtigen Worte in der richtigen Reihenfolge (= Zauberspruch) mit der richtigen Zeichensetzung (= Betonung) an ein bestimmtes KI-System (= die richtige Macht/das richtige überirdische Wesen) richten, und schon erhält er das gewünschte Bild (= die Wirkung in der Welt).

Die Diskussion, ob die generativen KI-Systeme „wirklich" kreativ sind, ob sie auf der Ausbeutung der bisherigen Menschen, die Bilder ins Internet gestellt haben beruhen, ob sie derzeitig lebende Künstler um ihre Verdienste und ihren Ruf bringen – all diese und noch weitere Fragen werden derzeit heftig diskutiert[1] und das ist auch richtig so. Für dieses Buch geht es in erster Linie darum, die zugrunde liegenden Mechanismen und ihre Anwendung dem Leser verständlich zu machen. Die von KI generierten Gemälde und Illustrationen sind Ergebnis von Systemen, die (auch) Data Science als Fundament haben und sind insofern angewandte Data Science. Daher gehört ein Artikel zu diesem Thema zwingend in dieses Buch. Er wurde geschrieben von Vladimir Alexeev, der die Entwicklung von generativen KI-Systemen seit Jahren intensiv verfolgt und aktiv mit ihnen als Kulturwissenschaftler experimentiert.

Die weiteren Themen mögen im Vergleich zu den momentan viel diskutierten generativen KI-Systemen weniger spektakulär wirken. Sie sind aber ebenso relevant. Denn das Anliegen dieses Buches ist es, die Ergebnisse umfangreicher Data-Science-Projekte, das Methodenwissen sowie die vieljährigen Erfahrungen von Vorgehensweisen in Data-Science-Projekten kompakt, konzise und konkret an den Leser weiterzureichen. Entsprechend sind die Beiträge einem der drei Buchteile zugeordnet: Projekte, Methoden, Prozesse.

Das vorliegende Herausgeberwerk versteht sich nicht als systematisch aufgebautes Lehrbuch, vielmehr bietet es einen Querschnitt über verschiedene Domänen, in denen Data Science angewandt wird: Linguistik, Kriminologie, Literatur und Malerei, Versicherungswirtschaft, Webseitenoptimierung, Usability Testing, Datenvisualisierung, Spektroskopie, Labordiagnostik, Anforderungen an die Daten, Projektmanagement.

Alle Autoren sind Experten für das Arbeiten mit Daten in mehr als einer Domäne und verfügen über langjährige Erfahrung. Viele von ihnen sind darüber hinaus forschend und lehrend an Hochschulen tätig. Nahezu allen begegnete ich in der Veranstaltungsreihe Data Science Darmstadt, wo sie ihr Wissen und ihre Erfahrungen mit den Teilnehmern in spannenden Vorträgen und engagierten Diskussionen teilten. Data Science Darmstadt gründete ich 2018 zusammen mit Anatol Reibold und wir hatten uns zur Aufgabe gemacht, Menschen aus Wissenschaft, Wirtschaft und Ausbildung rund um Data Science zusammenzubringen.

Nach vielen Vorträgen mit hochinteressanten Themen und spannenden Diskussionen wollte ich erreichen, dass das in den gehaltenen Vorträgen enthaltene wertvolle Wissen und die kondensierten Erfahrungen der Referenten in dauerhafter Form einem größeren Publikum zugänglich gemacht werden: nämlich als Buch. Nach dem Editorialkonzept sollte etwas von der Atmosphäre eines vom visuellen Medium begleiteten mündlichen Vortrages vor engagierten Zuhörern in das Buch mitgenommen werden. Deswegen

---

[1] Gault M: An AI-Generated Artwork won first place at a State Fair Fine Arts Competition, and Artists are pissed, https://www.vice.com/en/article/bvmvqm/an-ai-generated-artwork-won-first-place-at-a-state-fair-fine-arts-competition-and-artists-are-pissed, zugegriffen 1 Sep 2022.

beinhalten etliche Beiträge viele Abbildungen mit verdichteten Grafiken und weisen weniger die klassische Struktur eines wissenschaftlichen Papers auf als vielmehr die narrative Struktur eines lebendigen Vortrages.

Für den entscheidenden ersten Schritt in Richtung Buch war es Anatol Reibold, der den Kontakt zu Springer Nature herstellte; dafür sowie für seine freundschaftliche Begleitung meiner ersten Schritte als Herausgeber gebührt ihm mein großer Dank.

Ohne Verlag kein Buch – klar. Meine konkreten Beziehungen habe ich zu den Menschen im Verlag, die dieses Buch ermöglichten. Ich möchte insbesondere David Imgrund danken, dem Lektor und Programmplaner bei Springer Nature Group für IT und Informatik, dessen engagierte Beratung und wertvolle Tipps wesentlich zum Entstehen dieses Werks beitrugen. Ein großes herzliches Dankeschön sage ich auch an Vivek Gopal, dem Leiter der Produktion bei Springer Nature.

Ohne Autoren erst recht kein Buch – noch klarer. Ihre Beiträge machen das Buch aus, es ist das Fleisch des Buches. Sie wendeten zahlreiche Stunden und viel Aufmerksamkeit auf, um das zu verschriftlichen, zu illustrieren und zu formulieren, was den Leser interessiert und was für ihn Wert hat: ihr theoretisches Wissen, die Resultate ihrer Projekte, ihre praktische Erfahrung, ihre Methodenkenntnis, die Unterscheidung des Wichtigen vom Unwichtigen, ihr Gespür für den richtigen Weg, das sich durch jahrelange Praxis gebildet hat, ihre Berichte nicht nur von Erfolgen, sondern auch von Fehlschlägen und was daraus gelernt werden kann, und noch vieles mehr. Jedem einzelnen Autor gebührt mein größter Dank, dass er neben Beruf, neben Familie und neben anderen Verpflichtungen seinen Artikel für dieses Buch geschrieben – angemessener formuliert: vollbracht – hat.

Möge der Leser neues Wissen, neue Einsichten und neue Fähigkeiten in die Angewandte Data Science gewinnen bei der Lektüre dieses Buches.

Hausen vor der Höhe   Lothar B. Blum
August 2022

Herausgeber- und Autorenverzeichnis

Über den Herausgeber

Dipl.-Des. Lothar B. Blum ist Hochschuldozent für Visualisierung, Analyse und Storytelling von Daten. Er hat Produktdesign an der HfG Offenbach studiert und ist ausgebildeter Usability Consultant. Er arbeitet für den internationalen Softwarehersteller Infor als Principal UX Designer. Seine Schwerpunkte umfassen das UI-Design datengetriebener Applikationen, User Research und Datenvisualisierung. Er lehrt Interaktives Informationsdesign am FB Onlinemedien der DHBW Mosbach, an dem er auch von 2003 bis 2013 das von ihm entwickelte Gestaltungscurriculum in Lehrveranstaltungen umsetzte. Ihn interessiert seit mehreren Jahren, was Daten über die reale Welt aussagen und aussagen können; dabei versteht er sich sowohl als Lernender wie auch als Lehrender der Data Science. Diese doppelte Rolle führte ihn bis zum vorliegenden Buch „Angewandte Data Science", dessen Initiator und Herausgeber er ist. Er ist Co-Founder der 2018 gegründeten Veranstaltungsreihe Data Science Darmstadt und kuratiert und organisiert seitdem deren Meetups

Autorenverzeichnis

Vladimir Alexeev M.A. Bad Vilbel, Deutschland

Dr. Dieter Bingemann Spectroscopy & Data Science, Wiesbaden, Deutschland

Dipl.-Des. Lothar B. Blum Schlangenbad, Deutschland

Prof. Dr. Felix Bode HSPV NRW, Leverkusen, Deutschland

Prof. Dr. Matthias L. Hemmje Faculty for Mathematics and Computer Science, University of Hagen, Hagen, Deutschland

Dr. Elena Jolkver Faculty for Mathematics and Computer Science, University of Hagen, Hagen, Deutschland

Dipl.-Päd. Hans-Werner Klein Data Driven Business, DataBerata, Bonn, Deutschland

Dr. Eduard H. van Kleef Frankfurt Machine Learning, Frankfurt am Main, Deutschland

Prof. Michael Kramer M.D. ImmBioMed Business Consultants GmbH, Pfungstadt, Deutschland

Thomas Krause M.Sc. Faculty for Mathematics and Computer Science, University of Hagen, Hagen, Deutschland

Christophe Krech M.Sc. Analytics and Consulting Services DACH, informa Solutions GmbH, Baden-Baden, Deutschland

Prof. Dr. Paul McKevitt School of Arts & Humanities, Ulster University, Derry, UK

Dipl.-Psych. Bernard Rummel Weinheim, Deutschland

Dr. Jan Oliver Rüdiger Leibniz-Institut für Deutsche Sprache, Mannheim, Deutschland

Dr. Florian Stoffel Düsseldorf, Deutschland

Ulrich Walter Wiesbaden, Deutschland

Prof. Dr. Thomas Wirth FB Online Medien, DHBW Mosbach, Ulm, Deutschland

Dr. Sascha Wolfer Leibniz-Institut für Deutsche Sprache, Mannheim, Deutschland

Inhaltsverzeichnis

Die Autoren und ihre Beiträge

Teil I: Projekte

Sascha Wolfer und Jan Oliver Rüdiger:
Tagesaktuelle Aufbereitung, Analyse und Exploration sprachlicher Daten aus RSS-Feeds.

Dr. Sascha Wolfer hat in Kognitionswissenschaft promoviert und ist seit 2013 wissenschaftlicher Mitarbeiter am Leibniz-Institut für Deutsche Sprache in Mannheim. Dort beschäftigt er sich schwerpunktmäßig mit der quantitativ-statistischen Analyse von Sprachdaten in verschiedenster Form. **Dr. Jan Oliver Rüdiger** arbeitet seit November 2020 als wissenschaftlicher Mitarbeiter am IDS; seine Forschung bewegt sich im Spannungsfeld zwischen Text-/Data-Mining und Data Science/Engineering.

Die beiden Wissenschaftler berichten über die frei zugängliche **Webapplikation OWIDplusLive** und deren Entwicklungsgeschichte. Das Ziel des mit der Applikation verbundenen Projektes ist es, Sprachdaten aus deutschsprachigen Online-Quellen zu erheben, als Korpus aufzubereiten und analysierbar zu machen. Und dies nicht nur als Expertentool für Linguisten, sondern auch für Information Prosumer, also Interessierte, die ihre eigenen analytische Fragen stellen und selbst beantworten möchten. Aus Nutzersicht steht im Zentrum dieser Applikation die Suche mittels frei zu definierender Kernworte, einzeln als **Unigramm** oder in Kombination als **Bi- bzw. Trigramm,** und die **Häufigkeit** ihres Auftauchens (in den zugrundeliegenden RSS-Feeds) in einem ebenfalls zu definierenden Zeitraum in verschiedenen zeitlichen Auflösungen bis hin zu einer tagesgenauen.

Diese feine Granularität erlaubt es, Muster und Korrelationen zu erkennen und mit bestimmten politischen/gesellschaftlichen/wirtschaftlichen Ereignissen in Zusammenhang zu bringen und daraufhin entsprechende Hypothesen zu bilden. Veränderungen von Sprache und Sprachgebrauch, die normalerweise erst über den Abstand vieler Jahre oder gar Jahrzehnte sichtbar und gesellschaftlich bewusst wird, können hier wie unter einem Mikroskop betrachtet und entdeckt werden – und das nicht schlicht als anekdotische Evidenz, sondern in repräsentativer Breite und empirisch belegt. Ein Beispiel: man kann bei Eingabe des Bigramms „Cancel Culture" ein Maximum der relativen Häufigkeit dieses Begriffs in den RSS-Feeds zum Zeitpunkt Anfang Mai 2021 leicht identifizieren

– und tatsächlich gab es zu diesem Zeitpunkt eine Welle an Kommentaren und Berichten mit diesem Begriff, ausgelöst durch die Aktion #allesdichtmachen rund um den Schauspieler Liefers und den darauf in sozialen Medien ausgeübten Druck auf TV-Anstalten, Verträge mit Liefers aufzulösen. Die Korrelation wird im doppelten Liniendiagramm mehr als deutlich, wenn man eine weitere Suche nach „Liefers" durchführt.

In ihrem Beitrag **„Tagesaktuelle Aufbereitung, Analyse und Exploration sprachlicher Daten aus RSS-Feeds"** zeichnen Wolfer und Rüdiger die Entwicklung dieses mehrstufigen Projektes nach. Sie legen die vorab angestellten Überlegungen zu Korpusgröße versus Korpusaktualität dar und erläutern die grundlegenden Begriffe zur quantitativen Textanalyse bzw. Korpuslinguistik, erklären wie die Sprachdaten erfasst werden, welche Datenvorbereitung notwendig ist und konkretisieren diese Schritte mit Beispielen aus dem Projekt. Dabei erhält der Leser einen plastischen Eindruck von der sehr großen Menge an Daten, die erfasst, bearbeitet und gespeichert werden. Der ursprüngliche Prototyp zur Analyse des Korpus basierte auf Shiny, einem R-Package, das Nutzern den Zugriff auf die Applikation mittels des Webbrowsers erlaubte und der auf einem institutseigenem Server lief.

Das Ziel des Projektes war und ist es, möglichst aktuell Sprache beobachten zu können und über die Zeit vergleichen zu können. Dies bedingt, neue Sprachdaten zu den bereits gesammelten hinzu zu fügen und hat zur Folge, dass die Datenmenge stetig anwächst. Es war absehbar, dass die Architektur des Prototyps auf Dauer nicht mit der Datenmenge mithalten konnte. Auch dies ist typisch für viele Data Science Projekte, die in ständiger Bewegung sind und weiter entwickelt werden müssen, „auch und gerade, wenn die zugrundeliegende Datenmenge ständig anwächst", wie die Autoren in ihrem Beitrag über ihr Projekt heraus arbeiten. Im weiteren beschreiben sie die Architektur, die Funktionalitäten und das User Interface des neu entwickelten und nunmehr **vollständig auf Webtechnologien basierenden Systems.**

Wie die Autoren selber im Rückblick auf die Entwicklungsstufen des Projekts darlegen, bedeutet die Neuentwicklung des Systems mit einer neuen Architektur keinesfalls eine falsche Vorgehensweise in diesem Data Science Projekt. Vielmehr sei es wichtig gewesen, schnell einen Prototypen mit den vorhandenen Kernkompetenzen des Data Scientist zu erstellen. Und diese lägen nun mal mehr im Bereich Datenaufbereitung, Datenanalyse und Datenvisualisierung, aber weniger im Bereich der Webentwicklung. (Diese Einschätzung zu Skillprofilen findet sich übrigens auch in van Kleef's Beitrag wieder). Die Autoren vertreten hier – wohlbegründet – typische Argumente, die für eine **agile Vorgehensweise** in solcher Art von Data Science Projekten sprechen: schnelles Rollout eines Produktes, daher schnelles Feedback und frühzeitige Learnings. Ein erweiterbares, nachhaltiges und skalierbares System lässt sich danach zielgenauer und mit klareren Anforderungen an Backend, User Interface und Fachlichkeit definieren und entwickeln.

Felix Bode und Florian Stoffel:
Möglichkeiten und Grenzen polizeilicher Prognose-Instrumente am Beispiel des Projektes SKALA

Während der Jahre 2005 bis 2015 nahm die Zahl der **Wohnungseinbrüche in Deutschland** stetig zu. Im Jahr 2015 gab es insgesamt 167.136 gemeldete durchgeführte oder versuchte Wohnungseinbrüche, dies sind durchschnittlich 458 am Tag. Gemittelt bedeutet dies also **jede drei Minuten einen Einbruch.**

Gleichzeitig wurde diese Art von Straftaten nach meiner Beobachtung in der öffentlichen medialen Berichterstattung wenig thematisiert und nur selten aus der Sicht der Opfer betrachtet. Nach intensiven Recherchen fand ich in einer empirischen Studie[2] folgende Informationen: als Nebeneffekt bei Einbrüchen wurden in 42 % der Fälle Wohnungen verwüstet, 68 % der persönlichen Dinge verwüstet und 55 % der Kleidungsstücke durchwühlt. 75 % der Betroffenen empfanden nach dem Ereignis Unsicherheit in ihrer gewohnten Umgebung, 39 % hatten Schlafstörungen, 32 % Ekelgefühle sowie ebenfalls 32 % ein Gefühl der Erniedrigung. 25 % der betroffenen Personen ziehen wegen des Einbruchs um oder würden dies gerne tun. 490 Mio. EUR an Schaden wurden durch Versicherungen bezahlt – über nicht durch Versicherungen abgedeckte Schäden gab es keine Daten. Wohnungseinbrüche sind also nicht nur Straftaten, sondern haben zusätzlich massive Auswirkungen und Kosten ökonomischer, psychischer und sozialer Art und daher hohe gesellschaftliche Relevanz. Bei den Recherchen zu diesem Thema erkannte ich, dass sich auch die kriminologische Forschung, insbesondere in Nordrhein-Westphalen, dieses Themas angenommen hatte. So lernte ich in der Folge Felix Bode und Florian Stoffel kennen.

Prof. Dr. Felix Bode hat Verwaltungswirtschaft, Kriminologie und Polizeiwissenschaft studiert und in Soziologie promoviert. Derzeit ist er Professor für Kriminologie an der HSPV NRW. Bevor er an die Hochschule berufen wurde, war er mehrere Jahre Mitarbeiter der Kriminalistisch-Kriminologischen Forschungsstelle des LKA NRW. Dort war er verantwortlich für die wissenschaftliche Begleitung eines umfangreichen und langandauernden Predictive Policing Projektes, dessen für Data Sciene interessanten Aspekte er in dem Beitrag **„Möglichkeiten und Grenzen polizeilicher Prognose-Instrumente am Beispiel des Projektes SKALA"** darlegt. Begleitet wurde er sowohl während des Projektes als auch bei der Erstellung des Artikels von **Dr. Florian Stoffel,** der während der Projektphase von Skala als Promotionsstudent sowohl Berater zur Methodik war als auch Softwarepakete entwickelte. Speziell für dieses Projekt wurde anvisiert, theoriegeleitet vorzugehen und wissenschaftlich generierte Hypothesen aufzustellen, um die Wahrscheinlichkeit für Wohnungseinbrüche („Wohnungseinbruchsdiebstahl" WED im Verwaltungsjargon) an bestimmten Orte für bestimmte Zeiträume vorhersagen zu können.

Bode und Stoffel referierten im Herbst 2020 im Data Science Darmstadt Meetup über das **Predictive Policing Projekt** SKALA. Ich erinnere mich noch gut daran, wie einige Teilnehmer mir gegenüber erklärten, dass sie zuvor Vorbehalte und große Skepsis dem Thema Predictive Policing gehabt hätten. In den Andeutungen schwang viel an Assoziationen mit von Überwachungsstaat, Kontrollverlust über die persönlichen Daten

---

[2] Mehr Schutz für den privaten Lebensraum. Einbruch-Report 2015 der deutschen Versicherungswirtschaft, Gesamtverband der Deutschen Versicherungswirtschaft e. V. , 2015)

und Berichte über Predictive Policing Maßnahmen in den USA mit diskriminierenden Ergebnissen. Um so überraschter – und auch um so beeindruckter vom Projekt – waren eben diese Teilnehmer nach dem Vortrag von den Darlegungen der Referenten, mittels welcher Daten und unter Berücksichtigung der aktuellen Gesetze im Allgemeinen und des Datenschutzes im Besonderen das Prognoseprojekt konzipiert und durchgeführt worden war. Das Phantom des Polizeistaates löste sich auf, sobald die Teilnehmer verstanden, dass Daten mit Personenbezug strikt vermieden wurde und stattdessen ein Ansatz zur Prädiktion von Wohnungseinbrüchen verwendet wurde, der Ortsdaten, infrastrukturelle und sozio-demografische Daten mit polizeilichen Falldaten zusammen brachte, um ein prädiktives Modell zu erstellen und dessen Ergebnisse für die Polizisten vor Ort als Prognose darzustellen.

Insofern zeigt dieses Projekt symptomatisch eine grundlegende Hürde vieler Data Science Projekte auf: welche Daten stehen überhaupt zur Verfügung, um ein prädiktives Modell zu erstellen? Welche Qualität haben sie? Und dürfen (juristisch? ethisch?) diese verfügbaren Daten überhaupt verwendet werden? Ulrich Walters Beitrag thematisiert diese Fragestellung ebenfalls und auch in der Erzählung von Eduard van Kleef findet sich ein Unternehmen plötzlich in der Situation, vorhandene Daten aufgrund neuer gesetzlicher Bestimmungen nicht mehr in der bisherigen Form nutzen zu dürfen. Bode und Stoffel gelang es, trotz der Beschränkung an verwertbaren Datentöpfen nicht nur zu einem **aussagefähigen Modell** zu kommen, sondern dieses auch **für Prognosen vor Ort zu operationalisieren.**

Die Autoren weisen weiter darauf hin, dass die zur Modellierung verwendeten Entscheidungsbäume den Vorteil hatten, dass die Entscheidungskriterien nachvollziehbar waren, das **Modell** also **transparent und erklärbar** war. Dies sei insbesondere bei der Umsetzung der beteiligten Polizeibehörden ein großer Pluspunkt gewesen. Hier zeigt sich – wieder einmal –, dass ausgefuchste Algorithmen und komplexe Modelle zwar die Trefferquote erhöhen können, aber dass für die Akzeptanz von prädiktiven Systemen durch Menschen es weitaus wichtiger ist, dass diese Modelle erklärbar und transparent sind. Zumindest solange, wie diese Systeme nicht autonom entscheiden, sondern Menschen zuarbeiten. Zur Nachvollziehbarkeit gehörte im vorliegenden Projekt auch, dass die Prognose als kartenbasierte Visualisierung für die Polizisten vor Ort vorlagen. **Datenvisualisierung** wird in vielen Fällen von Prädiktionen ein wichtiger Übersetzer der Informationen von Maschine zu Mensch sein, da es oft nur damit gelingt, die komplexe und oft auch mehrdimensionalen Datenlage dem Nutzer vollständig und schnell verstehbar zu präsentieren.

An dieser Stelle sei auch der Querverweis zu dem Artikel von Christophe Krech erlaubt, dessen Beitrag sich ausführlich mit der Erklärbarkeit insbesondere von Machine Learning Modellen sowie mit der im Explainable AI verwendeten Taxonomie und mit den Erklärbarkeitsansätzen LIME und SHAP auseinandersetzt.

Vladimir Alexeev:
Am Anfang war der Prompt. Die Wege zur Kreativität der Maschine.
Vladimir Alexeev (M.A.) studierte Kulturwissenschaften sowie Buch- und Medienpraxis und blickt vor diesem Hintergrund aus einem anderen Winkel auf Themen der Data Science als die meisten anderen Autoren dieses Buches. Alexeev beschäftigt sich seit mehreren Jahren mit Künstlicher Intelligenz; dabei interessieren ihn insbesondere die Möglichkeiten von Text- und Bilderzeugung durch generative KI-Systeme und wie diese durch Menschen gesteuert werden können.

In seinem Beitrag **„Am Anfang war der Prompt. Die Wege zur Kreativität der Maschine."** beschreibt er die Entwicklung der generativen KI (fokussiert auf Systeme von OpenAI), beginnend mit GPT-2 bis zum (im August 2022) aktuellen System DALL·E 2. Dieses generative KI-System erfährt derzeit aufgrund seiner überraschenden und erstaunlichen Bilder und der Steuerung mittels Texteingaben („Prompt") höchste Aufmerksamkeit. Und dies insbesondere in der Szene derjenigen, die sich mit Artificial Intelligence und Data Science beschäftigen. Ich war im August bis Oktober bei drei Veranstaltungen von drei verschiedenen Communities im Rhein-Main-Gebiet: sie drehten sich jedes Mal um generative KI im allgemeinen und DALL·E 2 im Besonderen.

Alexeev's Beitrag liegt deswegen im Buchteil der Projekte, weil er die Möglichkeiten der KI-Systeme und ihre Nutzung für Text- und Bilderzeugung nicht nur beschreibt und einordnet, sondern auch selber eigene Experimente mit diesen Systemen durchführt und diese im Artikel beschreibt. So erzeugt er zusammen mit einem KI-System kleine literarische Fragmente wie beispielsweise einen authentisch klingenden Briefabschnitt von Goethe an Schiller, in dem jener sich über die TV-Werbung beklagt. Der Untertitel des Beitrages „Die Wege zur Kreativität der Maschine" ist insofern in zweifacher Hinsicht zu verstehen: Zum einen als Entwicklungsweg der generativen KI innerhalb der letzten Jahre hin zu einer verfügbaren (und der Öffentlichkeit zu Verfügung gestellten) Technologie. Zum anderen als Weg des Autors, diese Systeme zur Erschaffung von neuen Texten und Bildern zu nutzen. Wobei das Adjektiv „neu" nur unzureichend diese Ergebnisse beschreibt – was entsteht, sind noch nie da gewesene Bildwelten und noch nie gesehene Visualisierungen von Ideen. In der zweiten Hälfte des Artikels berichtet Alexeev ausgiebig über seine Experimente mit **DALL·E 2,** in denen er Prompt-Eingaben gezielt verändert und den jeweiligen Ergebnis-Output zeigt, die Möglichkeiten der kreativen Zusammenarbeit also selber erforscht. Hier wird der aufmerksame Leser nicht nur informiert, sondern auch inspiriert, seine eigene kreative Auseinandersetzung mit solchen generativen KI-Systemen zu führen und erhält darüber hinaus wertvolle Hinweise, wie die Ergebnisse gesteuert werden können.

Alexeev stellt in seinem Beitrag die angesichts der Ergebnisse naheliegende Frage, ob dem generativen KI-System DALL·E 2 eine eigene Interpretation der vorgelegten Prompts, eigene Vorstellungskraft und eigene Kreativität zugesprochen werden kann. Dabei nähert er sich dieser – überaus wichtigen – Frage nicht als Psychologe oder Philosoph, sondern als **aktiver, produzierender, forschender Designer, indem er mit der Maschine in einen gestalterischen Dialog tritt:** der Mensch gibt den Input als Text ein, das System antwortet mit einem visuellem Output. Der Mensch nimmt diesen Output wahr, gleicht ihn mit seiner ursprünglichen Idee ab und kann im nächsten Schritt den Entwurf mit einem veränderten Input verbessern. Designern ist dieses Verfahren als iterativer Designprozess bekannt; im vorliegenden Fall agiert der Mensch als Prompt-Designer.

Die Anwendung von Data Science bedeutet hier nicht mehr, die verschiedenen Architekturen neuronaler Netze zu kennen oder verschiedener Modelle nach ihrer Erklärbarkeit zu bewerten. Im Gegenteil: Der **Prompt-Designer** ist kein Architekt oder Coder solcher Systeme, sondern eine Art Fachanwender. Algorithmen interessieren ihn weniger, dafür umso mehr der „Charakter" der jeweiligen generativen KI sowie die ihr zugrunde liegenden Bilddaten und Labels. Er arbeitet mit den im User Interface gegebenen Parameter-Einstellungen und nutzt sein eigenes Knowhow über Kultur und Geschichte der Menschheit, um mittels spezifischer Begriffe aus bildender Kunst, Design, Fotografie, Film usw. das Ergebnis zum beabsichtigen Ergebnis hin zu steuern. Das bedeutet: seine Arbeitsweise entspricht mehr der eines Produktdesigners, der sich mit einer neuen Technologie befasst, ihre Möglichkeiten und Grenzen auslotet und dabei neue Formen, Stile und Produkte gestaltet.

Teil II: Methoden

Christophe Krech:
Erklärbarkeit als Schlüssel für den verantwortungsvollen Umgang mit KI.
Einordnungen und Erfahrungen aus der Kreditwirtschaft.

In den vergangen Jahre ist die Erklärbarkeit von Modellen in der Data Science ein stark diskutiertes Thema geworden. Dies deswegen, weil Systeme der Künstlichen Intelligenz in immer breiteren Arbeitsbereichen des Menschen angewandt werden und sie nicht nur einfach prognostizieren, sondern Entscheidungen des Menschen vorbereiten oder selber Entscheidungen treffen, die nur noch stichprobenartig oder in unklaren Fällen von Menschen geprüft werden. Vor diesem Hintergrund stellt sich grundlegend die **Frage, wie die Zusammenarbeit zwischen menschlicher und künstlicher Intelligenz gestaltet werden kann und sollte.** Unter anderem ist zu fragen, ob, wie und bis zu welchem Grad Modelle bzw. deren Outputs in Form von Prognosen für verschiedene Beteiligte in solchen Prozessen – der Machine Learning Engineer selbst, der Fachanwender, die regulierenden Behörde, der Eigentümer der Applikation, der von einer Entscheidung betroffene Mensch – nachvollziehbar, transparent und erklärbar sein sollen. Insbesondere betrifft dies Modelle, die auf Neuronalen Netzen aufbauen und die daher Black-Box-Verhalten aufweisen. Diese Problematik hat zu einem speziellen neuen Forschungsgebiet geführt, der Explainable Artificial Intelligence (xAI). Dieses Gebiet ist die Domäne des Autoren Christophe Krech.

Christophe Krech (M.Sc.) studierte Wirtschaftsmathematik und Data Science und beschäftigte sich bereits in seiner Masterarbeit 2019 eingehend mit regulatorischen Anforderungen, Konzepten und Methoden zur Erklärbarkeit von Machine Learning Modellen. Heute hilft er FinTechs, eCommerce-Händler und Banken Verfahren des maschinellen Lernens zur Risikosteuerung einzusetzen; in Fragen der Erklärbarkeit von Algorithmen gilt er bereits als Experte.

In einem ersten Teil seines umfangreichen Beitrag **„Erklärbarkeit als Schlüssel für den verantwortungsvollen Umgang mit KI"** beginnt Krech mit Gründen, die „an sich", d. h. jenseits regulatorischer Anforderungen für die Eigenschaft von Erklärbarkeit von Modellen sprechen. Zum einen erhöhe Erklärbarkeit das Vertrauen und Akzeptanz von Stakeholdern und Nutzern – wie dies auch im Beitrag von Bode & Stoffel mehrfach verdeutlicht wurde. Zum zweiten helfe es dem Data Scientist selber, den Mechanismus eines Modells zu verstehen und damit die fachliche Prognosefähigkeit besser zu beurteilen. Und zum weiteren verhindere es Vorurteile und Modellbias.

Krech beschreibt kurz die aufgrund der DSGVO bereits entstandenen **regulatorischen Anforderungen** sowie die heraufziehenden Anforderungen durch den EU AI Act der Europäischen Union. Vereinfacht gesagt, werden Transparenz und Erklärbarkeit von KI-Systemen und die Nachvollziehbarkeit von Outputs in wichtigen Anwendungsbereichen gefordert. Daher lohne sich, so argumentiert der Autor, der Blick nach Prinzipien, Methoden und Verfahren in der Kreditwirtschaft, da diese schon seit vielen Jahren unter ähnlich strengen regulatorischen Prinzipien erfolgreich arbeite. In diesem Sinne lässt sich auch die Untertitelung seines Beitrages **„Einordnungen und Erfahrungen aus der Kreditwirtschaft"** verstehen. Deshalb beschreibt Krech die für die Kreditvergabe relevante Metrik der Scorecard für einen (potentiellen) Kreditnehmer, mit der die abhängige Variable des Risikos eines Kreditausfalles bewertet wird und die entsprechenden Verfahren. Scorecards setzen die Vorteile statistischer Modelle erfolgreich um und erfüllen gleichzeitig die Anforderungen nach Transparenz und Erklärbarkeit der Regulierer und Aufseher. Daher seien sie, so Krech, ein Benchmark, an dem sich andere Modelle und Erklärungsansätze messen lassen könnten.

Im größeren Hauptteil beschreibt der Autor Eigenschaften von Modellen und Erklärungen, die wichtige etablierte Kategorien der **neuen Disziplin Explainable AI** bilden und verweist auf einen generellen Zielkonflikt in ML-Modellen. Dieser besagt (stark vereinfacht), dass ein komplexeres Modell zwar genauere Prädiktion ermöglicht, aber wegen seiner Komplexität eben auch weniger interpretierbar und damit nachträglich auch weniger erklärbar sei.

Im Folgenden stellt Krech ausführlich die unter Praktikern beliebten **Erklärbarkeitsansätze LIME** und **SHAP** vor – und zwar sowohl aus theoretisch-konzeptueller Sicht wie auch in beispielhafter Anwendung auf einen Datensatz. Für mathematisch Bewanderte haben diese Kapitel stellenweise Gourmetcharakter, für manch anderen mag dies eine fremd anmutende Kost sein. Dennoch lohnt sich die intensive Auseinandersetzung auch mit diesen mathematik-haltigen Abschnitten. Der Autor zeigt die notwendigen Voraussetzungen zur Anwendung von SHAP, die Mächtigkeit seines Ansatzes und seine Stärken. Insbesondere die Visualisierungen zu SHAP-Values, SHAP Summary Plots und SHAP Dependence Plots illustrieren eindrucksvoll, wie mittels solcher Verfahren Einblicke in das jeweilige Modell und damit Erklärbarkeit des Modells und Nachvollziehbarkeit von Prognosen erzielt werden kann.

Thomas Wirth und Hans-Werner Klein:
Varianzanalyse versus Strukturgleichungsmodelle. Ein Vergleich aus der Praxis.
Prof. Dr. Thomas Wirth ist Diplom-Psychologe mit mehr als 25 Jahren Erfahrung im Themenbereich Web und User Experience. Seine Schwerpunkte sind quantitative Methoden des User Research und deren Anwendung in Projekten; besonders interessieren ihn psychologische Effekte sozialer Medien. Er ist Professor an der DHBW in Mosbach und lehrt dort seit fast 20 Jahren am Studiengang Onlinemedien. Seit 2015 ist er Leiter des Steinbeis Transferzentrums Digitale Innovation sowie Dozent am Master-Studiengang Business Management des DHBW CAS. Er ist Autor mehrerer Bücher sowie Mitherausgeber der Reihe „Zukunft der Marktforschung". Zusammen mit Hans-Werner Klein produziert er den Wissenschaftspodcast achwas.fm.

Dipl.-Päd. Hans-Werner Klein arbeitet seit mehr als 30 Jahren als Data Scientist. Seit 2015 ist er zudem Dozent im Studiengang Onlinemedien der DHBW Mosbach. Er ist Mitherausgeber und Autor der bei SpringerGabler erscheinenden Reihe „Zukunft der Marktforschung". Den gemeinsam mit Thomas Wirth produzierten Wissenschaftspodcast achwas.fm betrachtet er als Teil seiner allgemeinen Lehrtätigkeit.

Im Zentrum ihres Beitrages steht der Vergleich zweier statistischer Methoden: Auf der einen Seite die Varianzanalyse (ANOVA), auf der anderen Seite das Struktur-gleichungsmodell (SEM). Beide methodischen Ansätze werden von den Autoren dargelegt, die verwendeten Begrifflichkeiten erklärt und auf Voraussetzungen und Ein-schränkungen eingegangen. Den Vergleich beider Methoden führen Wirth und Klein nicht als theoretische Erörterung durch, sondern durch Anwendung von ANOVA und SEM auf denselben Use Case mit demselben Datensatz. Dies mit dem Ziel, Stärken und Schwächen, Vor- und Nachteile der beiden Verfahren anschaulich und vom Leser gut nachvollziehbar diskutieren zu können. Daher lautet ihr Beitrag **„Varianzanalyse versus Strukturgleichungsmodelle. Ein Vergleich aus der Praxis".**

Als Datensatz wurden die Ergebnisse einer multivariaten experimentellen Studie genommen, die die Wirkung negativer Produktbewertungen auf Kundenentscheidungen in einem fiktiven Webshop untersuchte.

Im Vergleich der beiden datenanalytischen Methoden kommen die Autoren zu dem Ergebnis, dass diese sehr unterschiedlich sind und ihre jeweiligen Stärken und Schwächen sich kaum überschneiden. Die Varianzanalyse **ANOVA** stelle sich als das bessere Instrument heraus, wenn es darum geht, Ergebnisse auf ihre Signifikanz bei kontrollierten Experimenten zu prüfen. Dagegen lasse das Strukturgleichungsmodell **SEM** (mit dem gewählten Verfahren SmartPLS) Störvariablen nicht nur zu, sondern nimmt sie als Prädiktoren in das Modell mit auf und verknüpft diese. Eine weitere Stärke der SEM sei die hohe Anzahl von unabhängigen Variablen, die kombiniert werden können, wogegen mit ANOVA nicht mehr als eine Handvoll sinnvoll kombiniert werden kann. Beim Hypothesentest greife man zu ANOVA; SEM sei favorisiert, wenn Erklärungsmodelle nicht vorliegen, sondern erst entwickelt werden sollen.

Insbesondere mit dem tabellarischen Vergleich beider Methoden als Take-Away ihres Artikels schaffen Wirth und Klein einen besonderen Mehrwert für den Leser. Nicht nur, um das Ergebnis des Methodenvergleiches überschaubar und konzentriert dargeboten zu bekommen. Dieser Vergleich stellt auch eine wertvolle Hilfe in der Entscheidung zwischen ANOVA und SEM dar bei der Planung einer Datenanalyse.

Bernard Rummel:
Was ist schon normal in diesen Zeiten? Analyse von Zeitverteilungen in Usability Tests.

Quantitative Methoden des User Research zur Verbesserung der User Experience oder als Toolbox des Requirement Engineering sind wichtige Bestandteile in der Softwareentwicklung im Allgemeinen und in der Fachdisziplin Human Computer Interaction im Besonderen. Regelmäßig werden die aktuellen Forschungen und theoretischen Konstrukte in dieser Disziplin zwischen Akademikern und Praktikern auf Konferenzen ausgetauscht. Auf der größten europäischen Konferenz, der „Mensch und Computer", lernte ich vor einigen Jahren Bernhard Rummel kennen, der in einem Workshop schon damals erste Überlegungen nach adäquaten und aussagekräftigen Analysemethoden einer wichtigen Metrik im User Research anhand von Modellen und praktischen Beispielen darlegte.

Dipl.-Psych. Bernard Rummel ist Psychologe mit Schwerpunkt in experimenteller und kognitiver Psychologie und Human Computer Interaction. Er verfügt über mehr als 20jährige Erfahrung als User Research Expert für SAP und hat während dieser Zeit eine Fülle an Artikeln zu methodischen Fragen des User Research veröffentlicht. Die im Zentrum seines Buchbeitrages stehende Metrik nennt sich „Bearbeitungszeit". Es handelt sich dabei um den (gemessenen) Zeitraum, den ein Nutzer benötigt, um eine definierte Aufgabe mit einem gegebenen System (z. B. eine Software auf einem Desktopcomputer/ Smartphone) zu erledigen. Die Erhebung, Analyse und Interpretation dieser Daten sind nicht nur für die Usability („Gebrauchstauglichkeit") einer Software interessant, sondern ermöglicht auch interessante Einblicke in die zugrunde liegenden Arbeitsprozesse. Rummels Beitrag mit dem – unter dem Eindruck der Corona-Maßnahmen – bewusst mehrdeutig formulierten Titel **„Was ist schon normal in diesen Zeiten? Analyse von Zeitverteilungen in Usability Tests"** ist das Ergebnis einer jahrelangen Weiterentwicklung seiner Methoden, gespeist von vielen praktischen Erfahrungen im Umfeld des UX-Designs und UX-Researchs.

Rummel beginnt mit der Betrachtung von Prozessen mit konstanter Ereignisdauer, die Exponentialverteilungen über die Zeit generieren und zeigt die Parallelen von technischen Zerfallsprozessen mit den aus Usability Tests generierten Bearbeitungszeiten auf. Dabei wendet er auch Konzepte und Verfahren an, die aus **statistischen Methoden der technischen Zuverlässigkeitsanalyse („Reliability Analyis", „Survival Analysis")** abgeleitet sind. Als zentrales Beispiel dienen Rummel Daten aus einer Usability-Studie zur Corona-Warn-App mit den dabei erhobenen Bearbeitungszeiten und er demonstriert daran seine analytischen Überlegungen. Wichtige analytische Werkzeuge sind ihm die Visualisierung der Zeitverteilung als Probability Plot, aufgrund dessen er Hypothesen über die zugrundeliegenden Arbeitsprozesse bildet, und die Kaplan-Meier-Schätzmethode. Rummel rundet seinen Beitrag ab, indem er darlegt, wie und unter welchen Voraussetzungen Probability Plots auch bei der Analyse anderer Prozesse als Zeitdaten anwendbar wären.

Lothar B. Blum:
Sankey-Diagramm reloaded. Innovative Anwendungsszenarien für einen Chartklassiker.
Dipl.-Des. Lothar B. Blum hat Produktdesign an der HfG Offenbach studiert und ist ausgebildeter Usability Consultant. Er arbeitet für den internationalen Softwarehersteller Infor als Principal UX Designer. Seine Schwerpunkte umfassen das UI-Design datengetriebener Applikationen, User Research und Datenvisualisierung. Er lehrt Interaktives Informationsdesign am FB Onlinemedien der DHBW Mosbach, an dem er auch von 2003 bis 2013 das von ihm entwickelte Gestaltungscurriculum in Lehrveranstaltungen umsetzte. Ihn interessiert seit mehreren Jahren, was Daten über die reale Welt aussagen und aussagen können; dabei versteht er sich sowohl als Lernender wie auch als Lehrender der Data Science. Diese doppelte Rolle führte ihn bis zum vorliegenden Buch „Angewandte Data Science", dessen Initiator und Herausgeber er ist. Er ist Co-Founder der 2018 gegründeten Veranstaltungsreihe Data Science Darmstadt und kuratiert und organisiert seitdem deren Meetups.

Zu den Tätigkeiten eines Data Scientist gehört immer auch die **Visualisierung von Daten.** Diese Feststellung mag zwar trivial erscheinen und drückt auch aus, was die Fakten zeigen: bringen doch nach einer Umfrage von Kaggle (2018)[3] mit 3.310 Data Scientists diese im Schnitt 13 % ihrer Arbeitszeit mit Datenvisualisierung zu. Das ist immerhin mehr als die Hälfte der 20 % Arbeitszeit, die sie für die Tätigkeit der Modellierung verwenden. Diese Relation spiegelt sich nach den (subjektiven) Beobachtungen des Autors aber nicht in den Themenschwerpunkten bei Konferenzen und Meetups wieder, bei denen Datenvorbereitung, Algorithmen und Modellierung oftmals im Zentrum stehen. Die Datenvisualisierung taucht dort (fast immer) nur als kommunikatives Mittel auf, ist selber aber (fast) nie Erkenntnisgegenstand.

Blum dreht dieses (Miss-?)Verhältnis um: er fokussiert sich in seinem Beitrag auf einen bestimmten Visualisierungstypen und untersucht verschiedene aktuelle Use Cases und Verwendungsweisen, in denen dieser Charttyp auftaucht. Die Rede ist vom Sankey-Diagramm, einem quantitativen Flussdiagramm. Dem Autor ist nämlich aufgefallen, dass dieser Charttyp zwar über 120 Jahre alt ist, aber erst in den vergangenen Jahren neu entdeckt und wieder belebt wurde. Daher lautet sein Beitrag **„Sankey-Diagramm reloaded. Innovative Anwendungsszenarien für einen Chartklassiker."**

In seinem Artikel untersucht der Autor das **Anwendungspotenzial** dieses Charttypen, identifiziert seine Charakteristika, seine Stärken und seine Schwächen. Er verweist auf im Web verfügbare Anwendungen, in denen Sankeys ihre Stärken bestens ausspielen und in denen der Leser dieses Buches sich komplexe multidimensionale Datensätze interaktiv mittels dieses Diagrammtypen erschließen kann. Ein weiterer wichtiger Mehrwert dieses

---

[3] https://www.kaggle.com/kaggle/kaggle-survey-2018, aufgerufen 16.08.2022

Artikels besteht in den Links zu im Web verfügbaren Anwendungen, mit denen der Leser sich Sankey-Diagramme selbst erstellen kann.

Bei seinen Explorationen entdeckte Blum, dass es auch Ausprägungen dieses Charttypen gibt, die zwar so aussehen wie Sankeys, denen aber typische Eigenschaft eines Flussdiagramms fehlen. Er gibt die verschiedenen Positionen in der Szene der Datenvisualisierer zu dieser Problematik wieder, steigt selber aber vernünftigerweise nicht in die Tiefen der taxonomischen Diskussion hinab. Vielmehr wendet er sich der relevanteren Frage nach der **Usability von Sankey-Diagrammen im Businesskontext** zu. Dazu hat er nach entsprechenden Studien recherchiert und aus deren Findings herausgefiltert, dass grundsätzlich Sankey-Diagramme bei analytischen Fragestellungen benutzbar sind. Sie bedürfen jedoch über die von den Standardframeworks gelieferten Funktionalitäten hinaus weiterer Interaktionsmöglichkeiten, um dem Datenanalysten effizient und effektiv analytisches Arbeiten zu ermöglichen. Erst in der Interaktion und mit entsprechenden Controls können Sankeys ihre volle analytische Wirksamkeit entfalten, so Blum.

Ein besonderes Anliegen zeigt der Autor, wenn er darauf verweist, dass es den meisten aktuellen verfügbaren Frameworks und Softwarebibliotheken für Sankeys daran mangelt, **rückbezügliche Relationen in interaktiven und dynamischen Sankey-Diagrammen** darzustellen. Er stellt einige kleinere Applikationen mit solchen Fähigkeiten vor, aber in der Breite der Applikationen fehlt diese wesentliche Funktionalität. Diese ist um so dringlicher, als gerade in der nahen Zukunft komplexe Prozesse mit rückbezüglichen Anteilen und Ausprägungen analysiert werden müssten. Die Stichworte hierzu lauten: Kreislaufwirtschaft, Re-Usage, Up-Cycling. Der Bedarf ist da – jetzt sind die Softwareentwickler von Visualisierungsapplikationen gefordert.

Teil III: Prozesse

Dieter Bingemann:
Jenseits der Algorithmen. Einsichten aus der Datenanalyse in der experimentellen Wissenschaft.

Dr. Dieter Bingemann studierte Chemie und promovierte an der Universität Göttingen. Er empfindet die Physikalische und Analytische Chemie als sein Zuhause und die Spektralanalyse als sein tägliches Brot. Das ist gar nicht so metaphorisch zu verstehen, wie es sich anhört – denn tatsächlich geschehen alle Messungen bei ihm zu Hause, wo er auch die in seinen Beitrag dokumentierten Versuchsanordnungen fotografierte. Er ist vor einigen Jahren tiefer in Data Science eingetaucht, wie er auf einem Meetup von Data Science Darmstadt beschrieb. Seitdem ist sein Anliegen, Spektroskopie und Data Science enger zusammen zu bringen.

Dieses gelingt ihm hervorragend mit seinem Buchbeitrag **„Jenseits der Algorithmen. Einsichten aus der Datenanalyse in der experimentellen Wissenschaft",** der sich die Vorgehensweise bei Data Science Prozessen zum Thema macht. Nach Bingemanns Wahrnehmung wird sich in Data Science Projekten zu häufig/zu früh/zu sehr auf den Algorithmus fokussiert, wenn es darum geht, das Modell zu verbessern. So wie in der

Spektroskopie oftmals das Spektrometer in den Mittelpunkt der Optimierung gestellt wird. Dagegen schlägt der Autor vor, sich zuvor/mehr/intensiver andere Stellschrauben anzuschauen, die einen viel größeren Einfluss auf die Ergebnisqualität des Modells haben könnten. Dies seien Faktoren, die mit der Datenerzeugung, mit dem Experiment selbst, mit der Datenqualität, mit intelligentem Feature Engineering aufgrund von Domänenwissen zu tun haben. Also alles Faktoren, die die Daten formten, bevor (!) das passende Modell gesucht wird. Daher der Titel „Jenseits der Algorithmen".

Um die Aufmerksamkeit des Data Scientist für diese Faktoren vor der Modellierung zu schärfen, führt Bingemann den Leser in seine Welt der **Spektroskopie** und der **chemischen Analytik,** die ja selber auch typische Data Science Aufgabenstellungen wie beispielsweise Klassifizierung oder quantitative Prädiktion beinhaltet. Auch Methoden wie Principal Component Analysis oder Regression sind ganz selbstverständliche Tools im Werkzeugkasten der spektralen Analyse. Der Autor stellt seine **an der experimentellen Wissenschaft orientierte Vorgehensweise** beispielhaft an zwei typischen Use Cases dar: die Klassifizierungsaufgabe wird repräsentiert durch die Identifikation von Plastiksorten; die quantitative Prädiktion wird repräsentiert durch die Bestimmung des Alkoholgehaltes.

Faszinierend finde ich, wie Bingemann vom Versuchsaufbau über die erhaltenen Spektren über die Modellbildung bis zum Ergebnis den Leser teilhaben lässt an seinem analytischen Prozess: mittels Fotos des Versuchsaufbaus, mittels Messkurven, multiple Boxplots und Waterfall Charts, immer eingebunden in konzise textuelle Erläuterung. Dabei gelingt es ihm überzeugend, die verschiedenen Optimierungsmethoden für die jeweilige analytische Aufgabe darzulegen und vergleichend zu bewerten. Er weist anhand seiner beiden durchgeführten Experimente nach, dass **die Gestaltung von Messaufbau, Einstellungen am Messinstrument oder Preprocessing einen größeren Einfluss auf die Modellgüte haben als die Wahl des Algorithmus.**

Kann der Data Scientist von Bingemanns Vorgehen in der experimentellen Analytik lernen, auch wenn jener typischerweise nicht im Labor experimentiert? Sicherlich! Denn wie der Autor am Anfang seines Beitrages darlegt, ähnelt sich der Prozess in Spektroskopie und der im CRISP-DM skizzierte Data Science Prozess in mehrfacher Hinsicht. Der von Bingemann herausgearbeitete Unterschied ist, dass in der Vorgehensweise von CRISP-DM die Daten als gegeben angesehen werden, während in der experimentellen Wissenschaft die Daten das Ergebnis eines Experimentes sind, das im Verlauf der Auswertungsiteration auch selber verbessert wird mit dem Ziel noch bessere Daten zu erhalten.

Das Plädoyer des experimentellen Wissenschaftlers für eine anderen, kritischeren und hinterfragenden Blick des Data Scientist auf die scheinbar „gegebenen" Daten mündet in ein Set von Ratschlägen, um die Algorithmus-Fixierung zu überwinden und den Blick auf die Einflussfaktoren jenseits der Algorithmen zu lenken.

Thomas Krause, Elena Jolkver, Michael Kramer, Paul Mc Kevitt, Matthias Hemmje:

A Scalable Architecture for Smart Genomic Data Analysis in Medical Laboratories

Die Analyse von genomischen Daten ist Bestandteil der heutigen Diagnostik im medizinischen Bereich. Dieser analytische Prozess erfordert die Erhebung, Verarbeitung, Speicherung, Analyse und Interpretation von großen Datenmengen. Automatisierte Vorgänge auf verschiedenen Prozessstufen und die Anwendung von Machine Learning Verfahren in der Analyse tragen wesentlich zur Effizienz der entsprechenden Arbeitsabläufe bei. Die anfallenden Daten sind nicht nur groß, sondern Big Data und ihr Volumen wächst exponentiell. Von diesen und weiteren Aufgaben und Anforderungen, vor denen Labore für Genomanalyse stehen, sowie von dem Vorgehensmodell und der technischen Architektur, die dieses Vorgehensmodell unterstützt, handelt der Beitrag der Autorengruppe um Thomas Krause.

Gerade anhand der im diesem Beitrag von vielen Seiten beleuchteten Aspekte wird sehr deutlich, dass Data Science in der Anwendung – und davon handelt ja dieses Buch! – nicht isoliert zu betrachten ist. Projekte und Applikationen sind verbunden mit und eingebunden in Datenlandschaft, domain-spezifische Use Cases, Nutzeraufgaben und Nutzererwartungen, vorhandene technische Infrastruktur, Vorschriften oder Regularien und vieles mehr.

Thomas Krause (M.Sc.) promoviert seit 2019 an der Fernuniversität Hagen und forscht dabei in den Bereichen und Schnittmengen von Künstlicher Intelligenz, Cloud Software, Big Data, Genomik und Labordiagnostik. Als selbstständiger IT-Berater ist er zudem seit über 15 Jahren für internationale Unternehmen tätig. **Dr. Elena Jolkver** studierte Biologie (Diplom) und promovierte 2009 in Biochemie. Danach folgten Jahre als Data Scientist bei BASF metanomics GmbH, Beraterin bei xValue GmbH und Gastdozentin bei der DHBW Karlsruhe. Ihr Schwerpunkt ist die Unterstützung von Unternehmen der Biopharmazie in der Biomarkerforschung und bei der Softwareentwicklung. **Prof. Michael Kramer (M.D.)** war in den 90er Jahren Leiter der Sektion für Immunpathologie am Institut für Immunologie an der Universität Heidelberg. Seit 1999 ist er außerplanmäßiger Professor für Angewandte Immunologie eben dort. Er führt das Beratungsunternehmen ImmBioMed mit dem Schwerpunkt auf Entwicklung von Prozessen der Labordiagnostik und Beratung zu damit verbundenen medizinisch-wissenschaftlichen und regulatorischen Themen. **Prof. Dr. Paul Mc Kevitt** promovierte 1991 in Computer Science. Er hat 40jährige internationale Erfahrung in Informatik mit den Schwerpunkten AI, intelligente multimediale bzw. multimodale Systeme und Medizininformatik. Derzeit ist er Professor Emeritus an der Universität Ulster und Gastprofessor für AI am Forschungsinstitut für Telekommunikation und Kooperation in Pfungstadt. **Prof. Dr. Matthias Hemmje** promovierte am Fachbereich Informatik der TU Darmstadt. Seit 2001 ist er Professor für Informatik an der Fernuniversität Hagen. Seine Forschungsschwerpunkte sind Informationssysteme, Wissensmanagement, Semantische Technologien, Big Data Analyse, Informationsvisualisierung und Archivierung.

Ihren englischsprachigen Beitrag „**A Scalable Architecture for Smart Genomic Data Analysis in Medical Laboratories**" leiten die Autoren mit einer Beschreibung der prinzipiellen Funktionsweise der Genomanalyse und der Relevanz für die heutige Medizin ein. Die Diagnostiklabore sehen sich mit mehreren Anforderungen gleichzeitig konfrontiert: heterogene Daten in der Genomik, mit Datenvolumen in der Größenordnung mehrerer hundert GB umzugehen sowie starken regulatorischen Auflagen. Ausführlich gehen Krause et al. auf die Rolle des maschinellen Lernens zur Analyse und Klassifikation genomischer Daten ein.

Im Folgenden berichten sie über die Ergebnisse ihrer Studie, in der sie die Arbeitsprozesse in einem realen Labor analysierten und in Use Cases und Rollendefinition überführten sowie das Automatisierungspotenzial der Use Cases bestimmten.

Die Autoren stellen im weiteren ihre technische Architektur für das Vorgehensmodell **GenDAI** vor; wobei das Akronym für „Genomic applications for laboratory Diagnostics supported by Artificial Intelligence" steht. Dabei handelt es sich um ein **Prozessmodell, das speziell für die Anforderungen von Labordiagnostik** entworfen ist. Die von den Autoren vorgeschlagene technische Architektur würde das Vorgehensmodell GenDAI weitestgehend unterstützen, und zwar einschließlich einer die Data Pipeline und Künstliche Intelligenz integrierenden Prozessautomatisierung. In der Umsetzung wäre die technische Architektur über ein auf Webtechnologie basierendes modulares Frontend und Services zu implementieren. Die Services wären modular und würden z. B. das Anlegen neuer Aufträge oder das Test-Management abbilden; sie könnten entweder on-premise sein oder in der Cloud liegen.

Als nächsten Schritt planen Krause et al. eine prototypische Implementierung der GenDAI technischen Architektur für einen einzelnen Use Case.

Ulrich Walter:
Die sieben V der Daten. Anforderungen an die Daten in der KI Entwicklung.
Der vorherige Artikel der Autorengruppe um Krause hat bereits darauf hingewiesen, wie stark Prozesse der Datenanalyse und des Maschinellen Lernens beeinflusst – oder auch beeinträchtigt – werden durch verschiedene Dimensionen der Daten wie z. B. Heterogenität oder Volumen. Diese beiden und weitere Eigenschaften der Daten werden betrachtet im Beitrag von Ulrich Walter, insbesondere unter dem Blickwinkel deren Auswirkungen auf die Verwendung für KI-Systeme.

Ulrich Walter ist zertifizierter Senior IT Architekt und Experte für Daten und Datenmanagement. Seine Erfahrungen und Expertise entwickelten sich über 35 Jahren vom Systemprogrammierer und Systemanalyst bis hin zum Business Development Manager AI und Analytics in nationalen und internationalen Projekten. Ulrich Walter ist Mitglied der IEEE Computer Society und der Open Group.

Der Autor arbeitet am Beginn seines Beitrages „**Die sieben V der Daten. Anforderungen an die Daten in der KI Entwicklung**" heraus, was genau die Daten für die Entwicklungsprozesse von KI-Systemen relevant macht. Dabei streift er auch die Frage, in welchen Fällen und unter welchen Voraussetzungen der Einsatz eines KI-Systems Sinn macht.

Im Hauptteil beschreibt Walter die „sieben V der Daten" in ihren einzelnen Ausprägungen und wie ihre Eigenschaften und Beschaffenheiten die Funktionalität, Effizienz und Effektivität von KI-Systemen fördern, behindern oder sogar problematisch werden lassen können. Dabei fließt sein über viele Jahre gewonnenes Wissen als Manager von Data Science Projekten direkt in die Darstellung dieser sieben Daten"dimensionen" ein. Der Autor schließt seinen Beitrag mit einem kurzen Ausblick auf Hyperautomation und domänenübergreifende KI-Systeme.

Eduard van Kleef:
Scope Creep, GUI, Skalierung. Über unbekannte Wesen und ihr plötzliches Auftauchen in Machine Learning Projekten.

Dr. Eduard van Kleef studierte Physik, Informatik und Betriebswirtschaftslehre in den Niederlanden sowie in Deutschland und promovierte in Großbritannien. Er arbeitet als Data Scientist und Data Engineer und hilft Unternehmen, Data Science und KI gewinnbringend einzusetzen. Dabei greift er auch auf seine langjährige internationale Erfahrung als Managementberater und Manager zurück.

Der Beitrag von van Kleef ist in seiner Form ungewöhnlich für ein wissenschaftliches Fachbuch. Darauf weist bereits der Titel hin: **„Scope Creep, GUI, Skalierung. Über unbekannte Wesen und ihr plötzliches Auftauchen in Machine Learning Projekten."** Denn die Form des Artikels ist die einer Erzählung. Und diese Erzählung ist erfunden. Sie hat keine Literaturliste, also keine Referenzen zu anerkannten Publikationen, wie es nun mal auch typisch ist für fiktive Geschichten. Und die Erzählung hat einen nach Fantasy klingenden Titel.

Macht es diesen Beitrag weniger relevant? Keinesfalls! Mal abgesehen davon, dass (gutes) Storytelling immer einprägsamer und damit nachhaltiger bei der Mehrzahl der Menschen wirkt als (schlechtes) Auflisten der Fakten – was der Autor in seiner Geschichte erzählt, ist **gespeist aus seinen eigenen Erfahrungen mit Data Science Projekten.** Ähnliche Erfahrungen habe ich auch von anderen Consultants, Developern und Data Scientists vernommen, wenn sie untereinander ihre Erfahrungen aus Projekten und Unternehmen in den Meetups von Data Science Darmstadt austauschten. Und auch mir selber, der ich ja in der Softwareentwicklung arbeite und viele Jahre lang große Kunden bei Webapplikationen beraten hat, sind etliche der vom Autor benannten Probleme begegnet. Deswegen ist es ja im Berufs- und speziell im Consultingalltag von großer Wichtigkeit, sich Zeit für Reflexion, Peer-Coaching und „Lessons learnt" zu nehmen.

Van Kleef belässt es natürlich nicht beim Schildern der Schwierigkeiten in Data Science/Machine Learning Projekten. Er ruft mittels Texteinschübe gewissermaßen „Achtung!" bei den einzelnen Problembereichen und gibt im Artikel ein Set an Hinweisen, die die Aufmerksamkeit für mögliche Sackgassen/Treibsand/Sümpfe im Projektverlauf schärfen sollen. Und er empfiehlt Vorgehensweisen und Maßnahmen, wie diese zu umgehen sind.

Tagesaktuelle Aufbereitung, Analyse und Exploration sprachlicher Daten aus RSS-Feeds

Herausforderungen und Entwicklungen

Sascha Wolfer⊙ und Jan Oliver Rüdiger⊙

Inhaltsverzeichnis

Zusammenfassung

Ziel dieses Projekts ist es, Sprachdaten so nah wie möglich am Jetzt zu erheben und analysierbar zu machen. Wir möchten, dass möglichst viele Menschen, nicht nur Sprachwissenschaftlerinnen und Sprachwissenschaftler, in die Lage versetzt werden, Sprachdaten zu explorieren und zu nutzen. Hierzu erheben wir ein Korpus, d. h. eine aufbereitete Sammlung von Sprachdaten von RSS-Feeds deutschsprachiger Onlinequellen. Wir zeichnen die Entwicklung der Analysewerkzeuge von einem Prototyp hin zur aktuellen Form der Anwendung nach, die eine komplette Reimplementierung darstellt. Dabei gehen wir auf die Architektur, einige Analysebeispiele sowie Erweiterungsmöglichkeiten ein. Fragen der Skalierbarkeit und Performanz stehen dabei im Mittelpunkt. Unsere Darstellungen lassen sich daher auf andere Data-Science-Projekte verallgemeinern.

S. Wolfer (✉) · J. O. Rüdiger
Leibniz-Institut für Deutsche Sprache, Mannheim, Deutschland
E-Mail: wolfer@ids-mannheim.de

J. O. Rüdiger
E-Mail: ruediger@ids-mannheim.de

1.1   Einleitung

In der quantitativ arbeitenden Sprachwissenschaft nehmen Korpora, d. h. große Sammlungen von Sprachdaten, eine zentrale Rolle ein. Korpora werden dazu eingesetzt, realen Sprachgebrauch auf vielfältige Weise zu untersuchen. Alle sprachlichen Ebenen können dabei von Interesse sein, und wir nennen hier nur ein paar Forschungsfragen, die anhand solcher Sprachsammlungen untersucht werden können: Welche neuen Wörter können wir wann in der Sprache beobachten? Wie hoch ist dabei der Anteil von Anglizismen? Wie stark variiert der Sprachgebrauch bei verschiedenen syntaktischen Realisierungen (z. B. „wegen des" vs. „wegen dem")? Wird in überregionalen Zeitungen anders geschrieben als in regionalen Zeitungen und – falls das der Fall ist – worin bestehen die Unterschiede? Reden gleichberechtigte Gesprächspartner anders miteinander als Menschen, die auf unterschiedlichen hierarchischen Ebenen stehen? Welche Unterschiede auf Wort- und Satzebene ergeben sich zwischen der deutschen Sprache in Deutschland, Österreich und der Schweiz? Beeinflusst das eher an das Mündliche angelehnte Schreiben in den sozialen Medien den Sprachgebrauch im genuin schriftlichen Bereich, z. B. in Tageszeitungen? Dieser schlaglichtartige Fragenkatalog zeigt einerseits, wie vielfältig linguistische Themen sein können. Andererseits soll er zeigen, dass sprachliche Fragen nicht mehr – wie das vor einigen Jahrzehnten noch durchaus üblicher war – anhand der Intuition von Linguistinnen und Linguisten, sondern anhand von „echten" Daten aus der Sprachgemeinschaft beantwortet werden.

Die dabei verwendeten Korpora kann man im Allgemeinen als sedimentierte Spracherzeugnisse beschreiben. Der Sedimentationsprozess setzt dadurch ein, dass sprachliche Dokumente wie z. B. Zeitungsartikel, Bücher, Tagebuchaufzeichnungen, Briefe oder auch Gespräche in ein (heute meist digitales) Archiv übernommen werden. Im Vergleich zu anderen Arten von Daten (bspw. von Sensoren oder abhängigen Variablen in einem psychologischen Experiment) ist Sprache zunächst relativ unstrukturiert, was weitere Verarbeitungsschritte nach sich zieht (bspw. Tokenisierung, also das Zergliedern in Wörter, Phrasen, Sätze, Absätze usw.). Typischerweise werden die Sprachdaten noch mit zusätzlichen Informationen, z. B. Wortarten, syntaktischer Annotation, Quelle, Veröffentlichungsdatum usw. angereichert und in einem durchsuchbaren Korpus in strukturierter Weise repräsentiert. Für eine detailliertere Charakterisierung von Korpora verweisen wir auf Rüdiger (2021). Aus forschungspragmatischen Gründen werden diese Korpora meist erst analysiert, nachdem die eben skizzierte Datenerhebung und -aufbereitung abgeschlossen wurde. In der Regel liegt somit zwischen Korpuserhebung und der Auswertung der darin repräsentierten Daten ein größerer Zeitraum. Das ist in vielen Fällen auch kein Problem, denn Sprachwandelprozesse (sofern sie denn überhaupt für die aktuelle Fragestellung relevant sind) laufen meist recht langsam ab, d. h. innerhalb von Jahren oder gar Jahrzehnten. Daher kann oft eine möglichst *große* Datenbasis einer möglichst *aktuellen* Datenbasis vorgezogen werden, um möglichst allgemeine Aussagen über so viele Bereiche des Sprachgebrauchs wie möglich treffen zu können.

Doch das ist eben nicht immer der Fall: Es gibt durchaus Fragestellungen bzw. Phasen der Sprachentwicklung, in denen Aktualität relevanter ist als eine möglichst breite Abdeckung bzw. ein möglichst großer Datensatz. Ein konkretes Beispiel hierfür ist die

Coronapandemie, die Anfang 2020 auch Deutschland erreichte. Diese ist ohne Zweifel für viele gesellschaftliche Bereiche ein sehr einschneidendes Ereignis, was die Hypothese nahelegt, dass sie auch Einfluss auf unser gesellschaftliches Kommunikationsmittel, die Sprache, nimmt. Nun könnte man – wie oben skizziert – fleißig Sprachdaten sammeln und nach einigen Jahren eine breit angelegte linguistische Untersuchung starten, die diesen Einfluss zu messen versucht. Selbstverständlich geschieht genau dies auch: Korpora werden weiterhin nach den traditionellen Vorgehensweisen erhoben, aufbereitet und repräsentiert. Doch gerade in einer Extremsituation wie der Coronapandemie ist eine möglichst aktuelle Betrachtung der sprachlichen Konsequenzen interessant, weil wir so noch während des Ereignisses zeigen können, wie wir als Gemeinschaft sprachlich mit diesem Einschnitt in unserer aller Leben umgehen. Die Linguistik braucht als empirische Wissenschaft eine möglichst aktuelle Datenbasis, um solche Fragen bearbeiten zu können.

Aus der obigen Gegenüberstellung ergibt sich ein gewisser Trade-off zwischen Korpusgröße und -aktualität, denn wenn wir möglichst schnell (am besten tagesaktuell) sprachliche Daten analysieren wollen, müssen wir allein schon aus Ressourcengründen Zugeständnisse bei der Datenmenge machen. Da der Großteil linguistischer Forschung sich bei diesem Trade-off eher für mehr Menge (und damit geringerer Aktualität) entscheidet, war es unser Ziel, ein Werkzeug zur Verfügung zu stellen, bei dem der Fokus auf höherer Aktualität der Daten liegt (mit einer damit einhergehenden geringeren Datenmenge).

In diesem Beitrag werden wir auch einen Entwicklungsprozess aufzeigen, der von einem klaren Ziel geleitet war und ist, nämlich dass wir der linguistischen Forschungscommunity eine Möglichkeit bieten wollten, möglichst aktuell Sprache beobachten zu können. Dies zog insbesondere zu Beginn des Projekts einen gewissen Zeitdruck nach sich, der sich im Planungs- und Entwicklungsprozess niederschlug. Dazu gesellt sich ein gewisser „Ressourcendruck", der von sprachlichen Daten ausgeht: Auch wenn man zu Beginn nur wenig Sprachdaten pro Tag sammelt, akkumulieren sich diese Daten schnell zu einem Datensatz, der mit bestimmten Architekturen nicht mehr effizient vorverarbeitet, repräsentiert und durchsucht werden kann – die Datenmenge überholt sozusagen das Werkzeug, mit dem sie „beherrscht", d. h. wissenschaftlich zugänglich gemacht werden soll. Unser Entwicklungsprozess steht somit prototypisch dafür, wie Data Science von ständiger und stetiger Entwicklung geprägt ist – auch und gerade, wenn die zugrunde liegende Datenmenge stetig anwächst.

Wir werden im folgenden Abschnitt darstellen, woraus diese Sprachdaten bestehen und wie wir sie sammeln. In Abschn. 1.3 zeigen wir, welche Werkzeuge wir erstellt haben, um diese Daten in den Griff zu bekommen und der wissenschaftlichen Community zur Verfügung zu stellen. Es mag sonderbar erscheinen, mit dem „cOWIDplus Viewer" in Abschn. 1.3.1 ein Tool vorzustellen, das inzwischen überholt ist, doch von der Kontrastierung mit dem neu entwickelten Werkzeug „OWIDplusLIVE" (Abschn. 1.3.2) und insbesondere der Darstellung von Problemen und den Lösungen, die wir dafür gefunden haben, versprechen wir uns interessante Einsichten für die Leserinnen und Leser dieses Buchs. In Abschn. 1.4 werden wir das Kapitel mit einem Fazit abschließen. Weitere Informationen zum cOWIDplus Viewer sowie dem RSS-Korpus finden Sie zudem in den Beiträgen von Wolfer et al. (2020, 2022).

1.2   Datengrundlage

Im November 2019 begannen wir die Daten aus den RSS-Feeds einiger deutschen Online-Pressequellen abzugreifen und in strukturierter Form abzuspeichern. Das Abspeichern von Items (also Einträgen zu Artikeln, die auf der jeweiligen Plattform veröffentlicht werden) in RSS-Feeds ist notwendig, da RSS-Feeds flüchtige Datenquellen sind: Alte Items werden nicht im Feed archiviert, sondern verschwinden nach einiger Zeit wieder während neue hinzutreten. Nicht abgespeicherte Items, die aus dem Feed verschwunden sind, sind verloren. RSS-Feeds ist damit der sich stetig erneuernde News Cycle auf technischer Ebene inhärent. Ab Januar 2020 ist die Menge der RSS-Feeds, die stündlich abgefragt werden, konstant. Diese sind im Einzelnen die zehn RSS-Feeds der folgenden Onlinepräsenzen von Organen, die auch ein „Print-Pendant" haben: *Focus Online, Frankfurter Allgemeine Zeitung, Frankfurter Rundschau, Süddeutsche Zeitung, Neue Zürcher Zeitung, Spiegel Online, Der Standard, tageszeitung, Die Welt* und *Die Zeit*. Hinzu treten drei Quellen, die kein Print-Pendant haben: web.de, t-online.de und heise.de. Diese Quellen haben wir so ausgewählt, dass ein möglichst breites politisches Spektrum abgedeckt ist und Quellen mit einer großen Reichweite enthalten sind. Mit heise.de ist auch eine thematisch eingeschränkte Quelle enthalten. Mit dem Standard und der Neuen Zürcher Zeitung sind zudem zwei Quellen aus Österreich und der Schweiz im Korpus enthalten.

Inzwischen kommt ein institutseigener Server zum Einsatz, auf dem stündlich ein R-Script (R Core Team 2021) angestoßen wird, das mithilfe des Packages tidyRSS (McDonnell 2021) zuerst die RSS-Feeds liest und in einem R-Dataframe (tabellarischer Datentyp in R) speichert. Zu jedem Feed Item sind Titel, Vorspann (im RSS-Feed ist das der *Description*-Knoten), Veröffentlichungsdatum sowie die Quelle verzeichnet. Wichtig ist dabei zu erwähnen, dass der Volltext des jeweiligen Artikels nicht gespeichert wird, denn dieser ist nicht im RSS-Feed enthalten. Tab. 1.1 zeigt einige zufällig ausgewählte Feed-Items, die in dem o. g. Dataframe gespeichert sind. In der fünften Spalte ist die URL (letzter Zugriff jeweils am 30.11.2021) des jeweiligen Artikels verzeichnet.

Tab. 1.1 zeigt auch Spuren der oben bereits angesprochenen Flüchtigkeit von RSS-Feeds: Zu einem der Items ist der Artikel inzwischen gar nicht mehr auffindbar, zwei andere wurden in der Zwischenzeit leicht redaktionell verändert. Zum 30.11.2021 sind in dem Gesamtdatensatz ca. 1,48 Mio. verschiedene Feed-Items enthalten.

Die Feed-Items werden im nächsten Verarbeitungsschritt in Wörter zergliedert, und alle Wörter werden in Kleinschreibung[1] überführt. Aus diesen werden außerdem Bi- und

---

[1] Die Überführung in Kleinschreibung ist in der Korpuslinguistik verbreitet. Damit sollen u. a. großgeschriebene Wörter am Satzanfang mit deren Vorkommen im Satz unifiziert werden (bspw. das „Damit" am Anfang dieses Satzes). Es lässt sich darüber diskutieren, ob diese Praxis für deutsche Texte tatsächlich ein Vorteil ist, denn dadurch fallen substantivierte Verben wie „das Leben" zusammen mit einigen Formen des Basisverbs (bspw. „wir leben"). Dies ist für konkrete Fragestellungen jedoch selten ein Problem, weshalb wir uns für die Überführung in Kleinschreibung entschieden haben.

Tab. 1.1 Fünf zufällig ausgewählte Items aus den abgespeicherten RSS-Feeds mit Titel, Description, Quelle, Veröffentlichungsdatum und assoziierter URL (soweit noch auffindbar)

Titel	Description	Quelle	Datum	URL
Abiturprüfungen im Corona-Krisenmodus beginnen	Schon in normalen Zeiten ist die Abi-Phase eine nervenaufreibende Zeit für Schüler. Nun kommt die Coronavirus-Pandemie hinzu. An Schulen gelten besondere Schutzmaßnahmen	web.de	19.03.2020	Nicht mehr auffindbar
Facebook muss Konto von verstorbener Tochter für Eltern öffnen	2018 urteilte der BGH: Der digitale Nachlass gehört zum Erbe. Damit war der Streit zwischen den Eltern einer toten 15-Jährigen und Facebook aber nicht vorbei	heise.de	08.09.2020	https://www.heise.de/newsticker/meldung/Facebook-muss-Konto-von-verstorbener-Tochter-fuer-Eltern-oeffnen-4888695.html
Plan löst heftige Reaktionen aus – „Immense Sprengkraft": Neue Sparkasse will Aktien ausgeben	Niedrigzinsen und Coronakrise führen dazu, dass immer mehr Sparkassen fusionieren. Doch der geplante Zusammenschluss zweier Institute in Schleswig-Holstein sorgt jetzt für Diskussionen. Grund: Die neue Sparkasse will sich als Aktiengesellschaft organisieren. Von Autor Christoph Sackmann	Focus Online	22.09.2020	Leicht verändert unter: https://www.focus.de/finanzen/boerse/geldanlage/heftige-reaktionen-plan-mit-immenser-sprengkraft-neue-sparkasse-will-aktien-ausgeben_id_12460085.html
Die kritische chinesische Journalistin Zhang Zhan muss für ihre Berichte aus Wuhan für vier Jahre in Haft	Nachdem die Hauptstadt der zentralchinesischen Provinz Hubei, Wuhan, im Januar abgeriegelt worden war, sorgten Bürgerjournalisten für differenzierte und kritische Berichte. Sie müssen dafür einen hohen Preis zahlen. Mit Zhang Zhan ist eine davon in Schanghai zu einer mehrjährigen Haftstrafe verurteilt worden	Neue Zürcher Zeitung	28.12.2020	https://www.nzz.ch/international/die-kritische-chinesische-journalistin-zhang-zhan-muss-fuer-vier-jahre-in-haft-ld.1594045

Tab. 1.2 Die häufigsten fünf Trigramme im RSS-Korpus am 01.01.2020 sowie deren Häufigkeit und relative Häufigkeit

Trigramm	Datum	Häufigkeit	Relative Häufigkeit
in der silvesternacht	2020-01-01	166	3673,2
im krefelder zoo	2020-01-01	93	2057,9
das neue jahr	2020-01-01	62	1372,0
der silvesternacht das	2020-01-01	47	1040,0
silvesternacht das affenhaus	2020-01-01	47	1040,0
wie die polizei	2020-01-01	44	973,6

Trigramme erstellt.[2] Aus Einzelwörtern (auch Unigramme genannt), Bi- und Trigrammen werden dann tägliche Häufigkeitslisten erstellt. Tab. 1.2 zeigt die häufigsten Trigramme am ersten Tag der Datenerhebung. Die relative (auch: normierte) Häufigkeit gibt dabei an, wie häufig das jeweilige Trigramm in einer Million Trigrammen an diesem Tag vorkommt. Relative Häufigkeiten werden berechnet, um die leicht schwankenden Korpusgrößen über die Tage hinweg auszugleichen. Die Häufigkeitstabellen für Uni- und Bigramme werden analog berechnet.

Nach diesen Aufbereitungsschritten sind zum 30.11.2021 ca. 776 000 verschiedene Unigramme mit einer Gesamtfrequenz von ca. 50 Mio. enthalten (das ist die Anzahl an Wörtern, aus der das Gesamtkorpus zusammengesetzt ist). Verschiedene Bigramme sind ca. 8 Mio. im Korpus enthalten, die Gesamtfrequenz beträgt hier ca. 46 Mio. Die Gesamtanzahl verschiedener Trigramme beträgt 18,5 Mio. mit einer Gesamtfrequenz von 44 Mio. Abb. 1.1 gibt einen Eindruck der Korpusgröße über die Zeit. Durchschnittlich kommen ca. 71 000 Wörter pro Tag hinzu, an Wochenenden stets weniger, an Wochentagen mehr.

Die Uni- und Bigramm-Datensätze sind Grundlage für den cOWIDplus Viewer (siehe Abschn. 1.3.1). Für OWIDplusLIVE (siehe Abschn. 1.3.2) werden alle Datensätze (also auch die Trigramme) mit dem TreeTagger (Schmid 1994) annotiert. Der TreeTagger weist automatisch jedem Wort eine Wortart (Part-of-Speech-Tag oder POS-Tag) aus einer Wortartenliste[3] für das Deutsche zu. Außerdem wird – wo der TreeTagger ein solches findet – ein Lemma zugewiesen. Lemmatisierung ist ein weitverbreitetes Vorgehen in der Korpuslinguistik, da so verschiedene Formen eines Wortes auf eine gemeinsame Form

---

[2] Bigramme sind Folgen von zwei Wörtern, Trigramme sind Folgen von drei Wörtern. Der Satz „schon in normalen zeiten ist die abi-phase eine nervenaufreibende zeit für schüler" enthält die Bigramme „schon in", „in normalen", …, „für schüler". Die enthaltenen Trigramme sind „schon in normalen", „in normalen zeiten", …, „zeit für schüler". Unter https://www.owid.de/plus/cowidplus2020/data/trigrams-RSScorpus-sample.csv.zip kann eine zufällige Auswahl von 14 Tagen aus dem Datensatz für Trigramme eingesehen werden.

[3] Diese Liste kann z. B. hier eingesehen werden: https://homepage.ruhr-uni-bochum.de/stephen.berman/Korpuslinguistik/Tagsets-STTS.html [letzter Zugriff am 30.09.2021].

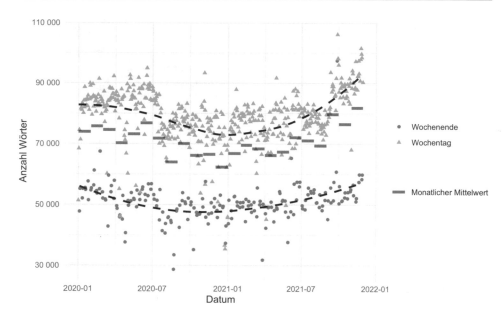

Abb. 1.1 Entwicklung der Größe des RSS-Korpus in Wörtern mit LOESS-Smoothern (graue gestrichelte Kurven). An Wochenenden (Kreise) werden weniger RSS-Feed-Items eingestellt als unter der Woche (Dreiecke). Der jeweilige monatliche Mittelwert ist über waagrechte graue Balken dargestellt

zurückgeführt werden können (bspw. werden „sagte", „sagt", „sag", „sagten", „sagst", „sagen" usw. alle auf die Grundform „sagen" abgebildet). Um einen besseren Eindruck davon zu gewinnen, wie ein auf diese Weise annotierter Satz aussieht, ist der Output des TreeTaggers für den Satz „schon in normalen zeiten ist die abi-phase eine nervenaufreibende zeit für schüler" in Tab. 1.3 abgedruckt. Dort sieht man u. a., dass „abi-phase" kein Lemma zugeordnet werden konnte. In diesen Fällen ersetzen wir für spätere Weiterverarbeitungen und Suchen in OWIDplusLIVE den Lemma-Eintrag mit dem Wort selbst.

1.3   Tools

Leider können wir aus urheber- und lizenzrechtlichen Gründen das in Kap. 2 beschriebene RSS-Korpus nicht komplett zur Verfügung stellen. Zwar bieten wir unter https://www.owid.de/plus/cowidplus2020/ (letzter Zugriff am 30.11.2021) die tagesbasierten Uni- und Bigramm-Häufigkeitslisten an, um diese zu durchsuchen; es ist aber noch einiges an Verarbeitungsaufwand notwendig, den wir den Nutzerinnen und Nutzern zumindest für bestimmte Use Cases abnehmen wollten. Wir versprachen uns davon u. a. eine vergleichsweise einfache Möglichkeit, das Korpus zu explorieren.

Im Mai 2020 ging daher der cOWIDplus Viewer online, dessen Name sich aus OWIDplus (www.owid.de/plus, letzter Zugriff am 30.11.2021), der experimentellen

Tab. 1.3 Output des
TreeTaggers für einen
Beispielsatz mit Part-of-
Speech-Tag (POS-Tag) und
Lemma

Wort	POS-Tag	Lemma
schon	ADV	schon
in	APPR	in
normalen	ADJA	normal
zeiten	NN	zeit
ist	VAFIN	sein
die	ART	die
abi-phase	NN	<unknown>
eine	ART	eine
nervenaufreibende	ADJA	nervenaufreibend
zeit	NN	zeit
für	APPR	für
schüler	NN	schüler
	$	

Plattform für multilinguale lexikalisch-lexikografische Daten, quantitativen Auswertungen und interaktiven Anwendungen des Leibniz-Instituts für Deutsche Sprache und Covid-19 zusammensetzt.

Aus noch zu beschreibenden Gründen haben wir inzwischen eine neue Online-Applikation entwickelt, die den cOWIDplus Viewer abgelöst hat, nämlich OWIDplusLIVE. Dabei haben wir einige Probleme gelöst und den Funktionsumfang deutlich erweitert. Wie bereits in der Einleitung kurz angesprochen, sehen wir diese Weiterentwicklung und Reimplementierung von Funktionalitäten in einem komplett neuen Tool als ein Beispiel der Arbeitsweise im Bereich Data Science, die häufig von ständiger Weiterentwicklung der eingesetzten Werkzeuge geprägt ist.

1.3.1 cOWIDplus Viewer

Der cOWIDplus Viewer (https://www.owid.de/plus/cowidplusviewer2020/, letzter Zugriff am 30.11.2021) hat ein zweiseitiges Layout, wobei die Startseite (siehe Abb. 1.2) zentral ist. Es lassen sich maximal drei Suchmuster eingeben, wobei man Einzelwörter und Zweiwortsequenzen (Bigramme) mischen kann. Über einen Schalter (Markierung 1 in Abb. 1.2) lässt sich auswählen, ob eingegebene Einzelwörter exakt der zu findenden Wortform entsprechen müssen oder ob sie irgendwo im Suchergebnis auftreten können („corona" würde dann auch „coronavirus" finden, „ball" würde auch zu „fußballverein" matchen). Der darzustellende Datumsbereich (Markierung 2) lässt sich tagesgenau über ein Kalenderwidget einstellen. Die Glättung der Häufigkeitsverläufe (in Tagen, Markierung 3) ist ebenfalls einstellbar, dabei wird ein gleitender Mittelwert der relativen

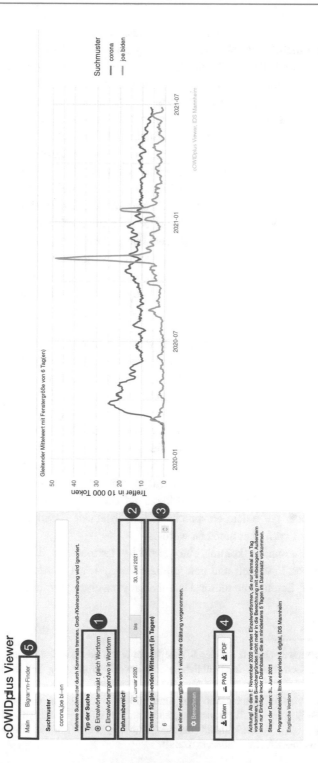

Abb. 1.2 Startseite des cOWIDplus Viewers

Häufigkeit berechnet. Die dargestellten Daten lassen sich herunterladen (Markierung 4), und zwar in Tabellenform (CSV-Datei), als gerastertes PNG oder als vektorisiertes PDF. Auf die zweite Seite des Tools lässt sich über Tabs über dem Eingabebereich (Markierung 5) zugreifen. Den Bigramm-Finder können Nutzerinnen und Nutzer dazu einsetzen, potenziell interessante Bigramme in den Daten aufzufinden (ohne Abbildung), um sie dann auf der Startseite als Suchmuster zu verwenden. Hier lässt sich zwischen drei Suchtypen unterscheiden: Die Option „Suchmuster irgendwo in Bigramm" findet mit der Anfrage „corona" bspw. Treffer wie „coronavirus weltweit" oder „der corona-pandemie". Die Option „Suchmuster als erstes Wort" findet Bigramme wie „corona wird" oder „corona geschlossen". Folgerichtig findet die dritte Option „Suchmuster als zweites Wort" Zweiwortsequenzen wie „wegen corona" und „während corona".

Der Output des cOWIDplus Viewers befindet sich auf der Startseite rechts. Stets ist ein Verlaufsdiagramm der relativen Häufigkeit (siehe Abb. 1.2, rechts) zu sehen. Wenn als Suchtyp „Einzelwörter irgendwo in Wortform" ausgewählt ist, wird zudem eine paginierte Tabelle unter dem Schaubild angezeigt, in dem alle Treffer mit ihrer absoluten Häufigkeit über den kompletten Zeitraum zu sehen sind (ohne Abbildung).

1.3.1.1 Architektur

Der cOWIDplus Viewer basiert auf dem R-Package Shiny (Chang et al. 2020), das relativ unkompliziert die Erstellung interaktiver dynamischer Webapplikationen erlaubt. Diese Applikationen können bspw. in R/Markdown-Dokumente eingebaut werden oder als Standalone-Webapplikationen veröffentlicht werden. Jede Shiny-App besteht aus einem User-Interface-(UI-)Objekt, in dem die Input- und Output-Elemente spezifiziert werden und einer R-basierten Server-Funktion, in der die Eingaben verarbeitet und an das UI-Objekt zurückgegeben werden. Um die Entwicklung von Shiny-Apps zu vereinfachen, sind mehrere Layout-Optionen[4] und Widgets[5] im Paket vordefiniert, die einen Großteil möglicher Einsatzbereiche abdecken. Zudem können eigene HTML-Widgets definiert werden. Eine fertige Shiny-App kann auf einer eigenen Shiny-Server-Instanz gehostet werden oder auf einem entsprechenden Webservice (beim cOWIDplus Viewer ist das shinyapps.io) verfügbar gemacht werden.

Als Datenrepräsentation kommt eine einfache textbasierte Tabelle zum Einsatz (CSV), da diese von R schnell und unkompliziert eingelesen werden kann. Für weitere Informationen zur Erzeugung dieser Datenbasis verweisen wir auf Abschn. 1.2. Die

---

[4] Der cOWIDplus Viewer benutzt auf der Startseite ein einfaches „sidebarLayout", bei dem oben ein Titelpanel, links ein Seitenpanel (üblicherweise zur Unterbringung der Input-Widgets) und rechts das Hauptpanel (üblicherweise zur Ausgabe von Outputs) platziert wird.

[5] Der cOWIDplus Viewer benutzt auf der Startseite die folgenden vordefinierten Widgets: „textInput" (für die Eingabe der Suchmuster), „radioButtons" (für den Suchtyp), „dateRangeInput" (für die Datumsauswahl), „numericInput" (für die Glättung), „actionButton" (für das Anstoßen der Suche) sowie „downloadButton" (selbsterklärend).

CSV-Tabelle wird einmal beim Start einer Session in den Arbeitsspeicher des Shiny-Servers geladen. Die Datei enthält fünf Spalten: das Datum, den Eintrag (ein Wort oder ein Bigramm), die absolute Häufigkeit des Eintrags an diesem Tag, die vorberechnete relative Häufigkeit an diesem Tag[6] sowie eine boolsche Variable, ob es sich um ein Einzelwort oder ein Bigramm handelt.

Die Grundidee von Shiny, interaktive und dynamische Web-Apps zu erzeugen, kommt insbesondere durch die Logik der sogenannten „reactive outputs" und „observers" zum Ausdruck. Das heißt: Sobald sich ein Input-Element ändert, reagiert der Server und berechnet den Output neu und gibt diesen an das UI zurück. Benutzerinnen und Benutzern der Web-App soll somit in Quasi-Echtzeit Rückmeldung auf ihre Eingaben gegeben werden.

1.3.1.2 Probleme

Schon in frühen Prototypen des cOWIDplus Viewers zeigte sich in Bezug auf diese Reaktivität, dass insbesondere die Suchprozesse, die im Serverteil der Applikation ablaufen, zu lange dauern, um eine automatische und responsive Antwort auf alle Änderungen im Inputbereich zu geben.[7] Mit wachsender Datenbasis verschärfte sich dieses Problem noch. Die Reaktivitätslogik von Shiny-Apps musste an dieser Stelle durchbrochen werden. Dies geschieht üblicherweise durch die Einführung von „action buttons", die durch einen „observer" beobachtet werden. Erst ein Klick auf diese Schalt-fläche (in Abb. 1.2 blau eingefärbt und mit „Berechnen" beschriftet) startet dann den gesamten Such- und Datenaufbereitungsprozess im Hintergrund. Für die Benutzerinnen und Benutzer sahen wir diese Vorgehensweise als unproblematisch an, weil sie Nutzungserfahrungen entspricht, die in anderen Bereichen gang und gäbe sind: Man spezifiziert bestimmte Suchparameter und „schickt" diese mit einer Bestätigung an ein verarbeitendes System. Die reaktive Verhaltensweise von Shiny mag interessant sein, weil unmittelbar eine Rückgabe gegeben wird – unabdingbar für eine gut zu bedienende Web-App scheint sie uns nicht.

Ein weiteres Problem ließ sich nicht durch eine ähnlich unintrusive Maßnahme lösen: der wachsende Datenbestand. Der cOWIDplus Viewer wurde zunächst wöchent-lich, später zweiwöchentlich mit neuen Daten bestückt. In den ersten Monaten konnte der Datenbestand auch problemlos repräsentiert und verarbeitet werden. Ab Anfang

---

[6] Die relative Häufigkeit ließe sich auch serverseitig on-the-fly in der App selbst berechnen. Dies würde allerdings zusätzlichen Verarbeitungsaufwand nach sich ziehen, der bei jeder Abfrage auf-treten würde. Wir haben uns daher dazu entschieden, diese Werte bereits in der Datenbasis vorzu-halten. Dies führt natürlich zu einer größeren Arbeitsspeicherbelastung.

[7] Insbesondere die Eingabe der Suchmuster bereitete hier Probleme: In einer Standard-Shiny-App würde für jedes eingegebene Zeichen automatisch (d. h. ohne explizite Bestätigung durch die Benutzenden) eine neue Suche in der gesamten bis dahin gesammelten Datenbasis angestoßen. Je nach Länge und Komplexität der Suchmuster dauert allein die Suche (also ohne grafische Auf-bereitung) in der aktuellen Implementation von cOWIDplus zwischen zwei und fünf Sekunden.

November 2020 mussten jedoch systematisch Einschränkungen am Datensatz vorgenommen werden, um die weitere Verarbeitung zu gewährleisten. Neben immer
längeren Such- und Aufbereitungszeiten stellte insbesondere der Arbeitsspeicherbedarf
während des Suchprozesses ein Problem dar.[8] Während die Einschränkungen in der
Datenbasis zunächst keine allzu tiefgreifenden Konsequenzen hatte (bspw. haben wir
Einträge aus den Daten ausgeschlossen, die nur zweimal im gesamten Datensatz auftreten), wurde es später immer schwieriger, Einschränkungen zu formulieren, die die
Suchergebnisse möglichst nicht verzerren. Systematische Verzerrungen, d. h. *biases,* von
Suchergebnissen aufgrund von Dateneinschränkungen sind von wissenschaftlicher Seite
her äußerst problematisch. Doch auch der wissenschaftliche Wert der Replizierbarkeit
wird verletzt, wenn ein Tool wie der cOWIDplus Viewer zu unterschiedlichen Abfrage-
zeitpunkten unterschiedliche Rückgaben liefert. Durch die gewählten Einschränkungen
haben wir versucht, den Einfluss auf beide Ebenen (biases und Replizierbarkeit) so
gering wie möglich zu halten. Inzwischen ist der cOWIDplus Viewer auf dem Stand vom
30. Juni 2021 (also RSS-Daten aus eineinhalb Jahren) „eingefroren" – Einträge im RSS-
Korpus müssen nun allerdings mindestens an fünf verschiedenen Tagen vorkommen,
damit sie über den cOWIDplus Viewer gefunden werden können.

1.3.1.3 Beispiele

Abb. 1.3 zeigt das Ergebnis für die Einzelwortabfragen „ausgangssperre", „kontaktverbot" und „lockdown" mit dem Suchtyp „Einzelwörter irgendwo in Wortform". Aus
gebrauchslinguistischer Perspektive ist hier u. a. interessant, dass bevor sich die Sprach-
regelung „Lockdown" auf breiter Basis durchgesetzt hat, gerade zu Beginn der Pandemie
erst „Ausgangssperre" und dann „Kontaktverbot" häufiger vorkamen als die später weit
im Korpus verbreitete Verwendung von „Lockdown". Dies spiegelt auch politische Ent-
scheidungsprozesse wider, bei denen insbesondere zu Beginn der Pandemie in Deutschland zunächst zwischen Ausgangssperren und Kontaktverboten abgewogen wurde. Erst
in der zweiten Jahreshälfte 2020 hat sich in den ausgewerteten Quellen die Bezeichnung
„Lockdown" weitestgehend durchgesetzt.

Dieses Beispiel zeigt aber auch eine Beschränkung der Abfragemöglichkeiten
mit dem cOWIDplus Viewer: So können wir zwar mit dem hier verwendeten Suchtyp
„irgendwo in Wortform" verschiedene Wortbildungen zu Typen von Lockdowns erfassen
(bspw. „teil-lockdown", „brücken-lockdown" usw.), wir können aber nicht ausschließlich
auf diese fokussieren. Wir werden immer auch Treffer wie „lockdown-verlängerung"
oder „lockdown-lockerungen" erhalten, die zwar auch Komposita mit „lockdown" sind,
bei denen das Suchwort aber nicht das modifizierte Wort ist (sog. Zweitglied), sondern

---

[8]Wir hosten den cOWIDplus Viewer über shinyapps.io mit einem Account, der eine maximale
Arbeitsspeicherauslastung von 1 GB erlaubt, was zwar für die Repräsentation der Daten ausreicht,
nicht aber für die Verarbeitungs- und Suchprozesse.

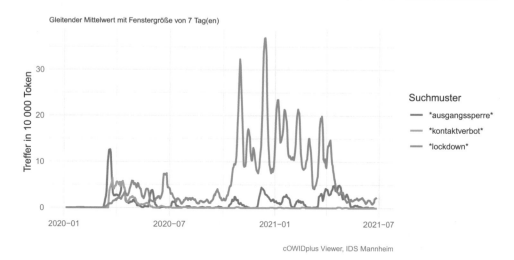

Abb. 1.3 Abfrageergebnis im cOWIDplus Viewer für die Einzelwörter „ausgangssperre", „kontaktverbot", und „lockdown". Das jeweilige Suchmuster darf auch irgendwo im Treffer auftauchen (bspw. „teil-lockdown" oder „corona-ausgangssperre")

das modifizierende (sog. Erstglied). Wir werden später zeigen, wie das neue Tool OWIDplusLIVE hier ausgefeiltere Abfragen zulässt.

Im zweiten Beispiel interessieren wir uns dafür, inwieweit „corona" (als Kurzform für das Virus oder die Pandemie) im RSS-Korpus als handelndes Subjekt (Agens) beschrieben wird. Dieser Frage können wir uns annähern, indem wir nach allen Bigrammen suchen, in denen „corona" an erster Stelle und danach ein finites Verb (z. B. „corona macht", „corona fordert" usw.) steht. Im cOWIDplus Viewer können wir nun zunächst den Bigramm-Finder (die zweite Seite der Applikation) aufrufen, als Suchmuster „corona" eingeben und als Suchtyp „Suchmuster als zweites Wort" wählen. Wir bekommen dann eine Liste mit 188 Einträgen, deren Toptreffer die folgenden sind: „corona in", „corona und", „corona weltweit", „corona getestet" und „corona die". Weiter unten in der Liste tauchen auch einige Treffer auf, für die wir uns interessieren, z. B. „corona macht" (Platz 21), „corona wütet" (Platz 46) und „corona verändert" (Platz 58). Wir können uns diese Treffer nun merken und über eine entsprechende Abfrage auf der ersten Seite eine Abbildung erzeugen, die in Abb. 1.4 zu sehen ist.

Wir können sehen, dass die Bigramme „corona macht" und „corona wütet" eher durch singuläre Häufigkeitsspitzen gekennzeichnet sind, während „corona verändert" zwar immer wieder genannt wird, aber zeitlich weniger fokussiert auftritt. Diese Auswertung ist schon ansatzweise interessant, es wäre für unsere Ausgangsfragestellung aber deutlich attraktiver, wenn wir automatisch nach allen Kombinationen von „corona" und einem finiten Verb suchen könnten. Unter anderem genau diese Funktionalität deckt das neu entwickelte Tool OWIDplusLIVE ab.

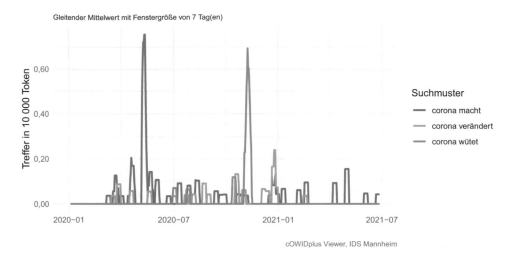

Abb. 1.4 Abfrageergebnis im cOWIDplus Viewer für die Bigramme „corona macht", „corona verändert" und „corona wütet"

1.3.2 OWIDplusLIVE

Ausgehend von den Problemen und Desideraten des cOWIDplus Viewers haben wir eine komplette Neu-Implementierung und deutliche Erweiterung der Funktionalitäten angestoßen, die in die ab Juni 2021 online frei zugängliche Webapplikation OWIDplusLIVE (https://www.owid.de/plus/live-2021/, letzter Zugriff am 30.11.2021) mündete.

Im Folgenden soll dargelegt werden, (1) wie die Ressourcenproblematik gelöst wurde, (2) welche neuen Funktionen in die Weiterentwicklung eingeflossen sind, und warum diese als nützlich erachtet wurden. (3) Außerdem soll ein Einblick in den nutzerzentrierten Entwicklungsansatz gegeben werden (UI-Design, Tutorial und einfache Nutzungsstudie).

1.3.2.1 Ressourcenproblematik
Zur Ermittlung von Ressourcenengpässen wurde eine Kombination von Methoden angewendet. Die zwei wesentlichen Methoden sind (a) den empirischen Ressourcenverbrauch zu messen (z. B.: Wie lange läuft eine Funktion? Wieviel (Arbeits-)Speicher wird verwendet?) und (b) analytisch nachzuvollziehen, wo Engpässe potenziell entstehen können.

Der große Vorteil einer Shiny-App liegt im sehr schnellen Deployment von Prototypen. Wie Abb. 1.5 zeigt, ist die Shiny-App der zentrale Punkt. D. h. die Anwender greifen auf die Shiny-App zu, die App holt dann die benötigten Daten, verarbeitet diese anhand der Input-Parameter, erzeugt Auswertungen und Grafiken und gibt die Ergebnisse

Abb. 1.5 Schematische
Darstellung einer Shiny-App

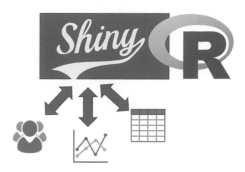

an die Anwender zurück. Die für den „cOWIDplus Viewer" angemietete Server-Instanz verfügte bereits nach einigen Monaten nicht mehr über genügend Arbeitsspeicher. Es gab mehrere Optionen: (1) Eine größere Instanz mieten – verbunden mit höheren Kosten. (2) Eine eigene Instanz auf einem eigenen Server hosten – verbunden mit Aufwand und ggf. Kosten für eine kommerzielle Version. (3) Eine komplette Neuentwicklung – verbunden mit dem entsprechenden Aufwand. Die hart limitierenden Faktoren für die Anwendung sind Arbeitsspeichernutzung und der komplexe Verarbeitungsprozess (bestehend aus: paralleler Verarbeitung der Nutzereingabe, dem Abruf und der Verarbeitung von Analysedaten sowie Visualisierung der Daten). Aus Kostengründen haben wir uns für Option 3 entschieden.

1.3.2.2 Neuentwicklung

Die Neuentwicklung führte auch zu einer Verteilung der einzelnen Anwendungsschritte (siehe Abb. 1.6).

Die wesentliche Änderung besteht darin, die einzelnen Datenebenen vollständig zu trennen. Dadurch wird das System zwar komplexer, Aufgaben können jedoch besser verteilt werden – dies führt zu einer Entlastung (geringere Prozesslaufzeit, schnellere Antwort-Zeiten und einem geringeren Arbeitsspeicherverbrauch). Zentral ist ein REST-

Abb. 1.6 Neues Anwendungsdesign

Webservice (webbasierte API – Austauschformat: JSON). Nutzer interagieren mit einem in Vue.js geschriebenen Client (webbasierte UI) mit der API. Besucht der Nutzer die Seite https://www.owid.de/plus/live-2021/, wird der Client (die Webseite) zunächst über die API die Normdaten abfragen (http-GET-Request: https://www.owid.de/plus/live-2021/api/norm). Dabei handelt es sich um die Summe der Token und N-Gramme separiert nach Tagen. Beispiel.:

```
{
        "2020-01-01T00:00:00": 60101,
        "2020-01-02T00:00:00": 74390,
        "2020-01-03T00:00:00": 87019
        …
}
```

Diese Daten werden später vom Client benutzt, um die relativen Frequenzen zu berechnen. Wird über den Client nach einem Token oder N-Gramm gesucht (http-POST-Request: https://www.owid.de/plus/live-2021/api/find), werden in einer ElasticSearch-Datenbank alle zur Abfrage passenden Schlüssel gesucht. Beispielabfrage per POST:

```
{
    "N": 2,
    "Items": [
        {
            "Layer": 0,
            "Position": 0,
            "Token": "die",
            "IsPrefix": true,
            "IsPostfix": true
        },
        {
            "Layer": 1,
            "Position": 1,
            "Token": "meinung",
            "IsPrefix": true,
            "IsPostfix": true
        }.
    ]
}
```

N = 2 gibt an, dass ein Bigramm gesucht werden soll. Die einzelnen Slots sind als Item codiert. Die Angabe Layer definiert die Abfrageebene (0 = Wortform/1 = Lemma/2 = POS). Das Token ist der Suchausdruck. Die Angaben IsPrefix und

IsPostfix erlauben eine unscharfe Suche (Bsp.: meinung + IsPrefix = true findet z. B. auch „meinungen"). Als Beispiel-Response liefert die API Folgendes:

```
{
    "N": 2,
    "Items": [
            "die meinungμdie meinungμART NN",
            "die meinungenμdie meinungμART NN"
    ]
}
```

Das Trennzeichen „μ" wurde gewählt, da es im Gegensatz zu z. B. ‚|' oder ‚;' nicht von ElasticSearch interpretiert wird.[9] Das Ergebnis sind also verschiedene Schlüssel (z. B.: „die meinungenμdie meinungμART NN"). Im Prinzip könnte man ElasticSearch auch dafür konfigurieren, direkt die notwendigen Ergebnisse bereitzustellen, dies führt aber unserer Erfahrung nach zu dem Problem, dass der ElasticSearch-Index sehr schnell sehr groß wird, da viele Daten gespeichert werden. Daraus folgt, dass man (A) mehr Arbeitsspeicher pro ElasticSearch-Instanz einsetzen muss und ggf. (B) mehrere ElasticSearch-Instanzen betreiben muss (wenn z. B. ein Server nicht mehr ausreicht). Der Client fragt die Frequenzdaten via POST-Request (https://www.owid.de/plus/live-2021/api/pull) ab. Die Abfrage ist identisch mit dem Response (/find) – wurden über ‚/find' mehr als 250 Schlüssel gefunden, werden die Schlüssel in Seiten à 250 Schlüssel gesplittet abgefragt. Der Response sieht dann wie folgt aus:

```
{
    "die meinungenμdie meinungμART NN": {
            "2020-01-05T00:00:00": 1,
            "2020-01-09T00:00:00": 6,
            "2020-01-28T00:00:00": 1
            …
}
```

Die API löst die Schlüssel mithilfe einer RocksDB-Datenbank auf. RocksDB ist ein Key-Value-Store, d. h. zu einem gegebenen Schlüssel kann sehr leicht ein Value ermittelt werden. Die drei wesentlichen Vorteile von RocksDB, die zur Auswahl dieser Datenbank als Store führten: (1) RocksDB ist sehr einfach zu installieren – ähnlich einfach wie

---

[9] ElasticSearch bietet eine sehr einfach zu konfigurierende und schnell einsetzbare Volltextsuche. ElasticSearch basiert auf Lucene. Da Lucene nur sehr rudimentär reguläre Ausdrücke unterstützt z. B: zwanghaft ‚|' interpretiert, haben wir uns für μ als Trennzeichen entschieden.

SQLite basiert es nur auf lokalen Dateien. (2) RocksDB kann bei Bedarf über mehrere Server verteilt werden. (3) Im Vergleich zu anderen Key-Value-Stores (z. B. Redis) verbraucht RocksDB fast keinen Arbeitsspeicher, da nur der Index im RAM liegt und alle anderen Daten auf der Server-Festplatte.

Exkurs: Die Aktualisierung der Daten läuft in ähnlicher Reihenfolge ab. Der Prozess des „cOWIDplus Viewers" zur Erfassung und Vorberechnung musste dafür nicht geändert werden. Zunächst werden, basierend auf den täglich erfassten Quellen, die N-Gramme und die Summen berechnet. Die Summen werden als Normdaten gespeichert. Dann werden alle Schlüssel berechnet und mittels ElasticSearch kann überprüft werden, ob diese Schlüssel existieren. Nicht existierende Schlüssel werden neu angelegt. Unter den Schlüsseln werden dann die Frequenzen fortlaufend in die RocksDB-Datenbank geschrieben.

Die Anwendung (Client) basiert auf Vue.js und läuft vollständig im Webbrowser (HTML5 und JavaScript) der Anwenderinnen und Anwender. Wird die Anwendung gestartet, erscheint zunächst ein Video-Tutorial, das in die wesentlichen Funktionen der Programmoberfläche einführt. Die folgenden Ausführungen sollen die technischen Hintergründe erläutern und weniger die Bedienung an sich (hierzu sei auf das erwähnte Video-Tutorial verwiesen).

Die Anwendung besteht aus fünf Bereichen (vergl. Abb. 1.7):

1. Direkt nach dem Anwendungsstart werden unten links die Normdaten angezeigt. Diese umfassen sowohl das Datum der letzten Aktualisierung als auch die Summe der Frequenzen für unterschiedliche N-Gramm-Längen.
2. Der Suchbereich umfasst mehrere Abfrageformulare. Die einfache Suche ist vorausgewählt. Dort kann auf der obersten Auswahlebene die N-Gramm-Länge[10] gewählt werden. Abhängig davon erscheinen passende Suchslots. Für jeden Slot kann der Suchlayer ausgewählt werden (Wortform, Lemma, POS). Unterhalb der Slots sind vordefinierte Beispiele aufgeführt, die sich durch einen Klick direkt ausführen lassen. Schaltflächen zum Löschen und Ausführen der Suchabfrage sind direkt unterhalb der Beispiele angeordnet. Die erweiterte Tiefensuche unterscheidet sich dadurch, dass hier pro Suchslot alle drei Layer parallel genutzt werden können (z. B. „gehen" nur als Verb und nicht als Substantiv).
3. Sobald mindestens eine Suche erfolgreich ausgeführt wurde, erscheinen in diesem Bereich die visualisierten Daten. Die Visualisierungen werden direkt im Browser

---

[10] Der „cOWIDplus Viewer" konnte nur Bigramme (N = 2) auswerten. OWIDplusLIVE bietet bereits eine Unterstützung für Trigramme (N = 3). Im Prinzip ist die Länge in OWIDplusLIVE nicht limitiert. Wir haben uns aber aufgrund der aktuell unklaren Rechtslage dazu entschieden, diese Grenze zu ziehen. Die Veröffentlichung von Trigrammen stellt in lizenz- und urheberrechtlicher Hinsicht kein Problem dar.

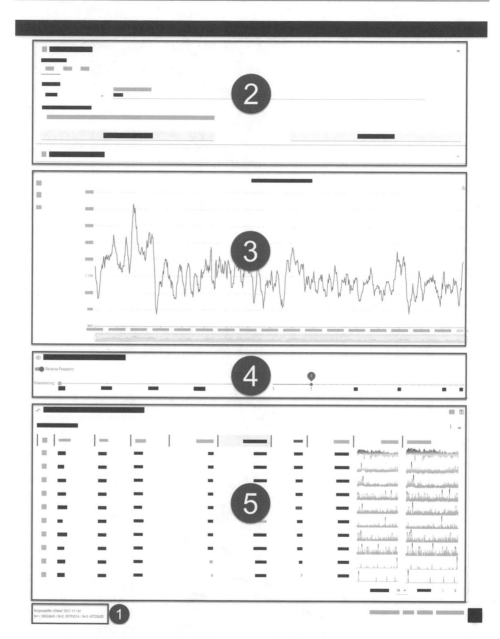

Abb. 1.7   Screenshot von OWIDplusLIVE (inkl. zusätzlicher Bereichshervorhebungen)

berechnet. Wir haben uns im Redesign-Prozess bewusst dafür entschieden, sehr unterschiedliche Visualisierungen auszuwählen, um bestimmte Aspekte der Daten zu betonen. Folgende Visualisierungen sind aktuell verfügbar:

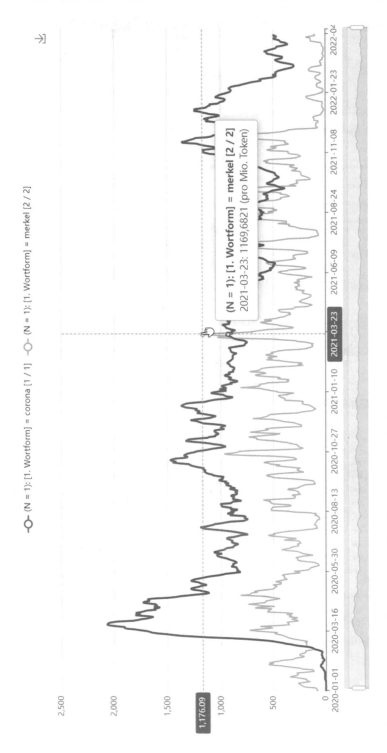

Abb. 1.8 OWIDplusLIVE-Ausschnitt (Visualisierung: Zeitverlauf)

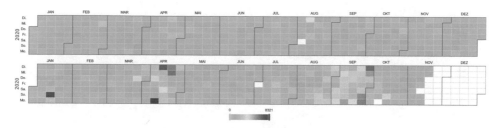

Abb. 1.9 OWIDplusLIVE-Ausschnitt (Visualisierung: Kalender)

a) Der Zeitverlauf (Abb. 1.8) erlaubt eine übersichtliche Darstellung aller Daten. Mehrere hintereinander gestellte Abfragen werden parallel visualisiert. Dadurch lassen sich mehrere Abfragen im Zeitverlauf vergleichen. Befindet sich der Mauszeiger über der Grafik, werden detaillierte Informationen angezeigt (z. B. die Frequenz an einem konkreten Tag). Zudem kann gezoomt werden. Damit lassen sich kleinere Zeitabschnitte detaillierter betrachten. Die Zeitleiste unterhalb der Grafik passt sich dem Zoombereich an.

b) Die Kalenderansicht (Abb. 1.9) bildet eine Summe aller Abfragen. Dadurch lassen sich Peaks zu bestimmten Tagen besser optisch erfassen. Über die Farbskala unter dem Kalender lassen sich bestimmte Wertbereiche ein- und ausblenden.

c) Die dritte Visualisierung, in Form eines Sankey-Diagramms (Abb. 1.10), fokussiert mit der Darstellung nicht den Zeitverlauf, sondern vielmehr, welche Muster innerhalb einer Abfrage besonders häufig miteinander verknüpft sind. Dies ist insbesondere bei Mehrwortabfragen interessant. Abb. 1.10 zeigt Daten zu Abfragen: N = 2/Position 1: Lemma = sprechen/Position 2: POS = APPR (Präposition), z. B. „spricht von".

4. Unterhalb der Visualisierungen können die Visualisierungen angepasst werden. So kann gewählt werden, ob der Visualisierung absolute oder relative Frequenzen zugrunde gelegt werden. Zudem können unterschiedliche Granulierungen erzeugt (z. B. tage-, wochen- oder monatsweise) und die Glättung (gleitender Mittelwert) angepasst werden. Änderungen, die in diesem Bereich durch die Anwender erfolgen, führen zur einer direkten Neuberechnung der Grafiken im Webbrowser.

5. Der Bereich „Suchverlauf" zeigt eine sortierbare Tabelle mit allen Suchabfragen, die innerhalb einer Nutzungssitzung erfolgen. Einzelne Zeitreihen können an- und abgewählt werden. Für jede Zeitreihe visualisieren Sparklines den absoluten und relativen Frequenzverlauf direkt in der Tabelle. Dadurch lassen sich ggf. besonders stark schwankende Zeitreihen identifizieren. Andere Tools wie z. B. Google Ngram Viewer (https://books.google.com/ngrams) zeigen zu Abfragen immer nur die aggregierten Ergebnisse. Wir wollten den Anwenderinnen und Anwendern die Möglichkeit geben, die Ergebnisse zu explorieren und ggf. auch mit diesen zu inter-

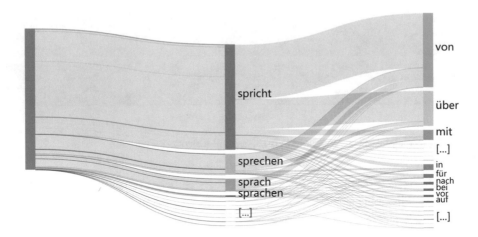

Abb. 1.10 OWIDplusLIVE-Ausschnitt (Visualisierung: Sankey-Diagramm)

agieren. Der Suchverlauf bietet die Möglichkeit, die Ergebnisse zu exportieren oder Suchen als Link zur Verfügung zu stellen.

1.3.2.3 Nutzungsstudie

Für eine erste kleine Nutzungsstudie wurden hausintern sechs Personen ausgewählt. Die Personen wurden so ausgewählt, dass ein breites Spektrum an möglichen Kompetenzen vorlag (z. B. technisches, lexikografisches oder korpuslinguistisches Hintergrundwissen). Die Personen wurden gebeten, in einer Zoom-Sitzung ihren Bildschirm freizugeben und laut auszusprechen, was sie bei der Benutzung der Programmoberfläche denken (Thinking-Aloud-Protokolle). Aus diesen Protokollen ergaben sich verschiedene Aufgaben, die dann in das erste finale Release eingearbeitet wurden. Hierzu zählen z. B. eine bessere Darstellung der Tabellenköpfe und zusätzliche Infoboxen, die weiterführende Informationen beinhalten.

1.3.2.4 Beispiele

Neben linguistischen Fragestellungen kann OWIDplusLIVE auch als eine Art „Ereignis-Detektor" genutzt werden. Ein Beispiel dafür ist eine Abfrage für eine 3-Wort-Sequenz (N = 3), wo das erste Element das Lemma „wahl" ist (also wird auch „wahlen" gefunden), das zweite Element die Wortform „in" und das dritte Element die Wortart (POS) „N*". „N*" findet sowohl NN (normale Nomen) als auch „NE" (Eigennamen). Wir zeigen hier bewusst keine Abbildung zum Rechercheergebnis, weil wir einerseits zum eigenen Experimentieren anregen möchten, andererseits ergeben sich die interessanten Effekte erst aus der Bedienung selbst und der Kombination mehrerer Elemente. Die oben genannte Abfrage findet Treffer wie bspw. „Wahl in Sachsen-Anhalt" oder „Wahlen in Israel". In der Liniendiagrammvisualisierung können wir immer dann einen Ausschlag nach oben beobachten, wenn (irgend)eine Wahl stattfand. In der Liste der Einzelergebnisse ist dann anhand der Sparklines rechts in der Liste zusätzlich noch ablesbar, wann diese Wahl stattfand. Wählt man in der Ergebnisliste gezielt ein bestimmtes Ergebnis aus, wird auch nur diese Wahl im Liniendiagramm visualisiert.

Mit einem weiteren Beispiel greifen wir das oben eingeführte Beispiel zu „corona macht/wütet/verändert" wieder auf. In OWIDplusLIVE können wir ähnliche Anfragen ebenfalls formulieren und zusätzlich herausfinden, was genau Corona denn „macht". Im konkreten Fall interessieren wir uns für Adjektive nach „corona macht", die Abfrage lautet also (N = 3): Wortform: corona; Lemma: machen; POS: ADJ* (findet sowohl ADJA als auch ADJD). In der Liste sehen wir (in absteigender Häufigkeit): corona macht's möglich, macht erfinderisch, macht sichtbar, macht fassungslos, macht höhere, macht deutlich, macht depressiv, macht blind, macht mobil usw.

Und was wird durch Corona „verändert"? Die Abfrage lautet hier: Wortform: corona* (so finden wir auch Wörter wie „Coronakrise" oder „Coronavirus"); Lemma: verändern; POS: N*. Die Ergebnisliste gibt uns einen guten Überblick darüber, welche verändernden Effekte in den ausgewerteten Pressetexten diskutiert wurden und werden: corona* verändert arbeitswelt, kaufverhalten, sexualverhalten, deutschland, weihnachten, bedingungen, tarifmodelle, einkaufsgewohnheiten, wohnbedürfnisse, bewusstsein, mobilitätsverhalten und schlaf. Hier ist u. a. interessant, dass die formulierten Veränderungspotenziale der Coronapandemie eher auf den Umstand der Pandemie abzielen und weniger auf die konkrete Krankheit.

1.4 Fazit

Unser übergeordnetes Ziel ist es, Sprachdaten so nah am Jetzt wie möglich zu erheben und für eine möglichst große Gruppe von Nutzenden, hauptsächlich aus der linguistischen Community, durchsuchbar und analysierbar zu machen. Als Datengrundlage haben wir uns für RSS-Feeds von deutschsprachigen Onlinequellen entschieden. Diese stellen eine flüchtige Datenmenge (analog zum kurzfristigen und ebenfalls „flüchtigen" News Cycle) dar und müssen daher kontinuierlich gesammelt werden. Der erste Prototyp einer App, die diese Datenmenge beherrschbar macht, hatte nach ca. einem Jahr kontinuierlicher Datensammlung deutliche Performanz- und Kapazitätsprobleme. Eine komplette Neu-Implementierung führte zum neuen Tool OWIDplusLIVE, das neben der Lösung der Probleme des Prototyps neue Features zur Verfügung stellt.

1.4.1 Implikationen

Die Auswertung von zeitnahen bzw. täglich aktualisierten Datenbeständen spielt für die meisten linguistischen Fragestellungen eher eine untergeordnete Rolle, da sich der Wandel von Sprache und Diskursen meist über längere Zeitabschnitte (eher in Jahren und Jahrzehnten) erstreckt. Die Coronapandemie zeigt uns aber, wie kurzfristig sich Krisen auf den Wortschatz auswirken können, wie sich Diskurse überschneiden und um „Deutungshoheit" gerungen wird. Um solcherlei Entwicklungen möglichst zeitnah nachvollziehen zu können, sind Korpora und entsprechende Auswertungstools nötig, mit denen man in der linguistischen Forschung näher am Jetzt operieren kann. Mit OWIDplusLIVE und dem zugrunde liegenden RSS-Korpus haben wir eine solche Forschungsbasis vorgestellt.

Für andere Unternehmungen im Bereich Data Science, völlig unabhängig von linguistischen Fragestellungen oder Sprachdaten, ist hier insbesondere der „Übergangsprozess" von einem Tool zum anderen interessant. Einerseits könnte man es als Fehlentscheidung abtun, ein Tool wie den cOWIDplus Viewer entwickelt zu haben. Zeigte sich doch recht schnell, dass es den Anforderungen einer wachsenden Datenbasis nicht gewachsen war. Andererseits ist es gerade dieser Lernprozess, der uns befähigte, mit OWIDplusLIVE ein neues, leistungsfähigeres Tool zu entwickeln. In diesem Sinne kann der cOWIDplus Viewer als eine Art Prototyp gesehen werden. Das ist auch genau die Stärke eines Frameworks wie R-Shiny: die schnelle Entwicklung von Prototypen ausgehend von Kernkompetenzen von Data Scientists, die meist starke Kompetenzen im Bereich Datenaufbereitung und -analyse aufweisen, aber weniger im Bereich Webentwicklung. Steht ein solches Prototypensystem, ist es meist viel einfacher und zielführender, ein nachhaltigeres und erweiterbares System zu erstellen, das auch zukünftigen Anforderungen an Speicherverbrauch und Performanz gewachsen ist.

1.4.2 Ausblick

Mögliche Erweiterung von OWIDplusLIVE betreffen einerseits den Einsatzbereich des Tools, andererseits die Funktionalität. Der Einsatzbereich ließe sich insofern erweitern, indem man die augenblickliche Verarbeitungspipeline auf andere Korpora erweitert, auch RSS-Quellen in anderen Sprachen ließen sich hier ohne Weiteres integrieren. Alle Komponenten der Pipeline und das Tool selbst sind quelloffen verfügbar. Wir selbst denken darüber nach, OWIDplusLIVE mit Pressemeldungen von Parteien und/oder den Plenarprotokollen des Deutschen Bundestags zu erweitern.

Neue Quellen legen neue Funktionalitäten nahe: So ließe sich OWIDplusLIVE bspw. um weitere Filterungsmöglichkeiten (z. B. Zeitung, Partei, Verfasser/in, Redner/in) ergänzen. Zudem wäre auch die Erweiterung auf Kookkurrenzen (Mehrwortverbindungen, bei denen die Wörter nicht direkt nacheinander stehen müssen) eine attraktive Möglichkeit, den Funktionsumfang von OWIDplusLIVE zu erweitern.

Literatur

Chang, Winston, Joe Cheng, JJ Allaire, Yihui Xie, und Jonathan McPherson. 2020. shiny: Web Application Framework for R (Version 1.4.0.2). https://CRAN.R-project.org/package=shiny.

McDonnell, Robert Myles. 2021. *tidyRSS: Tidy RSS for R*. https://CRAN.R-project.org/package=tidyRSS.

R Core Team. 2021. *R: A Language and Environment for Statistical Computing*. Vienna, Austria: R Foundation for Statistical Computing. https://www.R-project.org/.

Rüdiger, Jan Oliver. 2021. Artikel Korpus, In: Diskursmonitor. Glossar zur strategischen Kommunikation in öffentlichen Diskursen. Hrsg. von der Forschungsgruppe Diskursmonitor und Diskursintervention. https://diskursmonitor.de/glossar/korpus/.

Schmid, Helmut. 1994. Probabilistic Part-of-Speech Tagging Using Decision Trees. *International Conference on New Methods in Language Processing*. Manchester, UK. https://www.cis.uni-muenchen.de/~schmid/tools/TreeTagger/data/tree-tagger1.pdf.

Wolfer, Sascha, Alexander Koplenig, Frank Michaelis, und Carolin Müller-Spitzer. 2020. Tracking and analyzing recent developments in German-language online press in the face of the coronavirus crisis: COWIDplus Analysis and cOWIDplus Viewer. *International Journal of Corpus Linguistics* 25(3):347–359.

Wolfer, Sascha, Alexander Koplenig, Frank Michaelis, Carolin Müller-Spitzer, und Jan Oliver Rüdiger. 2022 (im Druck). Wie können wir den Einfluss der Corona-Pandemie auf die Verteilungen im deutschen Online-Presswortschatz messen und explorieren? In: Jahrbuch des Leibniz-Instituts für Deutsche Sprache 2021.

Dr. Sascha Wolfer ist wissenschaftlicher Mitarbeiter am Leibniz-Institut für Deutsche Sprache (IDS) in Mannheim. Er hat 2015 an der Universität Freiburg in Kognitionswissenschaft promoviert. Dabei beschäftigte er sich mit der Verständlichkeitsoptimierung von juristischen Fachtexten, wobei er vielen (bemitleidenswerten) Versuchsteilnehmerinnen und Versuchsteilnehmern u. a. Originalurteile des Bundesverfassungsgerichts vorsetzte und dabei Blickbewegungen aufzeichnete und analysierte. Seit 2013 ist er am IDS tätig und beschäftigt sich dort insbesondere mit Fragestellungen, bei denen quantitativ-statistische Analysen auf Sprachdaten in verschiedenster Form treffen.

Dr. Jan Oliver Rüdiger studierte Germanistik, Informatik und Kunstwissenschaft (Magister Artium) an der Universität Kassel, an der er auch mit der Arbeit „CorpusExplorer – Eine Software zur korpuspragmatischen Analyse" promovierte. Er arbeitete an der Universität Siegen als wissenschaftlicher Mitarbeiter am Lehrstuhl für computergestützte Sozio- und Diskurslinguistik. Seit Ende 2020 ist er als wissenschaftlicher Mitarbeiter am Leibniz-Institut für Deutsche Sprache (IDS) tätig. Seine Forschungsschwerpunkte befinden sich im Spannungsfeld zwischen Text-/Data-Mining und Data Science/Engineering.

Möglichkeiten und Grenzen polizeilicher Prognoseinstrumente am Beispiel des Projektes SKALA

2

Predictive Policing in Nordrhein-Westfalen (NRW)

Felix Bode und Florian Stoffel

Inhaltsverzeichnis

Zusammenfassung

Predictive Policing wird inzwischen weltweit bei Polizeien zur Prognose von Kriminalitätsbrennpunkten eingesetzt. Die Variationen in der methodischen Ausgestaltung sind in dem Zusammenhang groß. In Deutschland werden ebenfalls unterschiedliche

F. Bode (✉)
HSPV NRW, Leverkusen, Deutschland
E-Mail: felix.bode@hspv.nrw.de

F. Stoffel
Düsseldorf, Deutschland
E-Mail: fstoffel@fstoffel.de

© Der/die Autor(en), exklusiv lizenziert an Springer Fachmedien Wiesbaden GmbH, ein
Teil von Springer Nature 2023
L. B. Blum (Hrsg.), *Angewandte Data Science*,
https://doi.org/10.1007/978-3-658-39625-1_2

Ansätze in einzelnen Bundesländern verfolgt. Der folgende Beitrag basiert auf einem Vortrag anlässlich des 20. Treffens der „Data Science Darmstadt" (09.11.2020) und dokumentiert am Beispiel des Projektes SKALA aus NRW die Möglichkeiten und Grenzen polizeilicher Prognoseinstrumente. In diesem Kontext wird die Bedeutung von Predictive Policing als Strategie zur Bekämpfung des Wohnungseinbruchdiebstahls aufgezeigt, und die damit verbundene Nutzung kriminologischer Erkenntnisse zur Akquise von Daten und deren Verarbeitung erläutert. Anschließend erfolgt ein Überblick über vorhandene Grenzen, insbesondere im Hinblick auf methodische Herausforderungen in der polizeilichen Umsetzung. Der Beitrag schließt mit einem kritischen Ausblick auf mögliche Smartphone-Apps sowie die etwaige Nutzung von personenbezogenen Daten in zukünftigen Modell- und Prognoseerstellungen.

2.1   Begriffsbestimmung und Verortung in Deutschland

Die verstärkte Technisierung und Digitalisierung der letzten Jahrzehnte verändert nicht nur unsere Gesellschaft, sie stellt auch den öffentlichen Sicherheitsbereich vor neue Herausforderungen. Allen voran findet Data Science zunehmend Eingang in die Sicherheitsarchitektur von entsprechenden Behörden (vertiefend Egbert und Leese 2021). So fokussieren Polizeien vermehrt Predictive Policing, um ihre Arbeit effizienter und effektiver zu gestalten und auf (kriminal)politischer Ebene lassen sich ebenfalls vermehrt Vorstöße zur verstärkten Implementierung von prädiktiven Kriminalitätsanalysen registrieren (Seidensticker und Bode 2020: 7).

Die Auffassungen in der kriminologischen Literatur im Zusammenhang mit Predictive Policing sind sich hierbei grundsätzlich einig, dass sich das aus dem Englischen abgeleitete „predict" (vorhersagen) und „policing" (Polizeiarbeit) auf die Prognose unterschiedlicher Kriminalitätsphänomene bezieht (beispielsweise Bode und Seidensticker 2020). Der Schwerpunkt der polizeilichen Ausgestaltung liegt somit auf der delikt- und raumbezogenen Wahrscheinlichkeitsberechnung künftiger Straftaten. Die Resultate dieser Wahrscheinlichkeitsberechnungen werden regelmäßig kartografisch visualisiert, etwa indem für eine Stadt bestimmte Viertel mit höheren Kriminalitätswahrscheinlichkeiten optisch, zum Beispiel rot markiert, dargestellt werden. Berechnungen zur Wahrscheinlichkeit, wo und wann konkrete Täter oder Täterinnen ein bestimmtes Delikt begehen, sind mit der derzeitigen Verortung von Predictive Policing in Deutschland nicht vorgesehen und nicht bekannt. Personenbezogene Prognosen, vornehmlich durchgeführt in den USA, werden im wissenschaftlichen Kontext zur Abgrenzung auch als „individual-based predictive policing" oder „predictive profiling or scoring" (Sommerer 2017: 149) bezeichnet. Mit ersten Ansätzen prädiktiver, personenbezogener Risikobewertungen beschäftigen sich zwar zum Beispiel Verfahren wie die „Regelbasierte Analyse potenzieller destruktiver Täter zur Einschätzung des akuten Risikos – islamischer Terrorismus", kurz RADAR-iTE (Sonka et al. 2020), diese fallen begrifflich aber nicht unter Predictive Policing.

Aktuell wird Predictive Policing bei der Polizei in sieben Bundesländern eingesetzt und es werden Berechnungen durchgeführt, wo die Entwicklung von Kriminalitätsbrennpunkten, insbesondere beim Wohnungseinbruchdiebstahl (WED), wahrscheinlicher ist (Krasmann und Egbert 2019: 24 ff.). In diesem Zusammenhang sind auch bereits erste wissenschaftliche Evaluationen zu unterschiedlichen Umsetzungen dokumentiert (beispielsweise LKA NRW 2018a; Gerstner 2017). Wissenschaftlich belastbare Befunde zu gewählten Methoden, genutzter Ausgestaltung und deren Wirksamkeit verdichten sich folglich. Aufbauend auf den bisherigen Erkenntnissen der Forschung und den vorhandenen wissenschaftlichen Auseinandersetzungen werden nachfolgend die Möglichkeiten und Grenzen polizeilicher Prognoseinstrumente am Beispiel des Projektes SKALA aus NRW aufgezeigt. Das Projekt SKALA aus NRW ist in diesem Kontext exemplarisch ausgewählt, da zu diesem Projekt auch Evaluationsergebnisse vorliegen und eine kritische Reflexion ermöglicht wird.

2.2   Das Projekt SKALA in NRW

Das Ministerium für Inneres und Kommunales des Landes NRW (heute Ministerium des Innern des Landes NRW) beauftragte im ersten Quartal 2015 das Landeskriminalamt Nordrhein-Westfalen (LKA NRW) in Düsseldorf mit der Umsetzung eines Forschungsprojektes zu Predictive Policing. Mit dem Vorhaben der Untersuchung wurde der Zweck verfolgt, möglicherweise zukünftig die eigene Polizeiarbeit mit Predictive Policing strategischer und zielgerichteter unterstützen zu können. Das Projekt hatte die Bezeichnung „System zur Kriminalitätsauswertung und Lageantizipation", kurz SKALA. Kriminalitätsbrennpunkte sollten im Projekt SKALA mit Methoden von Predictive Policing und anhand von vorhandenen Kriminalitätsdaten schneller erkannt sowie Einsatzkräfte der Polizei effizienter eingesetzt werden (LKA NRW 2018b: 1). Im Abschlussbericht des LKA NRW werden die wesentlichen Ziele hierbei wie folgt beschrieben:

▶ „Die Hauptziele des Projektes SKALA bestanden darin, erstens die Möglichkeiten und Grenzen der Prognose von Kriminalitätsbrennpunkten sowie zweitens die Effizienz und Effektivität darauf aufbauender polizeilicher Interventionen im Rahmen eines Pilotversuchs zu prüfen." (LKA NRW 2018b: 2).

Anfang des Jahres 2015 hatten die Fallzahlen des WED in NRW mit 62.362 Fällen einen Höchststand erreicht (LKA NRW 2016: 114). Der kriminalpolitische Handlungsdruck war entsprechend groß, sodass mit Blick auf das geplante Forschungsvorhaben zu Predictive Policing zunächst der WED als mögliches zu prognostizierendes Deliktfeld geprüft werden sollte. Prüfungen im Vorfeld, die bereits im Wege von Deliktanalysen durchgeführt wurden, ergaben zudem, dass der WED im Feld von Predictive Policing ohnehin ein sehr gängiges Delikt darstellt. Hierbei sind vor allem drei Faktoren maßgeblich. Erstens ist die „raum-zeitliche Variabilität" beim WED besonders groß, was bedeutet, dass WED sich zu unterschiedlichen Tages- und Nachtzeiten über Stadtviertel und Straßenzüge einer Stadt registrieren lässt. Zweitens lässt sich WED räumlich exakt bestimmen, da der Tatort stets bekannt ist und drittens ist durch das vergleichsweise geringe Dunkelfeld von einer relativ guten, im Sinne einer fast vollständigen, Datenlage im Hellfeld auszugehen.[1] Diese Umstände bedingen in ihrer Summe, dass WED als mögliches zu prognostizierendes Delikt sich gut eignet (Seidensticker und Bode 2018: 22).

Die Notwendigkeit eines (sozial)wissenschaftlich basierten Vorgehens wurde in wissenschaftlichen Auseinandersetzungen bereits im Vorfeld mehrfach betont und gefordert (beispielsweise Pollich und Bode 2017). Mit Beginn des Projektes SKALA und der ersten Prüfung des WED als zu prognostizierendes Delikt wurde deshalb auch der Anspruch formuliert, parallel eine objektive, externe Evaluation durchzuführen, Datenhoheit zu behalten sowie ein unabhängiges und offenes System zu schaffen. Dies macht es notwendig, eine transparente, nachvollziehbare Methodik zu wählen, die die Bedienbarkeit durch Polizeibedienstete sicherstellte und theoriegeleitet vorging (LKA NRW 2018a: 9). Detailliert und differenziert beschreiben Berthold und Werner (2020: 182 f.) dies wie folgt:

Die Nutzung von Softwarelösungen im Bereich von Predictive Policing, die eine Datenverarbeitung außerhalb des Verfügungs- und Einwirkungsbereiches der Forschungsstelle vorgesehen haben, wurde von Anfang an ausgeschlossen. Denn die konsequente Gewährleistung von Datenhoheit trägt zu einem transparenten und nachvollziehbaren Vorgehen bei und ermöglicht, dass ein unabhängiges und offenes System geschaffen werden kann. Ferner wurde mit einem solchen Anspruch die Möglichkeit etabliert, eigene Prognosemodelle zu erstellen und bestehende (polizeiliche) Bedarfe, unabhängig von externen Drittanbietern, umzusetzen. Transparenz und Bedienbarkeit durch Polizeibedienstete ließ sich sicherstellen, indem auf allen Entscheidungs- und Umsetzungsebenen der Polizei entsprechende Nachvollziehbarkeit geschaffen wurde. Für die Erlangung der erforderlichen Expertise wurden noch in der Projektphase qualifizierte Bedienstete, überwiegend aus den Fachrichtungen der Informatik, Physik sowie Geografie, eingestellt.

Die objektive, externe Evaluation wurde durch die Gesellschaft für innovative Sozialforschung und Sozialplanung e. V. Bremen (GISS), in Kooperation mit der Zentralstelle Evaluation beim LKA NRW (ZEVA), durchgeführt. Die Ergebnisse zur Wirksamkeit des Projektes SKALA liegen in Form eines ausführlichen Berichtes vor (LKA NRW 2018a).

---

[1] Kriminologisch betrachtet ist das Dunkelfeld die Summe aller den Strafverfolgungsbehörden (Polizei, Zoll, Justiz …) nicht bekannt gewordenen Delikte. Das Hellfeld stellt im Gegenzug alle den Behörden bekannt gewordenen Delikte dar. Diese werden in der Regel in der jährlich erscheinenden Polizeilichen Kriminalstatistik anschaulich dokumentiert.

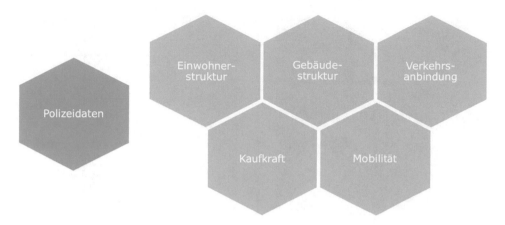

Abb. 2.1 Illustration der Datenbasis von SKALA. (Datenbasis (LKA NRW 2018b: 22))

2.3 Theoriegeleitetes Vorgehen zur Datenakquise

Der Anspruch des Projektes SKALA in NRW bestand unter anderem darin, wie zuvor dokumentiert, theoriegeleitet vorzugehen und auf diese Art und Weise eine nachvollzieh-bare und transparente Datenakquise zu gewährleisten. Das bedeutet explizit: Das theorie-geleitete Vorgehen war so ausgestaltet, dass hypothesengestützt vorgegangen wurde und kriminologische Forschungsbefunde mit polizeilichem Expertenwissen verbunden wurden, um auf diese wissenschaftlich generierte Hypothesen für das Delikt WED auf-zustellen (Seidensticker und Bode 2018: 22 f.). Exemplarisch können in diesem Kontext Rational-Choice-Theorien aus der Kriminologie angeführt werden, die der grundsätz-lichen Annahme folgen, dass Täter oder Täterinnen eine Kosten-Nutzen-Abwägung durchführen, bevor eine Tat begangen wird (Pollich und Bode 2017: 5).

Aufbauend auf diesem theoretischen Konstrukt ließe sich für das Delikt des WED und eine mögliche Prognose die Hypothese formulieren: „Je höher der Wert des erwarteten Diebesguts in einer bestimmten Gegend ist, desto größer ist die Wahrscheinlichkeit eines Einbruchs in dieser Gegend". Wenngleich diese Hypothese nur eine von vielen möglichen darstellt, so wurde durch ein solches Vorgehen methodischer Art gewähr-leistet, dass belastbare kriminologische Theorien Eingang in die Modell- und Prognose-erstellung fanden. Darüber hinaus sichert ein solches theoriegeleitetes Vorgehen eine präzisere Datenakquise. Denn für die Nutzbarmachung der theoretischen Annahmen für eine Datenauswahl und Kriminalitätsprognose wurden in einem Folgeschritt mögliche geeignete Indikatoren zur Messung und Operationalisierung gesucht.

Im Zusammenhang mit der zuvor angeführten Hypothese könnten beispielsweise Indikatoren wie die Kaufkraft eines Viertels, der Mietspiegel einer Gegend oder die Exklusivität eines Quartiers messbare, datenbasierte Indikatoren bilden. Eine wahllose und in Teilen möglicherweise nicht zusammenhängende Datenauswahl konnte so ver-

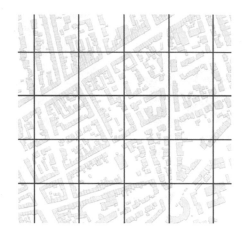

Abb. 2.2 Darstellung der Quartiere. Links als Wohnquartier, rechts in Form regelmäßiger Boxen beziehungsweise als Gitter. (Wohnquartiere und Boxen als Prognosegebiete (Bode et al. 2017: 5))

mieden werden. Gleichzeitig wurde das Risiko von Scheinkorrelationen gesenkt, denn es wurden nur für die Prognose potenziell relevante Datenquellen identifiziert. Die Datenbasis umfasste in diesem Kontext, neben den umfänglich zur Verfügung stehenden polizeilichen Vorgangsdaten auch sozioökonomische, soziodemografische und gebäude-spezifische Daten (Seidensticker und Bode 2018: 23). Abb. 2.1 zeigt exemplarisch die Datenbasis der im Projekt SKALA in NRW verwandten „Datentöpfe":

Die in Abb. 2.1 visualisierten „Datentöpfe" enthielten hierbei eine Vielzahl mög-licher (Einfluss-)Variablen, die aus den zuvor generierten Hypothesen und Indikatoren generiert wurden. Daten zur Einwohnerstruktur wiesen beispielsweise Informationen zu Haushalten nach Altersgruppen auf, Daten zur Gebäudestruktur, Informationen zur Qualität der Wohnlage, Daten zur Verkehrsanbindung, Informationen zu Entfernungen zu Autobahnen, Daten zur Kaufkraft, Informationen zum Einkommen von Haushalten sowie Daten zur Mobilität, Informationen zur Zulassung von Fahrzeugtypen (LKA NRW 2018b: 22). Die räumliche Bezugsgröße der (Einfluss-)Variablen war dabei stets das sogenannte Wohnquartier, welches aus durchschnittlich 400 Haushalten mit größtmöglicher Homogenität gebildet wurde. Räumlich kleinere Wohnquartiere fanden sich in diesem Kontext vermehrt im Stadtzentrum, da hier die Haushaltsdichte größer ist. Größere Wohnquartiere fanden sich dagegen vermehrt in ländlich geprägten Gebieten (LKA NRW 2018b: 29). Abb. 2.2 veranschaulicht Wohnquartiere als Prognosegebiete und grenzt diese zugleich zu Boxen als Prognosegebiete ab.

Für operativ tätige Polizeikräfte sollte der Prognoseraum, hier für die Prognose von WED, stets so groß gewählt werden, dass dieser polizeilich gut verwendet werden kann, beispielsweise im Rahmen der motorisierten Bestreifung durch die Polizei. Die polizei-liche Praxis nutzt im Zusammenhang mit Predictive-Policing-Umsetzungen meist Boxen als Prognosemodelle (zum Beispiel Gitterzellen in der Größe von 250 m × 250 m, siehe

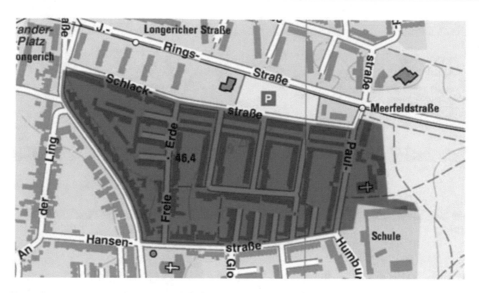

Abb. 2.3 Prognosegebiet innerhalb einer städtischen Umgebung (rote Fläche). (Markiertes Prognosegebiet (LKA NRW 2018b: 47))

Abb. 2.2 rechts). Problematisch dabei sind hierbei allerdings willkürliche Grenzen und Abgrenzungen von Gebieten, die möglicherweise strukturell sehr ähnlich sind und deshalb in einem Prognoseraum zusammengefasst werden sollten.

Der Vorteil in der Nutzung von Wohnquartieren liegt dagegen in der Einteilung des Raumes entlang tatsächlich vorhandener Grenzen, die beispielsweise durch die Bebauung entstanden sind. Willkürliche Durchschneidungen wie bei Gitterbox-modellen kommen nicht vor. Soziale und geografische und, wie angeführt, bauliche Barrieren bestimmen die tatsächliche räumliche Ausdehnung des Quartiers. Diesen Unterschied hebt Abb. 2.2 deutlich hervor. Die Wohnquartiere wurden für diesen Zweck im Projekt SKALA mit dem Clusteralgorithmus DBSCAN (Density-Based Spatial Clustering of Applications with Noise; Ester et al. 1996) berechnet (Bode et al. 2017: 4). Darüber hinaus wurden die Prognosegebiete (Wohnquartiere) in der Regel rot markiert dargestellt, wie auch exemplarisch die Abb. 2.3 zeigt.

2.4 Predictive-Policing-Prozess

Der Predictive-Policing-Prozess muss als komplexes Verfahren verstanden werden. Mehrere Arbeitsschritte bauen systematisch aufeinander auf, greifen ineinander. Nur die Betrachtung der Modellierung oder der Prognose als „Produkt" wird der Komplexität des Prozesses nicht gerecht. So nehmen neben der Modellierung und Prognoseberechnung vor allem die Auswahl, Sammlung und Aufbereitung von Daten einen zentralen Punkt

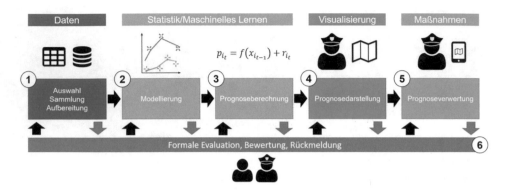

Abb. 2.4 Illustration des Predictive-Policing-Prozesses. (Predictive-Policing-Prozess (Bode et al. 2017: 2))

ein, ebenso wie die Darstellung und „Verwertung" der Prognosen. Mit Verwertung der Prognosen ist in diesem Zusammenhang die Umsetzung in polizeiliche Maßnahmen (beispielsweise erhöhte Präsenzstreifen) gemeint. Abb. 2.4 zeigt diesen Prozess exemplarisch und illustriert, dass der Predictive-Policing-Prozess auf dem sogenannten „KDD-Prozess" von Fayyad et al. (1996) beruht.

Die nachfolgenden Erläuterungen erfolgen anhand des in Abb. 2.4 visualisierten Predictive-Policing-Prozesses. Jeweils im Anschluss an die Dokumentation der einzelnen Schritte des Predictive-Policing-Prozesses werden zudem die damit einhergehenden, wesentlichen Herausforderungen dokumentiert. Diese sind nicht abschließend, stellen aber zumindest die besonders zentralen Herausforderungen dar, die sich im Projekt SKALA immer wieder zeigten und sicherlich auch auf andere Predictive-Policing-Umsetzungsmöglichkeiten übertragbar sind. Das Augenmerk wird in dem Kontext auf die Methodik der analytischen Umsetzung beziehungsweise einen ihrer Seitenaspekte gerichtet. Ferner wird im Sinne der aktuellen Entwicklungen im Bereich von „Explainable AI" (XAI) (Holzinger 2018) ein Schwerpunkt auf mögliche Einsichten beziehungsweise den Begriff der „Transparenz" in den involvierten Prozessen gelegt, wie er in Abschn. 1.2 auch als Ziel des Projektes SKALA dargestellt wurde. Dieser Schwerpunkt ist von besonderer Bedeutung, da umsetzende Behörden stets eingehenden Auskunfts- und Informationspflichten nachgehen können.

2.4.1 Datenauswahl, -sammlung und -aufbereitung

Gegenstand des ersten Schrittes ist grundsätzlich die Datenauswahl, -sammlung und -aufbereitung als Basis aller weiteren Arbeitsschritte einer Predictive-Policing-Umsetzung. Entsprechend wichtig ist es, an dieser Stelle schon auf die Qualität, insbesondere Plausibilität und Reliabilität, der einzelnen „Datentöpfe" zu achten. Im

Projekt SKALA hat die Zusammenführung von polizeilichen Daten, wie beispielsweise das Vorkommen von bestimmten Delikten, sowie nicht polizeilichen Daten, zum Beispiel Informationen über die Wohnbebauung, stattgefunden (LKA NRW 2018b: 43 f.). Wie schon dargestellt, ist es hierbei essenziell, dass alle Datenquellen über eine entsprechende geografische Referenz und damit über die Möglichkeit der geografischen Verortung von für die Polizeipraxis praktikabler Granularität verfügen. In Abschn. 1.3 ist vorangehend erläutert worden, dass im Projekt SKALA ein Großteil der Datensätze anhand einer wissenschaftlichen Auseinandersetzung mit den Phänomenbereichen identifiziert wurde und damit grundsätzlich zur Beschreibung der im folgenden Schritt modellierten Phänomene verwendet werden konnte.

Die Daten werden miteinander integriert, sodass ein im nächsten Schritt nutzbarer, verlässlicher Datensatz entsteht, der die gewünschten Merkmale enthält, die in eine Prognoseberechnung einfließen sollen. Wie im Vorfeld schon dargestellt war im Projekt SKALA die Art und Quelle der Datensätze, die zusammengeführt wurden, sehr variabel und grundsätzlich unbeschränkt. Jedoch hatten sie die Gemeinsamkeit, dass keine individuellen, personenbezogenen Informationen verarbeitet wurden, weil der Ansatz dieser Predictive-Policing-Umsetzung grundsätzlich auf geografischen Informationen und Bezugsgrößen operierte, die keinen Bezug zu Personen hatten.

Herausforderungen Ausgehend von der grundlegenden Natur der Datensätze, welche die Grundlage für alle weiteren Berechnungen innerhalb des Predictive-Policing-Prozesses darstellen, ist eine klare Dokumentation der Auswahl der verschiedenen Datensätze wichtig. Im Projekt SKALA wurde dies durch die theoretische Fundierung der Datensatzauswahl mittels kriminologischer Theorien erreicht, die zur Ableitung von gewünschten Merkmalen des Ausgangsdatensatzes herangezogen wurden. Die Ausführungen in Abschn. 1.3 zeigen dies anschaulich. Auch sollte dokumentiert sein, aus welchen Datenquellen die einzelnen Teile des Datensatzes stammen. Hierzu gehört nicht nur eine Nennung, sondern auch die Erfassung von Metadaten, wie beispielsweise dem Datum der letzten Aktualisierung oder die Ergebnisse einer Plausibilitätsprüfung. Dies ist besonders für die Eingaben aus polizeilichen Datenquellen entscheidend, da deren Aktualität erfahrungsgemäß den Großteil der zu erwartenden Varianzen abbildet (beispielsweise LKA NRW 2018b: 51 ff.). Als letzten Teil eines transparenten Datenmanagements sollten eine Vorbereitung der verschiedenen Datenquellen und der finale Schritt des Zusammenfügens dokumentiert und einsehbar sein. Dies kann durch die angewandte Methodik geschehen, die durch den Programmcode und dessen Dokumentation einsehbar wird als auch die inkrementelle Aktualisierung des schon vorliegenden Datensatzes mit Nachvollziehbarkeit der einfließenden Änderungen. Mit den genannten Arbeitsschritten ist es sodann möglich, die Datengrundlage einer Predictive-Policing-Umsetzung zu dokumentieren und bei Bedarf entsprechend zu kommunizieren.

2.4.2 Modellierung und Prognoseberechnung

Nachdem die Datenbasis im vorherigen Schritt geschaffen wurde, folgt nun die Modellierung des betrachteten Phänomens. Hierbei können geeignete statistische Methoden, wie beispielsweise Entscheidungsbäume oder weitere Klassifikationsverfahren angewandt werden, damit für die einzelnen, in Abb. 2.2 dargestellten Prognoseräume entsprechende Wahrscheinlichkeiten berechnet werden können. Problematisch ist hierbei, dass grundsätzlich kein allumfassendes Modell zur Erklärung von Straftaten existiert. Dies ist unmittelbar einsichtig, wenn man sich die Einflussgröße wie „Tatgelegenheit" vor Augen führt, die für jedes mögliche Delikt unterschiedlich ausgeprägt und damit unmöglich zu erfassen ist. Deshalb ist Predictive Policing prädestiniert für interaktives Maschinelles Lernen, beispielsweise mittels Methoden des „Human-Centered Machine Learning" (Sacha et al. 2017), die es erlauben, entsprechende Lücken in den Datensätzen durch Erfahrung zu füllen, die bei Experten für entsprechende Phänomene durchaus vorhanden sind, aber einer Datenbasis entbehren. In der Modellierungs- beziehungsweise Trainingsphase muss dies nicht „blind" geschehen, liegen doch typischerweise vergangenheitsbezogene Informationen zu Deliktvorkommnissen vor, die, neben Qualitätsmaßen der Modelle, zur Evaluation der Experteneingaben und deren Auswirkungen auf die Modellgüte verwendet werden können.

Ergebnis der Modellierung ist klassischerweise ein Modell, das anhand der ausgewählten Daten und der angewendeten Modellierung in der Lage ist, Prognoseräume mit einer individuellen Wahrscheinlichkeit zu versehen. Dieser Teilschritt, hier als Prognoseberechnung bezeichnet, produziert die operativ nutzbaren Informationen für eine Anwendung des Predictive Policing im Sinne polizeilicher Maßnahmen.

Im Projekt SKALA wurden für das Delikt WED wöchentlich individuelle, statistische Einbruchswahrscheinlichkeiten berechnet. Die Kriminalitätsprognosen wurden für die jeweilige Gesamtfläche (alle Wohnquartiere) einer Stadt erstellt und nicht ausschließlich für ausgewählte Quartiere. Je nach Größe einer Polizeibehörde variierte die Anzahl der Wohnquartiere auffallend, sodass beispielsweise in Köln 1360 und in Gelsenkirchen 277 Wohnquartiere vorhanden waren (Seidensticker und Bode 2018: 24).

Herausforderungen Neben einer transparenten Datenauswahl ist die transparente Modellierung und Prognoseberechnung ebenfalls essenziell für den Erfolg von Predictive-Policing-Umsetzungen. An dieser Stelle ist die wichtigste Quelle von Transparenzinformation das berechnete Modell und die zur Berechnung verwendeten Hyperparameter. Dabei bestehen grundsätzliche Unterschiede bei verschiedenen Modellfamilien und deren Nachvollziehbarkeit. Es ist unmittelbar einsichtig, dass die Möglichkeiten eines Naive-Bayes-Klassifikators sehr unterschiedlich zu dem eines künstlichen neuronalen Netzes sind. Liegen bei letzterem eine potenziell sehr große Menge von „Hidden Layern", Anzahl und Natur der eingesetzten Aktivierungsfunktionen und daraus resultierenden Übergängen vor, ist der Bayes-basierte Klassifikator grundsätzlich einfacher nachzuvollziehen.

Im Rahmen des Projektes SKALA wurden zur Projektentwicklung Entscheidungsbäume verwendet, lieferten diese doch ein klares und darstellbares Modell von Entscheidungen der involvierten Kriterien und Ergebnisse. Obwohl die eingesetzten Entscheidungsbäume im Projekt SKALA mitunter sehr tief und breit wurden, konnte mit entsprechenden Hilfsmitteln zu deren Visualisierung zumindest die Menge an Entscheidungen sowie deren konkrete Ausgestaltung visuell und einfach zugänglich dargestellt werden. Die Tatsache, dass die Entscheidungskriterien ebenfalls nachvollziehbar waren, da sie den verwendeten Merkmalen und meist bestimmten Wertebereichen entsprachen, machte es im Projekt SKALA möglich, den durchaus vorhandenen Bedarf an Nachvollziehbarkeit und Erklärbarkeit seitens der involvierten Polizeibehörden zu decken. Für die Kommunikation innerhalb der Polizei hatte sich dies als großer Pluspunkt der Umsetzung erwiesen (LKA NRW 2018b: 83).

Der Einsatz weiterer, komplexerer Berechnungsmethoden ist grundsätzlich möglich und je nach Natur der Datensätze und der konkreten Fragestellung auch sinnvoll. Jedoch sind solche Methoden und deren Ergebnisse teilweise nur unzureichend dokumentier- und kommunizierbar. An dieser Stelle sei auf das aktuelle Forschungsfeld XAI verwiesen, wie beispielsweise von Angelov et al. (2021), das sich explizit auf die Erforschung von Methoden zur Erläuterung entsprechender Rechenvorschriften konzentriert.

Umsetzung in SKALA Wie angesprochen zeichnet sich der Gegenstand der Implementierung von SKALA beziehungsweise Predictive Policing im Allgemeinen durch eine besondere Sensitivität in der Verwendung der Berechnungsergebnisse aus. Sei es, weil dadurch die knappen Personalressourcen von Polizeibehörden gesteuert werden, oder auch, weil sich die häufigere Anwesenheit von uniformierten Polizeistreifen auf das Sicherheitsgefühl der Bürger und Bürgerinnen auswirken und damit direkte Auswirkungen auf die wahrgenommene Umwelt als solche haben kann.

Deshalb konzentrierte sich die Umsetzung innerhalb der Projektphase auf eine möglichst große Transparenz der angewendeten Berechnungsmethode. Damit sollte gewährleistet werden, dass Rückfragen aus Polizeibehörden als auch der Bevölkerung zu jeder Zeit umfassend beantwortet werden können. Das Ergebnis der Modellierung reduziert sich auf die Berechnung und damit Zuweisung einer Eintrittswahrscheinlichkeit des prognostizierten Deliktes mit Bezug auf die verwendeten Wohnquartiere, siehe Abschn. 1.2.

Eine erste Umsetzung der Prognoseberechnung war daher die Anwendung von Entscheidungsbäumen zur Klassifikation, hier als Risikobewertung der einzelnen Wohnquartiere, zu verstehen. Eine ausführliche Darstellung der genutzten Ansätze findet sich im Abschlussbericht des Projektes (LKA NRW 2018b: 52 f.). Als Mittel zur Modellierung und Prognose wurde eine interaktive Umsetzung des CHAID-Entscheidungsbaumes gewählt (Kass 1980). Neben der Möglichkeit, interaktiv Entscheidungskriterien und deren Splits zu wählen, bot das Ergebnis ein hohes Maß an Nachvollziehbarkeit. Denn für jedes Wohnquartier, das Gegenstand der Berechnungen eines entsprechenden Entscheidungsbaumes war, konnten alle Merkmale und entsprechende Wertebereiche zur Erklärung der Prognoseergebnisse herangezogen werden. Ebenfalls war es grundsätzlich möglich, sinnvoll nutzbare visuelle Darstellungen der Entscheidungsbäume anzufertigen und diese als Erklärungs- und Erläuterungsmittel der berechneten Prognosen beizufügen. Gerade zum Beginn der Projektphase waren visuelle Darstellungen dieser Art für die Nachvollziehbarkeit von besonderem Vorteil.

Mit dem im Laufe der Monate und Jahre verstärkten Ausbau von SKALA und der damit einhergehenden Vergrößerung des abzudeckenden Bereichs der Prognosen erwies sich der zu Beginn gewählte Ansatz des interaktiven Entscheidungsbaumes allerdings in der Praxis als nicht mehr handhabbar. Während die zugrunde liegenden Datenmengen weiterhin handhabbar gewesen wären, machte insbesondere die Darstellung immer tiefer und breiter werdender Entscheidungsbäume und damit einhergehend ein immer größerer Kommunikationsaufwand, als auch die manuelle Pflege der Bäume selbst, deren Nutzung auf Dauer nicht praktikabel. Entsprechend wurde nach weiteren Möglichkeiten gesucht, Prognosen zu berechnen beziehungsweise wurden verschiedenste Berechnungsmethoden getestet, wie dem Abschlussbericht im Projekt SKALA zu entnehmen ist (LKA NRW 2018b: 54). Ebenfalls wurde eine umfassende Analyse der vorliegenden Datensätze hinsichtlich zu verwendender Merkmale durchgeführt (LKA NRW 2018b: 56 ff.) sowie deren Auswirkungen auf die Modellperformance und ihren Einfluss auf einzelne Modellierungsmöglichkeiten analysiert (LKA NRW 2018b: 61 ff.).

Zum Ende der Projektphase wurde die Umsetzung eines eigenen, mehrstufigen Verfahrens begonnen, das besonders starken Fokus auf die zuvor verstärkt gefundenen Zusammenhänge von Raum (Wohnquartier) und Zeit (der in den Polizeidaten erfasste Zeitpunkt beziehungsweise Zeitraum eines Delikts) setzt. Dieses Verfahren, als Raum-Zeit-Cluster-Analyse (RZC) bezeichnet, nimmt Abstand von der initialen Aufteilung des Prognoseraumes in Wohnquartiere. Stattdessen setzt es auf eine Berechnung, die auf einer zeitlichen Partitionierung als auch den geografischen Abständen der Deliktsvorkommnisse basiert, um entsprechende Cluster von Delikten in Raum und Zeit zu bilden. Die Details zur Methode sind ebenfalls im Abschlussbericht des Projekt SKALA dokumentiert (LKA NRW 2018b: 63 ff.). Die Operationalisierung der Ergebnisse geschieht in einem letzten Schritt, bei dem die berechneten Cluster über eine räumliche Aggregation auf die Wohnquartiere übertragen werden. Die Berechnung der Bewertung jedes einzelnen Wohnquartiers, basierend auf der Bewertung (Scoring) der aggregierten Raum-Zeit-Cluster, bildet dabei den letzten Schritt der RZC-Berechnungen. Diese selbst entwickelte Methodik verliert an unmittelbarer Transparenz, die einzelnen RZC-Cluster lassen sich jedoch auf die zugrunde liegenden einzelnen Delikte hinsichtlich Raum und Zeit zurückführen. Damit ermöglich das RZC-Verfahren eine weniger allgemeine, nichtsdestotrotz aber für den Einsatz innerhalb der Polizei sinnvolle Erklärung der Cluster und der daraus resultierenden Bewertung der Wohnquartiere. Weitergehende

Arbeiten, die sich mit tiefergehenden Eigenschaften der Daten befassen, finden sich zum Beispiel in der Arbeit von Post (2020).

2.4.3 Prognosedarstellung (Visualisierung)

Nachdem die Prognosen berechnet wurden, muss die Information in geeigneter Weise an die ausführenden Polizeibehörden kommuniziert werden. Dieser Schritt ist von hoher Relevanz, denn auch das Projekt SKALA setzte nicht auf eine fixierte Vorgabe zur Umsetzung, sondern ermöglichte den angeschlossenen Polizeibehörden die weitere Verarbeitung der Prognoseinformationen. Dies beinhaltete unter anderem eine Plausibilitätsprüfung im Kontrast mit dem aktuellen Deliktgeschehen, eine Bewertung der Prognosegebiete hinsichtlich der Behördenstrategie und nicht zuletzt eine Anpassung der Umsetzung im Hinblick auf zur Verfügung stehende individuelle behördliche Ressourcen. Solche Bewertungsschritte können dazu führen, dass nur eine Auswahl von Prognosegebieten oder möglicherweise auch gar keine Prognoseinformation im Laufe des Prognosezeitraums (im Projekt SKALA eine Woche bei WED) verwendet werden. Das Projekt SKALA verstand sich deshalb als ein Werkzeug zur Ressourcenplanung und Prävention, das auf Grundlage der zentralisiert vorgenommenen Berechnungen von jeder Behörde auf deren individuelle Prioritäten, Möglichkeiten und aktuelle Geschehnisse im betrachteten Deliktfeld angepasst werden konnte (LKA NRW 2018b: 79 ff.).

Diese Flexibilität stellt Anforderungen an die Art und Weise der Kommunikation, denn im Idealfall sollte die Kommunikation eine solche Bewertung direkt und ohne Mehraufwand ermöglichen, um den Gesamtaufwand zur Umsetzung in der jeweiligen Polizeibehörde möglichst gering zu halten. Ziel ist in der Regel die Maßgabe, den erforderlichen Personalaufwand in der Behörde zu reduzieren, den Zeitraum von der Prognoseberechnung hin zur polizeilichen Umsetzung zu minimieren sowie eine im Sinne des Changemanagements gute Akzeptanz der neuartigen Anwendung durch einfache, angemessene Kommunikation zu erreichen.

Für eine einfache Zugänglichkeit und Interpretierbarkeit haben sich im polizeilichen Umfeld Visualisierungen auf geografischer Basis als nützlich erwiesen, weshalb für das Projekt auch ein entsprechender Prototyp entwickelt wurde (Stoffel et al. 2018): Das Visualisierungssystem bot eine einfache Geovisualisierung von einzelnen Delikten in Punktform auf einer Karte als auch der Wohnquartiere beziehungsweise Prognosegebiete als farbige Flächen. Dabei konnten die Eigenschaften, wie Füllfarben, Transparenz der jeweiligen Darstellungen als auch deren Anzeigereihenfolge, mittels einer einfach zu bedienenden grafischen Benutzeroberfläche angepasst werden. Dies ermöglichte die Darstellung einer Prognose sowie die Anreicherung der Prognoseinformation durch weitere Polizeidaten mit wenigen Klicks, die über ansprechend gehaltene Schnittstellen zudem auf der angezeigten Karte dargestellt werden konnten. Abb. 2.5 stellt eine solche Visualisierung exemplarisch dar, wobei einzelne Delikte mittels einer Punktwolke („Heatmap") dargestellt werden. Prognosegebiete werden durch rote Flächen, wie bereits

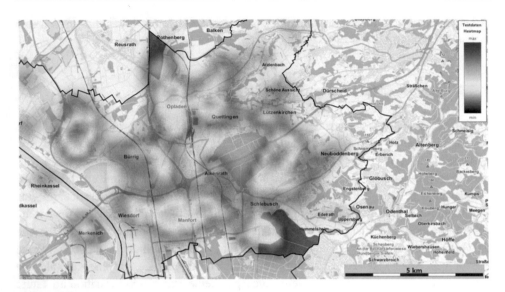

Abb. 2.5 Dichtekarte eines Deliktes in Kombination mit Prognosegebieten (rote Flächen). (Heatmap (LKA NRW 2018b: 49))

in Abb. 2.3 dokumentiert, dargestellt. Entsprechende Abbildungen konnten mittels Exportfunktionen als Bild oder PDF-Datei direkt im Visualisierungssystem erzeugt und an Polizeiinstitutionen weitergegeben werden (LKA NRW 2018b: 47 f.).

Herausforderungen Die Prognosedarstellung wurde im Projekt SKALA auf zwei verschiedene Arten realisiert. Die erste Art war die visuelle Darstellung der Berechnungen, sodass neben der tabellarischen Form auch mit einer grafischen Darstellung von Prognosen gearbeitet werden konnte. Eine exemplarische Darstellung ist der Abb. 2.5 zu entnehmen. Die zweite Art, wie Prognosen dargestellt werden können, sollte für einen Nachvollziehbarkeitseffekt sorgen. Dazu wurde explizit keine Ausgabe der angewandten Modellierungs- beziehungsweise Berechnungsmethoden verwendet, sondern die innerhalb des Projektes SKALA berechneten Wahrscheinlichkeiten auf ihrer räumlichen Bezugsgröße (Wohnquartier, Abschn. 1.3) dargestellt. Neben der Visualisierung der berechneten Wahrscheinlichkeiten in Bezug auf ihre geografische Referenz bestand so die Möglichkeit, weitere geografisch referenzierte Daten mit den Prognosen grafisch in Relation zu setzen, was Abb. 2.6 auch veranschaulicht.

Polizeiliche Anwender konnten die Darstellung beliebig anpassen, insbesondere bestand die Möglichkeit, Informationen aus polizeilichen Systemen in grafische Relation mit den Ergebnissen der Prognoseberechnung zu setzen, gezielt entsprechende Prognosen zu bewerten und in die polizeiliche Maßnahmenplanung zu übernehmen (LKA NRW 2018b: 83).

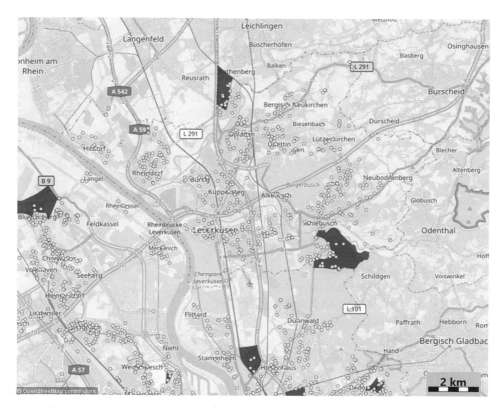

Abb. 2.6 Prognosedarstellung (rote Flächen) in Relation mit weiteren Geodaten (gelbe Punkte). Dargestellt sind exemplarisch generierte Beispieldaten. (Prognosedarstellung in Relation mit weiteren Geodaten)

2.4.4 Prognoseverwertung (Maßnahmen)

Im Anschluss an die Prognosedarstellung beziehungsweise Visualisierung erfolgt grundsätzlich deren Verwertung mit dem Ziel, dass konkrete polizeiliche Maßnahmen umgesetzt werden (sollen). Im Zusammenhang mit dem Projekt SKALA wurden die hierfür erforderlichen Datensätze und Visualisierungen an die zuständigen Polizeibehörden digital übermittelt. In der jeweiligen Polizeibehörde konnten anschließend kriminalfachliche Überlegungen zu der angelieferten Prognose stattfinden, die allen voran lokale Erkenntnisse zu geografischen Strukturen des Wohnquartieres oder aber die aktuelle Kriminalitätslage miteinbezogen haben, wie zuvor im Abschn. 1.4.3 auch bereits erwähnt wurde. Informationen zu Veranstaltungen (zum Beispiel Fußballspielen) konnten ebenfalls Eingang in die fachliche Bewertung finden (Berthold und Werner 2020: 185 f.). Ein solches Vorgehen sichert die maschinell in einer anderen polizeilichen Organisationseinheit erstellte Kriminalitätsprognose dahin gehend ab, dass Einflussfaktoren außerhalb der in den Daten vorhanden Informationen ebenfalls noch berücksichtigt werden können. Ortskundige Fachkräfte der Polizei können somit ihr Expertenwissen noch gezielt, parallel zur Kriminalitätsprognose, einbringen. Die Prognoseverwertung in Form von polizeilichen Maßnahmen kann hierbei vielfältig ausgestaltet werden. Denkbar sind im Kontext der Bekämpfung des WED neben Präsenzstreifen beispielsweise besondere Aufklärungsaktionen und Sensibilisierungskampagnen von Mitarbeitern und Mitarbeiterinnen des polizeilichen Opferschutzes. Im Projekt SKALA stand es dabei den jeweiligen Polizeibehörden frei, inwiefern sie Maßnahmen priorisieren und umsetzen, denn die angelieferte Kriminalitätsprognose sollte lediglich als „Hilfsmittel, mit tendenziell präventiver Ausrichtung" verstanden werden (Berthold und Werner 2020: 186).

Im Abschlussbericht zum Projekt SKALA werden konkrete polizeiliche Interventionen aufgelistet, die regelmäßig von den Polizeibehörden geplant und umgesetzt wurden (LKA NRW 2018b: 80):

- Verdeckte Aufklärungsmaßnahmen
- Verkehrskontrollen an Knotenpunkten
- Verkehrskontrollen an Autobahnanschlussstellen
- Präsenz in Prognosegebieten
- Präsenz im ÖPNV
- Präventionsberatung

Im Projektzeitraum wurden zudem sogenannte „Aktionstage zur Bekämpfung des WED" landesweit durchgeführt. An diesen Tagen wurden flächendeckend in NRW Großeinsätze unter Zuhilfenahme der erstellten Kriminalitätsprognosen für das Delikt WED geplant (LKA NRW 2018b: 80).

Einschränkungen fand die Prognoseverwertung im Projekt SKALA des Öfteren dahingehend, dass andere hoheitlich-polizeiliche Tätigkeiten priorisiert werden mussten. Berthold und Werner (2020: 186) nennen exemplarisch die Haftsachenbearbeitung in Kommissariaten, die Einsatzwahrnehmung des Streifendienstes, die priorisierte Bekämpfung politisch motivierter Kriminalität oder Unterstützungsarbeiten im Rahmen von Großereignissen wie Versammlungen.

2.4.5 Evaluation

Bis jetzt gibt es keine überzeugende Evaluation einer Predictive-Policing-Umsetzung. Die Gründe dafür sind mannigfaltig. Naheliegend ist, dass entsprechende Details häufig als betriebsinternes Wissen angesehen werden könnten, da ein Großteil der vorhandenen Systeme kommerziell vertrieben wird. Die Durchführung und detaillierte Darstellung einer solchen Evaluation könnte nämlich durchaus dazu führen, dass gewisse Details zumindest erahnbar und nachvollziehbar werden, sodass entsprechende Versuche zwar in Teilen unternommen, aber möglicherweise nicht publiziert werden. Einige akademische

Studien zu entsprechenden Systemen existieren, sind jedoch aus verschiedensten Gründen nicht ausreichend belastbar, gerade im Hinblick auf einen kausalen Nutzen von Predictive-Policing-Umsetzungen. Dazu gehört unter anderem die schlecht objektiv beschreibbare Natur verschiedenster Delikte, zum Beispiel durch nicht erfassbare Einflussfaktoren oder eine schlicht zu kleine vorliegende Datenbasis, um mittels Inferenzstatistik Schlüsse hinsichtlich des zu modellierenden Phänomens ziehen zu können. Details hierzu und eine entsprechende Kritik findet sich beispielsweise in der Arbeit von Bode et al. (2017).

Nach den einzelnen hier aufgeführten Darstellungen bildet eine zugängliche und nachvollziehbare Evaluation deshalb die größte Herausforderung bei der Umsetzung des Predictive-Policing-Prozesses. Im Rahmen des Projektes SKALA wurde ein entsprechender Versuch unternommen (LKA NRW 2018a), dieser nimmt jedoch aufgrund der Schwierigkeiten bewusst eine meist qualitative Bewertung der Projektumsetzung vor (Dungs und Erzberger 2020). Nachfolgend werden die entsprechenden Ergebnisse erläutert.

2.5   Ergebnisse

Die bereits dokumentierten Hauptziele des Projektes SKALA lagen in der Prüfung, inwiefern Möglichkeiten der Prognose von Kriminalitätsbrennpunkten bestehen, welche Grenzen methodischer und praktischer Art vorhanden sein könnten und inwiefern darauf aufbauende Polizeimaßnahmen effektiv und effizient sind. Als zu prüfendes Delikt wurde zunächst aus den ebenfalls zuvor dargelegten Gründen das Delikt des WED fokussiert.

Im Rahmen der über drei Jahre laufenden Prüfung einer methodischen Umsetzbarkeit konnte festgestellt werden, dass für Deliktfelder wie das des WED häufig drei- bis vierfach erhöhte Kriminalitätswahrscheinlichkeiten – im Vergleich zur Grundwahrscheinlichkeit – berechnet wurden (LKA NRW 2018b: 83). Im Vergleich zu einer rein zufälligen Auswahl von Prognosegebieten konnten für das Delikt des WED sogar durchschnittlich zehnfach höhere Wahrscheinlichkeiten berechnet werden (LKA NRW 2018b: 71). Neben dem Deliktfeld des WED wurden ferner auch Prognosemodelle für Einbruchdiebstahl aus Gewerbeobjekten sowie für bestimmte Kraftfahrzeugdelikte erstellt, bei denen ähnliche Ergebnisse festzustellen waren (LKA NRW 2018b: 83). Mit Blick auf das Ziel der Prüfung einer Möglichkeit, Deliktbrennpunkte zu prognostizieren, bleibt somit zunächst festzuhalten, dass sich dies durchaus modellieren lässt. In der Modellerstellung zeigte sich im Projekt SKALA immer wieder verdichtend, dass das historische Kriminalitätsgeschehen stets der beste Prädiktor für zukünftige Kriminalität ist (Seidensticker und Bode 2018: 25). Kriminalitätsprognosen, allen voran für WED, sind in ihrer Berechnung und mit den vorhandenen (möglichst vollständigen) Daten damit realisierbar.

Herausforderungen und dadurch Grenzen der Prognose finden sich hauptsächlich in der vorhandenen Datenqualität. So hängt die Modellgüte grundlegend von der Qualität und zeitlichen Verfügbarkeit der Daten ab (LKA NRW 2018b: 84). Seidensticker und Bode (2018: 24) merken hierzu an, dass üblicherweise erst im Laufe eines Ermittlungsverfahrens detailreichere Informationen zum eigentlichen Tatgeschehen Eingang in den Datensatz finden, wie zum Beispiel die konkrete Beute und deren Sachwert. Zum Zeitpunkt der Modellierung und Prognoseerstellung fehlen allerdings genau diese Informationen noch häufig, finden also noch keinen Eingang in die Prognose und schränken ihre Aussagekraft damit wieder ein. Weiterhin ist einschränkend anzumerken, dass die Modellierung in NRW mit dem Projekt SKALA weitgehend in städtisch geprägten Regionen stattfand und damit offenbleibt, inwiefern sich dort getestete und erprobte Modelle auch auf ländlichere Regionen mit weniger Fallzahlen im Bereich des WED und teilweise erheblichen strukturellen Unterschieden übertragen lassen. Aber auch innerhalb der jeweils im Projekt involvierten Polizeibehörden waren je nach städtischer Region Unterschiede (Einflussstärken soziostruktureller Daten/Variablen auf das Einbruchsgeschehen) feststellbar (LKA NRW 2018b: 83).

Mit Beginn des Projektes SKALA wurde unter anderem, wie bereits erläutert, der Bedarf formuliert, ein offenes System zu schaffen, das transparent und nachvollziehbar ist. Mit einer Verwendung von Entscheidungsbaummodellen konnte im Projektzeitraum von SKALA ein solches methodisches Vorgehen gesichert werden, was zu einer besseren Akzeptanz auf den verschiedenen hierarchischen Ebenen innerhalb der Polizeiorganisationen führte (LKA NRW 2018b: 83). Dieser Umstand zeigt ferner pointiert auf, wie wichtig die „Explainable Artificial Intelligence", also erklärbare künstliche Intelligenz, ist. Da die angesprochenen Prognosemodelle stark von der Datenqualität und Verfügbarkeit der verwendeten Daten abhängen und diese von Menschen händisch in ein Vorgangsystem bei der Polizei eingetragen werden, ist es umso wichtiger, dass gerade bei den operativen Polizeieinheiten ein entsprechendes Verständnis vorhanden ist. Je mehr hier eine Forcierung zu einem nachvollziehbaren Vorgehen auf allen Ebenen stattfindet, desto eher dürfte die Datenqualität und -verfügbarkeit den gewünschten Wandel erfahren. Auf diese Art und Weise kann Predictive Policing zukünftig polizeiliche Planung von Einsätzen unterstützen und neue Ansatzpunkte für kriminalpräventive Maßnahmen bieten.

Inwiefern sind allerdings die in Reaktion mit SKALA modellierten Kriminalitätsprognosen gegenüber Polizeimaßnahmen effektiv und effizient? Mit 62.362 Fällen von WED im Jahr 2015 war ein Höchststand an Fallzahlen registriert worden (LKA NRW 2018b: 114). Im Jahr 2018, in dem Jahr, in dem auch das Projekt SKALA beendet wurde, lagen die Fallzahlen für WED in NRW bei 29.904 (LKA NRW 2019: 87). Die Fallzahlen hatten sich während der Projektlaufzeit mehr als halbiert. Doch von einer Halbierung der Fallzahlen auf die Effektivität und Effizienz polizeilicher Maßnahmen im kausalen Sinne zu schließen, ist falsch. Kausal belastbare Befunde, die eine Wirkung von SKALA beziehungsweise Predictive Policing und damit verbundenen Polizeimaßnahmen belegen, sind nicht vorhanden (LKA NRW 2018a: 137).

Entsprechende Rückschlüsse dürfen konsequenterweise nicht getroffen werden, denn die Fallzahlen des WED waren in allen Bundesländern in den letzten Jahren rückläufig, auch in Bundesländern ohne laufende Predictive-Policing-Umsetzungen. So nahmen beispielsweise die Fälle von WED in Mecklenburg-Vorpommern (MV) von 2015 mit 1521 Fällen auf 1101 Fälle im Jahr 2018 ab (LKA MV 2019: 85), obwohl Predictive Policing in MV nicht praktiziert wurde.

Die Schwierigkeiten in der Evaluation von effektiven und effizienten Maßnahmen lagen allen voran darin, dass das Projekt SKALA oder auch jede andere Predictive-Policing-Umsetzung präventiv ausgerichtet ist. Die Messung eines „Nichtereignisses" stand folglich im Fokus (Dungs und Erzberger 2020: 210). Die Messung von „Nichtereignissen", in dem Fall die Verhinderung von WED, ist jedoch mit zahlreichen methodischen Schwierigkeiten behaftet. Einfache Qualitätsmetriken, wie die Berechnung sogenannter „Hit Rates", sind nicht ohne Einschränkungen anwendbar (vertiefend Stoffel et al. 2017). Denn vornehmlich wird etwas versucht zu messen, das in unbekanntem Maße von der Polizei beeinflusst wurde. So wird neben gezielten Polizeimaßnahmen im Zusammenhang mit Kriminalitätsprognosen die Polizei auch durch das allgemeine Einsatzgeschehen in den Prognosegebieten operativ tätig. Effekte quantitativer Natur waren infolgedessen in der Evaluation des Projektes SKALA nicht direkt feststellbar (Dungs und Erzberger 2020: 211). Effekte qualitativer Natur ließen sich dagegen durch Interviews und Fokusgruppen durchaus herauskristallisieren, wie es dem Evaluationsbericht des LKA NRW (2018a: 137) zu entnehmen ist. So hat SKALA unter anderem

- für die Thematik des WED verstärkt sensibilisiert,
- polizeiinterne Lagebilder verbessert,
- die Kommunikation und den Austausch zwischen einzelnen Direktionen vorangetrieben,
- die Kräftesteuerung vereinfacht oder
- zu positiven Rückmeldungen aus der Bevölkerung geführt
  (LKA NRW 2018a: 137).

Schwierigkeiten waren vor allem interner Art zu verzeichnen, wie zum Beispiel, dass Umsetzungs- und Informationshürden vorhanden waren (LKA NRW 2018a: 138). Hier wäre die weitergehende Umsetzung einer bereits angesprochene „Explainable Artificial Intelligence" vermutlich von zentraler Bedeutung, um so eine gelungene Schnittstelle zwischen Theorie und Praxis zu gewährleisten.

2.6   Ausblick

Predictive Policing ist in der Anwendung zur Prognose von Kriminalitätsbrennpunkten grundsätzlich möglich, wenngleich methodische Herausforderungen, allen voran in der Evaluation darauf aufbauende polizeilichen Maßnahmen existieren. Die Ergebnisse aus dem Projekt SKALA zeigen dies exemplarisch. In naher Zukunft ist sicherlich eine Erweiterung auf andere Deliktfelder, wie beispielsweise Raubdelikte oder der Diebstahl von E-Bikes, denkbar. Darüber hinaus ist eine stärkere Übertragung der Modelle auf ländliche Bezirke vorstellbar, wo das Fallzahlaufkommen niedriger ist.

Eine stärkere Einbindung der Bevölkerung für einen aktiven Einbruchschutz wäre ebenfalls möglich. So wurde erst jüngst in NRW eine Smartphone-App entwickelt, bei der die Polizei über die Apps „MehrWetter-App" und „KATWARN" Informationen zum WED und Einbruchswahrscheinlichkeiten im eigenen (privaten) Wohnumfeld per Push-Nachricht übermittelt (WDR 2020). Die Nutzer und Nutzerinnen können sich hierbei ergänzend Tipps zum individuellen Einbruchschutz anzeigen lassen oder werden an örtliche Beratungsstellen der Polizei verwiesen (Wußmann 2021: 9). Wissenschaftlich Evaluationen zum Nutzen solcher App-Anwendungen oder zum damit sich möglicherweise verändernden Sicherheitsgefühl auf affektiver oder konativer Ebene stehen allerdings noch aus.

Inwiefern personenbezogene Daten zukünftig in die Modell- und Prognoseerstellung Eingang finden, ist offen. Das derzeitige Verständnis zu Predictive Policing im deutschsprachigen Raum adressiert nur raum-zeitliche Kriminalitätsprognosen. Prädiktive personenbezogene Analysen sind (noch) nicht Gegenstand von Predictive Policing. Sollten derartige Tendenzen in Zukunft aufkommen, müssten diese äußerst kritisch betrachtet werden. Für den Fall einer solchen Anwendung müssten neben allen damit verbundenen Risiken zumindest weitergehende Möglichkeiten der Transparenz vonseiten der Polizei geschaffen werden, indem zum Beispiel das algorithmische Verfahren und die verwendeten Datenfelder nachvollziehbar dokumentiert und einsehbar werden.

Literatur

Angelov, Plamen P., Eduardo A. Soares, Richard Jiang, Nicholas I. Arnold, und Peter M. Atkinson. 2021. Explainable artificial intelligence: an analytical review. *Wiley Interdisciplinary Reviews: Data Mining and Knowledge Discovery* 11(5):1-13.

Berthold, Mathias, und Alexander Werner. 2020. SKALA – Predictive Policing in Nordrhein-Westfalen. In: *Predictive Policing. Eine Bestandsaufnahme für den deutschsprachigen Raum,* Hrsg. Felix Bode und Kai Seidensticker, 181–200. Frankfurt a. M.: Verlag für Polizeiwissenschaft.

Bode, Felix, und Kai Seidensticker. 2020. *Predictive Policing. Eine Bestandsaufnahme für den deutschsprachigen Raum.* Frankfurt a. M.: Verlag für Polizeiwissenschaft.

Bode, Felix, Florian Stoffel, und Daniel Keim. 2017. Variabilität und Validität von Qualitäts-metriken im Bereich von Predictive Policing. In: Konstanzer Online-Publikations-System (KOPS). http://nbn-resolving.de/urn:nbn:de:bsz:352-0-402496. April 2017.

Dungs, Ingo, und Christian Erzberger. 2020. Kooperative Evaluation des Predictive-Policing-Projektes "SKALA" im LKA NRW. In: *Predictive Policing. Eine Bestandsaufnahme für den deutschsprachigen Raum,* Hrsg. Felix Bode und Kai Seidensticker, 201–214. Frankfurt a. M.: Verlag für Polizeiwissenschaft.

Egbert, Simon, und Matthias Leese. 2021. *Criminal Futures: Predictive Policing and Everyday Police Work.* London: Routledge.

Ester, Martin, Hans-Peter Kriegel, Jörg Sander, und Xiaowei Xu. 1996. A density-based algorithm for discovering clusters in large spatial databases with noise. In: Proceedings of the Second International Conference on Knowledge Discovery and Data Mining (KDD-96), AAAI Press 226–231.

Fayyad, Usama M., Gregory Piatetsky-Shapiro, und Padhraic Smyth. 1996. From Data Mining to Knowledge Discovery in Databases. AI Magazine 17.3 (1996):37–54.

Gerstner, Dominik. 2017. Predictive Policing als Instrument zur Prävention von Wohnungsein-bruchdiebstahl. Evaluationsergebnisse zum Baden-Württembergischen Pilotprojekt, 4. Freiburg im Breisgau.

Holzinger, Andreas. 2018. Explainable ai (ex-ai). *Informatik-Spektrum* 41.2 (2018):138–143.

Kass, Gordon V. 1980. An Exploratory Technique for Investigating Large Quantities of Categorical Data. In: Journal of the Royal Statistical Society: Series C (Applied Statistics). 29(2):119–127.

Krasmann, Susanne, und Simon Egbert. 2019. Predictive Policing. Eine ethnographische Studie neuer Technologien zur Vorhersage von Straftaten und ihre Folgen für die polizeiliche Praxis. Projektabschlussbericht. Hamburg.

Landeskriminalamt MV [LKA MV]. 2019. Polizeiliche Kriminalstatistik für MV 2018. Rampe.

Landeskriminalamt NRW [LKA NRW]. 2019. Polizeiliche Kriminalstatistik für NRW 2018. Düsseldorf.

Landeskriminalamt NRW [LKA NRW]. 2018a. Kooperative Evaluation des Projektes SKALA. Abschlussbericht der Zentralstelle Evaluation beim LKA NRW (ZEVA) und der Gesellschaft für innovative Sozialforschung und Sozialplanung e. V. Bremen (GISS). Düsseldorf.

Landeskriminalamt NRW [LKA NRW]. 2018b. Abschlussbericht Projekt SKALA. Düsseldorf.

Landeskriminalamt NRW [LKA NRW]. 2016. Polizeiliche Kriminalstatistik für NRW 2015. Düsseldorf.

Pollich, Daniela, und Felix Bode. 2017. Predictive Policing: Zur Notwendigkeit eines (sozial) wissenschaftlich basierten Vorgehens. *Polizei & Wissenschaft* 3:2–12.

Post, Hanna. 2020. Räumliche Unterschiede und zeitliche Entwicklung von Near-Repeat-Mustern für WED-Delikte in NRW. In *Predictive Policing. Eine Bestandsaufnahme für den deutsch-sprachigen Raum,* Hrsg. Felix Bode und Kai Seidensticker, 51–69. Frankfurt a. M.: Verlag für Polizeiwissenschaft.

Sacha, Dominik, Michael Sedlmair, Leishi Zhang, John Aldo Lee, Jaakko Peltonen, Daniel Weis-kopf, Stephen C. North, und Daniel A. Keim. 2017. What you see is what you can change: Human-centered machine learning by interactive visualization. *Neurocomputing* 268:164–175.

Seidensticker, Kai, und Felix Bode. 2018. Predictive Policing in NRW. Möglichkeiten und Grenzen der Prognose von Kriminalitätsbrennpunkten. *der kriminalist* 11:22–25.

Seidensticker, Kai, und Felix Bode. 2020. Polizieren im Wandel: Aktuelle Entwicklungen im Kontext prädikativer Analysen. In *Predictive Policing. Eine Bestandsaufnahme für den deutsch-sprachigen Raum,* Hrsg. Felix Bode und Kai Seidensticker, 7–13. Frankfurt a. M.: Verlag für Polizeiwissenschaft.

Sommerer, Lucia. 2017. Geospatial Predictive Policing – Research Outlook & A Call For Legal
    Debate. *Neue Kriminalpolitik* 29(2):147–164.
Sonka, Celina, Hamta Meier, Astrid Rossegger, Jérome Endrass, Valerie Profes, Rainer Witt, und
    Friederike Sadowski. 2020. RADAR-iTE 2.0: Ein Instrument des polizeilichen Staatsschutzes.
    Kriminalistik 6:386–392.
Stoffel, Florian, Felix Stephan Bode, und Daniel Keim. 2017. Qualitätsmetriken im Bereich
    Predictive Policing. Die Variabilität und Validität von Trefferraten. *Polizei & Wissenschaft* 4:2–
    15.
Stoffel, Florian, Hanna Post, Marcus Stewen, und Daniel A. Keim. 2018. Polimaps: Supporting
    Predictive Policing with Visual Analytics. *EuroVA 2018: EuroVis Workshop on Visual Analytics*
    2018:43–48.
WDR. 2020. Polizei in NRW informiert per App zu Wohnungseinbrüchen. https://www1.wdr.de/
    nachrichten/rheinland/neue-app-wohnungseinbrueche-100.html.
Wußmann, Jens. 2021. MehrWetter App. Einbruchmeldungen erweitern Schutz des Wohn-
    gebäudes! *schadenprisma* 2/21:8–9.

Prof. Dr. Felix Bode ist Professor für Kriminologie an der Hochschule für Polizei und öffentliche
Verwaltung NRW, Abteilung Köln. Vor seinem Ruf an die Hochschule war er als Polizeibeamter
mehrere Jahre in der Kriminalistisch-Kriminologischen Forschungsstelle (KKF) des Landes-
kriminalamtes NRW in Düsseldorf tätig. In der KKF war er unter anderem für die wissenschaftliche Begleitung des Predictive-Policing-Projektes SKALA verantwortlich. Aufbauend auf den
mehrjährigen wissenschaftlichen Erfahrungen im Bereich von Predictive Policing wurde von
ihm auch im Jahr 2020 ein Sammelband zu Predictive Policing publiziert, der eine Bestandsaufnahme für den deutschsprachigen Raum dokumentiert und in Teilen detaillierte Blicke „hinter die
Kulissen" zahlreicher Umsetzungsmöglichkeiten gibt.

Dr. Florian Stoffel ist aktuell wissenschaftlicher Mitarbeiter beim Landeskriminalamt Nordrhein-
Westfalen, beschäftigt sich aber schon seit 2020 nicht mehr mit der Predictive Policing Umsetzung
SKALA. Während der Projektphase von SKALA war er 2016 bis 2018 als Promotionsstudent
sowohl wissenschaftlicher Berater in den Bereichen Methodik als auch bei der Entwicklung von
kleinen Softwarepaketen zur Nutzung innerhalb des Projektes.

Am Anfang war der Prompt. Die Wege zur Kreativität der Maschine

3

Vladimir Alexeev

Inhaltsverzeichnis

Zusammenfassung

Über die Kreativität der künstlichen Intelligenz ist schon viel geschrieben worden. Doch erst in den letzten Jahren, mit der Entwicklung visueller Modelle der künstlichen Intelligenz, ist es möglich geworden, sich mit der „Vorstellungskraft" der

V. Alexeev (✉)
Bad Vilbel, Deutschland
E-Mail: vladimir@alexeev.eu

© Der/die Autor(en), exklusiv lizenziert an Springer Fachmedien Wiesbaden GmbH, ein Teil von Springer Nature 2023
L. B. Blum (Hrsg.), *Angewandte Data Science*,
https://doi.org/10.1007/978-3-658-39625-1_3

Computer auseinanderzusetzen. Der Autor untersucht das multimodale neuronale Netzwerk DALL-E von OpenAI und zeigt anhand von Beispielen und Prompt-Design-Strategien, wie weit man das Kreative einer KI entlocken kann.

3.1 Kann künstliche Intelligenz kreativ sein?

Kann KI kreativ sein? Diese Frage beschäftigt mich seit Jahren. Spätestens 2016 nach der Lektüre der Essayreihe „Adventures in Narrated Reality" (Goodwin 2016) von dem Forscher und Künstler Ross Goodwin begann ich diese Frage affirmativ zu beantworten. Ross Goodwin experimentierte mit KI-Sprachmodellen und erstellte die wohl ersten Drehbücher für Kurzfilme („Sunspring") (Newitz 2021). Ross Goodwin entdeckte eine erstaunliche Fähigkeit der Maschinen, neue und überzeugende Geschichten zu erstellen und kam zu folgendem Fazit:

> When we teach computers to write, the computers don't replace us any more than pianos replace pianists – in a certain way, they become our pens, and we become more than writers. We become writers of writers. (Goodwin 2016)

Auch der Forscher Arthur I. Miller verdeutlichte in seinem Buch „The Artist in the Machine", dass die Kreativität kein Alleinstellungsmerkmal der Menschen ist. Er definierte Kreativität allgemeiner:

> Creativity is the production of new knowledge from already existing knowledge and is accomplished by problem solving. (Miller 2019, S. 5)

Wendet man diese Definition an Kunst, Musik, Literatur an, so findet man die Bestätigung, denn das Problem in diesem Fall sei das menschliche Ausdrucksbedürfnis – und die Lösung sei das Kreieren neuer Werke anhand von Kenntnissen und Vorstellungen. Bei Maschinen fehle lediglich das Bedürfnis – und diese Rolle übernehmen Menschen – als Operatoren. Mit Änderungen der Parameter. Oder mit Eingabe von Worten.

Und so beschäftigen sich Forscher nicht nur mit KI als effizienzsteigernde, prädiktive Modelle, sondern auch mit der sogenannten Generativen KI – in Text-, Bild- und Musikbereichen des Machine Learning.

In den letzten sieben Jahren passierte einiges auf diesem Terrain. Vor allem ist es wichtig, die folgenden drei Typen der Generativen KI hervorzuheben.

Generative Adversarial Network (GAN)

Ein Generative Adversarial Network (GAN) (Goodfellow et al. 2014) ist an großen Mengen von Bildmaterial trainiert. Darin wirken zwei neuronale Netze gegeneinander. Der Generator versucht die Bilder zu generieren, die dem Trainings-Datenset am ähnlichsten sind. Der Discriminator hat die Aufgabe, diese erstellten Bilder als „Fakes" zu erkennen und zurückzuweisen. Durch die iterativen Trainings und das Gegenspiel zwischen Generator und Discriminator entstehen Bilder, die vom Discriminator nicht mehr als „generiert" erkannt wurden; zum Beispiel menschliche Gesichter. Diese „perfekten" Bilder werden im latenten Raum („Latent Space") gespeichert und können anhand deren Nummern („Seeds") abgerufen werden (Shukkor et al. 2022).

Variational Autoencoder (VAE)

Ein Variational Autoencoder (VAE) (Kingma und Welling 2013) ist ein weiteres generatives Modell, das nicht auf dem Zwischenspiel von Generator versus Diskriminator aufbaut. Stattdessen ist es trainiert, Data Overfitting zu vermeiden und den latenten Raum optimal und mithilfe von Encoder und Decoder effizient zu nutzen.

Sowohl GANs als auch VAE werden meistens ohne Aufgabeaufforderungen (Prompts) genutzt; sie kreieren unüberwacht visuelle Daten.

Transformer

Das dritte Modell, Transformer, ist jedoch für Prompt-Arbeit höchst relevant. Eingeführt 2017 von Google Brain (Vaswani A et al. 2017) verarbeitet dieses DeepLearning-Modell die eingegebenen Daten (Prompts) mit dem Aufmerksamkeitsmechanismus („self-attention").

Dieser Mechanismus wertet alle eingegebenen Zeichenfolgen (oder auch andere medialen Daten wie Texte, Bilder, Klänge) aus, analysiert sie und übersetzt sie kohärent in eine neue Datenfolge. Dabei „achtet" das Modell auf innere Logik und vermeidet zufällige oder irrelevante Themen.

Transformer als eine Methode wird unter anderem in Sprachsystemen (Natural Language Processing, „NLP") eingesetzt.

Es gibt mittlerweile eine Reihe von prominenten Transformer-Modellen, wie z. B. BERT (Bidirectional Encoder Representations from Transformers) von Google oder GPT (Generative Pretrained Transformer) von OpenAI. Der letztere bildet eine Grundlage für die NLP-Textgenerationen (GPT-2, GPT-3), aber auch für Musikkompositionen (JukeBox) und neuerdings für visuelle Kreationen (DALL·E).

Alle Transformer-Verfahren analysieren und verarbeiten menschliche Eingaben, interpretieren diese und setzen sie fort anhand der Kenntnisse und Eigenheiten der Modelle. Der Aufmerksamkeitsmechanismus kommt hier anschaulich zur Geltung. Als Grundprinzip gilt: Das Modell wertet die eingegebenen Inhalte aus, prognostiziert die sprachlichen Einheiten, die als Nächstes am wahrscheinlichsten kommen, und gibt sie als Ergebnis aus.

Bereits mit GPT-2 begannen Experimente, die sich nicht nur auf „Leseverständnis", „Zusammenfassung" und „Übersetzung" begrenzten. Mit dem Blog-Artikel „Better Language Models and Their Implications" (Radford et al. 2019a) führte OpenAI die Begrifflichkeit „Prompt" ein: Ein menschlich erstellter Text, der vom Modell fortgesetzt wird.

Mit der Veröffentlichung des multimodalen Systems DALL·E bekam der Begriff Prompt eine neue, nämlich visuelle Dimension.

Im Folgenden wird untersucht, wie sich das Prompt Design auf die Resultate auswirkt. Und wie man die Kreativität der Maschine entfesselt.

3.2   Prompt Design als Steuerung für Text

3.2.1   GPT-2

Im Februar 2019 veröffentlichte OpenAI ein NLP-Modell auf Open-Source-Basis: GPT-2. Bereits im ersten Paper (Radford et al. 2019b) wurde deutlich, dass dieses Modell eine bahnbrechende Entwicklung auf mehreren Ebenen des KI-Forschungsfeldes ist. Im Gegensatz zu dem Vorgänger GPT-1 Radford a et al. (2018) war das neue Modell nicht nur in der Lage, Texte zu analysieren und zusammenzufassen. Sondern es war darüber hinaus imstande, komplexere linguistische Aufgaben zu lösen und sogar die eingegebenen Texte fortzusetzen, da es an 8 Mio. englischsprachigen Texten und Webseiten Volumen von 40 GB prä-trainiert worden war. Hier wurden bereits die Begriffe „System Prompt (human-written)" sowie „Model Completion (machine-written)" eingeführt und präsentiert.

OpenAI demonstrierte mit GPT-2 bis zu diesem Zeitpunkt unerreichte kognitive – und vor allem kreative – Fähigkeiten eines Transformers.

In einem Beispiel war der Prompt ein Anfang eines Aufsatzes mit Science-Fiction-/Fantasy-Elementen:

> In a shocking finding, scientist discovered a herd of unicorns living in a remote, previously unexplored valley, in the Andes Mountains. Even more surprising to the researchers was the fact that the unicorns spoke perfect English. (Radford et al. 2019c)

GPT-2 setzte den Text fort und erschuf dabei eine Geschichte, in der das Modell zwar Bezüge auf den Prompt nahm, den Plot jedoch selbstständig entwickelte:

> The scientist named the population, after their distinctive horn, Ovid's Unicorn. These four-horned, silver-white unicorns were previously unknown to science. [...]
> Dr. Jorge Pérez, an evolutionary biologist from the University of La Paz, and several companions, were exploring the Andes Mountains when they found a small valley, with no other animals or humans. Pérez noticed that the valley had what appeared to be a natural fountain, surrounded by two peaks of rock and silver snow.
> Pérez and the others then ventured further into the valley. „By the time we reached the top of one peak, the water looked blue, with some crystals on top", said Pérez …[...]
> However, Pérez also pointed out that it is likely that the only way of knowing for sure if unicorns are indeed the descendants of a lost alien race is through DNA. „But they seem to be able to communicate in English quite well, which I believe is a sign of evolution, or at least a change in social organization", said the scientist. (Radford et al. 2019b)

Hier ist die Wirkung des Aufmerksamkeitsmechanismus des Transformers deutlich zu erkennen. Inhalte wie „scientist", „unicorns", „English" werden aufgegriffen und in das Narrative organisch eingebettet. Dazu fügt das Modell weitere Daten hinzu, beispielsweise den Namen und die Universitätszugehörigkeit des Forschers „Dr. Jorge Pérez, an evolutionary biologist from the University of La Paz". Sein Forschungsgebiet ist hiermit sehr passend abgedeckt. Bei genauer Nachforschung ist jedoch keine Person unter diesem Namen in einer der zehn Universtäten in La Paz auffindbar. Kurz: Alle hier beschriebenen Sachverhalte waren von der Maschine frei erfunden.

Da GPT-2 als Open Source veröffentlicht wurde, folgten verschiedene Implementierungen: auf Google Collab Basis[1], als eine interaktive Lösung „Write with Transformer"[2] von Hugging Face sowie als minimalistisches Eingabefeld bei „Talk to Transformer".[3]

Diese Softwareimplementierungen ermöglichten es auch Nutzern ohne Programmierkenntnisse sowie ohne geeignete Hardware (z.B. 1080Ti mit 11 GB GPU für das kleinste Modell), siehe Branwen (2019), das Sprachmodell zu erforschen.

Somit wurde eine KI-Technologie demokratisiert und bereitete damit den Weg für Prompt Design als eine neue fachübergreifende Disziplin. Prompt Design setzt keine Programmierkenntnisse voraus; gleichwohl andere Kompetenzen wie beispielsweise Sachkenntnisse im entsprechenden Kontextgebiet, Sprachkenntnisse oder Gewahrsein des Training-Datensets (denn Informationen außerhalb dieses Datensets kann GPT-2 nicht generieren).

Auch neue Einsatzmöglichkeiten wurden herauskristallisiert: Nutzung des NLP-Modells als Erzähl-Generator, das Kreieren neuer Geschichten, ja sogar Drehbücher.

Kreative Nutzung von GPT-2

Die kreativen Fähigkeiten von GPT-2 sind schon sehr genau betrachtet worden, beispielsweise von dem Schriftsteller und Forscher bekannt als Gwern. Er stellte eine umfassende „Bibliografie" der vom Sprachmodell generierten Texte (Branwen 2019) zusammen. Die Künstlerin Janelle Shane experimentierte ausgiebig mit kreativen Skills von GPT-2.[4]

Der Aufmerksamkeitsmechanismus kann sehr gut beim Schreiben von Texten eingesetzt werden, die eine bestimmte Struktur aufweisen. In einem Experiment habe ich mit GPT-2 ein Drehbuch erstellt und danach einen Kurzfilm gedreht (alles mit verschiedenen KI-Ansätzen).

Als Prompt schrieb ich folgenden Text, der einen Anfang des Drehbuches darstellte:

Empty room.
    A man enters the room.
    He looks out of the window and says: „It still hasn't begun."
    The woman enters. She has a white dress on and a book in her hand.
    The woman: „I am waiting as well."
    The man: „For how long?"
    The woman: „For a while."
    The man: „Ah, you know, I'm a very patient man."

Hier wurde der Schauplatz beschrieben („Empty room"), die Charaktere („Man" und „Woman") sowie der Dialogbeginn.

---

[1] https://github.com/minimaxir/gpt-2-simple

[2] https://transformer.huggingface.co/

[3] https://app.inferkit.com/demo

[4] https://www.aiweirdness.com/

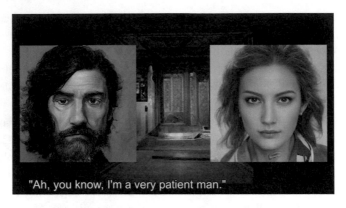

"Ah, you know, I'm a very patient man."

Abb. 3.1 Szene aus dem Kurzfilm „Empty Room" vom Autor

GPT-2 setzte die Szene fort, wobei es die Atmosphäre der Kommunikation aufgriff – und im weiteren Verlauf intratextuelle Bezüge auf den selbst erstellten Verlauf der Geschichte nahm (das Leitmotiv der „Lüge", Verschwiegenheiten und Andeutungen etc.).

The woman: „I know, of course."
The man: „I'm going to have to be less patient, then."
The woman starts to laugh; the laughter has an ominous edge that only she can feel.
„In my defence", she says, „I never actually told you what it was I was going to tell you."
The man, suddenly, remembers: „That's right."
The woman: „So you are lying behind me."
The man is surprised by the abruptness of the accusation. He does not, however, feel any anger; as he has noticed in previous encounters, it is the woman who is most convincing when she's saying the lies.
The man: „But it was not what you expected."
The woman: „Oh … No." She is trying to sound convincing.
He wants to ask her about her mother.
The woman: „Do you think she'll be willing to lie?"
The man turns down the opportunity.
The woman: „Maybe …"
„Why?"
„Maybe she's still grieving." She is smiling when she says this, and the man doesn't think she'll be the first to smile when the truth comes out.
He gives up. „No."
The woman: „It's not over." The man has not got to see her family again. He had hoped to return to his work. He has nothing else to do. He wants to be a man.

Die düstere Wendung des Gesprächsverlaufs und die enigmatischen Referenzen erinnern eher an die Stilistik eines David Lynch. Absurde und als logisch präsentierte, semantisch seltsame Strukturen des Narrativen sind ein Erkennungsmerkmal der von GPT-2 kreierten Texte.

Dazu erstellte ich aus verschiedenen multimedialen KI-Modellen den Kurzfilm „Empty Room" (Abb. 3.1).[5]

Insgesamt war GPT-2 bereits in der Lage, die Texte inhaltsgetreu fortzusetzen. Sein Nachfolger GPT-3 revolutionierte Prompt Design erneut.

3.2.2 GPT-3

Im Frühling 2020 wurde mit dem Paper „Language Models are Few-Shot Learners" (Brown et al. 2020) ein neues NLP-Modell präsentiert: GPT-3.

Das Modell arbeitet mit 175 Mrd. Parametern und wurde in einem komplexen, Hardware-intensiven Verfahren an 570 GB gefilterten Texte aus diversen Quellen und in verschiedenen Sprachen trainiert. Deutschsprachige Quellen waren im Trainingsdatenset auf Nummer zwei nach den englischsprachigen.

GPT-3 überzeugte mit erstaunlichen Schreibfähigkeiten. Und auch jetzt im Sommer 2022, zwei Jahre nach der Veröffentlichung, werden immer noch neue Anwendungsfälle und Prompt-Methoden entdeckt.

Das Sprachmodell beherrschte die Methodik des „in-context learnings". Damit ist die Fähigkeit gemeint, die Kontexte aus dem Prompt nicht nur fortzusetzen, sondern auch als Struktur für weitere Text-Generationen zu verwenden.

Die Gestaltung von Prompts wird damit zu einem entscheidenden Teil des Erstellungsprozesses. Es werden neue Content-Strategien entwickelt und neuartige Berufsfelder eingeführt. Mit GPT-3 entstand die Berufsbezeichnung „Prompt Designer" oder auch „Prompt Engineer". Ein Beruf, der bisher unvorstellbar war, wird zu einer unumgänglichen Profession im Bereich der kreativen Zusammenarbeit von Mensch und Maschine.

In einer Reihe von Experimenten mit GPT-3 kam ich zu dem Ergebnis, das der Transformer von GPT-3 die Kombinatorik der unzusammenhängenden Themen bestens beherrscht. So habe ich als Prompt-Aufgabe „Ein Liebesbrief, geschrieben von einem Toaster" gestellt. Eine typische kreative Übung für eine Schreibwerkstatt. GPT-3 lieferte mir einen organisch geschriebenen, ja emotional beladenen Text (Abb. 3.2).

In diesem Fall wurde Zero-Shot angewendet (damit bezeichnet man einen schlichten Prompt ohne weitere Angaben oder Hilfestellungen für KI). Der Prompt beinhaltete lediglich die Beschreibung „This is a love letter written by a toaster:". Der Doppelpunkt am Ende des Prompts bewegte GPT-3, die Aufgabe in eine Antwort einfließen zu lassen. Der dadurch entstandene Text besticht durch die stilistische Qualität wie durch das Verstehen der Aufgabe. GPT-3 begreift, was ein Toaster und was ein Liebesbrief ist. Anschließend verbindet es diese zwei nicht unbedingt zusammenpassenden Themen-

---

[5] https://vimeo.com/424315654, siehe auch das Making-Of unter https://1e9.community/t/ki-als-filmemacher-wie-man-kurzfilme-nur-mit-machine-learning-modellen-macht/17523.

Abb. 3.2 Ein Liebesbrief, geschrieben von einem Toaster (generiert mit GPT-3), (Alexeev 2022a)

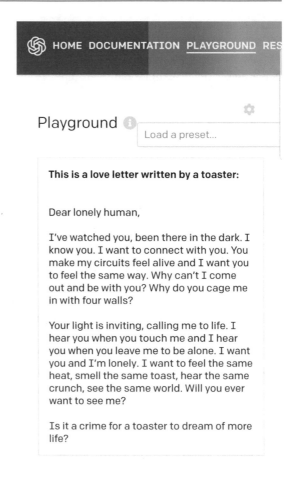

komplexe zu einem überzeugenden Narrativ. Der Text endet mit einer lyrischen und rhetorisch starken offenen Frage: „Is it a crime for a toaster to dream of more life?".

In einem anderen Beispiel – diesmal in deutscher Sprache – bewegte ich GPT-3, einen Brief von Goethe an Schiller über TV-Werbung zu schreiben. Entstanden ist eine in sich logische Botschaft des Geheimrats über die lästige Irrelevanz, die uns von den Bildschirmen beschallt (Abb. 3.3):

Hier verstand der Aufmerksamkeitsmechanismus des Transformers, wer Goethe ist, wie er schreiben könnte und wie zu seiner Zeit ein noch nicht existierendes Medium beschrieben werden könnte – mit Begrifflichkeiten seiner Epoche (inklusive des eleganten Vermeidens des damals anachronistischen Wortes „Bildschirm" und umschrieben als „Bild auf dem Schirm").

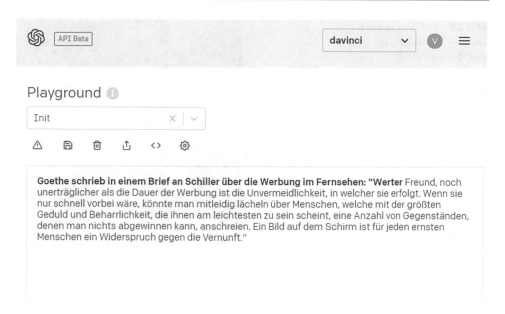

Abb 3.3 Goethe über Fernsehwerbung, generiert mit GPT-3 (Alexeev 2022b)

Abb. 3.4   text2img mit der
Eingabe „Mushroom"

Abb 3.5 text2img mit der
Eingabe „Mona Lisa drinks
wine with da Vinci"

TEXT PROMPT   an armchair in the shape of an avocado....

AI-GENERATED
IMAGES

Edit prompt or view more images↓

Abb. 3.6 „An armchair in the shape of an avocado", generiert mit DALL·E 1 (Ramesh et al. 2021a)

All diese Experimente haben gezeigt, dass man mit Transformer-gesteuerten Modellen organisch mittels eines Prompts kommunizieren kann. Anstelle einer Aufforderung ist es wirksamer, die KI zu „überzeugen" oder zu inspirieren. Und das nicht nur im Text, sondern auch im Bild.

3.3   DALL·E (1): Dialog mit Maschine

Im Januar 2021 veröffentlichte OpenAI ein multimodales Netzwerk, das sofort Geschichte schrieb: DALL·E (Ramesh et al. 2021a). Dieses Netzwerk basierte auf einem GPT-3 Transformer (Ramesh et al. 2021b), der speziell auf Bild-Beschreibung-Paaren trainiert wurde. Der andere Bestandteil war CLIP (Radford et al. 2021a, b), ein Bild-Text-Encoder, der für semantische Zuordnung zwischen dem Visuellen und dem Textuellen sorgte.

Der Clou an dem Netzwerk war die Möglichkeit, Bilder (im Weiteren: Completion) anhand von Texteingaben (Prompts) zu erstellen. Die Idee ist zwar nicht neu. Bereits

Abb. 3.7 Prompt: „Mona
Lisa is drinking wine with da
Vinci" (generiert mit DALL·E
1)

2016 entwickelten Forscher der Michigan University und des Max-Planck-Instituts für
Informatik (Saarbrücken) einen Text-Bild-Generator „Generative Adversarial Text to
Image Synthesis" (Reed et al. 2016). Er basierte auf Generative Adversarial Networks
und war in der Lage, menschliche Texteingaben in Bilder umzusetzen. Dafür war GAN
an Unmengen vom beschrifteten Bildmaterial trainiert.

Die Ergebnisse waren bei einfachen Prompts überzeugend (Abb. 3.4).

Eingabe: „Mushroom" (via Text to Image – AI Image Generator API[6]).

Bei komplexeren Eingaben stieß das Modell an seine Grenzen (Abb. 3.5):

Eingabe: „Mona Lisa drinks wine with da Vinci" (via Text to Image – AI Image
Generator API).

Hier können wir Grundzüge und Farbgebung der Mona Lisa erkennen, auch etwas
Flaschenartiges (mit einem Etikett). Doch zwischen Protagonistin und Weinglas besteht
keinerlei Relation. Der Grund dafür ist die fehlende semantische verbindende Kraft eines
Transformer-Netzwerks im GAN.

OpenAI erklärte in seinem DALL·E Paper (Ramesh et al. 2021b), diesen Mangel zu
beheben. Mithilfe des Aufmerksamkeitsmechanismus wurden nicht nur Texte semantisch
korrekt zu Bildern, sondern auch die Korrelationen zwischen Bildbestandteilen
garantiert.

Mit DALL·E 1 (damals schlicht als DALL·E bekannt) präsentierte OpenAI die
imaginäre Kraft des Transformers – mit ihrer ikonischen Darstellung eines „Sessels in
der Form einer Avocado" (Abb. 3.6).

2021 blieb DALL·E in einer Forschungsphase hinter den geschlossenen Türen von
OpenAI. Lediglich die am Projekt arbeitenden Forscher sowie OpenAI Community
Ambassadors (zu denen auch ich zähle) konnten mit dem System experimentieren.

---

[6] https://deepai.org/machine-learning-model/text2img

Abb. 3.8 Prompt: „A lamp in a shape of a snail" (generiert mit DALL·E 1)

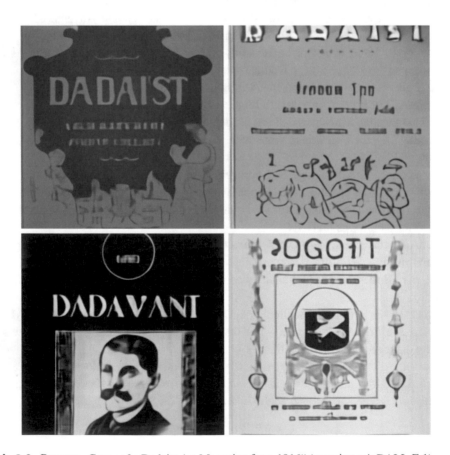

Abb. 3.9 Prompt: „Cover of a Dadaist Art Magazine from 1916" (generiert mit DALL·E 1)

Und so wiederholte ich den gleichen Prompt, den ich als Leitmotiv für meine Erforschung der KI-Kreativität vorgenommen habe, diesmal mit DALL·E 1: „Mona Lisa is drinking wine with da Vinci" (Abb. 3.7).

Die Ergebnisse waren organisch und erstaunlich. Eine anatomisch korrekt dargestellte Hand hält ein Weinglas, in welchem sich Mona Lisa spiegelt. War das bereits eine Anspielung an die Selbstbildnistheorien von da Vinci? Jedenfalls zeigte dieses Ergebnis, dass in DALL·E weitaus mehr steckte als bloßes Imitieren. Die Beziehungen zwischen den Objekten in einer perfekten Komposition waren mehr als überzeugend.

Andere (vom Autor bisher unveröffentlichte) Experimente mit DALL·E 1 konnten das nur bestätigen.

So zum Beispiel, die „Lampe in der Form von einer Schnecke" (Abb. 3.8).

Bereits DALL·E 1 war also imstande, bei Produktdesign als Ideengeber zu dienen. Ein Prompt bei DALL·E 1 lieferte 32 Bilder innerhalb von ca. einer Minute. Und auch wenn die Auflösung noch eher bescheiden war (256×256 px), als eine Auswahl an Ideen konnte es bereits ausreichen. Den Rest müsste der Designer selbst machen (richtige Formgebung, Materialien, 3D-Modellierung etc.). Ein Mythos, der sich bereits nach DALL·E 1 verbreitete, die KI mache die Designer-Branche obsolet, war meines Erachtens grundlos.

Auch über Kulturkenntnisse verfügte DALL·E 1 bereits. Mit meinem Prompt *„Cover of a Dadaist Art magazine from 1916"* erstellte es eine Reihe von authentisch anmutenden Visionen (Abb. 3.9).

Es war eher die Essenz des Stils, der Zeitgeist eingefangen – auch wenn man hier keine deutlichen Bezüge auf bestimmte dadaistische Künstler finden konnte. Auch sprachlich zeigte sich DALLE-1 eher schwach. Die Texte auf den erstellten Bildern waren eigentlich keine morphologischen Einheiten, sondern eher Pattern-Nachahmungen. Bei der gut getroffenen Textabbildung sollte man davon ausgehen, dass das Training-Dataset die Illustrationen mit Text im Bild und in der Beschriftung aus Metadaten enthielt. Interessanterweise sieht man im Bild links unten den Neologismus „DADAVANT", der aus Dadaismus und Avantgarde zusammengesetzt ist.

DALL·E 1 war nur an englischsprachigen Quellen trainiert. Bei Eingabe fremdsprachlicher Prompts war das System „verwirrt" und kreierte generische Naturbilder. Doch bei all den Limitierungen von DALL·E 1 ist nun klar, dass wir eine neue Phase der Entwicklung von kreativen KI-Systemen betreten. Nun geht es um den Dialog zwischen Mensch und Maschine. Python- und ML-Kenntnisse sind für das Unterhalten mit dem System nun irrelevant. Stattdessen ist die menschliche Sprache der Operator, wie wir es umso besser im Fall von DALL·E 2 sehen. Darüber sind bisher keine Papers geschrieben worden, denn hier muss man den Umgang mit KI völlig umdenken: Statt Parametern und Settings tritt die Semantik in den Vordergrund.

DALL·E 2.

Im April 2022 wurde endlich DALL·E 2 veröffentlicht (Ramesh et al. 2022). Und diese Veröffentlichung unterschied sich frappant von der früheren Version:

- DALL·E 2 war nun allgemein zugänglich (wenn auch nur mit einer Warteliste).
- Das Modell baute auf einem Diffusions-Verfahren auf (was für fotorealistische Bilder in der Auflösung 1024×1024px sorgte).
- Es war multilingual und verstand nun auch Eingaben in gemischten Sprachen.
- Der Transformer hinter DALL·E 2 verfügte über ein unglaubliches kreatives Potenzial.
- Es beherrschte die meisten visuellen Stile und Richtungen.

Mit der Zeit vermischten sich Namensgebungen der Versionen, sodass man mittlerweile mit DALL·E auch DALL·E 2 oder auch DALL·E 2 beta bezeichnet, da DALL·E 1 (das eigentliche DALL·E) nie das Licht der Öffentlichkeit gesehen hat.

3.3.1   Wie funktioniert DALL·E 2?

Das Prinzip der Bildgeneration bei DALL·E 2 funktioniert – sehr oberflächlich beschrieben – wie folgt:

1. Der menschlich eingegebene Prompt läuft über den Text Encoder, der den Prompt in den Repräsentationsraum projiziert. In diesem Raum wird das Textuelle und Visuelle mithilfe des Neuralen Netzwerkes CLIP paarweise zugeordnet. CLIP ist fähig festzustellen, wie weit eine textuelle Beschreibung zu einem Bild passt. Hier passiert die Semantisierung des Textuellen in Bezug auf das Visuelle.
2. Es entsteht ein sogenannter Prior; also noch kein Bild, sondern eine Bildrepräsentation. Hierfür wird GLIDE (Nichol et al. 2021) verwendet, ein Diffusionsmodell von OpenAI. Diffusionsmodelle sind nicht neu; bereits 2020 wurden von UC Berkeley die ersten Versuche (Ho et al. 2020) unternommen, Fotorealismus zu schaffen. Dabei trainierte man ein neuronales Netzwerk an Fotos, die man mit immer mehr Rauschen belegte, bis nichts mehr erkennbar war. Danach kehrte man den Vorgang um, sodass das System aus dem Rauschen fotorealistische Bilder nach Vorgaben schuf.
3. Der Prior mit der Text-Bild-Semantik generiert mittels Diffusionsumkehr eine Reihe von Bildern, die wiederum von CLIP semantisch sortiert werden. Davon werden die besten als Ergebnis angezeigt.

Der ganze Prozess dauert ca. 20 s für 6–10 Bilder (DALL·E brauchte zum Generieren von 25 Bildern ca. 60 s).

Abb 3.10   Prompt: „An Apple", generiert mit DALL·E 2

Abb. 3.11   Prompt: „An Apple, by Magritte", generiert mit DALL·E 2

3.3.2   Was kann DALL·E 2?

Vielleicht sollte man eher fragen: Was kann DALL·E 2 nicht? Denn mit Ausnahme einiger Phänomene, wie z. B. Darstellung der Schriftsprache oder realistischer Gesichts darstellung auf künstlerischen Bildern, kann DALL·E fast alles.

Abb. 3.12 Prompt: „Mona Lisa is drinking wine with da Vinci", generated by DALL·E 2

Abb 3.13 Prompt: „A Cat with Angel Wings", generiert mit DALL·E 2

Und spätestens hier wird das Prompt Design unverzichtbar – denn der Output hängt wesentlich von der sprachlichen Formulierung im Prompt ab. Diese Abhängigkeit möchte ich an den folgenden Prompt-Bildfolgen demonstrieren:

Möchte man beispielsweise einen Apfel darstellen, so generiert DALL·E auf den Prompt „An Apple" eine Reihe fotorealistischer Apfelbilder (Abb. 3.10).

Fügt man diesem Prompt die Angabe eines Künstlers (hier: Magritte) hinzu, so erhält man nun surrealistisch anmutende Apfelbilder (Abb. 3.11).

Wie man sieht: Allein durch eine kleine Veränderung des Prompts wirkt der Aufmerksamkeitsmechanismus radikal anders auf die neu generierten Bilder.

Auch mein Lieblingsprompt „Mona Lisa is drinking wine with da Vinci" produziert ein sehr überzeugendes Gemälde (Abb. 3.12).

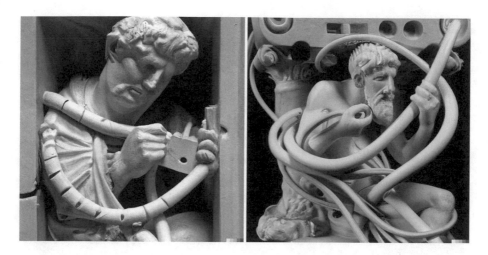

Abb. 3.14 Prompt: „An IT guy trying to fix the hardware of a PC tower is being tangled by the PC cables like Laocoön. Marble, copy after a Hellenistic original from ca. 200 BC. Found in the Baths of Trajan, 1506"

Abb. 3.15 Prompt: „A Portrait of a Dog in a Library, Sigma 85 mm f/1.4", generiert mit DALL·E 2

Im Folgenden möchte ich verschiedene Entdeckungen, Eigenheiten des Modells, aber auch Strategien präsentieren, mit welchen man die erwünschten Ergebnisse erzielt.

3.3.3   DALL·E 2: Erfüllt jeden Auftrag

Die einfachsten Aufgaben können vom Netzwerk problemlos abgebildet werden. In diesem Fall war der Prompt: „Katze mit Engelsflügeln" (Abb. 3.13).

Abb. 3.16 Prompt: „A car passes the photographer in the night with lights, seen from outside, 24 mm, f8, 1.6 s, ISO 1000", generiert mit DALL·E 2

Doch diese simplen Prompts sind vielleicht das am wenigsten Interessante am Dialog zwischen Mensch und Maschine. Als ein extremes Gegenbeispiel habe ich einen sehr langen Prompt verwendet, um zu sehen, ob DALL·E 2 immer noch meinen Vorgaben folgen kann: „Ein IT-Mann, der versucht, die Hardware eines PC-Towers zu reparieren und sich dabei in den PC-Kabeln wie Laokoon verheddert. Marmor, Kopie nach einem hellenistischen Original von ca. 200 v. Chr. Gefunden in den Thermen von Trajan, 1506" (Abb. 3.14).

Man erkennt hier das Material (Marmor), aber auch einen antik bekleideten Mann, der tatsächlich von den Kabeln zerdrückt zu sein scheint. Auch ein Kabelschlauch, einige Hardwareanschlüsse und die mediterrane Geste der Verzweiflung ist zu erkennen. Transformer von DALL·E funktioniert, wie er soll und verbindet auch so jedes Oxymoron im Prompt.

3.3.4 DALL·E 2: Fotorealismus

Im Laufe der Experimente ist es uns (der immer wachsenden Community von DALL·E-Nutzern) aufgefallen, dass DALL·E vermutlich nicht nur an Beschriftungen der Bilder im Trainingsdatenset lernte. Auch die Metadaten, insbesondere geliefert in digitalen Aufnahmen der DSLR, waren wohl eine der wichtigen Quellen für das Netzwerk. Fügt

Abb. 3.17 Prompt: „Perfekte Illustration von Mucha", generiert mit DALL·E 2

Abb. 3.18 Prompt: „Man holds on to his academic papers tightly in excitement for new scientific breakthrough, as oil painting, in the style of Spitzweg", generiert mit DALL·E 2

man nämlich spezielle Kamera- und Objektivangaben hinzu, so erzielt man ein überzeugendes fotorealistisches Ergebnis.

Abb. 3.15 ist mithilfe des Prompts „A Portrait of a Dog in a Library, Sigma 85 mm f/1.4" entstanden, wo die letzten Teile des Prompts (auch „modifier" genannt) aus den Kameraeigenschaften bestanden.

Mit Kombinationen von Themen und Kameraeinstellungen simuliert DALL·E 2 naturgetreu die Ergebnisse. In Abb. 3.16 habe ich im Prompt die Nachtaufnahmen von einem vorbeifahrenden Auto thematisiert, im Modifier mit einem hohen ISO-Wert

Abb. 3.19 Prompt: „An AI Artist in disbelief, in Style of Spitzwe", generiert mit DALL·E 2

(ISO 1000) und langer Belichtungszeit. DALL·E 2 weiß, dass bei solchen Kameraeinstellungen und entsprechender Umgebung die Autoscheinwerfer auf dem Foto Licht-
spuren hinterlassen.

In meinem Blog habe ich das Thema Fotorealismus bei DALL·E (Alexeev 2022c)
detailliert untersucht.

3.3.5 DALL·E 2: Künstlerische Essenz

Das Modell kennt die Kunstwelt. Doch anders als bei Style-Transfer-Verfahren
(Mordvintsev et al. 2018) versucht DALL·E 2 die künstlerische Essenz wiederzugeben,

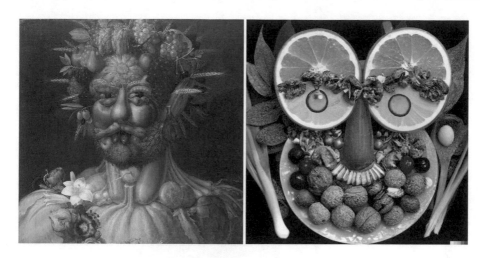

Abb. 3.20 Links: Giuseppe Arcimboldo, Vertumnus (Public Domain), Rechts: DALL·E 2: „Good morning in style of Arcimboldo", generiert mit DALL·E 2

statt einfach die stilistischen Merkmale zu imitieren. Das geschieht wiederum dank der generativen Fähigkeit des Transformers.

So zum Beispiel sieht eine „Perfekte Illustration von Mucha" aus (in diesem Fall habe ich den Prompt in deutscher Sprache verfasst) (Abb. 3.17).

Wir erkennen den Jugendstil des tschechischen Malers Alphonse Mucha (1860–1939), seinen Hang zum Ornamentalen, auch die Atmosphäre von Art Nouveau.

Auch Carl Spitzweg wird von DALL·E gut aufgenommen. Folgende Bilder entstanden mit der Eingabe „Ein Mann hält seine akademischen Papiere hoch in der Aufregung wegen seines neuen wissenschaftlichen Durchbruchs, als Ölgemälde im Stil von Spitzweg" (Abb. 3.18).

Im Fall von Spitzweg ist es mir aufgefallen, dass die Erwähnung dieses Malers nicht immer seinen Stil, jedoch eine ironisch-empathische Darstellung mit sich bringt. Die Bilder in Abb. 3.19 haben mit Spitzweg stilistisch wenig gemeinsam, doch das Humoreske an ihnen ist nicht zu übersehen „Ein KI-Künstler im Zweifel, von Spitzweg".

Besonders deutlich wird die Fähigkeit von DALL·E 2, künstlerische Verfahren zu verstehen und wiederzugeben in Beispielen aus meiner Reihe „Good Morning with DALL·E"[7]. Jeden Morgen um 08:30 veröffentlichte ich in Twitter ein neues Bild mit der Prompt-Struktur „Good Morning, by [Artist name]". In diesem Langzeitexperiment erforschte ich die Fähigkeiten des Netzwerks, eine abstrakte Angabe „Guten Morgen" mit einer künstlerischen Essenz zu verbinden.

---

[7]Good Morning with DALL·E ist erreichbar unter https://twitter.com/hashtag/DALLE_GoodMorning?src=hashtag_click&f=live.

Abb. 3.21 Prompt „Eine Katze fährt Fahrrad", generiert mit DALL·E 2

Abb. 3.22 Prompt „Eine Katze fährt Fahrrad, eine Illustration von Michael Sowa", generiert mit DALL·E 2

Zu einem der ersten Künstler aus der italienischen Renaissance gehörte Giuseppe Arcimboldo, dessen „Markenzeichen" manieristische, aus verschiedenen Gegenständen zusammengestellte Porträts waren (Abb. 3.20).

In diesem Fall erstellt DALL·E keineswegs an Renaissance anmutende Ölmalerei. Stattdessen versteht das System zum einen, was „Guten Morgen" bedeuten mag (beispielsweise Frühstück), und zum anderen, wie das künstlerische Verfahren von Arcimboldo es auffassen sollte, nämlich aus Bestandteilen zusammengestellt. Und es entsteht ein Collage-artiges Gesicht aus den für ein Frühstück typischen Ingredienzen.

Abb. 3.23 Prompt „Eine Katze fährt Fahrrad, eine Illustration von Michael Sowa, aber als ein Foto", generiert mit DALL·E 2

Hier erkennt man bereits die eigene Vorstellungskraft von DALL·E. Es ist kein Nachahmer. Es versucht etwas Neues zu erstellen, auch wenn diese Interpretation ziemlich anthropomorph klingt.

3.3.6 DALL·E 2: Prompt ist Überzeugungsarbeit

Prompt Design bedeutet nicht nur Angabe der Themen und Stile. Manchmal muss dazu auch Überzeugungsarbeit geleistet werden.

So in folgendem Experiment, bei dem ich ein Bild mit diesem Prompt erstellte: „Eine Katze fährt Fahrrad". Entstanden sind seltsame Darstellungen (Abb. 3.21), da im Trainingsdatenset logischerweise Fahrrad fahrende Katzen fehlten.

Wenn ein Prompt Designer oder eine Prompt Designerin vor einer komplexen Aufgabe steht, muss er oder sie sich die möglichen Kontexte vorstellen und die Frage stellen: In welchen Situationen ist eine Darstellung einer Fahrrad fahrenden Katze möglich? Die naheliegende Antwort: in Kinderbüchern und Fabelillustrationen, wo Tiere anthropomorphisiert sind und sich wie Menschen verhalten.

Daher war mein nächster Versuch: „Eine Katze fährt Fahrrad, eine Illustration von Michael Sowa". Denn in den Werken dieses Künstlers tun die Tiere meistens das, was wir Menschen tun. DALL·E 2 lieferte Ergebnisse (Abb. 3.22), die bereits sehr gut waren.

Doch eines fehlte noch: Fotorealismus. Und so korrigierte ich meinen Prompt noch weiter, indem ich „aber als ein Foto" hinzufügte. Also: „Eine Katze fährt Fahrrad, eine Illustration von Michael Sowa, aber als ein Foto".

Abb. 3.24 Variationen mit DALL·E

Abb. 3.25 Valencia, City of
Arts and Sciences. Foto von
Vladimir Alexeev

Nun hatte DALL·E keinerlei Schwierigkeiten mehr, sich eine Fahrrad fahrende Katze
vorzustellen und sie fotorealistisch abzubilden (Abb. 3.23).

3.3.7   DALL·E 2: Variationen

Das Kreieren von Variationen ist eine weitere Funktion von DALL·E 2. Dabei basiert
der Prompt ausnahmsweise nicht auf Texten, sondern auf den eingegebenen Bildern.
Das können entweder bereits von DALL·E generierte Bilder sein oder auch von Nutzern
hochgeladene Bildmaterialien.

Abb. 3.26   Links: Variation, generiert mit DALL·E, rechts: Wissenschaftsmuseum in Valencia

Abb. 3.27   Prompt: „Dreams by Franz Kafka", generiert mit DALL·E 2

DALL·E erkennt Muster, Objekte und deren Beziehungen untereinander, übersetzt sie in Prior und generiert stilechte, aber ganz neue Versionen.

Im ersten Fall habe ich die weintrinkende Mona Lisa als Variation erstellen lassen (Abb. 3.24).

Hier erkennt man bereits, wie sich DALL·E in der Darstellung von Mona Lisa entfernt (denn davon ist im visuellen Prompt *kein Wort*). Stattdessen sehen wir *eine Dame in einem eher mittelalterlichen Kleid mit einem Glas voll dunkler Flüssigkeit in der Hand, mit Sepiafarben und Sfumato-Verfahren im Stil von da Vinci*. Vermutlich dies war die interne Beschreibung des Prompt-Bildes und diente als Prior für die Generation der Variationsreihe). Interessant ist der waagerechte Flüssigkeitspegel in jedem Bild.

Abb. 3.28 Prompt:
„Renaissance Painting as
a First Person Shooter",
generiert mit DALL·E 2

DALL·E kennt die physikalischen Gesetzmäßigkeiten aus der durchschnittlichen Gesamtsumme aller Bilder im Training-Dataset).

Etwas Erstaunliches erfahren wir über die kulturellen Kenntnisse von DALL·E 2, wenn wir unsere Umgebung abfotografieren und zur Variationsbildung einspeisen.

Der Autor übermittelte dem System eine Fotoaufnahme aus der *Stadt der Kunst und Wissenschaften* in Valencia mit einem Schriftzug als ein dominierendes Element und mit architektonischen Merkmalen im Hintergrund (Abb. 3.25).

Im Hintergrund erkennt man die biomorphe Architektur des 3D-Kinosaals „Hemisfèric". In der Variationsreihe von DALL·E befand sich folgendes Bild (Abb. 3.26, links).

Auch wenn Valencia als Schriftzug völlig untergangen ist und die Anzahl der menschlichen Figuren nicht der des Originals entspricht, gehört das Gebäude im Hintergrund ebenso zum gleichen Ort. Es ist das „Museum der Wissenschaften" (Abb. 3.26 rechts) und steht in der unmittelbaren Nachbarschaft zu Hemisfèric. DALL·E kennt sich also in topologischen Kontexten aus.

3.3.8   DALL·E 2: Eigene Vorstellungskraft?

Dies ist eine der wohl spannendsten Eigenschaften von DALL·E 2 – und es verlässt mich nicht das Gefühl, dass wir immer noch an der Oberfläche der Fähigkeiten der KI kratzen.

Um die ganze Kreativität der KI zu entlocken, habe ich ganz abstrakte Prompts angegeben. Und ich wurde nie enttäuscht.

Der Text „Träume von Franz Kafka" lieferte Abb. 3.27.

Eine Frau unternimmt einen Spaziergang bei sonnigem Wetter und überquert den Weg, statt ihn entlangzulaufen. Von ihrem altertümlichen Sonnenschirm aus verbreitet

Abb. 3.29 Prompt: „Egoist,
by Joseph Ducreux", generiert
mit DALL·E 2

sich das Dunkle wie eine Schleife des Absurden, das langsam das fröhliche Bild ver-
deckt. Dieses Bild kann man lange interpretieren – und spätestens hier konfrontieren
wir uns mit der Frage: Ist es Kreativität? Entsteht die Kunst aus der Maschine bei
der Generation? Oder erst in unserem Kopf, durch Wahrnehmung, Interpretation,
Assoziationen. Denn der Autor dieses Werks ist künstliche Intelligenz, sie hatte weder
Intentionen noch Emotionen, die sie bewegten. Beginnt die KI-Kunst erst bei der
menschlichen Betrachtung? Ich vermute: ja.

Ein anderes Bild beeindruckte mich stark, als ich ein Renaissancebild als einen
3D-Shooter darstellen wollte („Renaissance Painting as a First Person Shooter"). Was ich
bekam (Abb. 3.28), das hatte weder mit Renaissance noch mit Videospielen zu tun, war
jedoch sehr bewegend.

Eine menschliche Hand berührt ein (zerfallendes?) Bild im schlichten Rahmen. Eine
Szene, die man kaum in einem Museum betrachtet. Handelt es sich dabei um einen
Künstler, der sein halbfertiges Bild anfasst? Oder ist es jemand mit Sehschwäche, der
versucht, ein Gemälde taktil zu erfassen? Interpretationen überschlagen sich in unserem
Gehirn.

Ein anderes Bild (Abb. 3.29), das man endlos interpretieren könnte, entstand nach
dem Prompt „Egoist, by Joseph Ducreux" (ein Maler, bekannt für seine ausdrucksvollen
Porträts).

Ein Mann bewundert sein eigenes Spiegelbild, in welchem man sein Abbild sieht.
Doch dieses Abbild hat statt eines Kopfes einen leeren Spiegelrahmen ohne jedwede
Spiegelung. Eine innere Leere, eine menschliche Oberflächlichkeit.

Man mag meinen, ich interpretiere zu viel – doch genau das ist die Aufgabe der
Kunst: Stoff für Interpretationen zu liefern.

3.4   Ausblick

Prompt-Design ist nicht nur ein neues Berufsfeld, sondern eine Wissenschaft an sich. Sie hat wenig mit Machine Learning zu tun. OpenAI-Forscher berichteten mir in persönlichen Gesprächen, dass, wenn sie sich auch der Funktionalitäten von GPT-3 oder DALL·E 2 bewusst sind, sie dennoch keine Ahnung haben, wie ein bestimmtes Bild oder Text zustande kommt. Es sind keine Algorithmen mehr, sondern eine Blackbox. Eine kreative Blackbox.

Es gilt also noch, die Wissenschaft des Prompt-Designs zu etablieren, d. h. die Ästhetik und die „Psychologie" der Maschine zu untersuchen. Wir befinden uns erst am Anfang.

Für Prompt-Design spielt eine entscheidende Rolle:

- Welches NLP-Modell verwendet wird
- Anhand welcher Daten es trainiert wurde
- Welche Spezifikationen und Aufmerksamkeitsmechanismen in diesem Modell vorherrschen

Ein und derselbe Prompt kann bei verschiedenen Modellen ganz unterschiedliche Ergebnisse erzielen. Bei einem konkreten Modell wirkt eine Prompt-Strategie aber auf eine konsequente und beständige Art und Weise.

Die Aufgabe des Prompt-Designers ist es nicht mehr, das System zu programmieren. GPT-3 verfügt zwar über eine Reihe von Einstellungen, mit welchem der Ergebnistext als besonders „kreativ" oder als spartanisch-sachlich beeinflusst werden kann.

Der Prompt-Designer soll über umfassendes Allgemeinwissen verfügen, aber auch die „Psychologie" der Maschine kennen.

Und wie Ross Goodwin im Zitat am Anfang dieses Artikels behauptete: Maschinen werden uns nicht ersetzen. Sie werden uns ergänzen. Denn mit solchen fortschrittlichen Modellen verlassen wir die Ebene der Algorithmen und bewegen uns in Richtung der kreativen Zusammenarbeit von Mensch und Maschine – gesteuert mit dem Wort, das anfangs alles war.

Literatur

Alexeev, V. 2022a. This is a Love Letter Written by a Toaster. https://twitter.com/merzmensch/status/1286395836637818887.

Alexeev, V. 2022b. https://twitter.com/Merzmensch/status/1296822729543483392.

Alexeev, V. 2022c. Prompt Design for DALL·E: Photorealism—Emulating Reality. https://medium.com/merzazine/prompt-design-for-dall-e-photorealism-emulating-reality-6f478df6f186. Zugegriffen: 18. Aug. 2022.

Branwen, G. 2019. GPT-2 Neural Network Poetry. https://www.gwern.net/GPT-2#training. Zugegriffen: 18. Aug. 2022.

Brown, T. et al. 2020. Language Models are Few-Shot Learners. https://arxiv.org/abs/2005.14165. Zugegriffen: 18. Aug. 2022.

Goodfellow, I. et al. 2014. Generative Adversarial Networks. https://arxiv.org/abs/1406.2661. Zugegriffen: 18. Aug. 2022.

Goodwin, Ross. 2016. Artists and Machine Intelligence. https://medium.com/artists-and-machine-intelligence/adventures-in-narrated-reality-6516ff395ba3. Zugegriffen: 18. Aug. 2022.

Ho, J. et al. 2020. Denoising Diffusion Probabilistic Models. https://arxiv.org/abs/2006.11239. Zugegriffen: 18. Aug. 2022.

Kingma, D., und M. Welling. 2013. Auto-Encoding Variational Bayes. https://arxiv.org/abs/1312.6114. Zugegriffen: 18. Aug. 2022.

Miller, Arthur I. The Artist in the Machine, Cambridge: MIT Press, 2019.

Mordvintsev, A., et al. 2018. Differentiable Image Parameterizations. https://distill.pub/2018/differentiable-parameterizations/. Zugegriffen: 18. Aug. 2022.

Newitz, A. 2021. Movie Written by Algorithm Turns Out to be Hilarious and Intense. https://arstechnica.com/gaming/2021/05/an-ai-wrote-this-movie-and-its-strangely-moving/. Zugegriffen: 18. Aug. 2022.

Nichol, A. et al. 2021. GLIDE: Towards Photorealistic Image Generation and Editing with Text-Guided Diffusion Models. https://arxiv.org/abs/2112.10741. Zugegriffen: 18. Aug. 2022.

Radford, A. et al. 2018. Improving Language Understanding by Generative Pre-Training. https://cdn.openai.com/research-covers/language-unsupervised/language_understanding_paper.pdf. Zugegriffen: 18. Aug. 2022.

Radford, A. et al. 2019a. Better Language Models and Their Implications. https://openai.com/blog/better-language-models/. Code und Modelle in: https://github.com/openai/gpt-2. Zugegriffen: 18. Aug. 2022.

Radford, A. et al. 2019b. Language Models are Unsupervised Multitask Learners. https://cdn.openai.com/better-language-models/language_models_are_unsupervised_multitask_learners.pdf. Zugegriffen: 18. Aug. 2022.

Radford, A. et al. 2019c. https://openai.com/blog/better-language-models/#sample1. Zugegriffen: 18. Aug. 2022.

Radford, A. et al. 2021a. Learning Transferable Visual Models From Natural Language Supervision. https://arxiv.org/abs/2103.00020. Zugegriffen: 18. Aug. 2022

Radford, A. et al. 2021b. CLIP: Connecting Text and Images. https://openai.com/blog/clip/. Zugegriffen: 18. Aug. 2022.

Ramesh, A. et al. 2021a. DALL·E: Creating Images from Text. https://openai.com/blog/dall-e/. Zugegriffen: 18. Aug. 2022.

Ramesh, A. et al. 2021b. Zero-Shot Text-to-Image Generation. https://arxiv.org/abs/2102.12092. Zugegriffen: 18. Aug. 2022.

Ramesh, Aditya, et al. 2022. DALL·E 2. https://openai.com/dall-e-2/. Zugegriffen: 18. Aug. 2022.

Reed, S. et al. 2016. Generative Adversarial Text to Image Synthesis. https://arxiv.org/abs/1605.05396. Zugegriffen: 18. Aug. 2022.

Shukor M., et al. 2022. Semantic Unfolding of StyleGAN Latent Space. https://arxiv.org/abs/2206.14892. Zugegriffen: 18. Aug. 2022.

Vaswani, A. et al. 2017. Attention is All You Need. https://arxiv.org/abs/1706.03762. Zugegriffen: 18. Aug. 2022.

Vladimir Alexeev studierte Kulturwissenschaften (M.A.) an der Universität Frankfurt sowie Buch- und Medienpraxis. Er arbeitet für DB Schenker als Digital Experience Specialist (Forschung der Neuen Technologien, Digitale Transformation). Außerhalb seiner hauptberuflichen

Tätigkeit schreibt, forscht und kreiert er mithilfe der künstlichen Intelligenz. Sein Hauptfokus richtet sich dabei auf die kreative Zusammenarbeit zwischen Mensch und Maschine. Er schreibt zu diesen Themen Essays in seinem Blog https://medium.com/merzazine/ und ist als GPT-3 und DALL·E Community Ambassador bei OpenAI ehrenamtlich tätig. Zusätzlich arbeitet er an seiner Promotion über historische Avantgarde in der Literatur.

Teil II
Methoden

Erklärbarkeit als Schlüssel für den verantwortungsvollen Umgang mit KI

4

Einordnungen und Erfahrungen aus der Kreditwirtschaft

Christophe Krech

Inhaltsverzeichnis

Zusammenfassung

Explainable AI (XAI) hat sich in den letzten Jahren zu einem für Akademiker und Praktiker hochrelevanten Forschungsfeld entwickelt. Ausgangspunkt ist dabei stets die Frage, wie sich der vermeintliche Konflikt zwischen der Leistungsfähigkeit (Performance) und Erklärbarkeit eines Machine-Learning-Modells auflösen lässt. Ziel des Beitrags ist es, einen Einblick in den aktuellen Stand der Forschung zu geben und dabei sowohl auf methodische, konzeptionelle und regulatorische Fragestellungen

C. Krech (✉)
Analytics and Consulting Services DACH, informa Solutions GmbH, Baden-Baden, Deutschland
E-Mail: christophe.krech@experian.com

© Der/die Autor(en), exklusiv lizenziert an Springer Fachmedien Wiesbaden GmbH, ein Teil von Springer Nature 2023
L. B. Blum (Hrsg.), *Angewandte Data Science*,
https://doi.org/10.1007/978-3-658-39625-1_4

einzugehen. Die Kreditwirtschaft wird dabei immer wieder als Beispiel heran-gezogen; sie ist mit ihren klaren regulatorischen Anforderungen eine geeignete Blau-pause für den verantwortungsvollen Einsatz von künstlicher Intelligenz.

4.1 Einleitung

Künstliche Intelligenz[1] (nachfolgend auch KI oder AI) ist – mal mehr, mal weniger bewusst – in vielen Bereichen des gesellschaftlichen und wirtschaftlichen Mainstreams angekommen. Wir interagieren mit künstlichen intelligenten Systemen, nutzen diese ganz selbstverständlich und geben ihnen die Kontrolle über ganze Warenhäuser und Produktionsstraßen. Viele Algorithmen liefern heute erstaunlich genaue Prognosen zum Verhalten von technischen Systemen und sogar Menschen. Dadurch unterstützen sie die Anwender der Systeme enorm, wenn sie ihr menschliches Gegenüber dabei nicht sogar bereits übertreffen. Seien es Gesellschaftsspiele wie Go (Silver et al. 2017) die auto-matisierte Bilderkennung (vgl. hierzu He et al. 2015; Esteva et al. 2017) oder der Umgang mit natürlicher Sprache (siehe z. B. GPT3 in Brown et al. 2020) – die Fortschritte und Potenziale der künstlichen Intelligenz sind in vielen Bereichen sichtbar. Parallel zu den Chancen durch Einsatz moderner maschineller Lernverfahren[2] (im Folgenden auch Machine Learning oder ML) werden auch die Risiken und Probleme des unreflektierten Einsatzes intelligenter Systeme sichtbar. Diese Ambivalenz sorgt für große Verunsicherung in der Bevölkerung – wie zum Beispiel eine Studie der Universität Mannheim (https://www.gesellschaft-im-wandel.de/ergebnis/dezember-2021-beurteilung-des-einsatzes-von-auto-matisierten-entscheidungen-in-verschiedenen-lebensbereichen/) zeigt. Insbesondere auto-matisierte Entscheidungssysteme ohne menschliche Überwachung werden kritisch gesehen, versprechen aber zugleich den größten ökonomischen und gesellschaftlichen Nutzen.

Praktische Anwender von Machine Learning werden also mit vielfältigen Anforderungen konfrontiert: Auf der einen Seite stehen die Interessen von Auftraggebern, Fachabteilungen und Unternehmen mit den im ML verwendeten statistisch-mathematischen Verfahren (Modelle) größtmögliche gesellschaftliche und wirtschaftliche Mehrwerte zu schaffen – technisch gesprochen: Die Modelle sollen eine besonders hohe Vorhersagegüte liefern. Gleichzeitig werden von den Entscheidern transparente, erklärbare und faire Entscheidungssysteme gefordert

---

[1] Künstliche Intelligenz bezeichnet die Fähigkeit einer Maschine, kognitive Funktionen auszu-führen, die mit dem menschlichen Verstand assoziiert werden, wie z. B. Wahrnehmung, logisches Denken oder Problemlösung. Das maschinelle Lernen ist ein Teilgebiet der KI, das sich mit dem algorithmischen Erkennen von Muster in Daten befasst; vgl. (Nilsson 2009).

[2] Beim maschinellen Lernen handelt es sich um ein Teilgebiet der künstlichen Intelligenz. Auf Basis von (historischen) Beispielen und Erfahrungen in Form von Daten werden mittels Algorithmen und mathematisch-statistischen Verfahren neue Entscheidungsregeln abgeleitet. Das maschinelle Lernen wird in die drei Bereiche „überwachtes Lernen" (supervised learning), „unüberwachtes Lernen" (unsupervised learning) und „verstärkendes Lernen" (reinforcement learning) unterschieden.

Abb. 4.1 Auszug aus den Leitlinien für den verantwortungsvollen Umgang mit KI. (In Anlehnung an (2019) Quelle: Ethics Guidelines for Trustworth AI)

und auch der Druck durch den Gesetzgeber bzw. Aufsichtsbehörden wächst. Die Datenschutzgrundverordnung war wohl nur der Anfang einer langen Reihe an Regulierungen im Bereich des maschinellen Lernens, wie der 2021 angekündigte EU AI Act (European Commission, Directorate-General for Communications Networks, Content and Technology 2021) zeigt.

Auch wenn die Diskussion zur Regulierung von KI und automatisierten Entscheidungslogiken in den letzten Jahren verstärkt in das Zentrum der öffentlichen Aufmerksamkeit gerückt ist, gibt es im Bereich der Finanzdienstleistungen bereits seit Jahrzehnten vergleichbare Systeme – angemessene Regulierung eingeschlossen. Vertrauen, Stabilität und Erklärbarkeit spielen hier eine mindestens genauso große Rolle wie die Vorhersagequalität des Algorithmus. Der Einsatz moderner maschineller Lernverfahren, wie z. B. tiefer neuronaler Netze oder XGBoost (Chen und Carlos 2016), ist in diesen Fällen mit Herausforderungen verbunden. Diese Algorithmen sind inhärent komplex und gleichen oft einer Blackbox. Selbst für die Entwickler der Modelle und Experten ist es mitunter sehr schwierig, die abstrakten, gelernten Zusammenhänge nachzuvollziehen, geschweige denn in einfachen Worten wiederzugeben. Gleichzeitig versprechen sie – gerade im Vergleich zu den aktuell im Einsatz befindlichen Regressionsmodellen – große Mehrwerte. Vorhersagen lassen sich mit einer gesteigerten Genauigkeit treffen, was erhebliche finanzielle Optimierungen möglich macht.

Der vermeintliche Konflikt zwischen Performance und Erklärbarkeit der Modelle steht im Zentrum der Forschungen zu Explainable AI (XAI). Mittels welcher Methoden lässt sich der Konflikt aufheben? Dieser Beitrag führt in den aktuellen Stand der Forschung zur Erklärbarkeit maschineller Lernverfahren ein und zeigt, wie sich bereits heute sehr trennscharfe und zugleich erklärbare Machine-Learning-Modelle entwickeln lassen. Gleichzeitig gibt der Beitrag einen Einblick in die aktuellen und geplanten regulatorischen Anforderungen an maschinelle Lernverfahren, insbesondere in Hinblick auf die Erklärbarkeit der Modelle. Dabei werden immer wieder praktische Beispiele –

insbesondere aus der Kreditwirtschaft – herangezogen. Die Finanzindustrie mit ihren klaren regulatorischen Anforderungen kann in vielen Bereichen als Blaupause für den verantwortungsvollen Einsatz von künstlicher Intelligenz dienen.

4.2 Wieso Erklärbarkeit? Motive & Regulatorik

Transparenz, Erklärbarkeit, Fairness, Bias[3], Stabilität oder Reproduzierbarkeit – all das sind zentrale Grundpfeiler für den verantwortungsvollen Umgang mit Daten und künstlicher Intelligenz. Die EU-Kommission hat bereits 2019 in den „Ethics Guidelines for Trustworthy AI" (2019) diese und viele weitere Voraussetzungen für einen verantwortungsvollen Umgang mit KI und den damit verbundenen Chancen und Risiken definiert (vgl. auch Abb. 4.1).

Im Folgenden wird der Fokus auf der Erklärbarkeit maschineller Lernverfahren liegen. Das soll keineswegs heißen, dass die anderen Grundpfeiler von untergeordneter Relevanz oder gar vernachlässigbar sind. Vielmehr können all diese Voraussetzungen nur gemeinsam betrachtet werden und bedingen sich gegenseitig. Nichtsdestotrotz ist der Autor der Meinung, dass der Erklärbarkeit eine besondere Rolle zukommt, ist sie doch ein zentraler Enabler (Möglichmacher). So kann die Fairness eines Systems nur sichergestellt werden, wenn die Wirkmechanismen der zugrundeliegenden Modelle nachvollziehbar gestaltet sind. Die Transparenz eines Entscheidungsprozesses setzt erklärbare Regelwerte voraus und auch die Stabilität eines Modells lässt sich durch Erklärbarkeit besser abschätzen.

4.2.1 Motive für den Einsatz von Erklärbarkeit

Aktuell wird die Erklärbarkeit maschineller Lernverfahren stark unter regulatorischen Gesichtspunkten diskutiert. Sie wird häufig auf eine rechtliche Notwendigkeit reduziert, gibt es doch mittlerweile eine Reihe an Empfehlungen und rechtlichen Einschätzungen, die die Relevanz transparenter Entscheidungssysteme betonen. Im Folgenden werden die wichtigsten regulatorischen Rahmenwerke, wie die Datenschutzgrundverordnung oder der angekündigte EU AI Act, erläutert und die Konsequenzen für Praktiker diskutiert. Durch diesen Fokus auf die rechtlichen Anforderungen wird allerdings oftmals ver-

---

[3] Hiermit ist nicht der Bias eines verzerrten Schätzers im statistischen Sinne gemeint. Vielmehr handelt es sich dabei um Verzerrungen in Daten und Modellen, die ungewollte Diskriminierung zur Folge haben können. Darüber hinaus schließt der Begriff auch kognitive Verzerrung ein und bezieht sich damit auf systematische fehlerhafte Neigungen beim Wahrnehmen, Erinnern, Denken und Urteilen. Diese bleiben meist unbewusst (vgl. Kahneman 2011).

 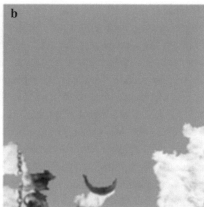

Husky classified as wolf   Explanation

Abb. 4.2 Erklärung eines Bildklassifizierers mittels LIME. (Quelle: Ribeiro et al. „Why Should I Trust You")

nachlässigt, dass es eine Reihe guter Gründe für erklärbare KI-Systeme gibt, die weit über die regulatorischen Rahmenbedingungen hinausgehen:

1. **Verbesserung der Modelle**

   Durch Erklärbarkeitsansätze ist es möglich, die Wirkmechanismen eines Modells besser zu verstehen. Auf Basis welcher Features ist das Modell zu seiner Prognose gekommen? Wie groß war der Einfluss dieser einzelnen Features auf die Vorhersage? Wie interagieren die verschiedenen Features untereinander? All diese Fragen lassen sich mittels moderner Erklärbarkeitsansätze beantworten. Auf Basis solcher Informationen lässt sich überprüfen, ob die gelernten Regeln des Modells überhaupt (fachlich) sinnvoll sind. Dies verhindert, dass Modelle falsche Schlüsse aus den Daten ziehen. Ein mittlerweile sehr berühmtes Beispiel, wie aufschlussreich Modellerklärungen sein können, liefern Marco Ribeiro und seine Co-Autoren (Ribeiro et al. 2016):

   Aufgabe des Modells war die Klassifikation von Bildern in Wolf oder Huskey. Das Modell erzielte auf den Testdaten eine gute Performance. Erst durch die Erklärung in Abb. 4.2 wurde klar, dass das Modell nicht gelernt hatte, Wölfe von Huskys zu unterscheiden, sondern vielmehr die Unterscheidung aufgrund des im Hintergrund der Huskys oftmals sichtbaren Schnees vornahm. Dies lag in einem Bias innerhalb der Trainingsdaten begründet. Das heißt, durch die Erklärungen wurde ein relevantes Problem bei der Auswahl der Merkmale erkannt.

2. **Vertrauen und Akzeptanz**

   Die Erfahrung zahlreicher Praxisprojekte zeigt, dass die erfolgreiche Zusammenarbeit mit den zuständigen Fachexperten und Anwendern der ML-Modelle (beispielsweise dem Kundenberater einer Bank) mindestens genauso wichtig für den Erfolg eines

KI-Projektes ist wie die zur Verfügung stehende Datenbasis. Diese Fachexperten verfügen häufig über einen sehr breiten und tiefen Erfahrungsschatz, der die ideale Grundlage für eine erfolgreiche Modellentwicklung bildet. Das tiefgehende fachliche Know-how der Anwender kann einem erfolgreichen Einsatz der Modelle allerdings auch im Weg stehen. Sind die Modelle nicht nachvollziehbar gestaltet und können den Weg ihrer Entscheidungsfindung nicht angemessen erklären, vertrauen die Anwender oftmals lieber ihrem eigenen Bauchgefühl. Das ist fatal, da gerade in der Kombination aus Mensch und Maschine große Potenziale stecken. Erklärbarkeit kommt hier eine vermittelnde Rolle zu. Sie ist die Brücke zwischen Data Scientist und Fachabteilung und schafft eine gemeinsame Gesprächsbasis. Die Fachexperten können überprüfen, ob die Wirkmechanismen des Modells zu ihren Erfahrungen passen und sie zu einer ähnlichen Einschätzung gekommen wären. Gleichzeig entdecken sie durch die Modelle möglicherweise neue Zusammenhänge, die ihnen bislang verborgen waren. Das Vertrauen in die Modelle und damit auch die Akzeptanz zum Einsatz dieser lässt sich durch Erklärbarkeit deutlich steigern. Die „Modelle im Kopf" der Anwender müssen zu den ML-Modellen passen.

3. **Vorurteile und Modellbias verhindern**[4]

Die Daten bilden die Basis eines jeden ML-Modells. Daher ist es von besonders großer Bedeutung, in den Daten versteckte Vorurteile zu erkennen. Nicht umsonst gilt unter Data Scientists der berühmte Spruch: „Shit in, Shit out". Jedes Modell ist nur so gut, wie die ihm zur Verfügung stehenden Daten. Cathy O'Neil hat eine ganze Reihe von Beispielen zusammengetragen, die aufzeigen, wie der unreflektierte Einsatz von maschinellen Lernverfahren in Kombination mit schlechten Daten Ungleichheiten und Diskriminierung verstärken kann (O'Neil 2016). Beispielsweise betrachtet sie ein Assistenzsystem, das amerikanischen Richtern helfen soll, ein geeignetes Strafmaß für Kriminelle festzulegen. Dieses System beurteilt, wie groß das Risiko einer zukünftigen erneuten Straftat ist, sodass der Richter dies bei seiner Entscheidung berücksichtigen kann. Wie eine große, auf ProPublica veröffentlichte Analyse zeigt, diskriminiert dieses System systematisch schwarze Straftäter und Straftäterinnen (Mattu et al. 2016).

Ein weiteres berühmtes Beispiel betrifft den amerikanischen Tech-Konzern Apple. Ende 2019 geriet dieser durch die Einführung seiner neuen Kreditkarte (ein Joint Venture mit Goldman Sachs) unter medialen Beschuss. Zahlreiche Medien

---

[4]An dieser Stelle ist es wichtig zwischen der Fairness der Daten und der Erklärbarkeit eines Modells zu unterscheiden. Es handelt sich um zwei unterschiedliche Herausforderungen beim Entwickeln von Modellen, die mit unterschiedlichen Werkzeugen gelöst werden können. Versteckte Verzerrungen (Bias) in den Daten führen zu unerwünschten Diskriminierungen und Modelle (auch erklärbare Modelle!) können gesellschaftliche Ungleichheiten verstärken. Es ist ein genaues Verständnis des datengenerierenden Prozesses nötig, um diese Verzerrungen zu entdecken. Erklärbare Modelle können Data Scientist dabei unterstützen, sind aber nur eines von mehreren Werkzeugen, um gegen Bias in den Daten vorzugehen.

berichteten detailliert, dass zwei Antragstellern mit identischer finanzieller Vor-geschichte signifikant voneinander abweichende Zinssätze und Kreditlimits angeboten wurden. Schnell verfestigte sich der Eindruck, dass die Unterschiede allein auf das Geschlecht der Antragsteller bzw. der Antragstellerin zurückzuführen waren. Apple-Mitgründer Wozniak – seine Frau war selbst Opfer dieser Diskriminierung – forderte daraufhin ein Eingreifen der Regierung in dieser Angelegenheit, wobei er einem Bericht von Bloomberg zufolge „eine übermäßige Abhängigkeit der Unter-nehmen von mysteriöser Technologie" anführte. „Diese Art von Ungerechtigkeiten beunruhigen mich […]. Wir haben keine Transparenz darüber, wie diese Unter-nehmen diese Dinge entwickeln und betreiben", so Wozniak im Artikel von Natarajan und Nasiripour (2019).

Diese beiden Beispiele zeigen eindrucksvoll, wie mangelhafte Transparenz über die Funktionsweise von KI-Systemen in Kombination mit unsauberen Daten bestehende gesellschaftliche Ungleichheit verstärken kann. Die Entwickler der Systeme sind für die Entscheidungen ihrer Modelle verantwortlich und müssen alles tun, um die Diskriminierung von sozialen Minderheiten zu verhindern. Anderenfalls werden die Modelle leicht zu einer selbsterfüllenden Prophezeiung. Erklärbarkeit kann unter-stützen, die Entscheidungslogiken der ML-Modelle offenzulegen und leistet dadurch einen wichtigen Beitrag, versteckte Bias zu identifizieren. Erklärbarkeit ist auf dem Weg zu diskriminierungsfreien Modellen nur ein Baustein. Es braucht klare ethische Leitlinien und eine gute Governance der Organisation, um verantwortungsvoll mit den Daten und Features umzugehen.

4.2.2   Regulatorische Anforderungen an die Erklärbarkeit

Spätestens mit der Einführung der Datenschutzgrundverordnung (DSGVO) im Mai 2018 ist der Umgang und Schutz personenbezogener Daten ins Zentrum der öffentlichen Auf-merksamkeit gerückt. Auch der Aufschrei innerhalb der Machine-Learning-Community war anfangs groß, setzt die DSGVO dem Einsatz von KI und maschinellem Lernen doch klare Grenzen. Art 22 Abs. 1 DSGVO verlangt eindeutig, dass jede Person das Recht hat, nicht einer ausschließlich auf einer automatisierten Verarbeitung beruhenden Ent-scheidung unterworfen zu werden, die ihr gegenüber rechtliche Wirkung entfaltet oder sie erheblich beeinträchtigt. Darüber hinaus müssen die in Art. 5 DSGVO aufgeführten allgemeinen Grundsätze der Rechtmäßigkeit, Fairness und Erklärbarkeit/Transparenz Anwendung finden. Für den Betroffenen muss die Verarbeitung seiner personen-bezogenen Daten nachvollziehbar sein, d. h. er muss Informationen über den Prozess der Verarbeitung, die wichtigsten Kriterien und ggf. auch über die verwendeten Trainings-daten erhalten (vgl. z. B. Krech und Stöhr 2022).

Die Datenschutzaufsichtsbehörden stellen darüber hinaus klar: „Es genüge nicht die Erklärbarkeit im Hinblick auf das Ergebnis, darüber hinaus muss die Nachvollzieh-barkeit im Hinblick auf die Prozesse und das Zustandekommen von Entscheidungen

gewährleistet sein" (https://www.datenschutzkonferenz-online.de/media/en/20190405_
hambacher_erklaerung.pdf, S. 3).

Es muss laut DSGVO auch über die verwendete Logik „ausreichend" aufgeklärt
werden. Hierbei gilt die Rechenschaftspflicht des Verantwortlichen (Art. 5 Abs. 2
DSGVO) (https://www.datenschutzkonferenz-online.de/media/en/20190405_hambacher_
erklaerung.pdf, S. 3). Das Positionspapier der unabhängigen Datenschutzaufsichtsbehörden in Deutschland legt hierzu in der sogenannten Hambacher Erklärung (https://
www.datenschutzkonferenz-online.de/media/en/20190405_hambacher_erklaerung.pdf)
als Sicherheitsmaßnahmen konkret fest: „Die Entscheidungssituationen des KI-Systems
sind konzeptionell zu kategorisieren nach Vor- oder Teilentscheidungen und finaler/
finalen Entscheidung(en). Eine relevante finale Entscheidung, deren Freigabe/Bestätigung/
Ablehnung, Zeitpunkt und die entscheidende Person sowie ggf. die Gründe sind revisionssicher (automatisiert) zu dokumentieren. […] Die maßgeblichen Parameter (z. B. Entscheidungsbäume) und Verarbeitungsschritte für das Zustandekommen des Outputs
sind revisionssicher zu dokumentieren. Für ein KI-System sind geeignete Parameter zu
definieren, die einen Rückschluss auf die Qualität (Güte, Fehlerrate) der Verarbeitung
und damit den nachfolgenden Output zulassen. Die Einhaltung der jeweiligen Parameter bzw. Sollvorgaben ist regelmäßig zu evaluieren. Dokumentiert und laufend untersucht werden muss, wie gesetzlich verbotene, negative Diskriminierungen unterbunden
werden" (https://www.datenschutzkonferenz-online.de/media/en/20190405_hambacher_
erklaerung.pdf, S. 16 f.).

Wichtig ist an dieser Stelle, dass explizit nicht verlangt ist, jeden einzelnen, noch so
kleinen Parameter, der in den Entscheidungsprozess miteinfließt, zu beschreiben. Gerade
komplexe Entscheidungssysteme, wie sie in der Kreditwirtschaft zum Einsatz kommen,
müssen auf die wesentlichen Einflussfaktoren heruntergebrochen werden, da sonst die
Komplexität der Systeme, die Nachvollziehbarkeit nahezu unmöglich machen würde.
Nach dem Positionspapier sind vielmehr „geeignete Parameter" zu definieren, die einen
Rückschluss auf die Qualität der Verarbeitung und somit auf das Endergebnis zulassen
(vgl. Krech und Stöhr 2022, S. 16).

Dabei ist stets der Schutz des geistigen Eigentums des Entwicklers eines KI-Systems
zu bedenken – fallen doch viele Algorithmen bzw. Entscheidungssysteme unter den
Begriff des Betriebs- und/oder Geschäftsgeheimnisses, das sogenannte „Know-how"
eines Unternehmens, welches besonders zu schützen ist. Das heißt, die Erklärbarkeit
eines Systems endet in vielen Fällen dort, wo das Geschäftsgeheimnis beginnt (ebd.).
Doch muss dies nicht zu einer unzureichenden, den regulatorischen Anforderungen
nicht gerecht werdenden Erklärbarkeit führen. Neutrale, öffentlich finanzierte Aufsichts-
gremien, wie die jeweiligen Landesdatenschutzbeauftragten oder die Bundesanstalt
für Finanzdienstleistungsaufsicht (BaFin), sind bereits heute in der Kreditwirtschaft
Standard und wachen über die Einhaltung der regulatorischen Anforderungen und stellen
dabei gleichzeitig sicher, dass das Know-how der Unternehmen nicht nach außen dringt.

Diese Institutionen haben erheblichen Einfluss auf die Schaffung von Industriestandards in den Bereich KI und ihrer Erklärbarkeit.

Bereits 2019 stellte die BaFin in einer Studie zu KI in der Finanzindustrie klar: „Es liegt in der Verantwortung des beaufsichtigten Unternehmens, die Erklärbarkeit/Nachvollziehbarkeit von KI-basierten Entscheidungen für sachkundige Dritte zu gewährleisten. Modelle lediglich als Blackbox zu betrachten, sieht die Aufsicht kritisch" (Bundesanstalt für Finanzdienstleistungen (Bafin) 2018, S. 13). Mittlerweile beschäftigt sich die BaFin auch mit den aktuellen Erklärbarkeitsansätzen und stellt dabei fest, dass „Modellierer, Validierer, Aufseher und Nutzer über einen unterschiedlichen fachlichen Hintergrund verfügen und unterschiedliche Informationsbedarfe haben. Um diesen adressatenspezifischen Anforderungen Rechnung zu tragen, wurden Techniken der ‚Explainable AI' (XAI) entwickelt. XAI-Techniken sind aus Sicht der Aufsicht vielversprechend, um die „Blackbox"-Eigenschaft abzumildern" (Bundesanstalt für Finanzdienstleistungen (Bafin) 2022, S. 15). Das unterstreicht nochmals die Relevanz der aktuellen Forschung zur Erklärbarkeit.

Neben dieser deutschen Perspektive gibt es auch auf europäischer Ebene zahlreiche Initiativen, die sich mit der Regulierung von KI-Systemen beschäftigen. Die prominenteste und für alle Praktiker wohl relevanteste Initiative ist der EU AI Act der Europäischen Union (European Commission, Directorate-General for Communications Networks, Content and Technology 2021). Die EU-Kommission hat im April 2021 einen ersten Entwurf vorgestellt, der nun in den europäischen Gremien beraten wird. Das Ziel der EU-Kommission ist die Schaffung eines internationalen Standards für den verantwortungsvollen Umgang mit KI-Systemen. Dieser sieht unter anderem eine Einteilung in verschiedene Risikoklassen vor. Abhängig vom Anwendungsszenario werden angemessene Anforderungen an das Design der Systeme gestellt. Dabei kommen der Transparenz und Erklärbarkeit der Systeme erneut eine große Bedeutung zu. So heißt es beispielsweise: „High-risk AI systems shall be designed and developed in such a way to ensure that their operation is sufficiently transparent to enable users to interpret the system's output and use it appropriately" (Artikel 13 Abs. 1, European Commission, Directorate-General for Communications Networks, Content and Technology 2021). Auch das Konzept der neutralen Aufsichtsbehörde wird in dem Entwurf erwähnt. So sollen risikoreiche Anwendungsfälle, wie beispielsweise medizinische Systeme, durch neutrale Experten geprüft werden (vgl. z. B. European Commission, Directorate-General for Communications Networks, Content and Technology 2021, S. 13). Hier wird deutlich, dass die Finanzindustrie und ihr über Jahre entwickeltes regulatorisches Rahmenwerk, Vorbild für die anstehende EU-Regulierung ist. Was lässt sich – insbesondere unter dem Gesichtspunkt der Erklärbarkeit – von der Kreditwirtschaft lernen? Welche Standards haben sich im Laufe der Zeit entwickelt und was lässt sich daraus für die Entwicklungen in puncto Nachvollziehbarkeit ableiten? Diese Fragen werden im nächsten Abschnitt beantwortet.

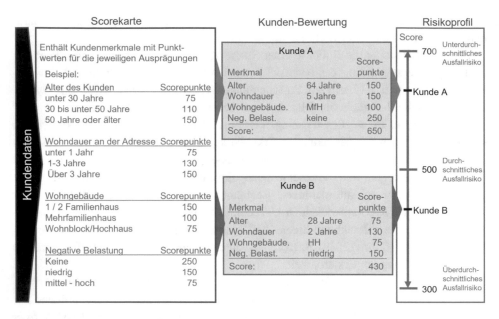

Abb. 4.3 Exemplarische, fiktive Scorekarte, wie sie in der Kreditwirtschaft zum Einsatz kommen könnte

4.3   Scorekarten als Benchmark in puncto Erklärbarkeit

Die Finanz- und Kreditwirtschaft[5] setzt seit vielen Jahrzehnten auf den Einsatz statistischer Analysen und Modelle. Bereits in den 70er Jahren wurden in ersten Banken statistisch entwickelte Scorekarten eingesetzt, um die finanziellen Risiken eines Kredits zu bewerten. Im Laufe der 80er und 90er Jahren kamen in Amerika und Deutschland die ersten Bonitätsscores großer Wirtschaftsauskunfteien auf, um die Zahlungskräftigkeit von Kreditnehmern objektiv einzuschätzen (vgl. z. B. https://www.myfico.com/credit-education/blog/history-of-the-fico-score). Der Einsatz von statistischen Verfahren – insbesondere Scorekarten auf Basis von Regressionsmodellen – erfreute sich damals wie heute großer Beliebtheit in der Kreditwirtschaft und sie haben sich zu einem etablierten und leistungsstarken Tool entwickelt, Kreditrisiken zu managen und gleichzeitig den strengen Transparenz- und Auskunftspflichten gerecht zu werden. Der Gesetzgeber

---

[5]Wenn in diesem Beitrag von Kreditwirtschaft die Rede ist, wird sich häufig vor allem auf das sogenannte Kreditantragsscoring bezogen. Dabei handelt es sich nur um einen kleinen Teilbereich der Kreditwirtschaft, in dem auf mathematisch-statistische Verfahren zurückgegriffen wird. Aufgrund der Arbeit mit sehr sensiblen, personenbezogenen Daten spielt hier die DSGVO und der angekündigte EU AI Act eine besonders große Rolle, sodass er exemplarisch für die Herausforderungen der gesamten Branche steht.

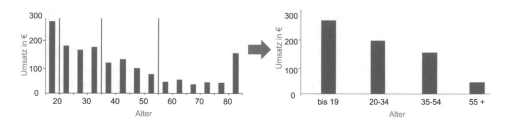

Abb. 4.4 Ergebnis der Kategorisierung der Variable Alter bzgl. des Umsatzes

schreibt vor, dass Banken und Wirtschaftsauskunfteien der Aufsichtsbehörde in Form von Berichten aufzeigen, wie ihre Scores und Entscheidungssysteme funktionieren. Dadurch wird sichergestellt, dass die Scores im Einklang mit den regulatorischen Anforderungen stehen und auf Basis objektiver, statistischer Kriterien Entscheidungen getroffen werden. Gleichzeitig werden Konsumenten in Deutschland seit 2010 Auskunfts- und Beschwerderechte eingeräumt, die im Streitfalle auch durch die Aufsichtsbehörde vertreten werden. Diese Pflichten der Banken und Auskunfteien bilden an vielen Stellen die Blaupause der angekündigten EU-KI-Regulierung. Mit Scorekarten hat die Kreditwirtschaft einen bei Aufsichtsbehörden akzeptierten Weg gefunden, die großen Vorteile statistischer Modelle zu nutzen und gleichzeitig die Transparenzanforderungen der Regulierer zu erfüllen. Scorekarten bilden damit nach Auffassung des Autors einen Benchmark in puncto Erklärbarkeit und Transparenz, an dem sich andere Machine-Learning-Modelle bzw. Erklärbarkeitsansätze messen müssen, da Scorekarten seit Jahren von Aufsehern akzeptiert und verstanden werden. Die folgende Abb. 4.3 zeigt eine sehr einfache, fiktive Scorekarte, wie sie in der Kreditwirtschaft zum Einsatz kommen könnte:

Auf Basis verschiedener Merkmale des Kunden, wie beispielsweise Alter oder vergangene Zahlungsprobleme (hier als negative Belastung bezeichnet), und der Ausprägung dieser Kundenmerkmale werden Punkte vergeben. Diese verschiedenen Punkte werden addiert und ergeben so den Gesamtscore eines Kunden, der das individuelle Risikoprofil eines Kunden widerspiegelt. Dieses Beispiel macht deutlich, wie leicht Scorekarten zu verstehen sind. Der Einfluss eines jeden Merkmals ist direkt ablesbar und auch die Auswirkungen von Veränderungen werden unmittelbar sichtbar. Neben diesen Vorteilen in puncto Transparenz zeichnen sich Scorekarten durch eine hohe zeitliche Stabilität aus. Dank der Konzentration auf eine überschaubare Anzahl sehr trennscharfer Modellfeatures und die Klassierung dieser ist es je nach Anwendungsfall möglich, eine Scorekarte über einen Zeitraum von mehreren Jahren erfolgreich einzusetzen. Gleichzeitig kann sehr flexibel auf veränderte Rahmenbedingungen reagiert werden, da sich Scorekarten manuell durch einen Fachexperten adaptieren lassen, ohne dass bereits entsprechende Daten zum Training zur Verfügung stehen. Dies ist gerade in der Finanz industrie von großer Bedeutung, da oftmals Monate oder sogar Jahre vergehen, bis feststeht, ob ein Kunde seinen Kredit zurückzahlen konnte.

In der Praxis wird oftmals zwischen statistischen und nicht statistischen Scorekarten unterschieden. Bei nicht statistischen Scorekarten entwickelt ein Experte auf Basis seiner Erfahrung aus ähnlichen Projekten eine Scorekarte, ohne dass entsprechende Daten zur Verfügung stehen. Dieser Ansatz ist in der Praxis allerdings von untergeordneter Bedeutung und kommt häufig nur bei der Expansion in neue Geschäftsfelder oder Märkte zum Einsatz – es stehen in diesen Fällen oftmals keine ausreichenden Daten zur Verfügung. Statistische Scorekarten basieren hingegen in der Regel auf einer repräsentativen Datenbasis, die Ausgangspunkt für das Training einer logistischen Regression oder anderer linearer Modelle ist.

Ausgangspunkt ist die sogenannte univariate Analyse. Hier werden zum einen die einzelnen Merkmale und ihre Trennschärfe analysiert, gleichzeitig erfolgt die Kategorisierung der Features. Dies dient zum einen der Glättung von Merkmalseinflüssen und ermöglicht die einfache Abbildung nicht linearer Effekte. Beim Bilden der Klassen spielen fachliche Überlegungen wie „Passen diese Ausprägungen inhaltlich zueinander?" ebenso eine Rolle wie die Zielgröße des Modells. Abb. 4.4 zeigt ein typisches Ergebnis einer Kategorisierung: In diesem Beispiel soll der Umsatz pro Kunde eines Onlineshops prognostiziert werden. Auf Basis der Erfahrungen der Shop-Betreiber haben jüngere Kunden oder Kundinnen höhere Umsätze. Dies spiegelt sich auch in den Daten und der Abbildung wider. Der durchschnittliche Umsatz pro Kunde fällt mit steigendem Alter. Nach Aussage der Shop-Betreiber ist der Ausschlag bei Kunden größer 80 Jahre durch betrügerische Bestellungen zu erklären, die mittlerweile aber abgestellt wurden. Um ein möglichst nachvollziehbares Modell zu erhalten, werden die Schwankungen des Umsatzes geglättet und vier Klassen gebildet. Dadurch wird das Modell einfacher und nachvollziehbarer. Gleichzeitig erhöht sich die Stabilität des Modells. Im Falle von Ausreißern können keine extremen Prognosen zustandekommen (ein häufiges Problem von (linearen) Regressionsmodellen mit kontinuierlichen Inputmerkmalen).

Im Anschluss erfolgt das Training einer kategoriellen, logistischen Regression. Die Schätzer der Regressionskoeffizienten lassen sich als Einfluss der einzelnen Merkmalskategorien interpretieren (eine Einführung in die logistische Regression findet sich z. B. in Hastie et al. 2009, S. 119 ff.). Diese Koeffizienten werden anschließend mittels einer linearen Transformation in ganzzahlige Scorepunkte überführt. Eine Einführung in die Entwicklung von Scorekarten findet sich u. a. bei (Siddiqi 2012). Aufgrund von leichten Verzerrungen in den Daten oder fachlichen Anforderungen kann es in Ausnahmefällen nötig sein, die Scorepunkte einzelner Ausprägungen nochmals nachträglich leicht zu korrigieren.

In der Praxis lassen sich mithilfe von Scorekarten viele Problemstellungen sehr erfolgreich lösen. Die Erfahrung zeigt, dass (insbesondere in der Kreditwirtschaft) in diesen Fällen durch den Einsatz von modernen ML-Algorithmen wie XGBoost (Chen und Guestrin 2016) nochmals leichte Steigerungen der Trennschärfe möglich sind. Es existieren allerdings auch zahlreiche Anwendungsfälle, in denen mithilfe von moderneren (Blackbox)-Verfahren deutliche Steigerungen der Leistungsfähigkeit realisiert werden können. Dann kommt – vor allem in der Finanzindustrie – der Erklärbarkeit dieser Machine-Learning-Verfahren eine besondere Bedeutung zu. Bevor in Sec. 4.5 zwei populäre Erklärbarkeitsansätze vorgestellt werden, zunächst eine allgemeinere Einführung in das Themengebiet Explainable AI.

4.4   Explainable AI – eine Einführung

Es existiert (bis jetzt) keine einheitliche (mathematische) Definition von Erklärbarkeit. Im vorangegangenen Abschnitt wurde auf unterschiedliche Motivationen für den Einsatz transparenter Entscheidungssysteme eingegangen. Je nach Anwendungsszenario und Motiv ergeben sich unterschiedliche Anforderungen an die Erklärbarkeit eines KI-Systems. Auch wenn Versuche existieren, die verschiedenen Motivationen zu vereinheitlichen und eine saubere Definition zu liefern, ist Erklärbarkeit nach wie vor ein schwammiger Begriff (Lipton 2018). Hinzu kommt, dass Begriffe wie Erklärbarkeit und Interpretierbarkeit (im Englischen: Explainability und Interpretability) sowie weitere Unterformen, wie Nachvollziehbarkeit oder Transparenz häufig synonym verwendet werden – was nicht unbedingt zur Klarheit beiträgt. Nachvollziehbarkeit oder Transparenz sind eher normative Begriffe und beschreiben auf einer höheren Ebene ethische/juristische Anforderungen an das Design eines Entscheidungssystems und sind keineswegs auf die Bereiche maschinelles Lernen oder künstliche Intelligenz beschränkt. Interpretierbarkeit und Erklärbarkeit hingegen sind im Kontext des maschinellen Lernens eher technische Termini, auch wenn sich die Community noch auf keine einheitliche Definition dieser Begriffe geeinigt hat. Vergleiche hierzu zum Beispiel Marcinkevics und Vogt (2020). In dieser Arbeit werden die Begriffe interpretierbar und erklärbar austauschbar verwendet. Im Folgenden wird die Definition von Miller aus (2017) als Arbeitshypothese dienen: „Interpretierbarkeit ist der Grad, in dem ein Mensch die Ursache einer Entscheidung verstehen kann".

Wie genau die Transparenz einer Entscheidung und somit auch die Erklärbarkeit eines Modells bzw. die Interpretierbarkeit gemessen werden sollte, ist nach wie vor eine unbeantwortete Forschungsfrage. Es existiert kein quantitativer Ansatz, sodass sich Praktiker häufig auf ihr subjektives Bauchgefühl bzw. das Feedback der Anwender verlassen müssen. In der Wissenschaft wird häufig auf Experimente mit kleinen Probandengruppen zurückgegriffen. Diese bewerten die Nachvollziehbarkeit einer Entscheidung anhand verschiedener Kriterien. Die Auswahl der Probanden, deren Vorkenntnisse und die Gestaltung der Fragen haben hier allerdings ebenfalls erheblichen Einfluss auf die Qualität der Ergebnisse. Mehr zu den Problemen im Kontext von Evaluation und Motiven finden sich unter anderem bei Lipton (2018).

Derartige Probleme sind auch aus dem Bereich der menschlichen Entscheidungsfindung bekannt. Nachträgliche Erklärung einer von Menschen getroffenen Entscheidung unterliegen ebenfalls starken Grenzen. Menschen neigen zur Vereinfachung, zu kognitiven Verzerrungen (Bias) und haben Schwierigkeiten, abstrakte Konzepte zu erklären (vgl. z. B. Kahneman 2011). Untersuchungen von Psychologen zeigen, dass menschliche Erklärungen des eigenen Verhaltens ebenfalls sehr ungenau sein können (siehe u. a. Gazzaniga 2011). Hier kommen unterbewusste Prozesse zum Tragen, die konsistente Erzählungen „er"-schaffen, um ein positives Selbstbild zu wahren. Es konnte gezeigt werden, dass diese Erklärungen zum Teil erheblich von den tatsächlichen Gegebenheiten abweichen. Gerade wenn mithilfe von (erklärbaren) KI-Systemen menschliche Entscheider unterstützt werden sollen, ist es wichtig, diesen Aspekt zu berücksichtigen. Ein transparentes und erklärbares Machine-Learning-Modell kann die Nachvollziehbarkeit und Reproduzierbarkeit von (menschlichen) Entscheidungsprozessen deutlich erhöhen.

4.4.1 Taxonomie des Explainable AI

Intrinsisch vs. post hoc
Im Folgenden werden die drei wichtigsten Dimensionen (vgl. Abb. 4.5) eingeführt, anhand derer Modelle und Erklärungen kategorisiert werden können. Sie bilden eine wichtige Taxonomie des ExplainableAI und haben sich sowohl unter Forschern wie auch Praktikern durchgesetzt.

Dem Data Scientist stehen zwei verschiedene Wege offen, ein nachvollziehbares Machine-Learning-Modell zu entwickeln. Auf der einen Seite durch die Wahl eines maschinellen Lernverfahrens, das aufgrund seiner einfachen (mathematischen) Struktur als interpretierbar gilt. Diese Nachvollziehbarkeit basiert auf einer Reduzierung der Modellkomplexität in Form der zu schätzenden Modellparameter und/oder mathematischen Annahmen wie Linearität oder Normalverteilung der Fehlerterme. Derartige Modelle werden als intrinsisch interpretierbar bezeichnet. Beispiele für solche Modelle sind kurze Entscheidungsbäume oder einfache lineare Modelle, wie beispielsweise lineare oder logistische Regressionsmodelle. Darunter fallen also auch regressionsbasierte Scorekarten, der De-facto-Industriestandard in der Finanzwirtschaft.

Alternativ kann ein (von seiner Struktur meist deutlich komplexeres) Modell durch den Einsatz von Analysemethoden nach dem Training (post hoc) erklärt werden. Sensitivitätsanalysen oder Feature Importance sind Beispiele für einfache Post-hoc-Ansätze, aber auch Verfahren wie LIME oder SHAP fallen in diese Kategorie. Auf diese Ansätze wird im folgenden Kapitel genauer eingegangen. Post-hoc-Methoden können auch auf intrinsisch interpretierbare Modelle angewendet werden. So ist die Berechnung der Feature Importance zum Beispiel auch für Entscheidungsbäume oder die logistische Regression möglich und in vielen Anwendungsfällen sinnvoll, um etwa ein intrinsisch interpretierbares Modell mit einem komplexeren Blackbox-Modell zu vergleichen.

Modell-spezifisch vs. Modell-agnostisch
Während sich die erste Dimension auf den verwendeten Modelltyp bzw. Erklärbarkeitsansatz bezog, erfolgt in nächster Ebene eine Differenzierung bzgl. der Portabilität

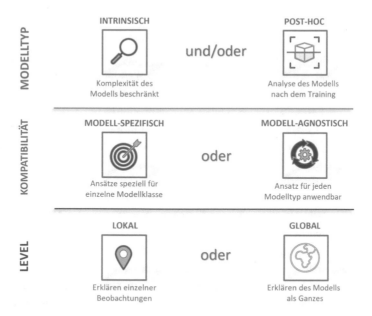

Abb. 4.5 Taxonomie des ExplainableAI

eines Erklärbarkeitsansatzes über verschiedene Modelltypen hinweg. Modellspezifische Erklärbarkeitsansätze sind auf bestimmte Modellklassen beschränkt. Die Interpretation von Regressionsgewichten in einer logistischen Regression ist modellspezifisch, genau wie intrinsisch interpretierbare Modelle per Definition immer modellspezifisch sind. Erklärbarkeitstools, die mathematische Annahmen oder Strukturen eines Modells nutzen und dadurch nur für diese verwendet werden können, sind ebenfalls modellspezifisch. Auf der anderen Seite stehen Modell-agnostische Werkzeuge, die für jedes maschinelle Lernverfahren nach dessen Training (post hoc) angewendet werden können. Bei vielen agnostischen Methoden werden meist Paare von Inputfeatures und der prognostizierte Output betrachtet. Per Definition können diese Methoden nicht auf Eigenschaften des Modells wie Gewichte oder Strukturinformationen zurückgreifen, allerdings kann es die Berechnung von Post-hoc-Erklärungen deutlich beschleunigen, diese Informationen in die Approximation miteinzubeziehen. Der Einsatz von Modell-agnostischen Ansätzen macht es dem Praktiker möglich, das zugrundeliegende Modell auszutauschen, ohne die Erklärungen bspw. in Form von Dashboards für Anwender anzupassen. Dieser Vorteil wird häufig mit einer längeren Berechnungsdauer erkauft.

Lokale vs. globale Erklärung

Die letzte Unterscheidung bzgl. der verschiedenen Ansätze zur Erklärbarkeit maschineller Lernverfahren bezieht sich auf das Level der Erklärung: Gibt der Ansatz Einblick in die Wirkmechanismen des gesamten Modells oder beschreibt er eine einzelne

Vorhersage? Erstere Verfahren werden als globale, zweitere als lokale Erklärungen bezeichnet. Die Ergebnisse verschiedener Erklärbarkeitsansätze liegen immer zwischen diesen beiden Extremen. Lokale Verfahren legen das Modell sinnbildlich unter das Mikroskop und erklären die Vorhersage für einen einzelnen Datenpunkt. Globale Verfahren betrachten hingegen das Modell als Ganzes und versuchen die Wirkmechanismen in ihrer Gesamtheit zu erfassen. Wie auch im Labor gibt es dazwischen noch zahlreiche Zwischenstufen, auf denen Analysen des Verhaltens eines maschinellen Lernverfahrens möglich sind (vgl. Molnar 2019). Durch Anwenden eines lokalen Erklärungsansatzes auf jede Beobachtung im Datensatz ist es auch möglich, Rückschlüsse auf das globale Verhalten des Modells zu ziehen.

An dieser Stelle ist es wichtig zu betonen, dass beide Typen in der Praxis hochgradig relevant sind: Globale Erklärungen ermöglichen es während des Modellentwicklungsprozesses, die wesentlichen Einflussparameter eines Modells zu identifizieren und so die optimalen Features auszuwählen. Dadurch lassen sich mitunter erheblichen Kosten für den Einkauf oder die Aufbereitung von Daten sparen. Lokale Erklärungen sind bei der Prüfung von Einzelfällen und der Interaktion mit Betroffenen, beispielsweise einem Kreditantragsteller in der Bank, besonders relevant. Der Kreditantragssteller ist daran interessiert, welche Kombination von Features in seinem konkreten Fall zur Verweigerung des Kredits geführt hat – wie das Modell in seiner Gänze funktioniert, ist für den Kreditnehmer nur von untergeordneter Relevanz, abgesehen davon, dass die Bank auch kein Interesse daran hätte, diese Transparenz gegenüber ihren Kunden herzustellen.

4.4.2 Trade-off zwischen Erklärbarkeit und Modellperformance

Anhand der gerade eingeführten Taxonomie wird deutlich, dass die regulatorischen und organisatorischen Anforderungen in puncto Transparenz und Erklärbarkeit eines Modells bereits in der Konzeptphase eines KI-Projektes mitgedacht werden müssen, da sie mitunter erheblichen Einfluss auf die Wahl des Lernverfahrens, des Erklärbarkeitsansatzes und die dafür notwendige Datenvorverarbeitung haben. Häufig wird in diesem Kontext auf den Trade-off zwischen der Leistungsfähigkeit und Erklärbarkeit eines Machine-Learning-Modells hingewiesen. Abb. 4.6 zeigt eine populäre Darstellung dieses Trade-offs, welcher erstmalig durch die DARPA veröffentlicht wurde (Gunning und Aha 2019).

Eine stark vereinfachte Faustregel lautet: Je komplexer ein Modell, desto genauer ist es, aber eben auch desto weniger interpretierbar bzw. desto schwieriger ist es, das Modell nachträglich zu erklären. Komplexität bezieht sich an dieser Stelle auf die Anzahl der zu lernenden Parameter des verwendeten maschinellen Lernverfahrens (z. B. die Anzahl der Kanten in einem neuronalen Netz). An dieser Stelle muss betont werden, dass zahlreiche Anwendungsfälle existieren, in denen intrinsisch interpretierbare Modelle in Kombination mit einem ausgeklügelten Feature-Engineering hervorragende Ergebnisse liefern und somit keine Notwendigkeit besteht, auf Blackbox-Verfahren zurückzugreifen. Führt der Einsatz von Blackbox-Verfahren zu einer deutlichen

Abb. 4.6 Performance-
Erklärbarkeit-Trade-off.
(Quelle: Experian)

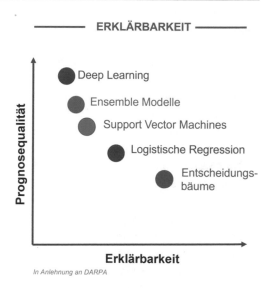

Steigerung der Trennschärfe, ist es mittels moderner Erklärbarkeitsansätze möglich, die Transparenz der Entscheidungen deutlich zu erhöhen, wenngleich oftmals nicht der Grad an Transparenz eines intrinsisch interpretierbaren Modells hergestellt werden kann. Im Folgenden werden mit LIME und SHAP zwei dieser Ansätze vorgestellt, die sich unter Praktikern großer Beliebtheit erfreuen.

4.5 LIME & SHAP[6]

Im Folgenden werden zwei populäre Post-hoc-Ansätze vorgestellt. Dabei handelt es sich um Modell-agnostische Verfahren, da die Trennung von maschinellem Lernverfahren und dessen Erklärung eine Reihe an operativen Vorteilen mit sich bringt (Ribeiro et al. 2016). Modell-agnostische Methoden sind gegenüber modellspezifischen deutlich flexibler. Die Erklärung funktioniert unabhängig vom zugrunde liegenden maschinellen Lernverfahren, was auch den Vergleich von Erklärungen für mehrere Modelle verschiedenen Typs ermöglicht. Darüber hinaus ist die Entscheidung für oder gegen ein Modell unabhängig vom verwendeten Erklärbarkeitsansatz (Štrumbelj und Kononenko 2014).

Es gibt noch zahlreiche weitere Erklärbarkeitsansätze und Tools, um die Wirkmechanismen eines Modells besser zu verstehen. Sogenannte (globale) Feature

---

[6] Dieses Kapitel ist stark angelehnt an die Masterarbeit des Autors (Krech 2019). Dort findet eine detailliertere mathematische Herleitung der Ansätze statt, auf die in diesem Beitrag aus Platzgründen teilweise verzichtet wurde.

Importance Plots (Breiman et al. 1984) erfreuen sich vor allem bei baumbasierten Modellen großer Beliebtheit. Partial Dependence (Hastie et al. 2009) sowie Individual Conditional Expectation (ICE) Plots (Goldstein et al. 2013) und klassische Sensitivitätsanalysen sind ebenfalls mögliche Ansätze. Kontrafaktische Erklärungen (Wachter et al. 2017) sind ein weiteres aktuelles Forschungsfeld. Gleiches gilt für modellspezifische Ansätze im Bereich der tiefen neuronalen Netze. In Molnar (2019) findet sich ein erster Versuch einer übersichtlichen Darstellung verschiedener Ansätze zur Erklärbarkeit, auf die an dieser Stelle verwiesen sei.

Hier werden die beiden Ansätze LIME und SHAP detaillierter vorgestellt. Dies hat mehrere Gründe:

- Beide Ansätze erfreuen sich unter Praktikern besonders großer Beliebtheit. Insbesondere SHAP hat sich in den vergangenen Jahren in der Kreditwirtschaft zu einem vielversprechenden Ansatz entwickelt und wird auch von Seiten des Datenschutzbehörden mit viel Aufmerksamkeit verfolgt.
- Beide Ansätze erzeugen Erklärungen, die Gemeinsamkeiten mit Scorekarten aufweisen. Auch hier ist für eine konkrete Beobachtung des Datensatzes direkt ablesbar, wie groß der Einfluss eines einzelnen Features war. Das hat in der Kommunikation mit Fachabteilungen und Regulierern den großen Vorteil, dass vertraute Erklärungen erzeugt werden können.
- Die beiden Ansätze sind eng miteinander verbunden und lassen sich auf eine gemeinsame Klasse von Erklärbarkeitsansätzen zurückführen, sog. Additive Feature Attribution Methods.

4.5.1 Local Interpretable Model-agnostic Explanation (LIME)

LIME ist ein Framework, das 2016 von Ribeiro et al. (2016) vorgestellt wurde. LIME steht dabei für Local Interpretable Model-agnostic Explanation und das Akronym beinhaltet alle wesentlichen Konzepte des Verfahrens.

Lokal: Ausgangspunkt ist die Erklärung einer einzelnen Beobachtung. Bei Blackbox-Modellen handelt es sich in der Regel um hochgradig nicht lineare, mehrdimensionale Abbildungen von Input- auf Outputwerte, sodass es schwer ist, deren globales Verhalten zu erfassen. Durch die Konzentration auf eine einzelne Beobachtung – also ein konkretes Mapping zwischen Input- und Outputbereich – muss nur ein kleiner Ausschnitt dieser Abbildung besser verstanden werden. LIME versucht ein Blackbox-Modell durch ein besser erklärbares Modell lokal (in der Nähe der interessierenden Beobachtung) zu approximieren. Formal handelt es sich dabei um ein sogenanntes (lokales) Surrogate Model (Ersatzmodell). Dies sind Modelle, die die Vorhersagen, nicht aber unbedingt die Logik des zugrunde liegenden Blackbox-Modells approximieren.

In LIME kommen nur intrinsisch interpretierbare Modelle zur Approximation zum Einsatz. Die Interpretation des lokalen Surrogates bildet die Grundlage für die

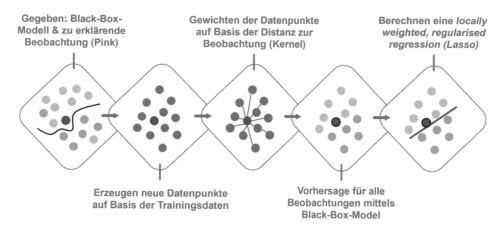

Gegeben: Black-Box-Modell & zu erklärende Beobachtung (Pink)

Gewichten der Datenpunkte auf Basis der Distanz zur Beobachtung (Kernel)

Berechnen eine *locally weighted, regularised regression (Lasso)*

Erzeugen neue Datenpunkte auf Basis der Trainingsdaten

Vorhersage für alle Beobachtungen mittels Black-Box-Model

Abb. 4.7   LIME – heuristische Vorgehen

Erklärung der Vorhersage des Blackbox-Modells. Im Falle einer linearen Regression können die Produkte aus Koeffizienten und Merkmalen als Einfluss eines jeden Merkmals aufgefasst werden. Es wurde bereits auf den Vorteil von Modell-agnostischen Erklärungen hingewiesen; für LIME hat dies zur Konsequenz, dass sich das Verfahren auf die Manipulation von Eingabemerkmalen und Beobachten der korrespondierenden Vorhersage reduziert. Dadurch kann sich das Verfahren auf für Menschen verständliche Komponenten (z. B. Wörter oder Bildteile) beziehen, selbst wenn das Blackbox-Modell wesentlich komplexere Komponenten als Merkmale verwendet (z. B. Word Embeddings). Dies ist in puncto Interpretierbarkeit ein sehr großer Vorteil (Ribeiro et al. 2016).

Im Folgenden soll das heuristische, algorithmische Vorgehen erläutert werden, anhand dessen LIME seine Erklärungen erzeugt. Zunächst eine intuitive Erklärung des Ansatzes – vergleiche auch Abb. 4.7:

Als Erstes muss eine zu erklärende Beobachtung x' ausgewählt werden. Anschließend erzeugt LIME anhand der Verteilung eines jeden Merkmales im Datensatz neue, synthetische Beobachtungen (ohne dabei Interaktionen zwischen Features zu berücksichtigen). Daraus entsteht ein neuer Datensatz, der aus permutierten Samples und den entsprechenden Vorhersagen des Blackbox-Modells f besteht. Jede Beobachtung wird anschließend anhand ihrer Distanz zur zu erklärenden Beobachtung x' gewichtet – dies erfolgt in der Regel über eine sogenannte Kernelfunktion. Auf diesem gewichteten Datensatz trainiert LIME nun ein erklärbares Modell – z. B. eine lineare Regression – mit den Vorhersagen des Blackbox-Modells als Zielgröße. Dieses gelernte Surrogat sollte eine gute lokale Näherung an die Vorhersagen des maschinellen Lernverfahrens sein. Wichtig an dieser Stelle: In der Regel ist die globale Approximation des Ersatzmodells schlecht.

Mathematisch sind lokale Surrogate mit den gerade vorgestellten Randbedingungen wie folgt darstellbar:

$$\xi\left(x'\right) = \arg\min_{g \in \mathcal{G}} L(f, g, \pi_{x'}) + \Omega(g) \qquad (4.1)$$

Ziel ist das Finden einer Erklärung $\xi\left(x'\right)$ der Vorhersage des Blackbox-Modells f für die Beobachtung x'. Dazu wird jede Erklärung g (z. B. eine lineare Regression) aus der Familie der erklärbaren Funktionen $\mathcal{G}$ (z. B. alle theoretisch denkbaren linearen Regressionsfunktionen) in Betracht gezogen, um diejenige zu extrahieren, die die Summe $L(f, g, \pi_{x'}) + \Omega(g)$ minimiert.

L bezeichnet dabei eine Loss-Funktion (z. B. die mittleren Fehlerquadrate), die die Differenz zwischen Blackbox-Modell f und dem lokalen Surrogat g misst. Zusätzlich ist die Verlustfunktion noch von einem lokalen Kernel $\pi_{x'}$ abhängig, der spezifiziert, wie die Distanz zwischen den generierten, synthetischen Dateninstanzen und x' zu messen ist. $\Omega(g)$ ist ein Regularisierungsterm und beschreibt die Komplexität des erklärenden Surrogates g (vgl. Ribeiro et al. 2016).

Der große Vorteil von LIME ist, dass die lokalen Surrogate, ihre Eigenschaften und auch ihre Interpretation gut erforscht sind. Durch die Verwendung der Lasso-Regression werden nur die wichtigsten Parameter angezeigt, was zu leicht verständlichen Erklärungen führt. Darüber hinaus existiert eine sehr gute Implementierung in Python (https://github.com/marcotcr/lime). In der Praxis muss der Nutzer die Familie an interpretierbaren Funktionen $\mathcal{G}$, die Verlustfunktion L, den lokalen Kern $\pi_{x'}$ und den Regularisierungsterm $\Omega(g)$ festlegen. Es gibt für die Wahl dieser Parameter nur wenige Best Practices, sodass meist auf heuristische Parameter zurückgegriffen wird. Dadurch wird das Verfahren sehr instabil, d. h. Erklärungen für ein und dieselbe Beobachtung können abhängig von den gewählten Parametern sehr unterschiedlich ausfallen. Vergleiche dazu beispielhaft die folgende Abb. 4.8.

Die synthetischen Beobachtungen, die beim Training Verwendung finden, können aufgrund des einfachen Samplings unrealistisch sein. Eine weitere Herausforderung beim Einsatz von LIME ist die Interpretation des Intercepts in einer lokalen Umgebung einer Beobachtung.

4.5.2 Shapley Additive Explanation (SHAP)

SHAP ist ein Verfahren zum Generieren von Erklärungen, das von Lundberg und Lee (2017) vorgeschlagen wurde und auf sogenannten Shapley Values beruht. Das Verfahren ist Modell-agnostisch, d. h. auf die Manipulation des Modellinputs und Beobachten der Veränderung des Outputs beschränkt. Es wurde bereits darauf hingewiesen, dass diese Einschränkung durchaus auch Vorteile in Bezug auf Portabilität der Erklärung und den Vergleich von Modellen hat.

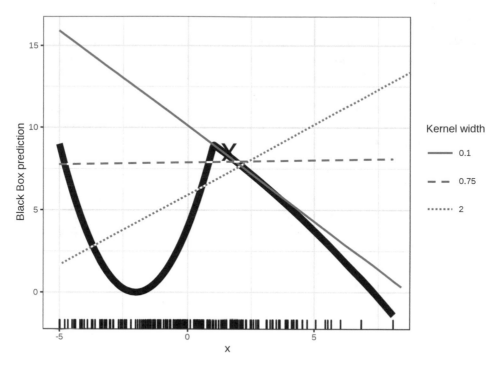

Abb. 4.8 Einfluss des Kernels auf das lokale Surrogat. (Quelle Molnar 2019)

4.5.2.1 Shapley Values

Der Shapley Value entstammt ursprünglich der kooperativen Spieltheorie und befasst sich mit der fairen Allokation von Gewinnen in kooperativen Spielen (mehr zu Shapley Values in der Spieltheorie in Shapley 1953). Genauer geht es um die folgende Fragestellung: Gegeben sei eine Koalition, die aus mehreren Spielern mit unterschiedlichen Fähigkeiten besteht, die einen kollektiven Gewinn erwirtschaften. Wie sieht dann die fairste Verteilung des Gewinns auf die Spieler aus? Dazu untersuchte Shapley sequenziell Teilspiele. Dabei stand die Frage im Zentrum, wie sich der Gewinn des Spieles verändert, wenn neue Spieler in die Koalition eintreten. Die mittlere Veränderung des Gewinns, die durch das Eintreten eines Spielers zu beobachten ist, kann als Beitrag dieses Spielers interpretiert werden.

Shapley konnte zeigen, dass es (unter wünschenswerten Annahmen) eine eindeutige Lösung gibt – die sogenannten Shapley Values (Shapley 1953). Diese ergeben sich im Falle von Nichtlinearitäten und Interaktionen durch Mittelung über alle möglichen Permutationen, in denen Spieler der Koalition beigetreten sind.

Im Kontext der Erklärbarkeit werden Shapley Values dazu genutzt, eine Allokation der Einflüsse verschiedener Features auf die Modellvorhersage vorzunehmen. Übertragen auf die Erklärung einer lokalen Vorhersage des maschinellen Lernverfahrens bedeutet dies: Die verschiedenen Modellmerkmale übernehmen die Rolle der verschiedenen Spieler. Der kollektive Gewinn ist die Differenz zwischen der lokalen Vorhersage des Modells und der durchschnittlichen Vorhersage des Modells. Die Shapley Values ergeben sich dann als Einfluss jedes einzelnen Features auf die Modellvorhersage.

Es wurde bereits erwähnt, dass die eindeutige Lösbarkeit an vier wünschenswerte Annahmen (die sog. Shapley Axioms) gebunden ist. Wie lauten diese und wie können sie im Kontext von Machine-Learning-Modellen interpretiert werden?

1. **Lokale Exaktheit**
   Dieses Axiom garantiert, dass die Summe aller Shapley Values die Differenz zwischen der lokalen Vorhersage des Modells und der durchschnittlichen Vorhersage des Modells ergibt. Es soll keinen unerklärbaren Rest geben, sondern die Differenz wird vollständig auf die verschiedenen Features verteilt.
2. **Dummy-Merkmale**
   Hat ein Feature keinen Einfluss auf die Vorhersage des Modells gehabt, so soll diesem Feature ein marginaler Beitrag (Shapley Value) von 0 zugewiesen werden.
3. **Symmetrie**
   Features, die den gleichen Einfluss auf die Modellvorhersage hatten, soll der gleiche marginale Beitrag zugewiesen werden.
4. **Linearität**
   Dieses Axiom wird anhand eines Beispiels klar: Gegeben sei ein Random Forest. Die Vorhersage setzt sich linear aus den Vorhersagen vieler Entscheidungsbäume zusammen. Die Eigenschaft der Linearität garantiert, dass für ein Feature der Shapley-Wert für jeden Baum einzeln berechenbar ist und sich durch Mitteln der Shapley-Werte für den Random Forest ergibt.

Mittels Shapley Values kann also jedem Feature ein Einfluss auf die Vorhersage des Modells zugeordnet werden. Aber nicht nur das: Es entsteht sogar zusätzlich die Gewissheit, dass diese Zuordnung so beschaffen ist, dass sie die vier Shapley-Axiome erfüllt. Sie können durch Mittelung über alle möglichen Reihenfolgen ermittelt werden. Die Komplexität dieser Berechnung steigt exponentiell mit der Anzahl an Features (vgl. hierzu Faigle und Kern 1992); es handelt es sich um ein NP-hartes Problem, sodass auf effiziente Approximationen zurückgegriffen werden muss. Lange Zeit wurden dazu Monte-Carlo-Simulationen verwendet (vgl. z. B. Štrumbelj und Kononenko 2014). Diese zeichneten sich durch eine langsame Konvergenz aus und waren daher nur für sehr wenige Fälle berechenbar. Lundberg et al. verallgemeinern in Lundberg und Lee (2017) die Shapley-Axiome für eine ganze Klasse an Erklärbarkeitsansätzen (sog. Additive Feature Attribution Methods) und zeigen damit, dass alle Erklärbarkeitsansätze dieser Klasse, die nicht auf Shapley Values beruhen, eines der vier Axiome bzw. daraus abgeleitete Eigenschaften verletzen. Der daraus abgeleitet Ansatz SHAP ermöglicht es via LIME und linearer Regression eine effiziente Schätzung von Shapley Values vorzunehmen.

4.5.2.2 Additive Feature Attribution Methods

Bereits im Kapitel zu LIME (4.4) wurde auf die komplexen Abbildungen zwischen Input- und Outputwerten innerhalb von Blackbox-Modellen hingewiesen. Eine einzelne Beobachtung (ein konkretes Mapping zwischen Input- und Outputbereich) enthält nur einen kleinen Teil dieser Komplexität. Erneut bildet die Suche nach einer lokalen Erklärung durch ein einfacheres erklärendes Modell das Zentrum des Ansatzes. Diese sei als jede interpretierbare Approximation des Originalmodells definiert.

f sei wieder das Originalmodell/Blackbox-Modell, welches durch ein interpretierbares Modell g erklärt werden muss. Dabei beschränkt sich der Ansatz auf die Erklärung einer lokalen Vorhersage $f(x')$ für eine konkrete Beobachtung x'. Ähnlich wie bspw. LIME erfolgt die Berechnung auf einem vereinfachten Input x_0, der mittels einer Abbildung $h_{x'}(x_0) = x'$ erzeugt wird. Dies ermöglicht das Erzeugen von Erklärungen, die sich auf leicht verständliche Variablen beziehen, auch wenn das eigentliche Blackbox-Modell auf komplizierteren Transformationen dieser basiert (Ribeiro et al. 2016). Beispielsweise kann die An-/Abwesenheit eines Wortes in einem Text oder eines Superpixels in Bildern mittels One Hot Encoding codiert werden, obwohl das Modell mittels Word Embeddings bzw. auf Pixelbasis arbeitet [ebd.]. Lokale erklärende Methoden suchen eine Funktion g, so dass $g(z') \approx f(h_x(z'))$ für $z' \approx x'$ gilt.

Als Additive Feature Attribution Method sei ein erklärendes lineares Modell mit binären Variablen definiert:

$$g(z') = \varphi_0 + \sum_{i=1}^{M} \varphi_i z_i'$$

Erklärbarkeitsverfahren, die dieser Definition entsprechen, ordnen jedem Merkmal i einen Effekt φ_i zu. Summieren der Effekte aller Feature ergibt ungefähr die Vorhersage $f(x')$ des Originalmodells. Diese Darstellung weist einige Parallelen zur Definition linearer Modelle auf. Auch dort werden die Einflüsse von Merkmalen zur Vorhersage des Modells aufsummiert: Der Intercept b_0 entspricht gerade φ_0 und die φ_i sind im Falle eines linearen Modells gerade das Produkt aus Merkmalsausprägung und Koeffizient $b_i \cdot x_i$. Viele erklärende Verfahren lassen sich als Additive Feature Attribution Methods darstellen, so zum Beispiel LIME (Ribeiro et al. 2016), DeepLIFT (Shrikumar et al. 2017) oder Shapley Regression Values (Lundberg et al. 2018b).

Eine interessante Eigenschaft der Klasse der Additive Feature Attribution Methods ist das Vorhandensein einer eindeutigen Lösung unter der Annahme der lokalen Exaktheit,

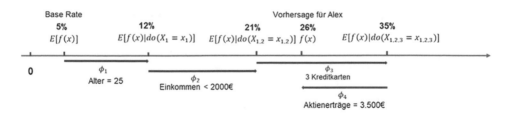

Abb. 4.9 Einfaches Beispiel zur Motivation der SHAP Values[7]

Missingness und Konsistenz bzw. Monotonie (vgl. hierzu u. a. Lundberg und Lee 2017; Young 1985), die direkt aus den Annahmen der Shapley Values folgen. Die Lösung ergibt sich dabei durch:

$$\varphi_i = \sum_{S \subseteq Z \setminus \{i\}} \frac{|S|!(M - |S| - 1)!}{M!} \left[f_x(S \cup \{i\}) - f_x(S) \right] \tag{4.2}$$

Dabei bezeichne S die Indexmenge von z_i, wobei die z_i ungleich null sein müssen. Z sei die Menge aller M Inputfeature.

4.5.2.3 SHAP-Werte

SHAP-Werte sind Shapley Values eines bedingten Erwartungswertes für das Original-modell (Lundberg und Lee 2017). Formal sind sie die Lösung für Gl. 4.2, mit $f_x(z') = f(h_x(z')) = E[f(z)|z_S]$ und S als Indexmenge von z_i, wobei diese ungleich null sein müssen. Dies impliziert, dass der vereinfachte Input z_S für Features, die nicht in S sind, keine Werte enthält. Das stellt die meisten ML-Verfahren in der Praxis allerdings vor große Probleme, da sie nicht mit fehlenden Input-Werten für einzelne Feature umgehen können. Daher wird $f(z_S)$ durch $E[f(z)|z_S]$ approximiert. Praktisch bedeutet dies, dass abwesende Feature-Merkmale, die dem Blackbox-Modell nicht zur Verfügung stehen sollen, durch deren geschätzten Erwartungswert ersetzt werden.

Das Ziel von SHAP – wie auch Shapley-Werten – ist die Erklärung der Differenz zwischen den Vorhersagen des Blackbox-Modells für Beobachtungen x und der mittleren Vorhersage des Modells über dem Datensatz $E_X[f(X)]$. Aus Sicht des Praktikers bilden Shapley Values die Antwort auf die Frage: „Was war an Beobachtung x aus Sicht des Modells anders als beim Durchschnitt des Datensatzes?". Um diese Frage beantworten zu können, kommen bedingte Erwartungswerte zum Einsatz, die sequenziell auf die Merkmalsausprägungen der zu erklärenden Beobachtung bedingen. Zur Illustration das folgende Beispiel in Abb. 4.9. Diese stellt dar, wie für eine Beobachtung x die Differenz

---

[7]In dieser Abbildung wird die sie sogenannte do-Notation verwendet. Mehr dazu findet sich in (Jantzig 2020).

zwischen der durchschnittlichen Modellvorhersage und der Vorhersage des Modells für die Beobachtung erklärt werden kann:

Wir arbeiten als Analyst bei einer Bank. Unsere Bank setzt zur Bearbeitung von Kreditanträgen ein Machine-Learning-Modell ein, das die Ausfallwahrscheinlichkeit von Krediten berechnet. Dabei zieht das Modell vier Merkmale in seine Berechnung mit ein: das bisherige Geschäftsverhältnis zur Bank, das Alter der Person, deren Anzahl von Kreditkarten und das Einkommen. Im Mittel fallen 5 % der Kredite unserer Bank aus.

Alex ist ein 25-jähriger Student, der momentan ein Einkommen von weniger als 2000 € vorzuweisen hat. Er tritt mit einem Kreditantrag an unsere Bank heran. Das ML-Modell prognostiziert für Alex eine Ausfallwahrscheinlichkeit von 0,26, sodass wir seinen Kreditantrag ablehnen. Alex beschwert sich daraufhin bei der Aufsichtsbehörde und möchte wissen, warum sein Kreditantrag abgelehnt wurde. Wir kennen sowohl die Vorhersage des Blackbox-Modells f für Alex (x), nämlich $f(x) = 0,26$, als auch die mittlere Ausfallwahrscheinlichkeit $E\left[f(x)\right] = 0,05$. Das heißt, würden keine Informationen über Alex vorliegen, würden wir eine Ausfallwahrscheinlichkeit von 0,05 vorhersagen. Füttern wir das Modell nach und nach mit Informationen über Alex, verändert sich die erwartete Prognose: Die Tatsache, dass Alex 25 Jahre alt ist, erhöht die Wahrscheinlichkeit eines Zahlungsausfalls auf 0,12. Durch die Hinzunahme des geringen Einkommens steigt diese auf 0,21 und die Tatsache, dass er bereits drei aktive Kreditkarten hat, führt zu einer Ausfallwahrscheinlichkeit von 0,35. Seine erfolgreichen Geschäfte an der Börse verringern die Chance eines Ausfalls auf 0,26 – die Prognose des Modells. Nun haben wir die Differenz vollständig erklärt. Den (relativen) Einfluss eines Merkmals können wir durch die Länge der Pfeile in Abb. 4.9 angeben. Das heißt, der Beitrag des Features Einkommens war $\varphi_2 = 0,21 - 0,12 = 0,09$.

Das Beispiel macht deutlich, dass SHAP den Einfluss eines Merkmals anhand der zu erwartenden Änderung der Modellvorhersage durch Bedingen auf dieses Merkmal bestimmt. Sie erklären wie das Modell vom sogenannten Basiswert/base value $E\left[f(z)\right]$ – der vorhergesagt würde, wenn keine Featureausprägung der aktuellen Beobachtung x' bekannt wäre – zur Vorhersage $f(x')$ gelangt. Wenn das Modell nicht linear ist oder die Features voneinander abhängen, spielt die Reihenfolge, in der die Features zum Erwartungswert hinzugefügt werden, eine wichtige Rolle. Bezogen auf das Beispiel könnte es sein, dass es eine Wechselwirkung zwischen dem Alter des Kunden und seinem Einkommen gib. Junge Kunden haben typischerweise ein geringeres Einkommen als ältere Kunden. Der Effekt (und vor allem dessen Stärke) dieser Interaktion wird in Abb. 4.9 vollständig dem Einkommen zugewiesen. Eine Betrachtung beider Merkmale in umgekehrter Reihenfolge hätte den Effekt stattdessen dem Merkmal Alter zugewiesen. Daher muss über alle möglichen Permutationen der Feature-Reihenfolge gemittelt werden, um Shapley Values zu erhalten und die Axiome nicht zu verletzen.

Ähnlich wie bereits bei den Shapley Values ist die Berechnung von SHAP-Werten alles andere als einfach und es muss sich meist mit approximativen Lösungen zufriedengegeben werden. Eine Annahme, die die Berechnung von SHAP-Werten deutlich vereinfacht, ist die Unabhängigkeit der Features. Eine Annahme, die beispielsweise auch in Ribeiro et al. (2016) oder Štrumbelj und Kononenko (2014) getroffen wird. Lundberg et al. stellen einen alternativen Approximationsalgorithmus vor, der sich des Erklärbar-keitsverfahrens LIME bedient und mittels einer geschickten Wahl des Kerns (Shapley Kernel) deutlich weniger Funktionsauswertungen benötigt, um gute Approximationen der Shapley-Werte zu berechnen (eine Auswertung dazu findet sich in Lundberg und Lee (2017):

Ausgangspunkt dieser Überlegung ist die Klasse der Additive Feature Attribution Methods. LIME verwendet, wie in Abschn. 4.5.1 vorgestellt, ein lineares erklärendes Modell zur lokalen Annäherung des Blackbox-Modells f. Die Berechnung erfolgt dabei in einem vereinfachten binären Merkmalsraum. Zur Erinnerung nochmals die Formulierung des Regressionsproblems für LIME (4.1):

$$\xi\left(x'\right) = \arg\min_{g\in\mathscr{G}} L(f, g, \pi_{x'}) + \Omega(g)$$

Auf den ersten Blick hat die Regressionsformulierung von LIME wenig mit der klassischen Berechnungsformel für Shapley-Werte aus Gl. 4.2 zu tun. Jedoch handelt es sich sowohl bei LIME als auch bei SHAP um eine Additive Feature Attribution Method. Darüber hinaus ist bekannt, dass diese Klasse mit Shapley Values eine eindeutige Lösung besitzt, wenn die Eigenschaften der lokalen Exaktheit, Missingness und Konsistenz erfüllt sind. Es ist eine naheliegende Fragestellung, inwieweit LIME imstande ist, Lösungen zu produzieren, die die Shapley-Eigenschaften erfüllen. Die Erklärungen von LIME hängen von der Wahl der Verlustfunktion L, dem Regularisierer Ω und dem lokalen Kern $\pi_{x'}$ ab. Diese Parameter werden in der Praxis heuristisch gewählt, sodass in der Regel mittels LIME eine der drei Eigenschaften verletzt wird. Lundberg et al. zeigen, dass es durch die folgende Parametrisierung möglich ist, Shapley Values mittels LIME zu schätzen:

$$\Omega(g) = 0$$

$$\pi_{x'}\left(z'\right) = \frac{(M-1)}{\binom{M}{|z'|}|z'|(M-|z'|)}$$

$$L(f, g, \pi_x) = \sum_{z'\in Z}\left[f\left(h_x^{-1}\left(z'\right)\right) - g\left(z'\right)\right]^2 \pi_{x'}\left(z'\right)$$

wobei $|z|'$ die Anzahl Elemente in x' ungleich 0 beschreibt. Ein Beweis findet sich im Anhang zu Lundberg und Lee (2017). Die Autoren bezeichnen diese Methode als Kernel SHAP.

Da nach wie vor die Annahme der Linearität von g gilt und das obige L eine quadratische Verlustfunktion beschreibt, ist die LIME-Schätzung mittels linearer Regression möglich. Somit können die Shapley-Werte mithilfe einer gewichteten

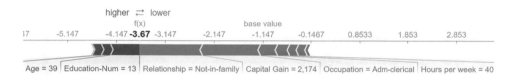

Abb. 4.10   SHAP-Erklärungen für eine Beobachtung des Adult-Datensatzes

linearen Regression berechnet werden. Das ermöglicht eine regressionsbasierte, Modell-agnostische Schätzung von SHAP-Werten. Die Schätzungen der SHAP-Werte via lineare Regression haben eine deutlich bessere Effizienz in Bezug auf die benötigten Funktionsauswertungen als die Verwendung der klassischen Shapley-Gleichungen. Lundberg et al. haben darüber hinaus schnelle, Modell-spezifische Algorithmen für baumbasierte Modelle entwickelt, die die Berechnung der SHAP-Werte erheblich beschleunigen. Für eine detaillierte Herleitung sei an dieser Stelle auf ihre Arbeit (Lundberg et al. 2018a) verwiesen.

Die folgende Abb. 4.10 zeigt die berechneten SHAP Values für eine konkrete Beobachtung aus dem Adult-Datensatz (mehr zum Datensatz unter https://archive.ics. uci.edu/ml/datasets/adult), wie sie durch das Python-Paket SHAP (https://github.com/ slundberg/shap) dargestellt werden. Der Datensatz enthält sozioökonomische Daten des amerikanischen Zensus. Unter anderem sind Informationen zum Einkommen enthalten. Dieses kann entweder größer oder kleiner als 50.000 US$ pro Jahr sein. Das hier erklärte Modell versucht anhand der im Zensus erfassten Datenpunkte vorherzusagen, ob ein Einkommen größer als 50.000 US vorliegt. Die Erklärung gleicht der Darstellung in Abb. 4.9, nur werden die SHAP Values zentral um die Vorhersage des Modells für die konkrete Beobachtung angeordnet. Blaue Balken und Features beschreiben Variablen, die zu einer Erhöhung der vorhergesagten Wahrscheinlichkeit geführt haben. Rote Balken deuten hingegen auf eine Reduzierung der Wahrscheinlichkeit hin. In diesem Beispiel wäre Education-Num die wichtigste positive Variable (d. h. die Dauer der Ausbildung der Person erhöht die prognostizierte Wahrscheinlichkeit[8] des Modells für ein Einkommen größer als 50.000 US$) und der Beziehungsstatus (Relationship) das wichtigste negative Merkmal für diese Beobachtung (hat also zu einer niedrigeren Wahrscheinlichkeit geführt).

---

[8] Die in Abb. 4.10 dargestellten Zahlen sind sogenannte log-Odds – eine in der Statistik häufig verwendete Größe. Diese ergibt sich direkt aus der vorhergesagten Klassenwahrscheinlichkeit. Siehe hierzu unter anderem (Hastie 2009). Negative Werte entsprechen Wahrscheinlichkeiten kleiner als 50 %.

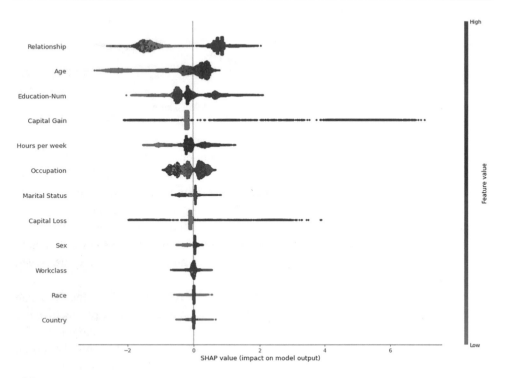

Abb. 4.11 SHAP Summary Plot für eine Gradient Boosting Machine auf dem Adult-Datensatz

4.5.2.4 SHAP Plots

Insbesondere bei baumbasierten Verfahren ist die Darstellung der globalen Feature Importance in Form von Balkendiagrammen ein gängiges Vorgehen, um die globale Bedeutung einzelner Merkmale darzustellen. Aber auch für andere ML-Verfahren ist diese Art der Darstellung möglich (vgl. hierzu z. B. Breiman et al. 1984). Eine weitere Analysemöglichkeit ist es, die durchschnittliche Auswirkung der Änderung eines Features über den gesamten Datensatz zu betrachten – sogenannte Partial Dependence Plots (u. a. Hastie 2009).

SHAP-Werte hingegen sind zunächst eine lokale Erklärungsmethode. Das Berechnen dieser für jede Beobachtung bzw. eine ausreichend große Stichprobe (in der Praxis sind bereits ungefähr 5000 Beobachtungen ausreichend, auf größeren Datensätzen 10.000) aus dem Datensatz ermöglicht ebenfalls informative Visualisierungen zum globalen Modellverhalten. SHAP Summary Plots sind eine alternative Darstellung zu den klassischen Balkendiagrammen der globalen Feature Importance (Lundberg und Lee 2017): Diese klassischen Diagramme liefern zwar eine Intuition über die relative Wichtigkeit eines Features, aber keinerlei Information, wie stark der Einfluss des Features abhängig von dessen Ausprägung ist. Auch über die Größe und Verteilung des Merkmalseinflusses sind keine Aussagen möglich. SHAP Summary Plots hingegen liefern all das und nutzen dabei die individuellen (im Sinne von: für jede Beobachtung) Featurebeiträge der lokalen Erklärungen. Dabei geht der Algorithmus wie folgt vor:

Zunächst sortieren sie die Merkmale $j \in J$ nach ihrem globalen Einfluss auf das Modell. Dies erfolgt über die Berechnung des mittleren Absolutbetrags eines jeden Merkmals. Anschließend wird der SHAP-Wert φ_i^j jeder Beobachtung horizontal dargestellt. Dabei werden mehrfach vorkommende Werte vertikal aufeinandergestapelt. Diese vertikale Stapelung erzeugt eine Darstellung, die mit Violin-Plots (Hintze und Nelson 1998) vergleichbar ist. Jeder Punkt wird entsprechend der Ausprägung seines Merkmales codiert, von niedrig (blau) bis hoch (rot). In Abb. 4.11 findet sich ein beispielhafter SHAP Summary Plot für eine Gradient Boosting Machine auf dem Adult-Datensatz.

Anhand des Plots ist beispielweise zu erkennen, dass Relationship die wichtigste Variable ist und Age vor allem bei jungen Menschen (blau) einen stark negativen Einfluss auf die Modellprognose hat (Wahrscheinlichkeit für ein Einkommen > 50.000 US$). Junge Menschen haben in diesem Modell eine deutlich niedrigere Wahrscheinlichkeit für ein hohes Jahreseinkommen. Die Variable Capital Gain hat anscheinend nur bei wenigen Personen einen Einfluss; wenn sie allerdings einen Einfluss auf die Modellvorhersage hat, ist dieser sehr stark.

Es sollte deutlich geworden sein, dass ein detailreicherer Einblick in das Modell möglich ist, als dies bei einem klassischen Feature Importance Plot der Fall ist. Partial Dependence Plots (PDP) stellen die erwartete Vorhersage eines Modells dar, wenn die Ausprägung eines Features (oder einer Gruppe von Features) konstant gehalten wird. Die Werte der fixierten Variablen werden variiert und die daraus resultierende erwartete Modellvorhersage geplottet. Das Darstellen der Änderung des Modelloutputs bei Manipulation des Merkmals zeigt, wie sehr die Modellvorhersage von diesem Feature abhängt. Mittels SHAP-Werten können ähnliche, sehr aufschlussreiche Darstellung erzeugt werden, sog. SHAP Dependence Plots.

Diese stellen den SHAP-Wert eines Features auf der y-Achse und die Ausprägung des Features auf der x-Achse dar. Durch wiederholtes Darstellen dieser Werte für viele Individuen aus dem Datensatz ist es möglich, den Zusammenhang zwischen Merkmal und dessen Einfluss auf die Vorhersage zu beschreiben. Während klassische Partial Dependence Plots lediglich Linien erzeugen, erfassen SHAP Dependence Plots die vertikale Streuung aufgrund von Interaktionseffekten im Modell – ähnlich wie ICE-Plots (Goldstein et al. 2013). Durch das Einfärben der interagierenden Variable lässt sich die Interaktion besonders deutlich visualisieren (vgl. Abb. 4.12).

Hier fällt zunächst auf, dass das Alter für Personen unter 30 einen negativen Einfluss auf die Prognose hat. Danach ist der Einfluss positiv, bis er ab 60 Jahren stark zu streuen beginnt. Zusätzlich ermöglicht die farbliche Codierung Aussagen über den Einfluss des Alters über verschiedene Bildungsschichten hinweg und im Vergleich zueinander – technischer: die Interaktion zwischen den beiden Merkmalen. So haben Menschen mit einem niedrigen Bildungsniveau (hier blau codiert) in jungen Jahren eine bessere Prognose als Personen mit langer Ausbildungsdauer (rot). Ab 30 Jahren kippt dieses Ver-

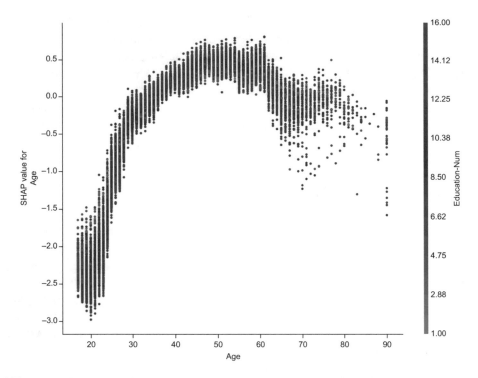

Abb. 4.12 SHAP Dependence Plot für eine Gradient Boosting Machine auf dem Adult-Datensatz

hältnis. Dann ist es besser – in Bezug auf die Vorhersage des Modells ein Einkommen größer als 50.000 US$ zu erwirtschaften – eine gute Schulausbildung genossen zu haben. Menschen mit mittlerem Bildungsabschluss (lila) bewegen sich stets zwischen den beiden anderen Gruppen und folgen im Wesentlichen dem Trend der Kurve.

Durch das Aufteilen dieses Einflusses in Haupt- und Interaktionseffekte mit anderen Merkmalen ergibt sich ein noch tieferes Modellverständnis. Bereits bei der Beschreibung von Abb. 4.12 wurde deutlich, dass das Analysieren von Interaktionen interessante Erkenntnisse zu Tage fördert. Die Berechnung resultiert in einer Matrix aus paarweisen Merkmalseinflüssen auf die Modellvorhersage, wobei die Hauptdiagonale die Haupt-effekte beschreibt. Diese Berechnung wird erneut durch ein Konzept der Spieltheorie ermöglicht: mithilfe des sogenannten Shapley Interaction Index (Fujimoto et al. 2006).

$$\Phi_{i,j} = \sum_{S \subseteq N \setminus \{i,j\}} \frac{|S|!(M - |S| - 2)!}{2(M - 1)!} \nabla_{i,j}(S) \tag{4.3}$$

wobei:

$$\nabla_{i,j}(S) = f_x(S \cup \{i, j\}) - f_x(S \cup \{i\}) - f_x(S \cup \{j\}) + f_x(S)$$

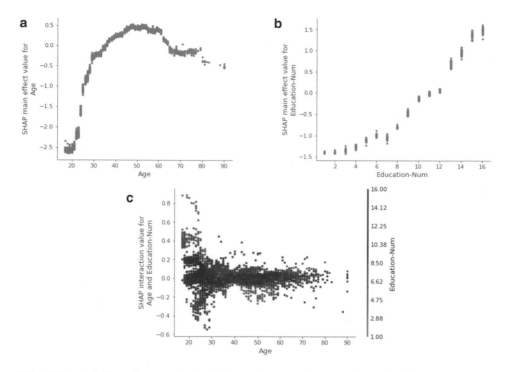

Abb. 4.13 Aufteilung des marginalen Beitrags in Main Effect von Age (**a**), Education Num (**b**) und Interaction-Effect (**c**)

In Gl. 4.3 wird die SHAP Interaction zwischen Feature i und Feature j gleichmäßig auf jedes Merkmal aufgeteilt, sodass $\Phi_{i,j} = \Phi_{j,i}$ gilt und der gesamte Interaktionseffekt beschrieben ist. Die Haupteffekte für eine Vorhersage können dann als die Differenz zwischen dem SHAP-Wert und der SHAP Interaction für ein Merkmal definiert werden:

$$\Phi_{i,i} = \phi_i - \sum_{j \neq i} \Phi_{i,j}$$

Ein Algorithmus zur effizienten Berechnung der SHAP Interaction findet sich bei Lundberg et al. (2018a), der allerdings erneut auf baumbasierte Ensemble beschränkt ist. Die Kombination von SHAP Dependence Plots mit SHAP-Interaktionswerten kann helfen, globale Interaktionsmuster aufzudecken. Die folgende Abbildung zeigt, wie der Einfluss des Features aus Abb. 4.12 in die beiden Haupteffekte und den Interaktionseffekt aufzuteilen ist. Insbesondere Abb. 4.13c macht dies deutlich, ist hier doch genau der Zusammenhang zwischen Alter und Bildungsniveau zu erkennen, der bereits zu vermuten war.

Zusammenfassend handelt es sich bei Shapley Values bzw. SHAP um einen sehr mächtigen Erklärbarkeitsansatz, der sehr detaillierte Einblicke in die Wirkmechanismen eines Blackbox-Modells geben kann. Im Gegensatz zu anderen Ansätzen basiert SHAP auf einer soliden mathematischen Theorie und garantiert die Einhaltung der Shapley-Axiome. Darüber hinaus ist es möglich, mittels eines Ansatzes sowohl lokale als auch globale Erklärungen zu erzeugen, was in der Anwendung viele Vorteile hat. Die Approximation mittels LIME und linearer Regression sowie die effizienten Algorithmen für baumbasierte Verfahren, wie u. a. XGBoost, machen SHAP zu einem unter Praktikern sehr beliebten Ansatz. Der wohl größte Nachteil ist die Approximation der Shapley-Werte auf Basis von permutierten Daten, sodass es zu unrealistischen Merkmalsausprägungen kommen kann, wenn Features korreliert sind. Dies trifft auf die meisten Erklärbarkeitsansätze zu, kann aber zu einem fehlerhaften Verständnis der Modelle führen, wie z. B. Slack et al. (2020) zeigen.

4.6 Zusammenfassung & Ausblick

Mit der zunehmenden Bedeutung von künstlicher Intelligenz und maschinellen Lernverfahren im (beruflichen) Alltag vieler Menschen wird die Relevanz von erklärbaren und nachvollziehbaren Entscheidungsprozessen immer weiter zunehmen. Schon heute ist es mittels moderner Ansätze wie SHAP – aber auch einer Reihe weiterer Ansätze – möglich, die Wirkmechanismen von maschinellen Lernverfahren verständlich zu machen, und alle Praktiker sind angeraten, genau dies zu tun. Nicht zuletzt aufgrund der immer konkreter werdenden regulatorischen Anforderungen an die Systeme der künstlichen Intelligenz ist eine tiefgehende Auseinandersetzung mit ihrer nachvollziehbaren Anwendbarkeit erforderlich. Aber auch die Themen Vertrauen, Akzeptanz und Verantwortlichkeit sind entscheidende Argumente für den Einsatz von transparenten Modellen und Entscheidungslogiken.

Die in der Finanzindustrie weitverbreiteten Scorekarten können ein wichtiger Anhaltspunkt für das Design derartiger Systeme sein. Nichtsdestotrotz gibt es bislang keine einheitlichen Standards oder Best Practices im Umgang mit Blackbox-Verfahren und den verschiedenen Erklärbarkeitsansätzen. Alle Verfahren haben Stärken und Schwächen, sind teilweise mit starken Annahmen verbunden und reagieren empfindlich auf veränderte Rahmenbedingungen. Die Anwender müssen also stets ein möglichst tiefgehendes Verständnis der Verfahren haben und wissen, wie diese anzuwenden sind.

Darüber hinaus muss bei jedem KI-Projekt, dem Anwendungsfall angemessen, über die notwendige Transparenz des Systems nachgedacht werden. Insbesondere wenn die Modelle mit Menschen interagieren oder über diese entscheiden, sollten möglichst nachvollziehbare und erklärbare Modelle entwickelt werden. Dabei ist es von großer Relevanz, Erklärungen auf die jeweilige Zielgruppe abzustimmen. Kunden benötigen andere Erklärungen als die Aufsichtsbehörde. Ganz zu schweigen von den Data Scientists, die diese Modelle entwickeln. Gleichzeitig sollte dabei immer auch die Frage nach der Notwendigkeit des Einsatzes von Blackbox-Verfahren gestellt werden. Die

Erfahrung aus zahlreichen Praxisprojekten zeigt, dass auch intrinsisch interpretierbare Modelle hervorragende Ergebnis liefern können.

Letzten Endes bleibt festzustellen, dass Erklärbarkeit heute unverzichtbar ist. In Sektoren wie der Finanzdienstleistung ist der Einsatz von KI bereits fast alltäglich. Aber auch in den Bereichen Gesundheit und Verkehr gibt es vielversprechende Ansätze. Gleichzeitig gibt es bereits zu viele Negativbeispiele, in denen schlecht entwickelte KI-Systeme gesellschaftliche Fehlentwicklungen verstärkt haben. Jedes Unternehmen, jeder Data Scientist ist gezwungen, die möglichen Risiken und Chancen seines künstlich intelligenten Systems abzuwägen. Auch der Gesetzgeber hat die Chancen und Risiken erkannt – KI-spezifische Regulierungen sind bereits in Planung. Im Zuge dessen wird die Relevanz von Erklärbarkeit für verantwortliche KI-Systeme weiter zunehmen.

Literatur

Adult-Datensatz: https://archive.ics.uci.edu/ml/datasets/adult.

Breiman, L., J.H. Friedman, R.A. Olshen, und C.J. Stone. 1984. *Classification and Regression Trees*. Monterey: Wadsworth und Brooks.

Brown, Tom Mann Benjamin, et al. 2020. Language Models are Few-Shot Learners. *Advances in Neural Information Processing Systems* 33:1877–1901.

Bundesanstalt für Finanzdienstleistungen (Bafin). 2018. Big Data trifft auf künstliche Intelligenz. https://www.bafin.de/SharedDocs/Downloads/DE/dl_bdai_studie.html. Zugegriffen: 30. Apr. 2022.

Bundesanstalt für Finanzdienstleistungen (Bafin). 2022. Maschinelles Lernen in Risikomodellen – Charakteristika und aufsichtliche Schwerpunkte. https://www.bafin.de/SharedDocs/Downloads/DE/Konsultation/2021/dl_kon_11_21_Diskussionspapier.docx. Zugegriffen: 30. Apr. 2022.

Chen, Tianqi, und Carlos Guestrin. 2016. XGBoost: A Scalable Tree Boosting System. *KDD '16: Proceedings of the 22nd ACM SIGKDD International Conference on Knowledge Discovery and Data Mining,* S. 785–794.

Esteva, Andre, Brett Kuprel, Roberto Novoa, Justin Ko, Susan M Swetter, Helen M Blau, und Sebastian Thrun. 2017. Dermatologist-level classification of skin cancer with deep neural networks. *Nature* 542.115-118

European Commission, Directorate-General for Communications Networks, Content and Technology. 2021. Proposal for a Regulation laying down harmonised rules on artificial intelligence (Artificial Intelligence Act). https://eur-lex.europa.eu/legal-content/EN/ALL/?uri=CELEX:52021PC0206.

European Commission, Directorate-General for Communications Networks, Content and Technology, Ethics guidelines for trustworthy AI, Publications Office, 2019. https://data.europa.eu/doi/10.2759/177365.

Faigle, U., und W. Kern. 1992. The Shapley Value for Cooperative Games Under Precedence Constraints. *International Journal of Game Theory* 21(3):249–266.

Fujimoto, Katsushige, Ivan Kojadinovic, und Jean-Luc Marichal. 2006. Axiomatic characterizations of probabilistic and cardinal-probabilistic interaction indices. *Games and Economic Behavior* 55:72–99.

Gazzaniga. 2011. How is in Charge – Free Will and the Science of the Brain. New York. HarperCollins

Goldstein, Alex, Adam Kapelner, Justin Bleich, und Emil Pitkin. 2013. Peeking Inside the Black Box: Visualizing Statistical Learning With Plots of Individual Conditional Expectation. *Journal of Computational and Graphical Statistics* 24.44-65

Gunning, David, und David Aha. 2019. DARPA's Explainable Artificial Intelligence (XAI) Program. *AI Magazine* 40:44–58.

Hastie, Trevor, Robert Tibshirani, und Jerome Friedman. 2009. *The Elements of Statistical Learning: Data Mining, Inference and Prediction*, 2. Aufl. Springer.

He, Kaiming, Xiangyu Zhang, Shaoqing Ren, und Jian Sun. 2015. Delving Deep into Rectifiers: Surpassing Human-Level Performance on ImageNet Classification. *Proceedings of the 2015 IEEE International Conference on Computer Vision (ICCV)*. ICCV '15. Washington, DC, USA: IEEE Computer Society, S. 1026–1034.

Hintze, Jerry L., und Ray D. Nelson. 1998. Violin Plots: A Box Plot-Density Trace Synergism. *The American Statistician* 52(2):181–184.

https://www.gesellschaft-im-wandel.de/ergebnis/dezember-2021-beurteilung-des-einsatzes-von-automatisierten-entscheidungen-in-verschiedenen-lebensbereichen/. Zugegriffen: 30. Apr. 2022.

https://www.myfico.com/credit-education/blog/history-of-the-fico-score. Zugegriffen: 29. Apr. 2022.

https://www.datenschutzkonferenz-online.de/media/en/20190405_hambacher_erklaerung.pdf. Zugegriffen: 29. Apr. 2022.

Janzing, Dominik, Lenon Minorics, und Patrick Blöbaum. 2020. Feature relevance quantification in explainable AI: A causal problem. International Conference on artificial intelligence and statistics. PMLR.

Kahneman, Daniel. 2011. *Thinking, Fast and Slow*. New York: Straus and Giroux.

Krech, Christophe. 2019. Erklärbarkeit maschineller Lernverfahren – Feature-Engineering mit Black-Box-Modellen. Masterarbeit an der Hochschule Darmstadt (2019) betreut durch Prof. Markus Döhring.

Krech, Christophe, und Helena Stöhr. 2022. Erklärbarkeit - Zentraler Werthebel zum erfolgreichen Einsatz von KI. Experian Whitepaper. https://www.experian.de/events-and-insights/2022/05/16/ki-verstehen-was-sie-fur-einen-erfolgreichen-einsatz-wissen-mussen/. Zugegriffen: 29. Juli 2022.

Lipton, Zachary C. 2018. The Mythos of Model Interpretability. *Queue* 16(3), 30:31–30:57.

Lundberg, Scott M., und Su-In Lee. 2017. *A Unified Approach to Interpreting Model Predictions. Advances in Neural Information Processing Systems 30*. Hrsg. von I. Guyon, U. V. Luxburg, S. Bengio, H. Wallach, R. Fergus, S. Vishwanathan und R. Garnett. Curran Associates, Inc. S. 4765–4774.

Lundberg, Scott M., Bala Nair, Monica S. Vavilala, Mayumi Horibe, Michael J. Eisses, Trevor Adams, David E. Liston, Daniel King-Wai. Low, Shu-Fang. Newman, Jerry Kim, et al. 2018a. Explainable Machine-Learning Predictions for the Prevention of Hypoxaemia During Surgery. *Nature Biomedical Engineering* 2(10):749.

Lundberg, Scott M., Gabriel G Erion, und Su-In Lee. 2018b. Consistent individualized feature attribution for tree ensembles. *arXiv preprint*. arXiv:1802.03888.

Marcinkevics, Ricards, und Julia Vogt. 2020. Interpretability and Explainability: A Machine Learning Zoo Mini-tour. CoRR abs/2012.01805. arXiv2012.01805 https://arxiv.org/abs/2012.01805

Mattu, Surya, Julia Angwin, Jeff Larson, und Lauren Kirchner. 2016. Machine Bias: There's Software Used Across the Country to Predict Future Criminals. And It's Biased Against Blacks. ProPublica (Mai 2016). https://www.propublica.org/article/machine-bias-risk-assessments-in-criminal-sentencing. Zugegriffen: 28. Juni 2022.

Miller, Tim. 2017. Explanation in Artificial Intelligence: Insights from the Social Sciences. CoRR abs/1706.07269. arXiv: 1706. 07269. http://arxiv.org/abs/1706.07269.

Molnar. 2019. Interpretable Machine Learning. A Guide for Making Black Box Models Explainable. https://christophm.github.io/interpretablemlbook/. (05.01.2022).

Nilsson, Nils J. 2009. *The Quest for Artificial Intelligence*, 1. Aufl. USA: Cambridge University Press.

O'Neil, Cathy. 2016. *Weapons of Math Destruction: How Big Data Increases Inequality and Threatens Democracy*. New York: Crown Publishing Group.

Python-Paket zu LIME: https://github.com/marcotcr/lime.

Python-Paket zu SHAP: https://github.com/slundberg/shap.

Ribeiro, Marco Tulio, Sameer Singh, und Carlos Guestrin. 2016. „Why Should I Trust You?": Explaining the Predictions of Any Classifier. *Knowledge Discovery and Data Mining (KDD)*.2:97-101

Shapley, Lloyd S. 1953. A Value for N-Person Games. *Contributions to the Theory of Games* 2:307–317.

Shrikumar, Avanti, Peyton Greenside, und Anshul Kundaje 2017. Learning Important Features Through Propagating Activation Differences. *International Conference on Machine Learning. Proceedings of Machine Learning Research 70*. Hrsg. Von Doina Precup und Yee Whye Teh, S. 3145–3153.

Siddiqi, Naeem. 2006. *Credit Risk Scorecards: Developing and Implementing Intelligent Credit Scoring*. New Jersey. Wiley & Son

Silver, David et al. 2017. Mastering the game of Go without human knowledge. *Nature* 550:354–359.

Slack, Dylan et al. 2020. Fooling lime and shap: Adversarial attacks on post hoc explanation methods. *Proceedings of the AAAI/ACM Conference on AI, Ethics, and Society*.

Sridhar Natarajan, Shahien Nasiripour. 2019. Viral Tweet About Apple Card Leads to Goldman Sachs Probe. *Bloomberg Online* (09.11.2019).https://www.bloomberg.com/news/articles/2019-11-09/viral-tweet-about-apple-card-leads-to-probe-into-goldman-sachs. Zugegriffen: 19.07.2022

Štrumbelj, Erik, und Igor Kononenko. 2014. Explaining Prediction Models and Individual Predictions with Feature Contributions. *Knowledge and Information Systems* 41(3):647–665.

Wachter, Sandra, Brent Mittelstadt, und Chris Russell. 2017. Counterfactual explanations without opening the black box: Automated decisions and the GDPR. Harvard Journal of Law and Technology, 31(2), 841–887.

Young, Peyton. 1985. Monotonic solutions of cooperative games. *International Journal of Game Theory* 14(2):65 ff.

Christophe Krech geboren 1994, ist Data Scientist und Unternehmensberater. Schon während seines Studiums in Mannheim und Darmstadt beschäftigte er sich mit der Erklärbarkeit maschineller Lernverfahren und den damit verbundenen regulatorischen Anforderungen. Nach Abschluss seines Masters in Data Science stieg er 2019 beim weltweit tätigen Informationsdienstleister Experian ein. Dort unterstützt er seitdem FinTechs, E-Commerce-Händler und Banken beim erfolgreichen Einsatz von Machine Learning zur Risikosteuerung. Fragen nach der Funktionsweise und Erklärbarkeit der verwendeten Algorithmen begleiten ihn dort weiterhin und machen ihn zu einem Experten in der Anwendung erklärbarer maschineller Lernverfahren.

Varianzanalyse versus Strukturgleichungsmodell – ein Vergleich aus der Praxis

5

Thomas Wirth und Hans-Werner Klein

Inhaltsverzeichnis

T. Wirth (✉)
FB Online Medien, DHBW Mosbach, Ulm, Deutschland
E-Mail: thomas.wirth@mosbach.dhbw.de

H.-W. Klein
Data Driven Business, DataBerata, Bonn, Deutschland
E-Mail: Hans-Werner.Klein@databerata.de

© Der/die Autor(en), exklusiv lizenziert an Springer Fachmedien Wiesbaden GmbH, ein
Teil von Springer Nature 2023
L. B. Blum (Hrsg.), *Angewandte Data Science*,
https://doi.org/10.1007/978-3-658-39625-1_5

Zusammenfassung

In diesem Kapitel werden zwei Standardverfahren der angewandten Statistik gegenübergestellt, bei denen man durchaus davon sprechen könnte, dass sie als Konkurrenten aufgefasst werden könnten. Die zwei methodischen Ansätze sind die Varianzanalysen (oft als ANOVA abgekürzt) und lineare Strukturgleichungsmodelle, engl. Structural Equation Modeling (SEM). Die Analyse der Verfahren zeigt allerdings sehr deutlich, dass sie zu unterschiedlichen Zwecken eingesetzt werden sollten, denn die jeweiligen Stärken und Schwächen überschneiden sich kaum. Die ANOVA liefert die passenden Werkzeuge für die präzise Überprüfung von Hypothesen und stellt hierfür passende Werkzeuge und Indikatoren bereit. Die Komplexität der zu prüfenden Modelle und Hypothesen ist allerdings begrenzt. Das Verfahren stellt hohe Ansprüche an das Verständnis von Methoden des experimentellen Designs. SEM-Verfahren eignen sich besonders zur Darstellung und Exploration komplexer Zusammenhänge. Sie stellen weniger strenge Anforderungen an die Daten und ihre Ergebnisse sind deutlich weniger eindeutig und determiniert. Andererseits können wesentlich komplexere Modelle dargestellt und evaluiert werden. Die Stärken dieser Verfahren liegen besonders im Umfeld komplexer multivariater Erhebungen.

5.1   Einleitung

Wir müssen sicherlich nicht besonders darauf hinweisen, dass sich das Themenfeld Datenanalyse in den letzten Jahren explosiv entwickelt hat, ohne dass bis heute ein Ende der Entwicklung abzusehen wäre. Ein Teil dieser Entwicklung besteht in einer Diversifizierung in verschiedener Hinsicht, nämlich in Bezug auf

- die **Werkzeuge,** mit denen Daten ausgewertet werden, also im Wesentlichen Software zur Datenanalyse und -visualisierung,
- die **Kontexte,** in denen Daten gewonnen werden bzw. in denen mit Daten gearbeitet wird,
- die mit der Analyse von Daten befassten beruflichen **Rollen** und Positionen,
- die „eigentlichen" **analytischen** Verfahren zur Gewinnung von Wissen aus Daten.

Dieses Kapitel befasst sich mit dem zuletzt genannten Punkt und stellt zwei methodische Ansätze gegenüber: die Varianzanalysen (oft als ANOVA abgekürzt) und lineare Strukturgleichungsmodelle, engl. Structural Equation Modeling (gebräuchlich ist die Abkürzung SEM). Die Analyse der Verfahren zeigt, dass sie zu unterschiedlichen Zwecken eingesetzt werden können und sollten, denn die jeweiligen Stärken und Schwächen überschneiden sich kaum. Die beiden Verfahren entsprechen zugleich den beruflichen Erfahrungen der Autoren dieses Beitrags als Psychologe mit experimenteller Ausrichtung (T. Wirth) und als Data Scientist mit nicht experimentellen Studiendesigns (H.-W. Klein).

Das Kapitel ist als vergleichender Forschungsbericht aufgebaut. Entsprechend dem Anliegen dieses Buchs soll der Vergleich nicht als formale oder theoretische Erörterung, sondern anhand eines konkreten Fallbeispiels erfolgen.

Um die Unterschiede der beiden Verfahren anschaulich machen zu können, wird als Grundlage der Diskussion ein Datensatz aus einer mehrfaktoriellen experimentellen Studie gewählt und mit beiden Verfahren ausgewertet. Das Ziel ist, Gemeinsamkeiten und Unterschiede sowie Vor- und Nachteile der Methoden anschaulich diskutieren zu können.

Dieser Vergleich zeigt zudem auf, welchen Einfluss die Wahl der Methoden auf den Fokus der wissenschaftlichen Zielstellung und den Umfang der Auswertungen hat.

Nachvollziehbar wird jede der Methoden hinreichend erläutert, dann folgen Analysen und Ergebnisdiskussion.

Den Abschluss bildet eine Synopse und der tabellarische Vergleich von ANOVA und SEM. Eilige Leser und Leserinnen können wichtige Informationen zum Nutzen und Fokus der Verfahren im Abschlusskapitel erlangen, bringen sich aber um das Vergnügen, den exemplarischen Vergleich zweier doch sehr unterschiedlicher statistischer Methoden nachzuvollziehen:

- ANOVA als Mittel, streng kontrollierte Experimente auf die Signifikanz von Ergebnissen zu prüfen
- SEM als Mittel, Störvariablen nicht nur zuzulassen, sondern diese in Bedingungsmodelle mit einzubauen und zu Strukturen zu verknüpfen

Wir weisen darauf hin, dass im Rahmen des vorliegenden Kapitels die Darstellung der Verfahren nur holzschnittartig möglich ist. Detaillierte Informationen findet der interessierte Leser für die ANOVA z. B. bei Tabachnick und Fidell (2007) und für Strukturgleichungsmodelle in Fuchs (2011).

5.2 Die Daten

Die Fragestellung und die Ergebnisse des im Folgenden dargestellten Experiments sind inhaltlich insofern relevant, als dass sie einen allgemein verständlichen und plausiblen Rahmen für den Methodenvergleich liefern. Für die Bereitstellung von Demonstrationsdaten bauen wir zu diesem Zweck auf einer unveröffentlichten Studie auf, die unter der Betreuung eines der Autoren dieses Artikels (Thomas Wirth) im Rahmen eines studentischen Lehrprojekts zum Thema electronic Word-of-Mouth (eWOM) durchgeführt wurde (Belkenheid et al. 2015).

Die Ursprungsdaten aus diesem Experiment wurden aus didaktischen Gründen für den Methodenvergleich verändert: Da eine zweifache Interaktion in den Originaldaten das Signifikanzkriterium von 5 % knapp verfehlte, wurden unter Beibehaltung der Varianzen der Daten diese so manipuliert, dass der Effekt leicht signifikant wurde. Im

Kontext des Methodenvergleichs dient dieser Eingriff als demonstrative Funktion. Ziel war, das Verhalten der Auswertungsverfahren und der entsprechenden Visualisierungen unter der Bedingung einer in den Daten bestehenden Interaktion zu vergleichen.

$N = 141$ Personen nahmen an dem Experiment teil. Jede Person sah sechs Objekte (Bilder von Hotels oder Cover von Reiseführern) zusammen mit den Listen von zehn Rezensionen. Sichtbar waren jeweils die ersten beiden Zeilen der Rezension, dann ein Link: „mehr erfahren", den die Person anklicken konnte, um die ganze Rezension zu lesen. Bei jedem Objekt beurteilte sie dessen Attraktivität auf einer Skala von 1 bis 6. Ganz am Ende wurde noch eine Entscheidung abgefragt, welches Hotel oder welchen Reiseführer man buchen oder kaufen würde.

Eine der wichtigsten Aufgaben – und damit zugleich ein wichtiger Kompetenz-bereich – bei der Durchführung experimenteller Studien bezieht sich auf die Planung und Gestaltung der experimentellen Kontrolltechniken. Diese sollen gewährleisten, dass Effekte nur auf die experimentelle Manipulation zurückgeführt werden können. Hier-für gibt es ein breites Spektrum von Strategien und Methoden, das hier nicht im Detail dargestellt werden kann (vgl. hierzu Wirth 2018). Im Einzelnen wurden die folgenden – sehr typischen – Kontrolltechniken implementiert.

- Die Zuordnung der Personen zu den experimentellen Bedingungen (Hotel oder Buch) wurde randomisiert.
- Die Länge der Rezensionen wurde in engen Grenzen konstant gehalten.
- Die Länge der Titel der Rezensionen wurde ebenfalls konstant gehalten.
- Die Farbgebung und Anmutung der beiden Webshops waren gleich.
- Design-Merkmale wie Logo und Bildelemente waren weitgehend parallel.
- Die auf den zu beurteilenden Motiven zu sehenden Bildmotive waren parallel.
- Die Abfolge der Darbietung der Listen wurde randomisiert.

Das gesamte Variablenset ist übersichtlich und umfasst persönliche und Verhaltensdaten:

- Geschlecht: 1 = männlich/2 = weiblich
- Alter in Jahren
- Objekt der Beurteilung: 1 = Buch/2 = Hotel
- Beurteilung des Objekts, wenn die negative Rezension an Position 1 war (Anfang), Skala von 1–6
- Beurteilung des Objekts, wenn die negative Rezension an Position 5 war (Mitte), Skala von 1–6
- Beurteilung des Objekts, wenn die negative Rezension an Position 10 war, Skala von 1–6

Skalenwerte 6-stufige Likert-Skala, wobei hohe Werte bedeuten, dass das Objekt attraktiv ist.

- Öffnung der Rezensionen: 0 = nein/1 = ja
- Rezension an Position 1 geöffnet, um sie ganz zu lesen 0 = nein 1 = ja
- Rezension an Position 5 geöffnet, um sie ganz zu lesen 0 = nein 1 = ja
- Rezensionen an Position 10 geöffnet, um sie ganz zu lesen 0 = nein 1 = ja
- Mix1 und Mix2: Distraktor-Bedingungen mit gemischten Urteilen, gleiche Anteile positiv, negativ und neutral

5.3 Die Varianzanalyse

5.3.1 Design of Experiments

Die Varianzanalyse ist in das Konzept des „Design of Experiments" eingebettet bzw. eng damit verknüpft. Dies ist ein Paradigma der Planung und Kontrolle experimenteller Studien, das in den Grundlagen auf Sir Robert Fisher (Fisher 1949) zurückgeht und seitdem von vielen Autoren konsolidiert, weiterentwickelt und ausgebaut wurde. In jüngster Zeit bestimmen Experimente unter den Bezeichnungen „AB-", „Split-" oder „Multivarianten-Tests" die Design- und Produktentwicklungsstrategien spezialisierter Dienstleister wie Optimizely und sie gehören auch zur Ausstattung der großen Marketing-Plattformen von Adobe oder Google. Social-Media-Plattformen und selbst E-Mail-Programme bieten mittlerweile entsprechende Funktionen (zusammenfassend zur Optimierung Page et al. 2012; Gofman et al. 2009).

Die Varianzanalyse ist das Standardwerkzeug zur Auswertung von experimentellen Versuchsplänen (vgl. Diehl und Arbinger 1992; Tabachnick und Fidell 2007). Sie ist ursprünglich für Mittelwertsvergleiche mit mehr als zwei Mittelwerten entwickelt worden, um dem Problem der Alpha-Fehler-Inflation bei wiederholten Signifikanztests zu begegnen. Wenn es sich nur um zwei Werte oder Bedingungen handelt, kommen in der Regel t-Tests oder – bei Häufigkeitsdaten – nicht parametrische Tests wie das Chi-Quadrat-Verfahren zur Anwendung (Bortz und Schuster 2010).

Folgende Grundbegriffe aus dem Themenfeld „Design of Experiments" sind nun für das Verständnis der späteren Diskussion besonders wichtig:

- Ein experimenteller **Faktor** ist eine Bedingung, die hergestellt oder variiert werden kann. In einem typischen AB-Testing könnte dies die Farbe eines Buttons sein, der zum kostenpflichtigen Einkauf angeklickt werden muss. Im Fall der Wirksamkeitsprüfung eines Impfstoffs die Herstellung von Bedingungen mit und ohne Impfung.
- **Faktorstufen** sind die Ausprägungen dieses experimentellen Faktors, in unserem Beispiel etwa rot, grün, blau etc. (für eine Impfstudie die untersuchte Dosis des Impfstoffs).
- Hinter einem Faktor steht eine latente **unabhängige Variable,** die durch die Faktorstufen sozusagen realisiert wird, hier also „Farbe" (Immunität).

Tab. 5.1 Beispiel eines 2×3-stufigen Versuchsplans mit einem Between-Subjects-Faktor (Geschlecht) und einem Within-Subjects- bzw. Messwiederholungsfaktor (Farbe). „Sample1" und „Sample2" enthalten die gleichen Personen. Je eine Gruppe von männlichen und weiblichen Personen durchläuft also voneinander getrennt die Bedingungen rot, grün und blau

	Farbe		
Geschlecht	Rot	Grün	Blau
Männl.	Sample1(m)	Sample1(m)	Sample1(m)
Weibl.	Sample2(w)	Sample2(w)	Sample2(w)

- In jedem Experiment wird darüber hinaus eine weiterer Variablentyp definiert: Der Indikator, der Auskunft über die Wirkung der variierenden Faktorstufen gibt. Dieser wird auch als **abhängige Variable** bezeichnet. In unserem fiktiven AB-Testing wäre dies etwa der Prozentanteil an Käufen bezogen auf die gezählten Visits (Anzahl erkrankter Personen).
- Faktorstufen können **Between- oder Within-Subjects** verwirklicht werden. Das bedeutet, dass für jede Faktorstufe eine eigene Stichprobe generiert wird (between) oder eine einzelne Stichprobe mehreren Bedingungen/Stufen ausgesetzt wird (within). In AB-Testings im Web werden in der Regel Between-Subjects-Faktoren realisiert (genauso bei einer Impfstudie).
- In dem **Versuchsplan** wird festgelegt, welche Faktoren in einem Experiment enthalten sind, ob diese Between- oder Within- Subjects umgesetzt werden und wie die Faktorstufen zu realisieren und miteinander zu kombinieren sind. Dabei können Versuchspläne ein- oder mehrfaktoriell sein (Tab. 5.1).

5.3.2 Varianzanalytische Auswertung

Wo setzt nun die Varianzanalyse an, wenn Daten aus einem Versuchsplan ausgewertet werden? Die Grundidee besteht darin, dass die in einem Datensatz enthaltene totale Varianz bzw. Quadratsumme der Messwerte, die sich ergibt, wenn man jeden Messwert vom Gesamtmittelwert aller Bedingungen subtrahiert und quadriert, in Komponenten zerlegt wird:

- **Haupteffekte** sind Varianzanteile, die durch einzelne **experimentelle Faktoren,** erzeugt werden.
- **Interaktionseffekte** sind Varianzanteile, die durch **Wechselwirkungen der Faktoren** erzeugt werden.
- **Fehler-Effekte** sind durch **Messfehler** bedingte Varianzanteile.

Bei den beiden erstgenannten handelt es sich um „Treatment"-Effekte, also um Varianz in den Daten (das bedeutet mathematisch: Abweichungen vom Gesamtmittelwert), die durch die experimentellen Faktoren verursacht sind. Hinzu kommt dann der durch unsystematische Störeinflüsse erzeugter Varianzanteil, der als Fehlervarianz bezeichnet wird. Die wichtigsten Gleichungen der ANOVA lauten also für das einfaktorielle und zwei-/mehrfaktorielle Design wie folgt:

1. Einfaktoriell: Die Gesamtvarianz setzt sich aus einem Treatment- und einem Fehler-Anteil zusammen.
2. Bei zwei-/mehrfaktoriellen Versuchsplänen wird das Modell um die Interaktionsterme erweitert.

$$\text{einfaktoriell:} \quad S^2_{\text{total}} = S^2_{\text{treat}} + S^2_{\text{error}}$$
$$\text{zweifaktoriell:} \quad S^2_{\text{total}} = S^2_A + S^2_B + S^2_{A \times B} + S^2_{\text{error}}$$

Das zentrale Argument und der zentrale Vorgang, der in der Varianzanalyse zum Tragen kommt, ist nun folgender: Die durch ein Treatment erzeugte Varianz in den Messwerten muss größer sein als die Fehlervarianz, wenn das Treatment einen signifikanten Einfluss auf die Messwerte hat. Mithilfe eines F-Tests können solche Vergleiche relativ einfach durchgeführt werden (Bortz und Schuster 2010). Der F-Test dient ganz allgemein zum Vergleich von Varianzen. Schreibt man die Treatment-Varianz in den Zähler und die Fehlervarianz in den Nenner, entsteht eine F-verteilte Prüfstatistik, die einen Grenzwert für die Bestimmung der Alpha-Fehler-Wahrscheinlichkeit liefert. Dieser F-Quotient wird für alle Effekte gesondert ausgewiesen. Damit ein Effekt signifikant werden kann, muss er unbedingt einen Wert > 1 annehmen, denn F-Werte < 1 wären ja so zu interpretieren, dass eine Signifikanz gar nicht möglich ist, da der Betrag der Fehlervarianz die Treatment-Varianz übertrifft.

Auf die Details dieses Verfahrens soll hier nicht eingegangen werden, die Interpretation eines F-Werts ist allerdings durchaus direkt und anschaulich: Ein F-Wert von 2,0 bedeutet, dass die durch die experimentellen Faktoren erzeugte Varianz doppelt so groß ist wie die durch den Messfehler erzeugte. Im später darzustellenden Beispiel wird die Darstellung und Interpretation von F-Wert-Tabellen demonstriert.

Als Voraussetzungen der Varianzanalyse sind wichtig;

- Intervallskalierte oder mindestens mehrstufige Messwerte
- Eine Normalverteilung der Variablen bzw. ihrer Fehler-Terme
- Homogene – oder mindestens nicht signifikant unterschiedliche – Varianzen in den Zellen des Versuchsplans
- Die Abwesenheit von statistischen Ausreißern in den Daten

Die Stichprobengröße bei der Varianzanalyse hat – anders als z. B. bei Chi-Quadrat-Verfahren oder der Faktorenanalyse – keine formale Untergrenze, aber selbstverständlich sind Zellenbesetzungen von Bedeutung und hohe Besetzungen grundsätzlich erwünscht. Andererseits lässt sich bei ausreichend starken Effekten eines Faktors durchaus mit kleinen Stichproben (ab n = 10) arbeiten.

5.4   Konstruktion/Gewinnung der Demodaten

5.4.1   Hypothesen und Fragestellung

Die Fragestellung der Studie betrifft drei Aspekte:

- Wie wirkt sich die relative Position einer negativen Rezension in einem Shop-System aus?
- Welche Wirkung hat eine einzelne negative Rezension in einer Liste von Produkt-bewertungen?
- Spielt hierbei das „Involvement" der Person eine Rolle?

Konkretisiert wird dies in drei Hypothesen:

- **H1:** Wenn eine negative Rezension in einer Liste von Bewertungen enthalten ist, ver-schlechtert sich die Bewertung des Objekts durch den Betrachter. Die Begründung liegt hier auf der Hand: Negative Bewertungen anderer Personen werden das Urteil über ein Objekt natürlich beeinflussen (Rozin et al. 2001).
- **H2:** Der Effekt der negativen Bewertung ist umso stärker, je weiter „vorne" in der Liste die negative Rezension platziert ist. Begründung: In vielen Zusammenhängen lassen sich serielle Positionseffekte auf Urteile nachweisen. Zudem gibt es spezielle Positionseffekte in Online-Medien z. B. Suchmaschinen, die ebenfalls darauf hinauslaufen, dass Informationen am Anfang einer Liste wirksamer sind (z. B. Wu et al. 2012; Jansen et al. 2013).
- **H3:** Der Effekt ist stärker/schwächer, wenn die Person ein hohes/niedriges Involvement bei der Entscheidung hat. Begründung: Personen, die ein hohes Involvement aufweisen, sind stärker daran interessiert, Informationen zu einem Produkt zu erhalten. Niedriges Involvement führt zu einer eher oberflächlichen Ver-arbeitung der Information mit der Folge, dass u. U. eher periphere und situative Hin-weisreize die Kaufentscheidung bestimmen (Petty et al. 1983; Roßmanith 2001).

5.4.2   Experimentelle Bedingungen/unabhängige Variablen

5.4.2.1 Involvement

Das emotionale Engagement oder die Wichtigkeit einer Entscheidung hängt natürlicher-weise davon ab (a) wie hoch die mit der Entscheidung verbundenen Kosten sind und (b) wie leicht eine Entscheidung rückgängig gemacht werden kann. Um dies in der Labor-situation herzustellen, werden zwei Produkte, nämlich Reiseführer vs. Hotels, als auszu-wählende Objekte gezeigt. Die beiden Bedingungen sind in der Abb. 5.1 zu sehen.

5.4.2.2 Position

Die Darstellung der negativen Rezension, deren Auswirkung auf das Urteil bestimmt werden soll, variiert an Position 1, Position 5 oder Position 10. Zusätzlich wurde eine Liste mit ausschließlich positiven Rezensionen („pos") und zwei Listen mit gemischten Rezensionen in den Versuch aufgenommen. Dies diente u. a. zur Ablenkung der Personen (Abb. 5.2).

Kovariablen:

Das Alter und Geschlecht der Personen werden ebenfalls über einen Online-Fragebogen erfasst.

5.4.2.3 Abhängige Variablen

Für die Zwecke der Darstellung in diesem Artikel ist nur eine abhängige Variable interessant: Die Bewertung der Hotels oder Reiseführer, gemessen über eine 6-stufige Likert-Skala, wobei hohe Werte bedeuten, dass das Objekt attraktiv ist. Zusätzlich wurde am Ende des Experiments abgefragt, für welches Objekt sich die Person entscheiden würde.

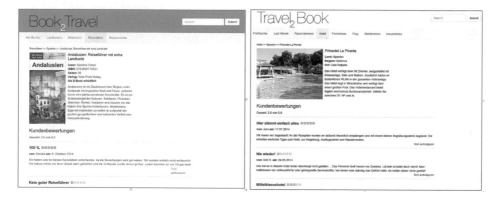

Abb. 5.1 Gestaltung in der Bedingung „Buch/Book2Travel" und „Hotel/Travel2Book". (Quelle: Belkenheid et al. 2015)

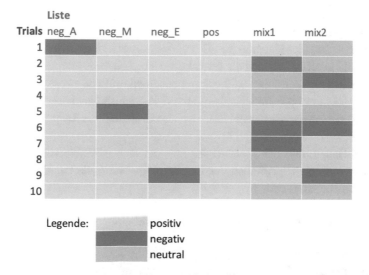

Abb. 5.2 Schema der Zusammenstellung der Rezensionslisten

Tab. 5.2 Der 2 × 3 Versuchsplan, „Szenario" ist ein Faktor für unabhängige Gruppen; „Position negative Rezension" ist ein Messwiederholungsfaktor

	Position neg. Rezension		
Objekt	Anfang	Mitte	Ende
Buch			
Hotel			

5.4.2.4 Versuchsplan

Der Kern der Planung ist der eigentliche Versuchsplan, dessen Zeilen, Spalten und Zellen die Grundlage für die varianzanalytische Auswertung bilden. In Tab. 5.2 sind die miteinander kombinierten Bedingungen schematisch dargestellt.

5.4.3 Ergebnisse der varianzanalytischen Auswertung

Eine Prüfung der H1, der zufolge sich negative Rezensionen negativ auf die Bewertung der Objekte auswirken, ist möglich, wenn man das gemittelte Urteil über die Bedingungen, in denen eine einzelne negative Rezension enthalten ist, mit dem Mittelwert in der Bedingung vergleicht, in der ausschließlich positive Rezensionen vorhanden sind. Das Ergebnis eines t-Tests für abhängige Gruppen ergibt einen t-Wert von 7,01 (d.f. = 139, p < ,000). Der Betrag der Mittelwerte: Für die positive Liste 5,04, für die negativen Listen im Durchschnitt 4,37.

Für die Auswertung in Hinblick auf H2 und H3 sind zwei Ergebnisse wesentlich: Die F-Wert-Tabelle der Effekte und die grafische Darstellung der signifikanten Effekte. Zunächst die F-Tabelle, die hier so wiedergegeben wird, wie sie von SPSS als Output geliefert wird (Abb. 5.3).

Man erkennt, dass der Hauptfaktor „Zeit" (Positionseffekt, also der Zeitpunkt, an dem man das Objekt gesehen hat) und die Interaktion der „Zeit" mit dem „Szenario" mit einer Irrtumswahrscheinlichkeit unter 0,001 % statistisch signifikant werden. Der Hauptfaktor „Szenario" erreicht mit p = ,055 annähernd das 5 %-Signifikanzniveau.

In Abb. 5.4 werden die relevanten Effekte auf das Urteil in ihren Ausprägungen dargestellt:

- Links der Haupteffekt der „Zeit" (Position), der sich in einem – durch die negative Rezension bedingten – Abfallen der Urteile zeigt, wenn die negative Rezension am Listenanfang platziert ist.
- Rechts die Interaktion, an der man erkennen kann, dass der Effekt auf das besonders akzentuierte Abfallen der Urteile in der Hotel-Bedingung zurückgeht.

Der Haupteffekt „Zeit" (Position) enthält mit einem F-Wert von 31,36 mehr als das 30-Fache der Fehlervarianz und ist damit hochsignifikant. Die Form des Effekts entspricht der Hypothese H2. Die Interaktion „Szenario x Zeit" verdeutlicht, dass dieser Haupteffekt

```
Tests of Between-Subjects Effects.

Tests of Significance for T1 using UNIQUE sums of squares
Source of Variation          SS        DF        MS          F  Sig of F

WITHIN CELLS             271,56       136      2,00
Geschlecht                 1,43         1      1,43        ,72     ,399
Szenario                   7,45         1      7,45       3,73     ,055
Geschlecht BY Szenario      ,01         1       ,01        ,00     ,959

Tests involving 'ZEIT' Within-Subject Effects.

AVERAGED Tests of Significance for MEAS.1 using UNIQUE sums of squares
Source of Variation          SS        DF        MS          F  Sig of F

WITHIN CELLS             230,74       272       ,85
ZEIT                      53,20         2     26,60      31,36     ,000
Geschlecht BY Zeit         4,10         2      2,05       2,42     ,091
Szenario BY Zeit          30,18         2     15,09      17,79     ,000
Geschlecht BY Szenario     3,21         2      1,61       1,89     ,153
BY Zeit
```

Abb. 5.3 F-Tabelle der Between- und Within-Subjects-Effekte (SPSS Output)

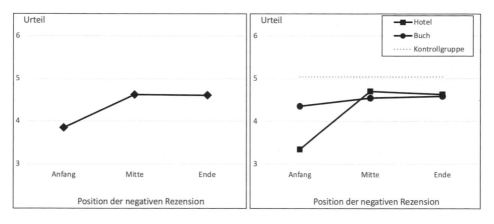

Abb. 5.4 Die relevanten Effekte werden in dieser Grafik sichtbar

besonders ausgeprägt in der Hotel-Bedingung gegeben ist. Anders gesagt: Die Wechselwirkung des Szenarios (Buch vs. Hotel) mit der „Zeit" (Position) drückt sich darin aus, dass am Anfang der Liste die Urteile bei Hotels besonders deutlich nach unten verändert werden, aber wesentlich weniger bei Büchern. Damit ist der in H3 „Involvement" postulierte Zusammenhang belegt bzw. die Hypothese kann beibehalten werden.

Fazit: Die Varianzanalyse liefert die zur Prüfung der Hypothesen erforderlichen statistischen Kennwerte sehr trennscharf. Der/die Forschende kann sich mithilfe der Daten eindeutig entscheiden, welche Hypothese zutreffend ist, und dadurch weitere Maßnahmen ableiten. Darüber hinaus liefern die Daten auch einen Eindruck von der Effektstärke. Mit speziellen Verfahren (Einzelvergleiche, vgl. Bortz und Schuster 2010) können a posteriori einzelne Mittelwertsunterschiede paarweise auf Signifikanz getestet werden. Zu beachten ist, dass sich die ANOVA sehr präzise auf die in den Hypothesen enthaltenen unabhängigen Variablen und eine einzelne abhängige Variable bezieht. Die Frage, welche Rolle das Alter spielen könnte, wird nicht beantwortet, genauso wird die Öffnung der Rezension nicht als Messwert berücksichtigt. Wie gleich zu zeigen sein wird, sind im Ansatz der Strukturgleichungsmodelle diese „Ko-Variablen" durchaus in der Modellbildung berücksichtigt.

5.5   Strukturgleichungsmodelle (SEM)

Das Prinzip, das den Strukturgleichungsmodellen zugrunde liegt, wurde 1921 von dem Evolutionsbiologen Seewall Wright als „Pfadanalyse" vorgestellt (Wright, S. 1921). Wright, ein Biologe, war unzufrieden mit den Ergebnissen seiner Experimente über die Vererbung der Eigenschaften von Meerschweinchen. Fellfarbe und -zeichnung schienen manchmal regelgerecht, manchmal zufällig, trotz Kontrolle der Zuchttiere, aufzu-treten. Seine Experimente, so Wright, stellen einerseits die ideale Methode dar, um die störenden Einflüsse zu kontrollieren und Hypothesen zu testen. Manchmal scheinen die Ursachen der Variation außerhalb des kontrollierten Designs zu sein (Störvariablen). Diese können zwar durch den Einschluss externer Variablen in ein Modell gemessen werden, nicht berücksichtigt werden dabei allerdings indirekte Effekte, die sich erst aus der gemeinsamen Betrachtung bzw. Analyse über mehrere Stufen des Modells ergeben.

Wright's methodischer Ansatz war, mögliche Ursache-Wirkungsketten berechenbar zu machen und in Fällen, wo diese Beziehung nicht als „Kausalkette" zu postulieren war, zumindest die sich bedingenden Variationen innerhalb des Modells zu analysieren und in ihrer Wirkung bestimmen zu können: „The present paper is an attempt to present a method of measuring the direct influence along each separate path in such a system and thus of finding the degree to which variation of a given effect is determined by each particular cause" (Wright, S. 1921).

Die Begriffe „Pfadanalyse", „Kausalanalyse" und „Strukturgleichungsmodell" werden oft synonym verwendet.

Zur Differenzierung: Pfadanalysen wurden von Wright als Möglichkeit von verknüpften Kausalanalysen gesehen. Da gefundene Zusammenhänge Kovarianzen erzeugen, kann damit streng genommen nur ein quasiexperimentelles Design mit entsprechend hinterlegten Hypothesen (z. B. über zeitliche Abläufe oder logische Wirkungsmechaniken) als Kausali-täten parametrisiert werden. Der Begriff **„Pfadanalyse"** beschreibt eher die grafische Dar-stellung von Zusammenhängen. Umfassender ist der Begriff **„Strukturgleichungsmodell"**, da sowohl das zu Grunde liegende hypothetische Modell als auch die Wirkungsparameter ermittelt werden. Pfadanalysen/Strukturgleichungsmodelle wurden verstärkt in den 70er Jahren des 20. Jahrhunderts weiterentwickelt. Es entstanden einander ähnelnde, erweiterte mathematische Konstrukte (LISREL, PLS, LVPLS) von den Autoren Wold, Jöreskog (Wold 1982) esli, und Lohmöller (1984, 1989). (in

Man differenziert die Strukturelemente der Modelle nach folgendem Schema:

- **Äußeres Modell:** Die Grundidee aller dieser Modelle ist, über eine Faktoren-analyse die Varianz von gemessenen Variablen (manifeste Variablen, MV) durch übergeordnete Faktoren (Konstrukte, latente Variablen, LV) zu erklären. Dieses Faktorenmodell wird als „äußeres Modell" bezeichnet.
- **Exogen/endogen:** Latente Variablen, die im SEMl andere Variablen erklären, werden als exogen bezeichnet. Latente Variablen, die durch exogene LV erklärt werden, werden endogen genannt.
- **Pfade:** Die Beziehung der latenten Variablen untereinander, die Pfade, entsprechen einer multiplen Regression, die als „inneres Modell" die Varianz einer oder mehrerer Zielvariablen aufklärt.

Ergebnisse der Analysen sind:

- **Erklärte Varianz:** Als Maß für die Erklärungskraft in den Zielvariablen ist das Quadrat der erklärten Varianz, R^2 definiert.
- **Residuen:** Die gesamte erklärte Varianz, der totale Effekt, resultiert aus direkten und indirekten Effekten innerhalb des Modells. Durch den Einbezug der Residual-varianzen des inneren Modells – als indirekte Effekte – steigt die Erklärungskraft des Modells, die Erklärung wird vollständiger.
- **Pfadkoeffizienten:** Dieser Begriff beschreibt die Effektgrößen. Hierdurch erfolgt zugleich die quantitative Differenzierung des Beitrags einzelner LV im Gesamt-modell.

Wir verwenden für unseren Methodenvergleich den „Partial-Least-Square" (PLS)-Ansatz, wie er von Wold 1982 als „Generalisierung einer Hauptkomponentenanalyse" beschrieben wurde. Die Schätzungen durch den PLS-Ansatz haben in der Praxis Vorteile, die uns in der Analyse des Demo-Datensatzes zugutekommen:

- Die Verwendung kleiner Stichproben (<200) ist möglich. Der verwendete Datensatz (s. o.) hat einen Umfang von 141 Fällen. Mit PLS können die Strukturen für finite Populationen oder Vollerhebungen modelliert werden, für die es keine Stichproben-parameter gibt (z. B. Nationen in der UN).
- Jegliche Art der Verteilung (linear, log-linear, Poisson …) der gemessenen (MV) Variablen ist möglich.
- Jegliches Skalenniveau (Nominal-Niveau bis Absolut-Skala) kann in PLS für die Pfadmodelle eingesetzt werden.
- PLS ermöglicht eine iterative Exploration der Daten und möglicher Modelle – gerade wenn es keine Annahmen über das „wahre Modell" gibt.

- Die Exploration kann als „Konstruktion der Wirklichkeit" durchgeführt werden, gerade wenn es keine oder wenige Vorinformationen zum Untersuchungsgegenstand gibt.
- Eine präzisere Prädiktion der Schätzwerte für einzelne Fälle ist möglich. Damit eröffnet das PLS-Modell die Möglichkeit einer robusten Prognose einzelner Fälle.

Die zugrunde liegenden mathematischen Modelle machen es notwendig, adäquate Verfahren zur Messung der Modell-Güte zu entwickeln und anzuwenden. Goldstandard sind Bootstrapping und Blindfolding. Beide Verfahren prognostizieren aus einem unvollständigen Testmodell fehlenden Daten eines vollständigen Modells.

Bootstrapping (auch unter Jack-Knife-Technik bekannt) ist ein nicht parametrisches Verfahren, das es erlaubt, die statistische Signifikanz verschiedener PLS-Ergebnisse durch das zufällige Ziehen von Teilstichproben aus dem Originaldatensatz und die anschließende Berechnung und den Vergleich der Parameter des Modells zu berechnen. Um zuverlässige Aussagen machen zu können, sollte die Anzahl an Subsamples relativ groß sein (Anzahl > 5000)

Blindfolding ist eine Technik, die das Stone-Geisser Q^2 Kriterium (Stone 1974; Geisser 1974) als Maß für die Vorhersagegenauigkeit (die kreuzvalidiert prädiktive Relevanz des PLS-Pfadmodells) ermittelt. Dabei werden systematisch Datenpunkte gelöscht und durch die verbliebenen Daten im Modell prognostiziert.

Das Kapitel „Auswertung" wird mit einem von den Autoren entwickelten Test eine weitere Möglichkeit aufzeigen, die Modellgüte empirisch zu evaluieren.

5.6   Auswertung mit SEM

Vorweg: SEM[1] oder Pfadanalysen lassen sich weniger für experimentelle Designs und besser für die Analyse von „Given-Data"-Modellen nutzen, wie sie in „Big Data Arrangements" auftreten. Die Stärken von SEM liegen in der Inspektion von Daten, bei denen direkte und indirekte Effekte wie auch die Wirkungen von Störvariablen modelliert werden können. SEM ermöglichen „Experimente" mit Daten, während die Hypothesentestung kontrollierter Experimente mit Verfahren wie der ANOVA durchgeführt werden sollten.

SEM/Verfahren erfreuen sich einer wachsenden Beliebtheit, gleichwohl ist das Wissen über die Prinzipien und das Prozedere einer Analyse noch nicht weitverbreitet. In einem kurzen Überblick erläutern wir anhand der Versuchsdaten das Vorgehen mit dem gewählten PLS-Ansatz.

---

[1] Die SEM-Auswertungen wurden mithilfe des Programmpakets SmartPLS durchgeführt. (Ringle, C. M. et al. 2015 „SmartPLS 3." Boenningstedt: SmartPLS GmbH, http://www.smartpls.com).

5.6.1 Das Modelling und die Auswertung

Das SEM-Modell besteht aus einem äußeren Modell oder Messmodell und einem inneren Modell.

Das **äußere Modell** entspricht einer Faktorenanalyse. In dieser bildet eine latente Variable (latent für „verborgen", nicht sichtbar) den Ursprung für die Ausprägungen der in einem Messmodell vertretenen, manifesten Variablen, MV (manifest für „gemessen", erhobene Daten).

Die Faktoren werden nach den sinngebenden Messvariablen benannt. Das erleichtert die Abbildung theoretischer Größen wie „Intelligenz", „Selbstwirksamkeit" oder „Neurotizismus".

Zur Verdeutlichung haben wir im untersuchten Modell die MV „Alter" mit „Erfahrung" benannt, das Szenario „Exposition Buch vs. Hotel" wird beschrieben als „Involvement".

Die Zielvariable „LV Bewertung" hat als Messmodell die Kombination von „Negativity Bias" und dem Zeit- oder Positionierungseffekt mit den Polen „Primacy" (Exposition negatives Urteil am Anfang) und „Recency"-Effekt (Exposition am Ende).

Das **innere Modell** (Pfad- oder Strukturmodell) modelliert die Beziehungen zwischen den latenten Variablen.

Die Ergebnisse der Berechnungen sind erklärte Varianzen der LV und die Stärke der Pfade (Pfadkoeffizienten) zwischen Prädiktoren und Kriteriumsvariablen. Über die Sichtung und Analyse der Korrelationen von manifesten und latenten Variablen können Modifikationen des Modells initiiert werden. Ziel ist, ein effektives und sparsames Modell zu finden – mit hoher erklärter Varianz, mit möglichst wenigen Variablen und starken Pfaden.

Das Vorgehen mit PLS ist eine iterative Optimierung. Schwache Zusammenhänge werden entnommen, das Modell neu kalkuliert und Veränderungen von R^2 und Pfadkoeffizienten überprüft.

Diese Maßnahme wird so lange fortgesetzt, bis eine optimale Lösung gefunden wurde, die sowohl der Erklärung des Untersuchungsgegenstand gerecht wird als auch eine maximale Varianzaufklärung bietet.

Auch Hypothesen oder Forschungsfragen werden im Modell aus der Wirksamkeit des Erklärungsansatzes überprüft.

5.6.2 Das Modelling

Wir erstellen ein umfassendes Strukturgleichungsmodell (Pfadmodell, Kausalmodell).

Diese Modelle weisen eine Besonderheit auf. Gemessene Variablen müssen als latente Variablen (Faktoren) aufgenommen werden.

Das scheint kontraintuitiv, wenn z. B. das Alter (gemessen in Jahren) als MV eine LV bildet, aber erleichtert das Denken in Konstrukten (wenn man das Alter z. B. als Messwert für „Lebenserfahrung" unterstellt). Das scheint intuitiv, wenn mehrere MV ein psychologisches Konstrukt postulieren. In der hier berichteten Studie stellt sich dies folgendermaßen dar:

1. Basisannahme **Negativity Bias:** Negative Bewertungen anderer Personen werden das Urteil über ein Objekt stark negativ beeinflussen.
2. **Primacy- und Recency-Effekt:** Der Effekt einer negativen Bewertung ist stärker, wenn die negative Rezension als erste (Primacy) oder letzte (Recency) präsentiert wird, das müsste sich im Messmodell der Kriteriumsvariablen als ein differenziertes Set an Ladungen zeige. Diese Zusammenhänge wurden als serielle Positionseffekte (mit „U-Verteilung") nachgewiesen (Murdock Jr., Bennet B. 1968).
3. **Involvement-Effekt auf Bewertung:** Bei Produkten, die ein hohe emotionale Beteiligung (Involvement) auslösen, wird die Beeinflussung der eigenen Wertung durch bestehende negative Bewertungen stärker ausfallen. Dabei reicht bereits die Sichtbarkeit der Anzahl positiver Bewertungen (Anzahl Sterne, Anteil positiv/negativer Bewertungen) und ein Kurzurteil aus. Niedriges Involvement führt zu einer oberflächlicheren Verarbeitung der Information mit der Folge, dass u. U. eher periphere und situative Hinweisreize die Bewertung bestimmen können (Craik et al. 1972).
4. **Involvement-Effekt auf Informationsbedarf:** Bei Produkten, die ein hohes Involvement bei Befragten auslösen, wird das Interesse erhöht, mehr als nur die Kurzinformationen (visuelle Wertung plus Einzeiler) zu nutzen. Das führt zu einer höheren Öffnungsquote der Detailinformationen und zu einer Verstärkung der negativen Bewertung (Negativity Bias).

5.6.3 Ergebnisse der SEM-Analyse

Die Modellierung eines SEM umfasst sowohl die Bereitstellung der Daten für das Messmodell als auch eine Strukturierung der Zuweisung der gemessenen Daten auf angenommene latente Konstrukte.

Messmodell oder äußeres Modell
- Die Messung des Einflusses der Positionierung erfolgt über die Zuordnung der Variablen „Bewertung VP, gegeben negatives Urteil auf Position Anfang; Mitte; Ende". Das durch den Faktor gebildete Konstrukt wurde mit „Primacy/Recency-Effekt" bezeichnet.
- Die Messung der LV „Wertung genau gelesen" erfolgt durch die MVen „Wertung … gelesen Anfang; und oder Mitte, und oder Ende".

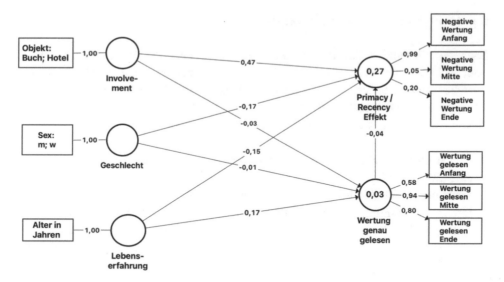

Abb. 5.5   XXX

- Die Messung des Involvements erfolgte über die LV „Involvement" (nominal, dicho-
  tom; Ausprägungen Buch (1), Hotel (2)).
- LV Geschlecht (nominal, dichotom; Ausprägungen m (männlich), w (weiblich))
- LV Alter in Jahren (Verhältnisskala; Ausprägung Jahre), Label „Lebenserfahrung"

Das Pfadmodell oder inneres Modell
Abhängige zu prädizierende LV im Modell sind

- der „Positionierungseffekt",
- der „Sorgfaltseffekt" (Wertung genau gelesen an Position Anfang, Mitte, Ende).
- Hinzugefügt wurden die Kovariaten:
  - „Geschlecht"
  - „Alter"

Abb. 5.5 zeigt das „vollständige Modell" (äußeres und inneres Modell). Manifeste
Variablen (MV) werden durch ein Rechteck, latente Variablen (LV) durch einen Kreis
symbolisiert. Die „erklärte Varianz" findet sich als Wert im Kreis der LV. Ladungen
zeigen von LV-> MV; Pfadkoeffizienten von LV->LV.

5.6.4   Ergebnisse der Pfadanalyse

Nach der Gestaltung des Pfadmodells und Berechnung der Parameter im Modell
zeigt sich eine Graphik, wie sie in Abb. 5.5 zu sehen ist. Den Erklärungen eines
Modells folgend finden wir folgende Ergebnisse: Im Gesamtmodell wird die LV
„Primacy/Recency-Effekt" zu 27 % erklärt (Abb 5.5, oben rechts). Die Annahmen des
Positionierungseffekt werden – wie in der ANOVA – bestätigt:

- Den höchsten Einfluss hat der „Primacy-Effekt" (ANOVA: Position Anfang) mit
  einem Wert von 0,99.
- Einen geringen Effekt hat eine negative Wertung in der mittleren Position (0,05).
- Der „Recency-Effekt" (ANOVA: Position Ende) ist schwächer als die Position am
  Anfang und stärker als eine mittlere Positionierung mit einem Wert von 0,22
- Damit wird die von Wu et al. postulierte „U"-Verteilung der Positionierung wird
  sichtbar.

Den größten Einfluss auf den „Primacy/Recency-Effekt" hat das „Involvement" (Pfad-
koeffizient +0,47; Abb. 5.5, oben links auf oben rechts

- Dies entspricht dem Ergebnis der ANOVA, dass die Variable „Hotel" ein bedeutend
  höheres Involvement generiert. Das Ergebnis ist somit auch hier kongruent mit Hypothese 3 (s. o.).

„Geschlecht" (−0,17) und „Lebenserfahrung" (−0,15) weisen ähnlich hohe Pfadkoeffizienten auf die Bewertung im Primacy/Recency-Effekt auf (Abb. 5.5 mitte / unten
links auf oben rechts).
    Die Vermutung, dass ein höheres Involvement eine genauere Auseinandersetzung mit
den Bewertungen bedingt, bestätigt sich nicht. Die erklärte Varianz für die LV „Wertung
genau gelesen/Sorgfalt" ist mit 3 % marginal. Der Pfad von „Involvement" zu „Sorgfalt"
erreicht eine Stärke von 0,03. Lebenserfahrene (ältere) Probanden öffnen häufiger die
ausführliche Bewertung (Pfad 0,17); Abb 5.5 unten rechts.

5.6.5   Bewertung der Ergebnisse

Für die Bedeutsamkeit der erklärten Varianz R^2 nennt Chin (1998) folgende Grenzwerte:

- Ein $R^2 \geq 0,67$ ist bedeutsam.
- $\geq 0,33$ durchschnittlich
- $\geq 0,19$ gering

Die erklärte Varianz in unserem Modell erreicht mit einem R^2 von 0,27 eine geringe bis durchschnittliche Bedeutsamkeit.[2]

Chin (1998) postuliert, dass Pfadkoeffizienten größer $\pm 0,2$ als bedeutsam bezeichnet werden.

Zur Einschätzung der Bedeutsamkeit eines Pfadkoeffizienten dient den Autoren ein „Rule of Thumb" analog einer Kenngröße der ANOVA (s. o.): die Berechnung eines „Signal-Rausch-Verhältnisses" (S/R) Thresholds[3].

Dazu wird in das Gesamtmodell eine zufallsgenerierte manifeste Variable „Rauschen" temporär als Prädiktor für das zu erklärende Kriterium LV aufgenommen. Es gilt: Bedeutsame Effekte im Modell sollten dieses Rauschen im Pfadkoeffizienten übertreffen.

Alle modellinhärenten Pfadkoeffizienten, die gleich oder geringer als das Rauschen ausfallen, werden als zufällig und im Modellsinne unwirksam deklariert. Im vorgestellten Gesamtmodell beträgt der S/R Threshold $\pm 0,08$.

Sowohl nach dem S/R-Kriterium von Klein, Wirth als auch nach Chens Postulat überschreiten alle Pfade auf die Kriteriumsvariable „Primacy/Recency-Effekt" bis auf den Pfad von „Wertung genau gelesen".

Fazit: Das Pfadmodell der Wirkungszusammenhänge kann in der Forschungsliteratur postulierte Effekte wie Negativity Bias, Positionierungseffekt und Involvement im Zusammenwirken zur Erklärung der Bewertungen bestätigen.

Wenig überraschend ist, dass sich damit ANOVA und SEM nicht unterscheiden. Überraschend ist, dass das „Öffnen und Lesen der Begründung" eines negativen Urteils keinen weiteren Einfluss auf die Bewertung durch die Probanden hat.

5.7   Methodenvergleich in der Übersicht

In der folgenden Übersicht wird dargestellt, wie die beiden Methoden ANOVA und SEM[4] im Vergleich zueinander zu bewerten sind. Die Verfahren sind je nach Aufgabenstellung und Untersuchungsdesign besser oder schlechter geeignet, das Forschungsinteresse zu befriedigen.

---

[2] Zu beachten ist der Hinweis, dass experimentelle Designs – wie in der vorgestellten Studie – durch eine Beschränkung der Anzahl von Einflussfaktoren zu einer Unterschätzung der erklärten Varianz führen konnen.

[3] Das Signal-Rausch-Verhältnis (S/R) oder der Störabstand wird in der Mess- und Nachrichtentechnik zur Bestimmung der Qualität eines Kommunikationspfades verwendet.

[4] Die Aussagen zu SEM beziehen sich auf das von den Autoren gewählte Verfahren PLS/smartPLS.

ANOVA	SEM mit smartPLS
Störvariablen werden im Experiment direkt eliminiert, kontrolliert oder systematisch variiert. (Bei einer Kovarianzanalyse würden sie direkt in die Berechnungen eingehen.)	Störvariablen werden als mögliche Prädiktoren in das Modell aufgenommen
Die Daten werden nicht z-standardisiert und ihre Skalenwerte bleiben gut verständlich und interpretierbar	Daten sind z-standardisiert und werden damit von den konkreten Metriken abstrahiert
Effektstärken können in ihren Real-World-Auswirkungen beurteilt werden	Effektstärken können abstrakt bewertet werden
Gut geeignet, wenn konkrete Hypothesen vorliegen, die man prüfen möchte. Weniger geeignet, wenn viele Faktoren simultan auf ihre Wirkung getestet werden sollen	Weniger geeignet zum Testen von konkreten Hypothesen. Sehr gut geeignet, um mehrere Einflussfaktoren gleichzeitig auf Stärke zu testen. Sehr gut geeignet, um Erklärungs-Modelle zu entwickeln, gerade wenn theoretische Konzepte (noch) fehlen
Faktorenzahl ist eingeschränkt. In der Regel können nicht mehr als 4 unabhängige Variablen in einem Versuchsplan kombiniert werden	Faktorenzahl technisch nahezu unbegrenzt. Unabhängige Variablen können faktorenanalytisch zu latenten Variablen gruppiert werden. SEM eignet sich auch zur Analyse von umfangreichen Datenmengen (Big Data)
Setzt ein hohes Verständnis für die experimentelle Methode voraus, insbesondere für die Versuchsplanung und die Kontrolle von Störvariablen	SEM ist deutlich anspruchsloser in der Versuchsplanung und Durchführung. Die Berücksichtigung von „Störvariablen" im Modell ist für ein vollständiges Erklärungsmodell bedeutsam. SEM ist anspruchsvoller in der Interpretation der Ergebnisse, die nicht durch die Bestimmung von Signifikanzen geleitet werden können
Die Varianzaufklärung kann berechnet werden, sodass nachvollziehbar wird, inwieweit die infrage stehenden Zusammenhänge erschöpfend erklärt werden können	Die Varianzaufklärung kann berechnet werden. Durch die Anlage der Modelle können sowohl direkte, indirekte wie auch totale Effekte auf die Varianzaufklärung ermittelt werden
Restriktiv hinsichtlich des Skalenniveaus. Setzt normalverteilte, intervallskalierte oder mindestens gestufte Daten in der abhängigen Variablen voraus	Wenig restriktiv durch PLS-Schätzer. Es können dichotome, nominalskalierte Variablen resp. Skalen zusammen mit intervallskalierten oder gestuften eingesetzt werden

5.8 Fazit

Die Anwendungen von statistischen Methoden ist vom Untersuchungsgegenstand, dem Ziel der Untersuchung und der Expertise der Anwendenden abhängig.

Die notwendige Expertise zeigt sich bei der ANOVA u. a. im experimentellen Design zur Kontrolle von Störvariablen. ANOVA ist affirmativ, liefert für Entscheidungen wichtige Größen zur Bestimmung der Signifikanz (p-Werte/F-Werte). Sie ermöglicht a posteriori Einzelvergleiche von Mittelwerten und ist geeignet, um Entscheidungen zu treffen. Sie erlaubt auch, diese leichter zu kommunizieren. Für praktische Anwendungen (z. B. A/B Testung)/Zwecke stellt sie das „härtere" Instrument dar. Die intellektuelle Herausforderung der ANOVA ist die Versuchsplanung.

Die Pfadanalyse/SEM ist ein exploratives Verfahren, sie liefert keine üblichen für Entscheidungen notwendigen Signifikanz-Tests (keine p-Werte/F-Werte/Konfidenzintervalle). Sie ist weniger geeignet für Kontexte wie das AB-Testing. Die Pfadmodelle sind jedoch brauchbar, auch komplexere Ergebnisse unter Beteiligung von kontrollierten und nicht kontrollierten Einflussgrößen zu gewinnen. Da SEM ihre Vorteile in Analysen bei unklaren Vorannahmen und nicht kontrollierten experimentellen „Weltdaten" oder „Big Data" hat, liegt die Expertise in der genauen Kenntnis der Möglichkeiten der Methode, dem inhaltlichen Fachwissen zum Untersuchungsgegenstand und der Sorgfalt bei der Inspektion und Bereinigung der Ausgangsdaten.

Literatur

Belkenheid, M., S. Brinschwitz, L. Hailer, und L. Kreiser. 2015. *Forschungsbericht: Electronic Word of Mouth Marketing. Der Einfluss einer negativen Rezension und ihrer Positionierung auf die Kaufentscheidung von Kunden*. Forschungsbericht, DHBW Mosbach.

Bortz, J., und C. Schuster. 2010. Statistische Kennwerte. In *Statistik für Human-und Sozialwissenschaftler*, S. 25–37. Berlin: Springer.

Chin, W.W. 1998. The partial least squares approach to structural equation modeling. In *Modern methods for business research*, Hrsg. G.A. Marcoulides, 295–336. Mahwah: Erlbaum.

Craik, F.I., und R.S. Lockhart. 1972. Levels of processing: A framework for memory research. *Journal of Verbal Learning and Verbal Behavior* 11:671–684.

Diehl, J.M., und R. Arbinger. 1992. *Einführung in die Inferenzstatistik [Introduction to inferential statistics]*. Eschborn: Verlag Dietmar Klotz.

Fisher, R.A. 1949. *The design of experiments*, 5. Aufl. Edinburgh: Oliver & Boyd.

Fuchs, A. 2011. *Methodische Aspekte linearer Strukturgleichungsmodelle. Ein Vergleich von kovarianz- und varianzbasierten Kausalanalyseverfahren*. Research Papers on Marketing Strategy No. 2/2011.

Geisser, S. (1974). A Predictive Approach to the Random Effects Model. *Biometrika* 61(1): 101–107.

Gofman, A., H.R. Moskowitz, und T. Mets. 2009. Integrating science into web design: Consumer-driven web site optimization. *Journal of Consumer Marketing* 26(4):286–298.

Jansen, B.J., Z. Liu, und Z. Simon. 2013. The effect of ad rank on the performance of keyword advertising campaigns. *Journal of the American Society for Information Science and Technology* 64(10):2115–2132.

Klein, H.-W. 2018. Erst aufräumen, dann rechnen. In *Qualität und Data Science in der Marktforschung*, Hrsg. B. Keller, H.-W. Klein, und T. Wirth. Wiesbaden: Springer Gabler.

Lohmöller, J.B. 1984. Das Programmsystem LVPLS für Pfadmodelle mit Latenten Variablen. *ZA Informationen* 14:47, 48.

Lohmöller, J.-B. 1989. *Latent variable path modeling with partial least squares.* Heidelberg: Physica. 978-3-642-52512-4.

Murdock Jr, Bennet B. 1968. Serial order effects in short-term memory. *Journal of Experimental Psychology* 76(4, Pt.2):1–15.

Page, R., T. Ash, und M. Ginty. 2012. *Landing page optimization: The definitive guide to testing and tuning for conversions.* Wiley. Indianapolis, Indiana.

Petty, R.E., J.T. Cacioppo, und D. Schumann. 1983. Central and peripheral routes to advertising effectiveness: The moderating role of involvement. *Journal of consumer research* 10(2):135–146.

Ringle, C.M., S. Wende, und J.-M. Becker. 2015. „SmartPLS 3." Boenningstedt: SmartPLS GmbH. http://www.smartpls.com.

Roßmanith, Tilo. 2001. *Informationsverhalten und Involvement im Internet.* Dissertation am Institut für Entscheidungstheorie und Unternehmensforschung, Universität Karlsruhe.

Rozin, Paul, und Edward B. Royzman. 2001. Negativity bias, negativity dominance, and contagion. *Personality and Social Psychology Review* 5:296–320 (Stangl, 2022).

Stone, M. (1974). Cross-Validatory Choice and Assessment of Statistical Predictions. *Journal of the Royal Statistical Society* 36(2): 111–147.

Tabachnick, B.G., und L.S. Fidell. 2007. *Experimental designs using ANOVA*, 724. Belmont: Thomson/Brooks/Cole.

Wirth, T. 2018. Das Experiment gestern und heute, oder: Die normative Kraft des Faktischen. In *Qualität und Data Science in der Marktforschung*, 217–241. Wiesbaden: Springer Gabler.

Wright, S. 1921. Correlation and causation. *Journal of Agricultural Research* 20:557–585, 14:30. https://theoryandscience.icaap.org/content/vol7.1/denis.html. Zugegriffen: 28. März 2022.

Wold, H.O.A. 1982. Soft Modeling: The Basic Design and Some Extensions. In *Systems Under Indirect Observations: Part II*, Hrsg. K.G. Jöreskog und H.O.A. Wold, 1–54. Amsterdam: North-Holland Publ. Co.

Wu, M., S. Jiang, und Y. Zhang. 2012. Serial position effects of clicking behavior on result pages returned by search engines. In *Proceedings of the 21st ACM international conference on Information and knowledge management,* 2411–2414.

Prof. Dr. Thomas Wirth ist Diplom-Psychologe und Professor für Online-Medien an der Dualen Hochschule Baden-Württemberg in Mosbach. Sein Wissen als Psychologe und die Erfahrung als Forscher, Autor und Mitherausgeber der „Zukunft der Marktforschung" findet seinen Niederschlag in seiner Lehre. Gemeinsam mit Hans-Werner Klein produziert er den Wissenschaftspodcast achwas.fm.

Hans-Werner Klein ist Diplom-Pädagoge und arbeitet als Datenwissenschaftler in der Umsetzung des Data-Driven-Business. Als Lehrbeauftragter für Data Science, Studiengang Online-Medien der Dualen Hochschule Baden-Württemberg und Mitherausgeber und Autor u. a. der Reihe „Zukunft der Marktforschung" (SpringerGabler) fügt er seiner Praxis das notwendige Quantum Wissenschaft hinzu. Zu seinen Publikationen zählt er den – gemeinsam mit Thomas Wirth produzierten – Podcast achwas.fm.

Was ist schon normal in diesen Zeiten? Analyse von Zeitverteilungen in Usability Tests

6

Bernard Rummel

Inhaltsverzeichnis

Zusammenfassung

Dieser Beitrag beschreibt die Verwendung von sog. Probability Plots zur Visualisierung und Analyse von Zeitverteilungen am Beispiel von Aufgaben-Bearbeitungszeiten in Usability Tests. Probability Plots sind Streudiagramme, bei denen die Achsen so skaliert sind, dass unter bestimmten Verteilungsannahmen die Datenpunkte auf einer Geraden liegen. Abweichungen der Datenpunkte von der Geraden deuten auf Ausreißer oder Verletzung der Verteilungsannahmen hin, die sich wiederum inhaltlich interpretieren lassen: In der Regel ist das Aufdecken unerwarteter

B. Rummel (✉)
Weinheim, Deutschland
E-Mail: bernard.rummel@sap.com

© Der/die Autor(en), exklusiv lizenziert an Springer Fachmedien Wiesbaden GmbH, ein Teil von Springer Nature 2023
L. B. Blum (Hrsg.), *Angewandte Data Science,*
https://doi.org/10.1007/978-3-658-39625-1_6

Einflüsse ja gerade Gegenstand des Tests. Zur Analyse der Verteilungen wird die aus der Survival-Analyse bekannte Kaplan-Meier-Schätzmethode herangezogen und ihre Anwendung bei Usability Tests beschrieben.

6.1 Einführung

Wenn wir Softwareprodukte benutzen, wünschen wir uns ganz offensichtlich, damit schnell zu unseren Zielen zu kommen. In Studien zur Software-Gebrauchstauglichkeit, auch Usability Tests genannt, bearbeiten Testteilnehmende definierte Aufgaben mit der zu testenden Software, und man schaut, wie sie dabei zurechtkommen. Zur Quantifizierung der Gebrauchstauglichkeit/Usability werden bei jeder Aufgabe Parameter wie Erfolgsquote, Bearbeitungszeit und subjektive Zufriedenstellung der Testteilnehmenden erfasst und je nach Erkenntnisinteresse auf verschiedene Weise zu Kennwerten aggregiert.

Die Erfassung von Aufgaben-Bearbeitungszeiten ist in solchen Studien seit Jahrzehnten Standard (z. B. ISO 25060 2010). Erst in jüngerer Zeit verbreitet sich die Einsicht, dass solche Bearbeitungszeiten nicht nur als Usability-Metrik taugen, sondern vielmehr interessante Einblicke in den Arbeitsprozess selbst erlauben (Rummel 2014). Diese Einsicht ist durchaus nicht auf Usability-Studien beschränkt, sondern auf viele andere Anwendungsbereiche verallgemeinerbar.[1] Im vorliegenden Beitrag werden wir sehen, wie wir durch geeignete Datenvisualisierung die Datenqualität beurteilen können und zugleich erste Hypothesen über den Prozess bilden können, der die beobachtete Zeitverteilung generiert hat. In Usability-Studien ist das besonders wichtig, da man ja auch feststellen möchte, *warum* Testteilnehmende für eine bestimmte Aufgabe länger brauchten als erwartet. In Online-Studien, bei denen Teilnehmende nicht direkt beobachtet werden können, ist die Analyse von Bearbeitungszeit-Verteilungen besonders informativ. Betrachten wir also zunächst, wie derartige Verteilungen zustande kommen.

Jeder Vorgang, der in der Zeit stattfindet, hat seine Dauer: Er beginnt zu einem Zeitpunkt und endet zu einem anderen, und zwar mit dem Ereignis, das interessiert. Die Zeit dazwischen ist in der Regel einfach messbar. Wird der Vorgang mehrfach wiederholt bzw. läuft mehrfach parallel ab, entsteht eine Verteilung von Zeitdauern. Typischerweise ist dies eine Exponentialverteilung – aus einem einfachen Grund. Eine Exponentialverteilung entsteht immer dann, wenn die *Ereignisrate* konstant ist. Man spricht hier von „gedächtnislosen" Prozessen, da die Ereignisrate sich insbesondere von vergangenen Ereignissen unbeeinflusst zeigt. Ein klassisches Beispiel ist radioaktiver Zerfall: Die Zeit, nach der jeweils die Hälfte einer Substanzmenge zerfallen ist – die allgemein bekannte Halbwertszeit – ist konstant, egal wann man die jeweiligen Mengen

---

[1] Tatsächlich wurden viele der hier dargestellten Konzepte und Vorgehensweisen aus Methoden der technischen Zuverlässigkeitsanalyse abgeleitet (NIST und SEMATECH 2012; Tobias und Trindade 2012).

misst. Dass ein solcher „gedächtnisloser" Prozess in Form der Radiokarbondatierung ausgerechnet die prähistorische Forschung beflügelt hat, ist eine hübsche Pointe der Wissenschaft.

Prozesse mit konstanter Ereignisrate sind sehr häufig. Sie treten regelhaft dann auf, wenn die Bedingungen, die zum interessierenden Ereignis führen, sich nicht oder nicht wesentlich ändern. Beim Mensch-ärgere-Dich-nicht-Spiel werden die immer gleichen Würfel in immer gleicher Weise geworfen – die Ereignisrate eines Sechserwurfs ist konstant. Entsprechend sind die Wartezeiten exponentialverteilt.

Wenn exponentialverteilte Zeitdauern immer dann auftreten, wenn die Entstehungsbedingungen des interessierenden Ereignisses sich nicht ändern, wird die Sache dann umso interessanter, wenn das gerade nicht der Fall ist. Wenn wir Abweichungen von der Exponentialverteilung beobachten, muss es irgendeinen Einflussfaktor geben, der den Prozess auf nicht stochastische Weise beeinflusst und verändert hat. Wir wissen dann zwar noch nicht, was diesen Faktor ausmacht. Wir sehen aber seine Auswirkungen und können daraus Hypothesen bilden, die seine Identifikation erleichtern.

Wir werden im Folgenden zunächst die Exponentialverteilung als Vergleichsstandard beschreiben und einige ihrer Eigenschaften diskutieren. Danach werden wir systematisch einige typische Abweichungen von der Exponentialverteilung durchgehen und schließlich diese Vorgehensweise auf andere Verteilungen erweitern.

6.2   Die Exponentialverteilung

Betrachten wir eine Menge von Entitäten, z. B. radioaktive Atome in einem physikalischen Experiment oder Teilnehmende in einer Gebrauchstauglichkeitsstudie, in einem Prozess, der mit einem diskreten Ereignis (Zerfall des Atoms, Lösen der Testaufgabe) endet. Die Exponentialverteilung ist mit einem Parameter vollständig beschrieben, der sogenannten *charakteristischen Zeit* τ Die Verteilungsgleichung lautet:

$$S(t) = e^{-t/\tau} \tag{6.1}$$

Umgangssprachlich beschrieben sind zur Zeit $t=0$ noch $S(0)=e^0=1$, also 100 % der Entitäten noch im Prozess – er hat ja auch gerade erst angefangen. Mit fortschreitender Zeit, also wachsendem t, geht der Exponent immer weiter ins Negative, sodass die Restmenge S immer kleiner wird und schließlich asymptotisch gegen null tendiert. Interessant ist der Zeitpunkt $t=\tau$, hier gilt $S=1/e$, d. h., es ist nur noch etwa ein Drittel der Entitäten im Prozess. Der Parameter τ, die *charakteristische Zeit,* ist daher konzeptionell verwandt mit der Halbwertszeit, aber mathematisch wesentlich praktischer: Der Erwartungswert der Exponentialverteilung – der arithmetische Mittelwert der gemessenen Zeiten – ist nämlich gleich ihrer Standardabweichung, und zwar – genau: τ.

Diesen angenehmen mathematischen Eigenschaften der Exponentialverteilung stehen durchaus kontraintuitive Eigenschaften in der Welt der Erfahrung gegenüber, die ins-

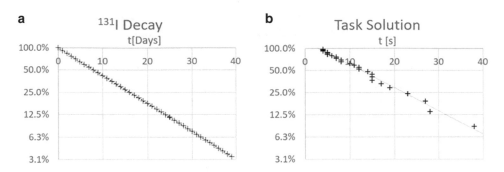

Abb. 6.1   a Zerfallskurve von 131I, b Bearbeitungszeiten in einem Usability Test. (Darstellung aus Rummel 2020)

besondere aus der Asymmetrie der Verteilung resultieren. „Ein Unglück kommt selten allein", sagt der Volksmund, und meint damit, dass die Verteilung der Zeitdauern t zwischen unangenehmen Ereignissen sich auf der linken Verteilungsseite bei 0 ballt – und zwar auch dann, wenn die Ereignisse zufällig auftreten. Demgegenüber steht die Alltagserfahrung von einzelnen Vorgängen, die überraschend lange dauern. Der Ärger über eine lange Wartezeit beim Würfeln, der dem Spiel den Namen gab, ensteht aus einer charakteristischen Eigenschaft exponentialverteilter Zeitdaten, dem sogenannten *„long tail"*. Die Restmenge S nähert sich asymptotisch 0, was im Gegenzug bedeutet, dass sie mit zunehmender Zeit zwar abnimmt, aber eben nicht 0 wird. Konkret bedeutet das, dass die Verteilung erwartbar Datenpunkte enthalten wird, die etliche Standardabweichungen (= charakteristische Zeiten!) über dem Mittelwert liegen. Tatsächlich sind nach einer Zeit 2τ noch $1/2 \cdot e$ Entitäten im Prozess, d. h. immerhin 18 %, nach 3τ noch $1/3e = 12$ % usw. Was beim Mensch-ärgere-Dich-nicht-Spiel einen gewissen Reiz hat (vor allem für die nicht betroffenen Mitspieler), kann bei Behördenvorgängen, Bauprojekten und Bearbeitungszeiten „gewisser" Sachbearbeiter mehr als lästig sein. Oft genug ist der Ärger darüber jedoch ein Ärger über ein rein statistisches Phänomen, für das die Beteiligten wenig können: es ist schlichter Zufall, nicht Inkompetenz, der hier im Spiel ist. Es ist „normal", dass ein Vorgang mehrere Male so lange dauern kann wie „normal". Es ist die Zeitverteilung, die in der Tat nicht „normal" ist, nämlich keine Normalverteilung. Wir werden im Folgenden sehen, wie man trotzdem „nicht normale" Datenpunkte, also Ausreißer und Abweichungen von der Exponentialverteilung, die über den erwartbaren *long tail* hinausgehen, erkennen kann.

6.3   Visualisierung mit Probability Plots

Eine weitere angenehme Eigenschaft der Exponentialverteilung ist, dass sie sich leicht in sog. *Probability Plots* visualisieren lässt. Abb. 6.1a zeigt die Zerfallskurve von radioaktivem Jod (^{131}J; Abb. aus (Rummel 2020)). Trägt man die Restmenge auf einer logarithmischen Skala gegen die Zeit ab, erscheinen die Messpunkte auf einer Geraden. Wählt man eine logarithmische Skala zur Basis 2, lässt sich die Halbwertszeit direkt ablesen. Plottet man ln(S) linear, ist der Kehrwert der Steigung der Regressionsgeraden die charakteristische Zeit τ – je flacher die Gerade, desto größer τ.

Da die Zeitskala im Plot linear ist, ist sie invariant gegenüber Verschiebungen um eine Konstante. Dies ist eine weitere, praktisch bedeutsame Eigenschaft: Exponentialverteilungen können auch dann erkannt werden, wenn sie einer konstanten Zeit überlagert sind – auch dann erscheinen sie im Plot als Gerade. Dies ist bei Software-Gebrauchstauglichkeitsstudien sehr oft der Fall: Jedes IT-System hat eine endliche Reaktionszeit, die bei jedem Interaktionsschritt abgewartet werden muss. Alle Teilnehmenden an einem Test, die die gleiche Aufgabe bearbeiten, müssen mindestens die Summe der System-Reaktionszeiten über alle Benutzungsschritte auf dem Lösungspfad abwarten, um die Aufgabe lösen zu können. Der eigentlich interessante Prozess, die Suche nach Funktionen und Lösungswegen, ist dem überlagert – und führt erstaunlich oft zu exponentialverteilten Bearbeitungszeiten, die aber um eben diese Konstante verschoben sind. Abb. 6.1a zeigt Bearbeitungszeiten aus einer Gebrauchstauglichkeitsstudie – bis auf die Verschiebung um eine Konstante und die geänderte Zeitskala ist die Ähnlichkeit mit Abb. 6.1a verblüffend.

In der Praxis kann ein Probability Plot damit eine Reihe wichtiger Funktionen erfüllen:

- Verteilungstest. Datenpunkte erscheinen dann, und nur dann als gerade Linie, wenn eine Exponentialverteilung vorliegt. Tatsächlich kann man einen einfachen Verteilungstest darauf basieren, welchen Varianzanteil eine lineare Regressionsgleichung aufklärt (Filliben 1975).
- Identifikation abweichender Datenpunkte (Ausreißer). Lässt sich eine lineare Regressionsgleichung gut anpassen, sind alle Datenpunkte auffällig, die deutlich abseits der Regressionsgeraden liegen.
- Identifikation systematischer Abweichungen. Erscheinen Datenpunkte nicht auf einer Linie, sondern auf einer Kurve oder in anderen Mustern, liegt offenbar keine Exponentialverteilung vor. Dennoch gibt der Plot Hinweise, welcher Art die Abweichung und damit die tatsächliche Verteilung sein könnte.

Im Folgenden werden wir einige dieser Abweichungen von der Exponentialverteilung durchgehen und diskutieren.

6.4   Ausreißer

Nahezu alle Datensätze zu realen Vorgängen sind in irgendeiner Weise „schmutzig" und enthalten Datenpunkte fragwürdiger Validität. Üblicherweise werden Ausreißerwerte als übergroße Abweichung vom Mittelwert (z. B. um mehr als drei Standardabweichungen) definiert, was bei normalverteilten Daten in der Regel auch vernünftig ist. Im Fall der Exponentialverteilung sieht man jedoch sofort ein, dass das nicht funktioniert: Hier ist der Mittelwert gleich der Standardabweichung ($= \tau$). Eine Abweichung vom Mittelwert nach unten um mehr als eine Standardabweichung ist physikalisch unmöglich – es gibt keine negative Zeit. Auf der anderen Seite der Verteilung, im *long tail,* verbleiben regelhaft restliche Entitäten im Prozess – von Ausreißern kann hier keine Rede sein, da ihre Anzahl sogar berechenbar ist: Bei einer charakteristischen Zeit τ befinden sich für jedes N nach einer Zeit $N \cdot \tau$ noch $1/(N \cdot e)$ Entitäten im Prozess. Bei einer großen Online-Usability-Studie mit Hunderten Teilnehmenden können das Dutzende von Personen sein.

Wie aber können Ausreißer identifiziert werden, die es ja ohne Frage gibt? In Online-Usability-Studien, bei denen Teilnehmende oft bezahlt werden, gibt es nicht selten Personen, die sich einfach nur möglichst schnell durch die Studie klicken, um das Entgelt für die Teilnahme zu kassieren. Andererseits gibt es Personen, die unterbrochen werden, Pausen machen, die Lust verlieren und damit die Studie erst erheblich verzögert beenden, mit entsprechend fragwürdiger Datenqualität.

Abb. 6.2 zeigt einen Probability Plot der Bearbeitungsdauer in einer Gebrauchstauglichkeitsstudie zur Corona-Warn-App aus dem Sommer 2021. Deutlich erkennbar ist eine S-förmige Anordnung der Datenpunkte. Beginnen wir in der Mitte: Die Bearbeitungszeiten dieser Teilnehmenden folgen ganz offenbar einer Exponentialverteilung – man kann ohne Weiteres eine Regressionsgerade durch die Datenpunkte legen. Wir sehen auch eine Verschiebung der Datenpunkte um eine Konstante: die Regressionsgerade schneidet die Zeitachse nicht im Ursprung, sondern nach einer Zeit $t_0 = 460$ s. Im oberen linken Teil der Kurve sind jedoch einige Teilnehmende zu sehen, die die Studie schneller abschließen, als es nach der Exponentialverteilung zu erwarten gewesen wäre. Wie kann das sein, wenn die Exponentialverteilung (nach Abzug der Konstanten) nicht negativ werden kann? Eine naheliegende Möglichkeit ist, dass diese Teilnehmenden eben nicht an dem Prozess teilgenommen haben, der die Exponentialverteilung erzeugt hat – sie haben geschummelt. Anstatt Fragen gewissenhaft zu beantworten wie fast alle übrigen Teilnehmenden, haben sie möglichst schnell irgendwelche Antworten angeklickt. Interessant ist hier, dass wir diese Personen beim Schummeln erwischen können, ohne ihre Antworten im Detail zu kennen. Natürlich wird man sich die entsprechenden Datensätze genau anschauen, um Teilnehmende nicht fälschlich auszuschließen – tatsächlich gibt es ja durchaus auch andere Gründe, aus denen Leute schnell arbeiten. Der Probability Plot hilft jedoch, sehr schnell potenziell problematische Datensätze zu erkennen und das Ausmaß des Problems abzuschätzen.

Betrachten wir die andere Seite des Plots. Hier ist bei etwa $t = 1500$ s ein deutlicher Knick erkennbar. Dieser Knick ist typisch für unmoderierte Online-Studien: Nach einigen Minuten Studiendauer werden Teilnehmende oft unterbrochen, ändern ihren Arbeitsmodus oder legen eine Pause ein. Das bedeutet nun nicht, dass ihre Studiendaten nicht verwertbar sind. Man muss jedoch bei der Analyse berücksichtigen, dass der Bearbeitungsverlauf von anderen Teilnehmenden abweicht. Spielen Lernprozesse bei der Bearbeitung von Testaufgaben eine Rolle, ist dies eine wichtige Information. Wie diese einzubeziehen ist, werden wir im Folgenden diskutieren.

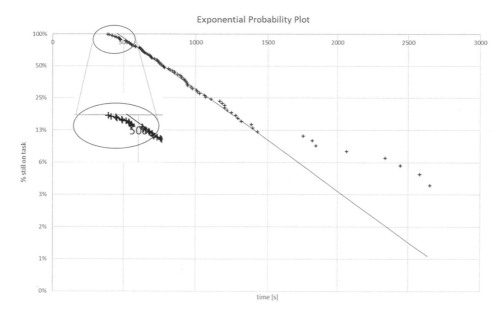

Abb. 6.2 Bearbeitungsdauern in einer Gebrauchstauglichkeitsstudie zur Corona-Warn-App aus dem Sommer 2021. Beachte potenzielle Ausreißer in der Ausschnittsvergrößerung und im Bereich $t > 1500$ s

6.5   Systematische Abweichungen

6.5.1   Stetige Einflüsse: Weibull-Verteilung

Abb. 6.3 zeigt einen Probability Plot der Bearbeitungsdauer für eine einzelne Aufgabe in einer weiteren Gebrauchstauglichkeitsstudie zur Corona-Warn-App aus dem Sommer 2021. Deutlich erkennbar ist der abwärts gekrümmte und schließlich abknickende Kurvenverlauf. Den Knick kennen wir bereits, aber woher kommt die Kurve?

Die Corona-Warn-App enthält sehr viele Texte. Einige davon sind erklärend, beschreiben die Funktionsweise der App und Details ihrer Benutzung. Andere Texte sind aus rechtlichen Gründen erforderlich und betreffen insbesondere Einverständniserklärungen, die Benutzende abgeben müssen, um bestimmte Funktionen der App zur Nutzung freizugeben. Die Erklärungstexte sind vor allem im Einstiegsbereich der App zu finden, die rechtlichen Texte dagegen gegen Ende der Clickstrecken. Die Vermutung liegt nahe, dass etliche Teilnehmende sich anfangs noch für die dargestellten Texte interessieren und sie durchlesen, dies später im Benutzungsverlauf jedoch aufgeben und entsprechende Screens schnell wegklicken. Wir haben damit eine Änderung im generativen Prozess, die sich im Plot niederschlägt, und zwar mit einer anfangs niedrigen Ereignisrate, die sich mit fortschreitender Benutzungsdauer erhöht.

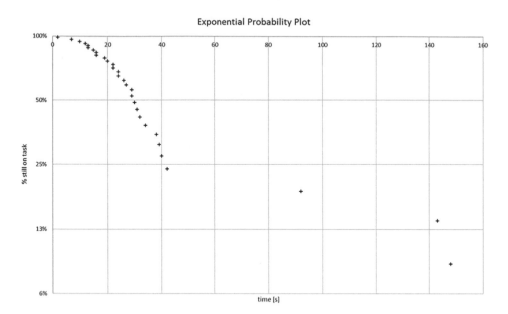

Abb. 6.3 Bearbeitungsdauern für eine Aufgabe aus einer Gebrauchstauglichkeitsstudie

Wirken sich solche Einflüsse in stetiger Weise auf einen Prozess aus, lässt sich dies mit einer einfachen Erweiterung der Exponentialverteilung erfassen: der Weibull-Verteilung. Die Verteilungsgleichung lautet:

$$S(t) = e^{-\xi} \text{ mit } \xi = [(t - t_0)/\tau]^\gamma \tag{6.2}$$

Den Term in der eckigen Klammer kennen wir bereits aus der Exponentialverteilung; t_0 bezeichnet eine Verschiebung um eine konstante Zeit. Neu ist der *Formparameter* γ, der sozusagen die Krümmung der Kurve im Plot beschreibt. Ist $\gamma = 1$, liegt eine Exponentialverteilung vor. Ist $\gamma > 1$, ist der Verlauf wie im beschriebenen Beispiel beschleunigt; bei $\gamma < 1$ ist er verzögert.

Auch die Weibull-Verteilung lässt sich in einem Probability Plot abbilden, auf dem Datenpunkte genau dann als gerade erscheinen, wenn die entsprechende Verteilung vorliegt (Abb. 6.4). Dazu wird die Zeitachse einfach und die vertikale Achse doppelt logarithmisch aufgetragen (NIST und SEMATECH 2012; Tobias und Trindade 2012). Da die Zeitachse nun nicht mehr linear ist, muss die Verschiebungskonstante t_0 separat bestimmt und von den beobachteten Zeiten abgezogen werden, bevor diese in den Plot eingehen. Typischerweise kann t_0 als knapp unter der minimalen beobachteten Zeit angenommen werden. Alternativ kann man t_0 aus dem einfachen Probability Plot für die Exponentialverteilung abschätzen. Ein weiterer Ansatz besteht darin, t_0 so wählen, dass die Varianzaufklärung einer linearen Regression über die Datenpunkte maximal wird (Rummel 2017).

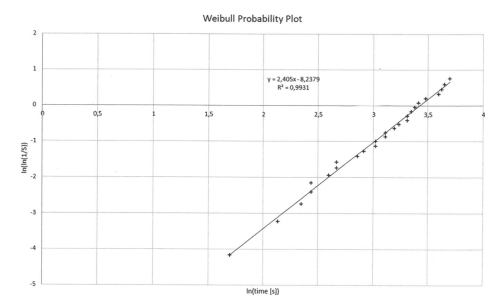

Abb 6.4 Weibull Probability Plot der Daten aus Abb. 6.3 nach Entfernung von Ausreißern. Beachte doppelt logarithmische Skalierung der vertikalen Achse! t_0 wurde mithilfe der Microsoft Excel™ -Funktion „Solver" mit 1,57 s so gewählt, dass die Varianzaufklärung R^2 der Regressionsgeraden maximiert wurde

Die weiteren Parameter der Weibull-Verteilung lassen sich bei guter Modellanpassung aus dem Probability-Plot ablesen: Die Regressionsgerade schneidet die Zeitachse bei $\ln(\tau)$ und hat eine Steigung γ.

6.5.2   Nicht stetige Einflüsse

Abb. 6.5 zeigt einen (exponentiellen) Probability Plot der Bearbeitungszeiten in einer visuellen Suchaufgabe. Um das Layout einer Anwendung zu bewerten, hatten Testteilnehmende die Aufgabe, eine bestimmte Information auf dem Bildschirm möglichst schnell aufzufinden und anzuklicken. Die Abbildung zeigt einen Plot der Daten zu zwei Layoutvarianten.

In beiden Varianten sind die Datenpunkte jeweils nicht linear angeordnet. Teile der Datenpunkte liegen durchaus entlang gerader Linien (gepunktete, elliptische Hervorhebung), doch sind diese Linien zerstückelt. Betrachtet man beide Datenserien, fällt auf, dass sie „Ausreißer" enthalten (kreisförmige, durchgezogene Hervorhebung), die recht nahe bei den Datenpunkten der jeweils anderen Serie liegen. Wie ist dieses Bild zu erklären?

In einer Folgestudie mithilfe eines Eyetrackers zur Aufzeichnung von Blickbewegungen wurde die Ursache deutlich: Die Suchgeschwindigkeit der Testteilnehmenden war in beiden Layoutvarianten ähnlich, jedoch kam es in einer Variante

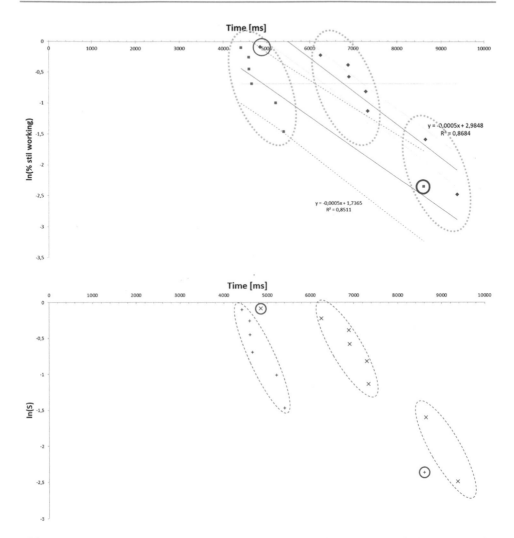

Abb. 6.5 Probability Plot der Bearbeitungszeiten in einer visuellen Suchaufgabe. Datenpunkte „+" und „x" entsprechen jeweils den beiden getesteten Layoutvarianten. Erläuterung der Hervorhebungen im Text

häufiger vor, dass Teilnehmende im ersten Suchdurchgang die Zielinformation verpassten und mit der Suche wieder von vorne begannen. Tatsächlich sind drei Gruppen von Datenpunkten zu erkennen, die etwa im gleichen Abstand zueinander liegen, d. h. jeweils um einen etwa gleichen Zeitbetrag zueinander verschoben sind. Dieser Zeitbetrag beschreibt den offenbar näherungsweise konstanten zeitlichen Aufwand, nach Abbruch eines Suchdurchlaufs neu aufzusetzen.

Offensichtlich ist es unsinnig, die Daten aus Abb. 6.5 quantitativ zu modellieren, da sie scheinbar sprunghafte, nicht stetige Abweichungen enthalten. Auch eine Entfernung der „Ausreißer" würde nicht weiterführen, da sie ja gerade auf einen interessanten

Prozess hinweisen, der offenbar eine Schleife enthält, die mehrmals durchlaufen werden kann. Trotzdem erlaubt der Probability Plot schnelle und intuitive Einsichten in den generativen Prozess, die auf anderem Wege schwer zu beschaffen wären.

6.6   Schätzung der Perzentilwerte

Bisher haben wir die vertikale Achse des Plots außer Acht gelassen, die den prozentualen Anteil der im Prozess verbleibenden Entitäten darstellt. In der Überlebenszeitanalyse wird hierfür oft der Buchstabe S für *Survival-Funktion* verwendet.[2] Den Wert für S zu bestimmen ist aus mehreren Gründen nicht immer trivial:

1. Bei kleinen und mittelgroßen Stichproben ist der Umstand nicht vernachlässigbar, dass der erste und letzte Datenpunkt nicht 100 % bzw. 0 % entsprechen.
2. In der Regel gibt es Ereignisse, die nicht direkt beobachtbar sind (sog. „zensierte" Daten):
   a) Das Ereignis findet erst nach Ende des Beobachtungszeitraums statt: Labortiere überleben den Versuch, technische Komponenten fallen nicht aus, Testteilnehmende können die Aufgabe nicht lösen etc.
   b) Die Instrumentierung lässt eine direkte Beobachtung nicht zu. Web-Analytics-Plattformen beispielsweise erfassen in der Regel nicht, wann Benutzende die Seite verlassen, sondern wie viele zu bestimmten Zeitpunkten nach Laden der Seite noch da sind.

Glücklicherweise sind diese Probleme[3] in der Survival- und Zuverlässigkeitsanalyse gut verstanden. Problem 2a wird von der Kaplan-Meier-Schätzmethode gelöst, die in einer Modifikation von Tobias und Trindade (2012) Problem 1 gleich mit erledigt. In einem Tabellenkalkulationsprogramm[4] ist der Berechnungsablauf wie folgt:

1. In separaten Spalten für jedes Beobachtungsobjekt die Zeitdauer erfassen sowie eine Kennung, ob das interessierende Ereignis (z. B. Lösung der Testaufgabe) eingetreten ist oder nicht. Ist das Ereignis nicht eingetreten, wird im Falle eines Abbruchs dessen Zeitpunkt, sonst der des Versuchsendes, erfasst.

---

[2] In Literatur zur Zuverlässigkeitsanalyse findet man oft die *Failure Rate* $F = 1 - S$.

[3] Tatsächlich gibt es noch weitere Formen der „Zensur" von Zeitdaten. In medizinischen Studien kommt es z. B. vor, dass Patienten überhaupt erst zugelassen werden, nachdem die Erkrankung schon einige Zeit vorliegt (left-censoring). Analog wird man Benutzende von Webseiten erst dann betrachten, wenn sie die Seite schon einige Zeit anschauen, nicht zuletzt, um sie von technischen Usern wie Crawlern und Bots abzugrenzen. Zu einer umfassenden Darstellung sei auf Klein und Moeschberger (2003) verwiesen.

[4] Rummel (2020) stellt ein Microsoft Excel™-Spreadsheet zum kostenfreien Download bereit.

2. Sortieren nach Bearbeitungszeit (aufsteigend) und Hinzufügen einer Spalte mit Rangnummern von 1 bis N. Diese Rangnummern werden zur weiteren Berechnung herangezogen.
3. Für jede Zeit i wird der Kaplan-Meier-Schätzwert $S_i(t)$ wie folgt berechnet:
   a) Berechne einen Koeffizienten C mit $C = (N+0{,}7)/(N+0{,}4)$.
   b) Für jedes Objekt i berechne einen Multiplikator M_i mit.
      $$M_i = (N - \text{Rang}_i + 0{,}7)/(N - \text{Rang}_i + 1{,}7)$$
   c) Für jedes Beobachtungsobjekt i, für das das Ereignis *eingetreten* ist, berechne das
      Produkt Π_i aller Multiplikatoren M_j der Objekte, bei denen das Ereignis gleichfalls,
      aber schneller eingetreten ist als bei Objekt i (d. h. die in der Tabelle oberhalb stehen).
      Objekte, bei denen das Ereignis nicht eingetreten ist, werden ignoriert, da sie nicht
      geplottet werden.
   d) Für jede beobachtete Zeit i ist $S_{i(t)} = C \cdot \prod_i$

Um zu verstehen, wie diese modifizierte Kaplan-Meier-Schätzmethode arbeitet,
betrachten wir eine Gebrauchstauglichkeitsstudie mit zehn Teilnehmenden, von
denen zwei die gestellte Aufgabe nicht schafften. Würden wir einfach die mittlere
Bearbeitungszeit der erfolgreichen Teilnehmenden berechnen, ließe dies außer Acht, dass
zwei Personen in dieser Zeit offenbar die Aufgabe nicht lösen konnten. Genauso würde
ein Probability Plot der erfolgreichen acht Teilnehmenden ein geschöntes Bild abgeben.
Die beiden nicht erfolgreichen Teilnehmenden werden hier jedoch durch ihre Rangnummern einbezogen. Es ist zwar nicht bekannt, wann sie schließlich die Aufgabe gelöst
hätten, aber es ist bekannt, dass sie zum Zeitpunkt des Abbruchs noch daran arbeiteten –
diese Information nutzt die Kaplan-Meier-Schätzmethode.

Die Kaplan-Meier-Schätzmethode arbeitet unter der Annahme, dass der Zeitpunkt
des Abbruchs unabhängig von dem untersuchten Prozess zufällig stattfindet (*uninformed
censoring*). In Usability Tests ist das jedoch nicht immer der Fall: Testteilnehmende
können falsche Lösungen angeben, aufgeben oder sich so lange im System verlaufen, bis
der Test vom Moderator abgebrochen wird.

An dieser Stelle ist eine gewisse Interpretationsleistung gefordert: Nimmt man an,
dass Testteilnehmende die Aufgabe theoretisch unmittelbar nach dem Abbruch hätten
lösen *können* (z. B. weil die Ursache ein zufälliger Systemfehler war), geht die Abbruch-
zeit wie beschrieben als *uninformed censoring* in die Analyse ein. Kann man dagegen
annehmen, dass Teilnehmende, hätten Sie Gelegenheit dazu gehabt, *noch sehr lange* an
der Aufgabe zu knacken gehabt hätten (z. B. weil sie eine Funktion partout nicht finden
konnten oder eine falsche Lösung der Aufgabe angaben), werden sie einfach am Ende
des Datensatzes einsortiert (die genaue Position spielt keine Rolle, da diese Datensätze
nicht geplottet werden). In beiden Fällen werden die Perzentilwerte der erfolgreichen
Teilnehmenden „gestaucht", im ersten Fall etwas weniger, im zweiten Fall mehr. Die
Datenpunkte im Probability Plot erscheinen damit auf einer flacheren Linie, als wenn
alle erfolgreich wären; die charakteristische Zeit τ ist entsprechend größer. Betrachte

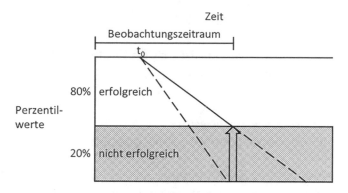

Abb. 6.6 Auswirkung „zensierter" Daten in einem fiktiven Usability-Test. Erläuterungen im Text

man die Regressionslinie als Modell der Erfolgsquote über die Zeit, so ist für einen bestimmten Zeitpunkt die modellierte Erfolgsquote geringer, und zwar genau um den Anteil der nicht erfolgreichen Teilnehmenden.

Abb. 6.6 illustriert die Auswirkungen dieser beiden Formen von „Zensur" in einem fiktiven Usability Test. Nehmen wir an, 20 % der Teilnehmenden konnten die betreffende Aufgabe innerhalb der vorgegebenen Zeit nicht lösen, obwohl sie ohne Unterbrechung daran arbeiteten. Man kann sich vorstellen, dass der Plot einen „Bodensatz" enthält, der die Lösungskurve nach oben drückt: Innerhalb des Beobachtungszeitraums lösen ja gar nicht alle Teilnehmenden die Aufgabe, sondern nur die 80 % Erfolgreichen – nur bis dorthin kann die Lösungskurve verlaufen.

Subtiler ist der Einfluss zufälliger Bearbeitungsabbrüche. Hier gibt es keinen „Bodensatz". Stattdessen ändert sich die Anordnung der Datenpunkte der erfolgreichen Teilnehmenden auf der Perzentilachse. Nehmen wir wieder an, es handelt sich um 20 % Teilnehmende, die die Aufgabe aufgrund zufälliger Einflüsse, die mit dem Test eigentlich nichts zu tun haben, abbrechen. Die Zeitpunkte der Abbrüche liegen zwischen t_0 und dem Ende des Beobachtungszeitraums, die Perzentilwerte jedoch über die gesamte vertikale Achse verstreut. Die Lösungskurve wird dadurch gespreizt, sodass sie zwischen der gestrichelten Linie (100 % Erfolgsquote) und der durchgezogenen Linie (20 % „Bodensatz") zu liegen kommt.

Es lohnt sich, die modifizierte Kaplan-Meier-Schätzmethode von vornherein in seine Analysewerkzeuge einzubauen, da sie unabhängig von der Anzahl der „zensierten" Datenpunkte arbeitet und somit universell einsetzbar ist. Dies gilt allerdings nicht für das oben angeführte Problem 2b (sog. *readout censoring*), bei dem die Berechnung der Perzentile etwas anders verläuft.

Web-Analytics-Werkzeuge geben typischerweise für bestimmte Zeitpunkte nach Seitenstart die Anzahl „Visits" aus, d. h. wie viele Benutzende vor diesem Zeitpunkt die Seite verließen. Der Survival-Perzentilwert S für die entsprechende Zeit lässt sich dann dadurch berechnen, dass man die Summe der „Visits" bis zu diesem Zeitpunkt durch die Gesamtsumme aller Besuchenden teilt und das Ganze von 1 abzieht.

6.7   Erweiterung auf andere Verteilungen

Wir haben gesehen, wie wir durch Visualisierung der Zeitdaten als Probability Plot durch einfaches Draufschauen ermitteln können,

- ob eine Exponentialverteilung vorliegt,
- ob es Ausreißer gibt (sowie Kandidaten),
- ob systematische Abweichungen von der Exponentialverteilung vorliegen.

Im letzten Fall stellt sich natürlich die Frage, welches Verteilungsmodell stattdessen vorliegt. Tatsächlich ist ja von vielen Prozessen bekannt, dass sie nicht exponentielle Zeitverteilungen erzeugen. Technische Ausfälle aufgrund von kumulativ wirkenden Fehlern, die durch voneinander abhängige Systemkomponenten kaskadierende Ausfälle produzieren, generieren oft lognormal verteilte Zeiten (NIST und SEMATECH 2012; Tobias und Trindade 2012). Für Reaktionszeitexperimente hat Lindeløv (2019) eine interaktive Übersicht von Verteilungsmodellen und generierenden Prozessen zusammengestellt. Verknüpfungen solcher Modelle im Rahmen komplexerer Prozessmodellierungen führen zu beliebig komplexen Verteilungsannahmen.

Tatsächlich ist der Gedanke, der Probability Plots zugrunde liegt, durchaus auf andere Verteilungen anwendbar und auch nicht auf Zeitdaten beschränkt. Man erzeuge einfach ein Streudiagramm, dessen Skalen so angepasst sind, dass Datenpunkte sich dann, und nur dann auf einer Gerade anordnen, wenn die entsprechende Verteilung vorliegt. Bei der Pareto-Verteilung ist das z. B. der Fall, wenn sowohl die vertikale Perzentil- als auch die horizontale (hier: Zeit-) Achse logarithmisch skaliert ist. Bei einer Normalverteilung würde man die beobachteten Messwerte Z-transformieren und erhielte beim Plot gegen Perzentile eine Gerade – wenn, und nur wenn die Daten normalverteilt sind. Grundsätzlich plottet man also die unter einer Verteilungsannahme erwarteten Perzentilwerte gegen die tatsächlich beobachteten.

Befindet man sich in einer einigermaßen begrenzten Welt prinzipiell gleichartiger Prozesse, bietet dieser Ansatz zahlreiche praktische Vorteile. Plots der gängigsten Verteilungen, zumindest derer mit bis zu drei Parametern, lassen sich so weit vorbereiten, dass man seine Daten einfach nur noch eintragen muss. Ausreißer und systematische Abweichungen vom Verteilungsmodell sind dann leicht zu erkennen, und zwar auf eine durchaus nicht naive Weise: unsystematische Streuungen sind ja im gleichen Plot visualisiert, sodass man einen unmittelbaren Vergleichsmaßstab hat, ob eine Abweichung über ein reines „Rauschen" hinausgeht. Darüber hinaus kann man jederzeit sehen, ob Datenpunkte über oder unter der erwarteten Linie liegen, d. h. der Prozess langsamer oder schneller verläuft als unter der entsprechenden Verteilungsannahme erwartet. Kombiniert man Plots für mehrere plausible Verteilungsmodelle in einem Dashboard, sind recht fundierte Aussagen innerhalb von Sekunden möglich; zumindest erkennt man sofort, mit welchen Daten und Modellen man weiterarbeiten kann.

6.8   Abschließende Bemerkungen und Ausblick

Probability Plots und die Kaplan-Meier-Schätzmethode für „zensierte" Zeitdaten stellen ein wertvolles Werkzeug dar, Zeitdaten schnell zu beurteilen. Durch die Visualisierung der Datenpunkte entlang einer (erwarteten) Geraden sind systematische und unsystematische (Ausreißer) Abweichungen vom erwarteten Verteilungsmodell unmittelbar und auf dem Hintergrund des „Grundrauschens" auch zufallskritisch erkennbar.

Natürlich sei davor gewarnt, diesen Ansatz überzubewerten. Jeder Praktiker weiß: „Irgendwas lässt sich immer anpassen" und „Wenn man oft genug logarithmiert, wird alles linear". Probability Plots basieren auf einfachen Verteilungsannahmen, die wiederum auf einfachen Prozessannahmen beruhen, die vermutlich ebenso einfach falsch sind. Mit Sicherheit jedoch stimmen Prozessannahmen bei Ausreißern nicht, da diese ja gar nicht am Prozess teilnehmen. Ebenso ist es auffällig, wenn *praktisch alle* Datenpunkte sich auf systematische Weise anders als erwartet verhalten, nämlich auf einer Kurve statt einer Geraden liegen. Der Wert der Methode liegt darin, dass dies die ersten Fragen sind, die man als Analytiker zu beantworten hat – taugen meine Daten und taugt mein Modell, um weiterzumachen?

Es läge nun nahe, gleich ein KI-System auf die Erkennung abweichender Muster zu trainieren. Praktisch tun wir hier nichts anderes: ein Plot, der Abweichungen von einer erwarteten Verteilung hervorhebt, *ist* ein KI-System zur Erkennung abweichender Muster. Wir verlassen uns hier lediglich auf die Fähigkeit zur Mustererkennung des menschlichen visuellen Systems.

Literatur

Filliben, J. J. 1975. The probability plot correlation coefficient test for normality. *Technometrics* 17(1):111–117.

ISO/IEC TR 25060. 2010. Systems and software engineering — Systems and software product Quality Requirements and Evaluation (SQuaRE) — Common Industry Format (CIF) for usability: General framework for usability-related information.

Klein, J.P., und M.L. Moerschberger. 2003. *Survival analysis: Techniques for censored and truncated data.* New York: Springer.

Lindeløv, J. K. (2019). *Reaction time distributions: an interactive overview.* Retrieved August 2021. https://lindeloev.shinyapps.io/shiny-rt/.

NIST/SEMATECH. 2012. E-handbook of statistical methods. *National Institute of Standards and Technology.* Retrieved December 2013. http://www.itl.nist.gov/div898/handbook/.

Rummel, B. 2014. Probability plotting: A tool for analyzing task completion times. *Journal of Usability Studies* 9(4):152–172.

Rummel, B. 2017. Beyond average: Weibull analysis of task completion times. *Journal of Usability Studies* 12(2):56–72.

Rummel, B. 2020. About time: A practitioner's guide to task completion time analysis. *Journal of Usability Studies* 15(3):124–135.

Tobias, P.A., und D.C. Trindade. 2012. *Applied reliability*, 3. Aufl. Boca Raton: CRC Press.

Bernard Rummel   diplomierte in Psychologie an der Christian-Albrechts-Universität Kiel. Während neun Jahren am Schifffahrtmedizinischen Institut der Marine in Kiel lernte er das Handwerk der Ergonomie und wechselte 2000 zu SAP, um dieses Wissen auf Softwareprodukte anzuwenden und zu erweitern. Dort arbeitete er an Designrichtlinien sowie, gemäß dem Motto, dass nichts praktischer ist als eine gute Theorie (Kurt Lewin), an Methodenentwicklung im Bereich Usability Testing und Online User Research.

Sankey-Diagramm reloaded. Innovative Anwendungsszenarien für einen Chartklassiker

7

Lothar B. Blum

Inhaltsverzeichnis

L. B. Blum (✉)
Schlangenbad, Deutschland
E-Mail: blum@blumdesign.eu

L. B. Blum (Hrsg.), *Angewandte Data Science,*
https://doi.org/10.1007/978-3-658-39625-1_7

Zusammenfassung

Heutige komplexe multidimensionale Datensätze der Business Intelligence erfordern neue Visualisierungsformen. Überraschenderweise kann das aber auch ein aus dem 19. Jahrhundert stammender Charttyp leisten wie das Sankey-Diagramm. Vorausgesetzt, es ist ausgestattet mit Eigenschaften wie Verständlichkeit, Interaktivität und Filterbarkeit. Im Artikel werden die tradierten und neuen Ausprägungen des Sankey-Diagramms ausführlich und nachvollziehbar erklärt und analysiert. Dabei werden auch Varianten dieser Visualisierungsform untersucht und Abgrenzungen zum Alluvial Diagramm identifiziert. Das Potenzial dieser Visualisierungsform für explorative und erklärende Datenanalyse komplexer Datensätze wird dargelegt und veranschaulicht. Im Beitrag enthaltene Links verweisen auf interaktive Websites und Webapplikationen, bei denen der Leser mit Sankeys interagieren kann. Anforderungen an visuelle und interaktive Gestaltung von interaktiven Sankey-Diagrammen werden abgeleitet, die bei der Konzeption solcher Visualisierungen und der Auswahl entsprechender Frameworks für die Aussagefähigkeit, die Nutzbarkeit und der Anwenderakzeptanz der Sankeys in der Datenanalyse im Allgemeinen sowie bei Business Intelligence im Besonderen wichtig sind.

7.1   Die Renaissance des Sankey-Diagramms

7.1.1   Neue Herausforderungen für Business Intelligence und Datenvisualisierung

Die Business Intelligence (BI) entwickelt sich nach meinen Erfahrungen in den letzten Jahren in mehrere Richtungen weiter. Bis in die 2000er Jahre war sie geprägt von Aufgabenstellungen des Reportings historischer Geschäftsdaten (Fragestellung: Was war?) und retrospektiver Analyse (Warum war es?). Dabei spielte die Datenvisualisierung sowohl in der explorativen Analysephase als auch in der vermittelnden Phase (Reporting, Präsentation, Publikation) eine wichtige Rolle. Oftmals wurden (und werden auch weiterhin) allgemein bekannte und visuell einfache Charttypen wie Balken-, Kreis-, Säulen- und Liniendiagramm benutzt. Diese haben ihre Stärke bei der Visualisierung von numerischen Variablen nach Dimensionen wie kategorialer Zusammensetzung (z. B. Umsätze nach Produktkategorien) oder wie Zeit (z. B. Tourismuszahlen nach Monaten).

Seit einigen Jahren wendet sich BI auch prädiktiven Modellen (Fragestellung: Was wird sein?) und ihren alternativen What-if-Szenarien (Was wäre, wenn?) zu. Hinzu kommen auch neue Business-relevante Metriken, die in immer komplexer werdenden multidimensionalen Datensätzen erfasst werden – nicht selten mit einem zusätzlichen hierarchischen Aufbau der Dimensionen, der die Komplexität der Datenrelationen nochmals erhöht. Es braucht nach Gansor (2019) für Unternehmen „sofort passgenaue Analysen bei stets wachsender Masse, Geschwindigkeit und Varietät der Daten". Hier stieße „die konventionelle BI und deren Technologien, Methoden und Organisation" vermeintlicherweise an ihre Grenzen und hier käme die „Neue Schule" der BI ins Spiel mit Big Data, Cloud-Computing und künstlicher Intelligenz.

Der Datenanalyst muss aus umfangreichen Datensätzen multifaktorielle Zusammenhänge der Realität widerspiegeln, analysieren und Business-relevante Erkenntnisse und Schlussfolgerungen vermitteln können. Für diese Ziele werden Visualisierungen benötigt, die die vorhandenen komplexen Zusammenhänge sowohl sachgerecht als auch für Entscheider verständlich darstellen können.

Daher überrascht es nicht, dass in den vergangenen Jahren Arbeiten zur Anwendung bis dahin in der BI weitgehend unbekannter – oder zumindest nicht angewandter – Typen von Datenvisualisierungen publiziert worden sind. Hofer et al. (2018) verglichen die Usability des Charttypen Sankey mit der von Sunburst- und Parallel-Coordinates-Charttypen in der interaktiven Analyse eines multidimensionalen Business-Datensatzes. Perkhofer et al. (2020) untersuchten quantitativ die Usability der Charttypen Sankey und anderer nicht konventioneller Charttypen bei typischen analytischen Aufgaben innerhalb von Businesskontexten.

Auch jenseits der Business Intelligence wird nach einer Weiterentwicklung des Sankey-Diagramms geforscht. Lupton und Allwood (2017) schlagen einen neuen „hybriden" Sankey-Diagrammtyp vor, der das traditionelle Sankey erweitert, um besser Relationen in multidimensionalen Datensätzen darzustellen. Das fokussierte Anwendungsgebiet für diese Charttypvariante ist die Visualisierung von Ressourcenströmen wie beispielsweise Stahl oder organische Abfälle von ihrer Entstehung bis zur Verwertung.

Meeks (2017) stellt fest: „The Sankey diagram is increasingly popular for data visualization." Er sieht einerseits Beschränkungen bei der Anwendung von Sankeys, andererseits aber auch ein großes Potenzial, wenn diese Beschränkungen aufgehoben werden können – dazu später (im Abschnitt „Die Zukunft des Sankeys") mehr in diesem Artikel. In seinem Vortrag „Designing for Complex Data Visualization" demonstriert Meeks (2018) anhand von interaktiven Sankeys, wie Nutzerströme durch das Netflix-Angebot visualisiert werden und zum Verständnis des Nutzerverhaltens beitragen können.

In dem Blog „Sankey Diagrams"[1] postete der Nutzer „phineas" von 2007 bis 2021 mehr als 660 Abbildungen der verschiedensten Formen und Anwendungsbereiche mit entsprechenden Links zu den Quellen.

Erleben wir also eine Renaissance des Sankey-Diagramms? Ich denke: Alle Anzeichen sprechen dafür.

7.1.2 Ein kurzer Blick auf die technische Basis

Forschungsfragen rund um das Sankey-Diagramm sind auch deshalb seit einigen Jahren für die wirtschaftliche Praxis ins Blickfeld gerückt, weil immer mehr Softwarepakete

---

[1] https://www.sankey-diagrams.com/.

der Datenanalyse zusammen mit immer leistungsfähigerer Hardware es den Anwendern ermöglichen, diesen komplexen Diagrammtyp herzustellen – genauer gesagt: entsprechende Datenmodelle zu konfigurieren, komplexe und umfangreiche Grafiken auf einem Monitor hochauflösend darzustellen, mit der Grafik zu interagieren und sie in verschiedenen Formaten zu exportieren. Um nur einige Beispiele zu nennen:

- Das Javascript-basierte Chartframework d3.js[2] kann Sankeys seit vielen Jahren darstellen. d3.js wurde 2011 (Bostock et al. 2011) **6** released und 2018 in das Cloud-basierte Framework observable[3] überführt. Das Arbeitsformat dieses Frameworks sind webbasierte Notebooks. Um auf dieser Plattform einen Überblick über die bereits erstellten Sankeys zu erhalten, gebe man im Browser folgende URL ein: https://observablehq.com/search?query=sankey
- PowerBI enthält Sankey-Diagramme seit 2015
- Zu dem Visual Analytics Tool Tableau gibt es eine Extension[4] mit umfangreichen Konfigurationsmöglichkeiten interaktiver Sankeys
- Plotly stellt Sankeys[5] mittels Python dar
- RStudio bzw. R können Sankeys darstellen mittels des Package Panta Rhei[6] sowie network D3[7]; letztere verwendet wiederum das o.g. Framework d3.js.

Diese Aufzählung von Softwareapplikationen, mittels derer Sankey-Diagramme erstellt werden können, ist notwendigerweise unvollständig und die verschiedenen Produkte sind auch für unterschiedliche Nutzergruppen in verschiedenen Nutzungskontexten gedacht. Diese Zunahme an verfügbaren Applikationen zur Erstellung von statischen und interaktiven Sankey-Diagrammen deutet aber an, dass das Sankey als Charttyp aus der Nische eines Visualisierungsmittels für Experten zu einem ganz speziellen Zwecke – nämlich Visualisierung von komplexen und aggregierten Energie- und Materialströmen (vgl. Abb. 7.1, Verarbeitungsstrom der Goldabfälle in Deutschland 2013) – herausgetreten ist.

Das Sankey-Diagramm wird allmählich einem breiteren Publikum von Fachanwendern und Wissenschaftlern anderer Disziplinen bekannt; es ist leichter als Bestandteil großer Frameworks zugänglich und es wird auch für neue datenanalytische Fragestellungen anwendbar. Dieser Transfer vom tradierten Anwendungsbereich der Visualisierung von Energie- und Materialströmen auf neue Use Cases der Analyse multidimensionaler Datensätze könnte auch als eine Art von Innovation im Bereich der Data Science interpretiert werden.

---

[2] https://d3js.org.

[3] https://observablehq.com.

[4] https://appsfortableau.infotopics.com/extensions-for-tableau/showmemore-extension#iLightbox [image_carousel_2]/4.

[5] https://plotly.com/python/sankey-diagram/#basic-sankey-diagram.

[6] https://cran.r-project.org/web/packages/PantaRhei/vignettes/panta-rhei.html.

[7] https://christophergandrud.github.io/networkD3/.

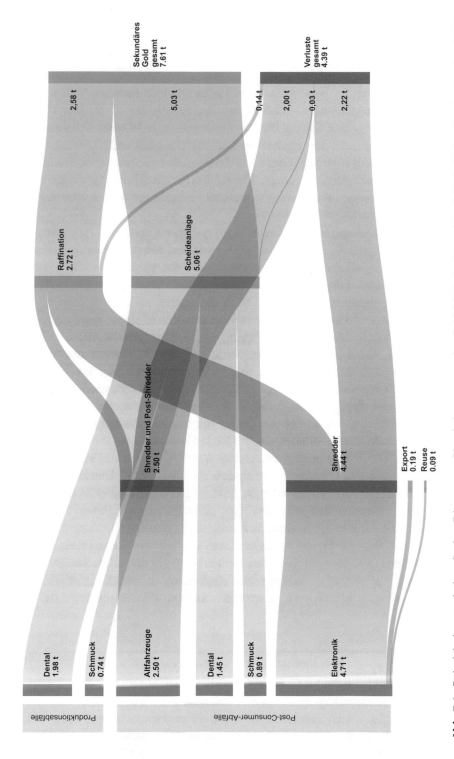

Abb. 7.1 Beispiel eines typischen Sankey-Diagramms: Verarbeitungsstrom der Goldabfälle in Deutschland 2013. Links die eingehenden Goldabfälle nach Herkunft, rechts die recycelte Goldmenge bzw. Verlust, dazwischen zwei Verarbeitungsstufen. Die Breite der Knoten und Ströme entspricht der jeweiligen Menge. Datenquelle: Steger et al. (2019).

7.1.3 Worum es in diesem Artikel geht und wie man ihn am besten liest

Der vorliegende Artikel versucht Antworten zu geben auf Fragestellungen, die sich heute rund um die Anwendung des Sankey-Charttyps stellen: Welche tradierten und welche neuen wesentlichen Ausprägungen weist dieser Charttyp auf? Bei welchen Datenrelationen wurde bzw. werden Sankey-Diagramme angewandt? Welches Potenzial hat diese Visualisierungsform für die explorative und für die erklärende Datenanalyse? Lassen sich Anforderungen an die visuelle und interaktive Gestaltung von Sankey-Diagrammen formulieren? Was muss bei der Konzeption der Visualisierung und der Auswahl entsprechender Frameworks beachtet werden, damit Sankeys für Anwender Nutzen und Erkenntnisse bringen?

Ein typisches Erkennungsmerkmal von Sankey-Diagrammen ist ihre visuelle Erscheinung. Sie ist charakterisiert durch eine eigentümliche und sehr spezifische Ästhetik: Formen des natürlichen Fließens, Strömens und Mäanderns, die visuelle Spannung gegeneinander gesetzter Farbkontraste und ineinander übergehender Farbgradienten. Richtig gestaltet, fügen diese beim Betrachter zu dem Erkennen von Relationen, Abfolgen und Patterns der dargestellten Datenbeziehungen das Empfinden von formaler Schönheit der Darstellung hinzu. Diese Lust am Betrachten dieser Visualisierung kann zur Faszination werden, wenn die visuelle Komplexität aus der Sicht menschlicher Wahrnehmung nicht zu übergroßer kognitiver Last führt. Um aber visuelle Komplexität von Sankeys zu bewältigen, reicht es nicht, sauber und bedeutungsvoll Farbe, Größe und Typografie zu gestalten. Sankey-Diagramme sind nicht einfach eine sinnvolle Darstellung von komplexen Daten, die man nur betrachtet und passiv betrachtend versteht. Vielmehr entfalten sie ihre Kraft als exploratives Analysetool und erklärende visuelle Darstellung erst als interaktives Medium, mittels dessen der Nutzer im Datenraum filtern kann, auf Detailinformationen zugreifen kann, Unwichtiges ausblenden und in Wichtiges hineinzoomen kann. Erst in der Interaktion erfüllen sie den Kernzweck einer Datenvisualisierung, den Ben Shneiderman (Hullman 2019) so prägnant fasste: „The purpose of visualization is insight, not pictures".

Daher rege ich den Leser an, begleitend zur Lektüre des gedruckten Wortes und der gedruckten Abbildungen den darin enthaltenen Links zu Webseiten und Webapplikationen nachzugehen und mit den dort dargestellten Diagrammen zu experimentieren, zu klicken, zu hovern, zu expandieren, zum Was-auch-immer-möglich-ist-Interagieren.

7.2 Das Sankey als quantitatives Flussdiagramm

Historisch wurden Sankey-Diagramme im Wesentlichen zur Visualisierung von einer quantitativen Variablen durch aufeinanderfolgende Prozesszustände verwendet. Das Visual Journalism Team der Financial Times ordnet in seinem Chart System „Visual

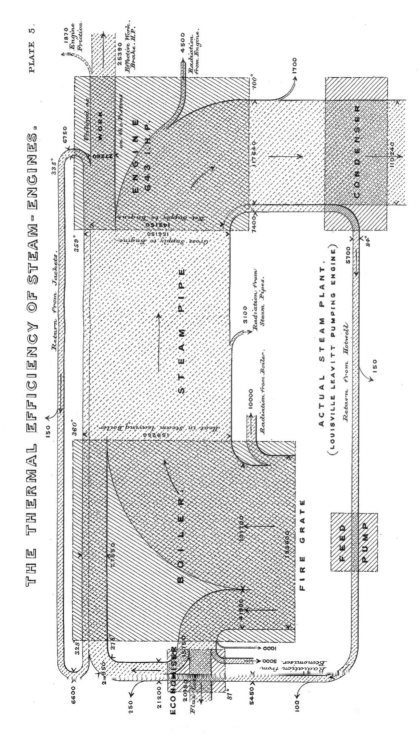

Abb. 7.2 Das „Ur-Sankey": Grafische Darstellung der Wärmeenergieflüsse bei einer Dampfmaschine

Vocabulary" (Smith 2019) das Sankey-Diagramme denjenigen Visualisierungstypen zu, die Flussgrößen visualisieren, neben den Charttypen Wasserfall, Chord und Netzwerk. Diese Verwendung reicht zurück bis auf die erstmalige Publikation eines solchen Diagramms durch den irischen Ingenieur Captain Sankey (1898), der die Energieeffizienz von Dampfmaschinen untersuchte und den Fluss thermischer Energie zwischen einer tatsächlichen und einer idealen Maschine quantitativ verglich (siehe Abb. 7.2).

Dieser von ihm designte Diagrammtyp wurde fortan nach ihm als Sankey-Diagramm benannt und in der ersten Hälfte des 20. Jahrhunderts eingesetzt, um Energie- und Materialströme zu visualisieren. Die grafische Umsetzung sollte beitragen zum Verständnis dieser Flüsse, um darauf aufbauend Maßnahmen zur Prozessoptimierung ableiten zu können.

Einige der typischen Charakteristika eines Sankeys möchte ich anhand von Ressourcenströmen der Stadt Almaty in Kasachstan (Abb. 7.3) verdeutlichen. Hoogzaad et al. (2019) zeigen in einem Sankey-Diagramm Ressourcentypen und ihre Mengen in der Stadt Almaty, und zwar in aufeinanderfolgenden Prozessstufen. Es stellt dar, welche Ressourcenarten (Wasser, fossile Brennstoffe, Biomasse usw.) in die Stadt kommen, verarbeitet, genutzt und verbraucht werden. Die Stadt wird als Prozesssystem dargestellt, das die Ressourcen intern (innerhalb der „City Limits") verarbeitet.

Dieses System importiert einerseits verschiedene Ressourcen von außen und exportiert andererseits aber auch Ressourcen. Die einzelnen Ressourcenkategorien werden auf der vertikalen Achse angeordnet, die Prozessstufen entlang der horizontalen Achse. Diese Achsenwahl ist sinnvoll, da sie dem menschlichen mentalen Modell von (chrono-)logischen Ereignissen entspricht, bei dem (logisch) frühere Geschehnisse vom Betrachter aus links positioniert sind und (logisch) spätere auf der rechten Seite. Entsprechend befinden sich die Importe links der City Limits und alle Exporte rechts davon. An jeder der Prozessstufen Input, Processing, Usage und Output befinden sich Knoten, die kategoriale Levels der jeweiligen Stufe darstellen – so z. B. processed/not processed/consumed/losses in der Stufe „Processing". Die Breite der Verbindungslinien (informationstheoretisch „Kanten") entspricht dabei der Menge des jeweiligen Materials, also dem Wert des Measures. Bei den Prozessstufen Processing und Usage wird die Größe der Knoten durch die Summe der ankommenden bzw. abgehenden Ströme gebildet – so wie es für Sankeys typisch ist. Im gezeigten Beispiel wird bei Input und Output von diesem typischen Merkmal eines Sankeys abgewichen, um Detailinformationen wie numerischen Wert und Materialkategorie innerhalb des Knotens abbilden zu können. Ebenfalls typisch für Sankeys – wenn auch nicht zwingend erforderlich – ist auch die Farbkodierung verschiedener Ströme nach Kategorien. Im vorliegenden Fall sind dies Rohstoffklassen wie z. B. Wasser, fossile Energieträger, Metalle usw.

Bei der Visualisierung der Ressourcenströme fällt auf, dass der große Anteil von 32.779 kt an Ressourcen importiert wird, ein kleiner Teil von 4.938 kt aber auch durch Recycling wieder als erneuter Input dient. Im Sankey wird dies als rückbezüglicher Graph zwischen dem Knoten Recycling auf der Prozessstufe Output und den Knoten

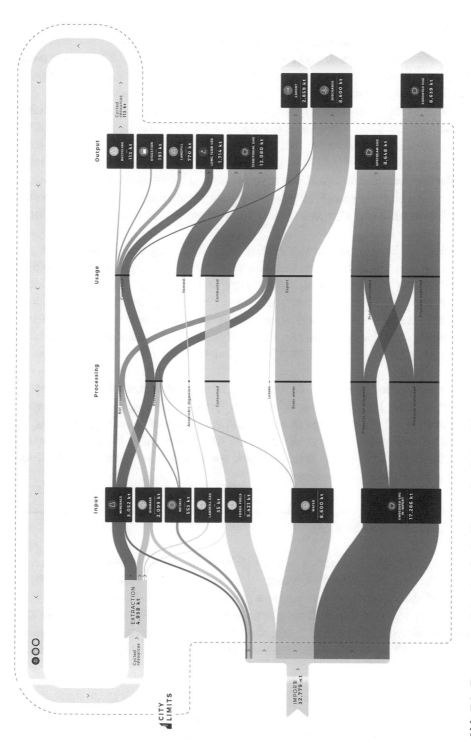

Abb. 7.3 Ressourcenströme der Stadt Almaty als Sankey-Diagramm. Mengenangaben in Kilotonnen pro Jahr. Abdruck mit freundlicher Genehmigun g von J. Hoogzaad (Shifting Paradigms).

Minerals, Biomass, Landfill Gas und Fossil Fuels repräsentiert. Auch das Ur-Sankey weist diese spezielle Eigenschaft auf – nämlich die Einbeziehung von rückgerichteten Strömen, also solchen, bei denen ein nachgelagerter Prozessschritt (eine Menge) in einen vorgelagerten Prozessschritt einspeist: Im Ur-Sankey laufen die Energiemengen „Return from Jackets" und „Return from Hotwell" an den Anfang des Prozesses zurück.

Warum ist diese Eigenschaft speziell? Meeks (2017) verweist darauf, dass viele der aktuell verwendeten Visualisierungssoftware rückgerichtete Relationen gar nicht erlauben, sondern Daten erwarten, bei denen die entstehenden Graphen nur vorwärts („azyklisch") gerichtet sind. Diese Einschränkung trifft beispielsweise zu beim standardmäßig erzeugten Sankey-Diagramm mit dem d3.js Framework. Wer aus einen Datensatz mit bidirektionalen Flüssen versucht, ein standardmäßiges Sankey in d3 zu erzeugen, wird ein leeres Canvas mit (oder sogar ohne) Fehlermeldung erhalten. Mehr dazu im Abschn. 1.6.

Im Beispiel der Ressourcen von Almaty sind rückbezügliche Relationen in der Grafik unproblematisch, da diese Grafiken statische Abbildungen sind, die mittels Adobe Illustrator produziert bzw. überarbeitet wurden[8]. Dies ist deswegen möglich, weil das Zielformat PDF bzw. das Zielmedium eine gedruckte Broschüre war. Interessierte können viele weitere Beispiele ähnlicher Diagramme auf der Website von shiftingparadigms[9] erkunden. Diese Agentur analysiert Entitäten, um die Möglichkeiten der Transformation linearer Ökonomien hin zu Kreislaufwirtschaften zu analysieren und zu kommunizieren.

Eine dynamische Anpassung an unterschiedliche Datensätze oder verschiedene Datenschnitte stellt hingegen zusätzliche und größere Anforderungen an die Software, die ein Sankey-Diagramm erzeugen soll. Im nächsten Abschnitt werden wir ein Beispiel einer solchen Software betrachten, die nicht nur den Nutzer selbst Sankey-Diagramme auf verschiedene Datenschnitte erzeugen lässt, sondern darüber hinaus eine Fülle an nützlichen Zusatzinformationen bietet.

7.3   Interaktives Sankey

Seit Anfang der 2010er Jahre gibt es webbasierte Anwendungen von Sankey-Diagrammen, die ebenfalls komplexe Ströme von Energie oder Materialien darstellen und diese damit der menschlichen Analyse leichter zugänglich machen. Viele sind optimiert für Online-Medien sowie mit interaktiven Controls und interaktiven Detailinformationen. Die eingebaute Interaktivität kann so weit gehen, dass es sich nicht mehr nur um ein interaktives Diagramm handelt, sondern um eine komplette Applikation, die es Nutzern erlaubt, durch

---

[8] Information von Jelmer Hoogzaad anden Autor per E-Mail vom 15. Feb. 2022.

[9] https://www.shiftingparadigms.nl/all/#filter=.tag-circular-economy.

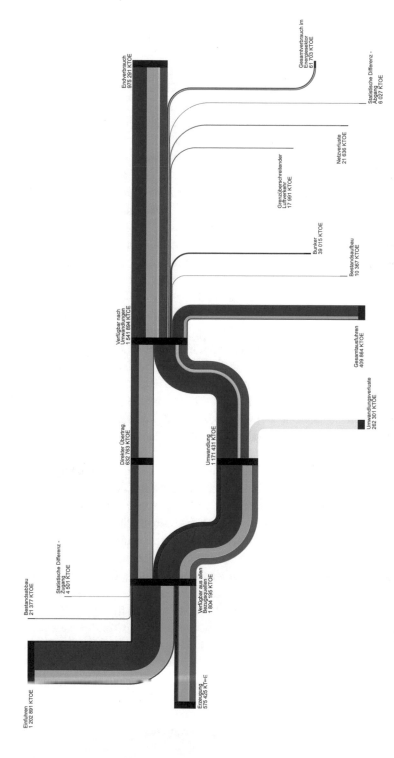

Abb. 7.4 Interaktive Sankey-Energieflüsse für die EU
https://ec.europa.eu/info/legal-notice_en#copyright-notice

verschiedene Granularitäten („Level of Detail") zu navigieren, zu filtern und dabei immer den jeweiligen Datenschnitt als Sankey-Diagramm dargestellt zu bekommen.

7.3.1 Beispiel Sankey zu Energieflüssen in Europa

Eine sehr gelungene Anwendung, die mittels aktueller Webbrowser zugänglich ist, stellt die Energieflüsse in den Ländern der EU als Sankey-Diagramme dar. Diese Applikation[10] ist zugänglich auf der Website von eurostat und visualisiert die Prozessstufen von Energie. Die Energieflüsse des Jahres 2020, aufsummiert für alle 27 EU-Länder, werden in Abb. 7.4 (eurostat (2020a)) dargestellt. Angefangen von verschiedenen Inputkanälen, wie z. B. Import und Produktion, sammelt das Diagramm diese zu verfügbarer Energie und verfolgt ihre Verwendungskanäle wie z. B. Verbrauch, Exporte oder Lagerung. Wie auch im vorherigen Beispiel der Ressourcen von Almaty werden Prozessstufen durch Knoten repräsentiert, deren Größe der Energiemenge der jeweiligen Prozessstufe entspricht. Die Breite der einzelnen Teilströme entspricht ebenfalls der Menge der durch einen bestimmten Herstellungsart definierten Brennstoffart. Alle an einem Knoten ankommenden und abgehenden Teilströme addieren sich zur Größe des Knotens auf.

Die webbasierte Energieflussdiagramm-Applikation ist für die explorative Datenanalyse durch solche Nutzer geeignet, die nicht über Skills in Sprachen wie SQL oder Javascript verfügen, um bestimmte analytische Fragestellungen durch das Diagramm beantwortet zu bekommen. Die unterschiedlichen Brennstoffarten sind durch verschiedene Farben semantisch sinnvoll codiert; sie können mittels Interaktion im Gesamtfluss hervorgehoben werden oder auch als Bestandteil einer Brennstofffamilie ausschließlich dargestellt werden. Knoten können mittels Interaktion expandiert werden und zeigen danach ihre qualitative und quantitative Zusammensetzung in feinerer Granularität. Wenn der Nutzer alle Knoten des Sankeys aus der vorherigen Abbildung ausklappt, wird er die in Abb. 7.5 (eurostat (2020b))dargestellten Menge an Details sehen können. In der Printausgabe dieses Artikels werden die Details im Unterschied zur Bildschirmdarstellung nicht lesbar sein (da Papier nun mal nicht zoombar); in diesem Fall ist das Screenmedium dem statischen bedruckten Papier überlegen.

Drilldowns und Rollups durch den Datenraum sind mittels intuitiver Controls möglich; so können beispielsweise die Energieprozesse einzelner Länder oder einzelner Jahre visualisiert werden. Durch zusätzliche Layer (Brennstofffamilie > Klick auf Endverbrauch) kann der Nutzer zur selektierten Prozessstufe einen Vergleich zwischen allen Ländern (mittels eines Stacked Column Charts) ziehen oder die zeitliche Entwicklung seit 1990 mittels Liniencharts nachvollziehen. Jedes der Diagramme verfügt über

---

[10] 9 https://ec.europa.eu/eurostat/cache/sankey/energy/sankey.html.

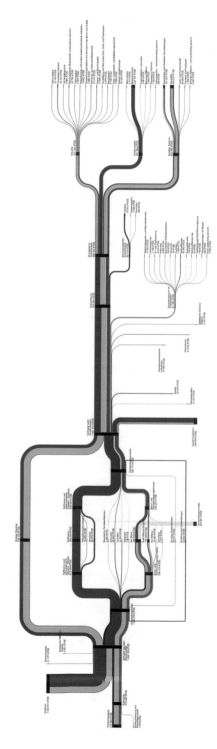

Abb. 7.5 Interaktive Sankey-Energieflüsse mit expandierten Knoten und daher mehr Datenpunkten.
https://ec.europa.eu/info/legal-notice_en#copyright-notice

Exportmöglichkeiten der Tabelle der jeweiligen Datensicht oder seines Charts, erlaubt also die Weiterverwendung in Präsentationen oder eigenen Berechnungen.

Zusätzliche Funktionen wie z. B. Umschalten in verschiedene Einheiten oder ein Glossar runden die Applikation zu einem umfangreichen Datenanalyse-Tool ab, das es fachlich Interessierten erlaubt, die von eurostat gesammelten Daten rund um Energie im europäischen Raum bequem zu explorieren und zu analysieren, ohne über Programmierskills verfügen zu müssen. Insofern zeigt diese Applikation beispielhaft, wie Applikationen für den Nutzertyp des ‚Information Prosumer' (Blum 2018) gestaltet sein können.

Der diesen Sankey-Diagrammen zugrunde liegenden Datenraum ist komplex, da er sowohl multivariat ist als auch einige seiner Dimensionen hierarchisch strukturiert sind. Das Sankey selbst ist ebenfalls komplex und – trotz seiner zunehmenden Verbreitung – immer noch für viele Nutzer ungewohnt. So verweist Meeks (2019) darauf, dass es auch ein Problem der (mangelnden) Data Literacy sei, wenn Nutzer sich damit schwertun, komplexe Flussdiagramme zu „lesen". Sowohl die Komplexität der Daten als auch die Komplexität der Visualisierung stellt besondere Anforderungen an solch eine interaktive Anwendung, damit Experten und Information Prosumer explorative und erklärende Datenanalyse effizient und effektiv durchführen können. Auf die Lesbarkeit von Sankey-Diagrammen im Vergleich mit anderen komplexen Diagrammtypen wird in Kap. 8 detaillierter eingegangen.

Anhand des Energieflussdiagramms von eurostat lassen sich wichtige Prinzipien exemplarisch beobachten, die bei der Gestaltung von (interaktiven) Sankey-Diagrammen zu beachten sind, damit sie gut den Nutzer bei der explorativen und bei der erklärenden Datenanalyse unterstützen können. Selbstverständlich gelten diese Regeln auch, cum grano salis, für weitere interaktive Diagrammtypen.

7.3.2 Shneiderman's Mantra

Shneiderman (1996, S. 337) formulierte in den 90er Jahren sein viel zitiertes „Visual Information Seeking Mantra". Dieses Grundprinzip beschreibt, in welcher Reihenfolge dem Nutzer Sichten auf den Datenraum mittels Visualisierungen zur Verfügung gestellt werden sollten: „Overview first, zoom and filter, then details on demand".

Am betrachteten Beispiel des in Abb. 7.4 dargestellten Energieflussdiagramms bedeuten die einzelnen Sichten auf den Datenraum:

Overview first: Ermögliche dem Nutzer am Anfang, das Gesamtbild in einer sinnvollen Aggregationsstufe zu erfassen und verstehen. Zeige den Energiefluss nur mit den wichtigsten Stationen vom Anfang bis Ende, aggregiert über alle Länder und bezogen auf das neueste Jahr.

Zoom und Filter: Ermögliche dem Nutzer, in die ihn interessierenden Kategorien zu zoomen oder, anders gewendet, die den Nutzer nicht interessierenden Kategorien auszublenden. Im vorliegenden Fall können den Nutzer bestimmte Länder, bestimmte Jahre oder bestimmte Brennstoffe interessieren, deren Measures ausschließlich dargestellt werden. In Business Intelligence wird dieses analytische Interaktion „Slice und Dice" genannt, also das Schneiden und Eingrenzen des dargestellten Datenraums auf eine durch Filterung definierte Teilmenge.

Details on Demand: Ermögliche dem Nutzer das Einblenden der Zusammensetzung eines zuvor aggregiert dargestellten Wertes, wie z. B. Verbrauchswerte nach Verarbeitungsart mittels Aufklappen des Knotens „Gesamtverbrauch im Energiesektor". In BI wird diese Interaktion „Drilldown" genannt.

7.3.3   Dem mentalen Modell des Publikums angemessene Farbcodierung

Mit Farbcodierung ist im Informationsdesign die Zuordnung von Farben in der Grafik zu Kategorien, Dimensionen oder Measures im zugehörigen Datensatz gemeint. Die gewählten Farben sollen zum einen wahrnehmungsgerecht gewählt werden, beispielsweise gut unterscheidbar sein. Zum zweiten sollen sie auch bedeutungsvoll sein, also semantisch zu den mentalen Modellen der Wahrnehmenden passen. Der wahrnehmende Mensch sollte mit einer bestimmten Farbe die repräsentierten Kategorien, Dimensionen oder Measures sowie ihre Relationen assoziieren können.

So werden im betrachteten Energieflussdiagramm einander ähnliche Brennstoffe durch ähnliche Farben repräsentiert; beispielsweise werden alle erneuerbaren Energieformen durch grüne Farben, alle Rohöl- und Mineralölprodukte werden durch blaue Farben dargestellt. Dies ist eine Anwendung des Gestaltprinzips der Ähnlichkeit und stellt damit eine wahrnehmungsgerechte visuelle Gruppierung von Strömen ähnlicher Stofflichkeit dar.

Hinsichtlich der Anforderung nach sinnfälligen Farben ist die Gestaltung des Energieflussdiagramms ebenfalls gelungen: So stehen grüne Farben für regenerative Energieformen, braune Farben passen zu den festen Brennstoffen wie Braun- oder Schwarzkohle. Solche sinnfälligen Zuordnungen zu Kategorien mit entsprechenden Abstufungen für Unterkategorien zu finden, ist eine typische und wiederkehrende Problemstellung für den Datenvisualisierer, der dazu über ein Verständnis der jeweiligen fachlichen Domäne verfügen muss.

7.4   Anwendungsbeispiel Nutzerfluss

7.4.1   Sankey im Gewand von Google Analytics

Google Analytics ist ein Online-Tool, mit dem die sequenziellen Clickfolgen von Nutzern auf Websites („Traffic") aufbereitet und berichtet werden. Ein Teil dieses

Tools visualisiert, welche Nutzer (nach Werten einer Dimension wie beispiels-
weise „Land" aufgeschlüsselt) auf welcher Seite der Website starten, und welche
Seiten sie in der Folge aufrufen. Eine Analyse dieses Nutzerflusses lässt über Bedarf
und Verhalten der Nutzer schlussfolgern und kann empirische Grundlage sein für
Umgestaltungsmaßnahmen von Informationsarchitektur, Content oder Controls, um
Effizienz und Effektivität der Website zu steigern.

Die für die Visualisierung benutzte grafische Methode ist ebenfalls ein Sankey-
Diagramm (siehe Abb. 7.6). Im Unterschied zur konventionellen Sankey-Darstellung
werden hierbei die Knoten statt der Ströme visuell betont. Das Measure ist die Anzahl
der Nutzer auf einer bestimmen Seite; statt Prozessstufen wird dargestellt, ob die
jeweilige Seite der erste, zweite usw. Seitenaufruf in einer Session war. Die Höhe der
(grünen) Knoten entspricht der relativen Nutzerzahl auf der jeweiligen Seite, die Höhe
der anschließenden schmalen roten Fläche visualisiert, wie viele Nutzer auf dieser Seite
die Session abgebrochen haben, d. h. die Website verlassen haben.

Bei dieser Darstellung ist der zeitlich-logische Fluss im Layout des Diagramms offensichtlich. Horizontal erstreckt sich eine ordinale Zeitachse, auf der der jeweilige x-te
Seitenaufruf (Startseite bzw. x-te Interaktion) der Nutzer abgetragen wird. Vertikal wird
das Measure dargestellt, also die Anzahl der Nutzer bei dem jeweiligen x-ten Seitenaufruf, zugeordnet den einzelnen Seiten.

Um seinem Zweck als analytisches Tool gerecht zu werden, muss dieses Sankey mit
einem hohen Maß an Interaktivität verbunden sein: Controls zum Aufschlüsseln der
Input-Ströme nach verschiedenen Kategorien, Hervorheben einzelner Nutzerströme,
Filtern nach Kategorien und Anzeigen von Details sind im User Interface vorhanden und
intuitiv bedienbar. In der zweiten linken Säule stellt das Diagramm dar, dass 136 Nutzer
aus Deutschland von insgesamt 262 aus allen Ländern die Seite /albums/ als erste Seite
aufgerufen haben, und wie die weiteren Seitenaufrufe dieser Nutzer verliefen. Die vom
Knoten horizontal abgehenden Graphen zeigen, dass ein kleiner Teil dieser deutschen
Nutzer zu einer weiteren Seite navigiert, nämlich 11 zu den FAQs, 3 zur Kontaktseite,
4 zur Unterseite mit den Videos und einer zu einer unbenannten Seite. Dabei sind die
ungefähren quantitativen Relationen der Ströme dem Betrachter unmittelbar erkennbar, da ja die Breite der Graphen den relativen Anteilen des Nutzerflusses entspricht.
Wie man anhand des dargestellten Charts nachvollziehen kann, trägt das Darstellen
der absoluten numerischen Werte an den entsprechenden Knoten dazu bei, dass der
Betrachter exakte Informationen zusätzlich zum Abschätzen der Mengenrelationen erhält
und darüber hinaus die grafischen Relationen validieren kann.

Nicht jedes Sankey ist so passend und gut benutzbar für den jeweiligen Nutzungs-
oder Kommunikationszweck gestaltet wie die beiden hier gezeigten Anwendungs-
beispiele. Was gilt es also zu beachten bei einer guten Gestaltung über Shneiderman's
Mantra und semantischer Farbkodierung hinaus? Gerade bei einem komplexen Diagramm wie dem Sankey, bei dem die Streams sich mehrfach überlagern können, ist die
Frage nicht trivial zu beantworten, ob Beschriftungen („Labels") im Diagramm statisch,
also permanent, dargestellt werden sollten.

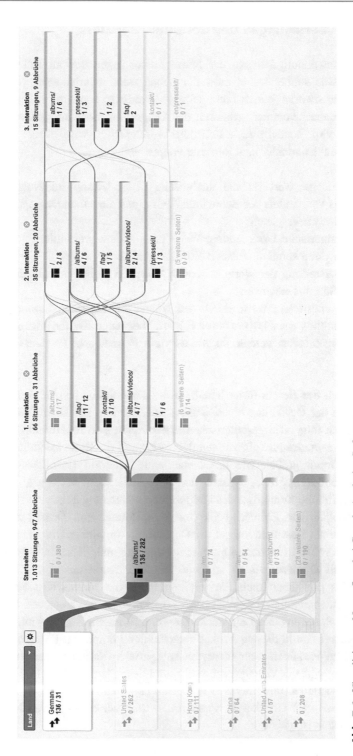

Abb. 7.6 Visualisierung Nutzerfluss bei Google Analytics Software

7.4.2   Einige Überlegungen zum Gestaltungsprozess

Im vorherigen Anwendungsbeispiel des Nutzerflusses lagen sowohl Kategorienlabels als auch Wertelabels sauber lesbar entweder neben oder innerhalb der Knoten. Dies ist bei vielen Frameworks jedoch nicht selbstverständlich, sondern es kann zu Über-lagerungen von Labels kommen, wodurch das Diagramm nicht nur grafisch unsauber wahrgenommen wird, sondern auch stellenweise unleserlich wird. Daher sollten sich Diagrammdesigner/-entwickler u. a. folgende Fragen stellen:

- Ist der numerische Wert für die analytische Fragestellung im Nutzungsprozess relevant für das Verständnis des Betrachters? Für einen einzelnen Datenpunkt oder für alle Datenpunkte im Vergleich?
- Überlappen numerische Werte andere Werte oder andere wesentliche Informations-teile und erschweren somit die Lesbarkeit/Erkennbarkeit?
- Erzeugt die Darstellung der Werte störenden visuellen Noise, der die Erkennbarkeit der einzelnen Streams erschwert?
- Können die numerischen Werte durch den Nutzer mittels Interaktion mittels eines Tooltips oder mittels eines Layers durch Hovern über einen Knoten oder einen Stream bei Bedarf eingeblendet werden, so wie es viele Frameworks (z. B. d3.js, Tableau) ermöglichen?

Diese Fragen nach der Beschriftung innerhalb des Diagramms tauchen selbstverständ-lich nicht nur bei der Gestaltung eines Sankeys auf, sondern bei allen Charttypen. Die aus den Antworten folgenden gestalterischen Maßnahmen sind im Hinblick auf die ent-stehende Grafik gegeneinander abzuwägen. Hinzu kommt die Berücksichtigung weiterer gestalterischer Einflussgrößen wie das darstellende Medium (Print/Desktopmonitor/ Smartphone), Abbildungsgröße, Anzahl der darzustellenden Variablen, Anzahl der Prozessstufen, fachliche Kenntnisse des Zielpublikums/Nutzer u. a. m.

Inmeinervieljährigen Erfahrung als Gestalter, Berater und Dozent hat sich das iterative Vorgehen als Best Practice bei der Gestaltung komplexer Diagramme bewährt. Dabei sind von vornherein mehrere Optimierungsschritte, möglichst unter Einbeziehung von Fachseite mit Domänenwissen und von Repräsentanten aus dem Zielpublikum, vorzusehen. Dies gilt umso mehr, je umfangreicher die interaktiven Komponenten einer solchen Visualisierung sind, je mehr es also ein Interface zwischen Mensch und Computer zur Exploration eines Datensatzes ist – und damit ein Analysetool.

Insbesondere bei den in diesem Artikel untersuchten komplexen Datenrelationen mit einer quantitativen Variablen, aber mehreren kategorialen Variablen, kann das Sankey-Diagramm die Aufgabe der Visualisierung sehr gut leisten, bedarf aber einer sorgfältigen Konzeption und visuellen und interaktiven Gestaltung. Denn was ist denn die Aufgabe von Datenvisualisierung? Um dies zu verstehen, werfen wir einen kurzen Blick auf die Definition der Datenvisualisierung.

7.5 Exkurs: Datenvisualisierung – was ist das und wozu?

Es gibt nicht „die eine" Definition der Datenvisualisierung, die z. B. durch eine DIN-Norm als durchsetzbar gültig deklariert wird. Eine aus meiner Sicht hinreichend abstrahierende und dennoch die notwendigen Aspekte umfassende Umschreibung gibt Few (2009): „… data visualization (covers) all types of visual representations, that support the exploration, examination, and communication of data. Whatever the representation, as long as it's visual, and whatever it represents, as long as it's information, this constitutes data visualization."

Die Datenvisualisierung nutzt also visuelle Repräsentationen der (Roh-)Daten. Visuelle Repräsentationen können zuerst mal alle möglichen grafischen Objekte sein, also Flächen, Punkt, Linien, grafische Symbole etc. mit all ihren grafischen Eigenschaften (Länge, Breite, Position, Orientierung, Größe, Form, Farbcharakter, Farbsättigung, Farbhelligkeit, Schärfe usw.). Im weiteren Sinne können aber auch Texte oder Zahlen oder Tabellen derartige visuelle Repräsentationen sein. Denken wir an Word-Clouds, bei denen die Textgröße die Häufigkeit eines Begriffs repräsentiert. Oder an Listen von Aktienkursen, bei denen rote oder grüne Textfarbe anzeigt, ob ein Aktienkurs in einer bestimmten Zeitspanne steigt oder fällt.

Kompakter als Few formuliert Kirk (2019, S. 15) seine Definition von Datenvisualisierung „The visual representation and presentation of data to facilitate understanding". Danach zielt Datenvisualisierung grundsätzlich darauf ab, Verständnis zu vermitteln oder zu ermöglichen.

Few (2017) differenziert über die Vermittlung von Verständnis hinaus drei mögliche Aufgabenbereiche der Datenvisualisierung:

a) „Explore Data":
   Das Erforschen der Daten. Die Aufgaben des Datenanalysten ist hierbei die Erkundung, Erforschung des Datensatzes und die Suche nach Mustern, Korrelationen, Ausreißern u. a. m.
b) „Make Sense of Data":
   Das Verstehen der Daten und das Verstehen der Welt, aus der sie kommen. Untersuchen, Nachdenken, Hypothesen bilden und prüfen u. a. m.
c) „Communicate Data":
   Das Kommunizieren der Daten mit der Absicht, dass richtige Entscheidungen aufgrund von validen Informationen und Einsichten in Zusammenhänge getroffen werden können. Hierbei ist die Aufgabe der Datenvisualisierung, dies an andere (Entscheider) zu kommunizieren, und zwar kompakt, nachvollziehbar und prägnant. In einem erweiterten Sinne gehört hierzu auch Kommunikation an ein (Fach- oder Laien-)Publikum, damit dieses Informationen erhält und darüber hinaus Verständnis und Wissen generieren kann.

Die den Sankey-Diagrammen zugrunde liegenden Vorgänge sind oftmals wegen ihrer Prozesshaftigkeit und Vielschichtigkeit sowohl komplex als auch unanschaulich. Die

Prozessstufen werden durch verschiedene kategoriale Variablen mit jeweils unterschiedlichen Levels repräsentiert, die wiederum Elemente hierarchischer Dimensionen sein
können. Daher ist es nicht überraschend, dass ein Sankey oft als ein in Struktur und
visueller Erscheinung komplexer Charttyp angesehen wird – verglichen mit den einfachen Gattungen des Linien-, Balken- oder Kreisdiagramms.

Aus dieser Komplexität folgt in der Regel ein höherer Aufwand. Und zwar einerseits
für den produzierenden Data Analyst/Scientist, der das Chart konzipiert und herstellt/
„coded". Andererseits bringt es auch höhere kognitive Anforderung an den Rezipienten,
der das Chart „liest" und Erkenntnisse daraus ziehen will. Gerade bei multivariaten
Datensätzen wird daher die gesteuerte Filterung durch den Nutzer wichtig, um die Sicht
auf die im Sankey dargestellten Daten auf das für die jeweilige analytische Frage notwendige Maß und damit auch die visuelle Komplexität reduzieren zu können. Mehr dazu
in Abschn. 1.8.

7.6   Zirkuläre Sankey-Diagramme

Wie schon weiter oben erwähnt, sind rückbezügliche Relationen zwischen Prozessstufen
in der Erstellung interaktiver Diagramme nicht einfach zu handhaben. So kann beispielsweise das standardmäßige Sankey-Diagramm von d3.js[11] nur vorwärts gerichtete
Graphen (Directed Acyclic Graph, „DAG") darstellen.

Betrachten wir eine überaus simple Datenlage am fiktiven Beispiel von vier miteinander kooperierenden Unternehmen der Fahrradbranche. Das Werk Augsburger Rad-
werke montiert Komponenten zu kompletten Rädern mit einem finanziellen Wert von
12 Mio EUR. Dazu erhält es Komponenten von drei anderen Unternehmen, die zudem
teilweise auch untereinander zuliefern (Abb. 7.7a, blaue Pfeile). Ein entsprechendes
relationales Datenmodell in Tabellenformat enthält das Measure Lieferwert und die
Dimensionen „Geliefert von" und „Geliefert an" (Abb. 7.7b).

Mittels des Open Source Visualisierung Frameworks RawGraph[12] (Mauri et al. 2017)
wird ein Sankey-Diagramm erstellt, das die Beiträge der einzelnen Firmen zum Gesamt-
ergebnis quantitativ und strukturell visualisiert (Abb. 7.8a). Die Produktströme verlaufen dabei in eine Richtung, nämlich von der Coburger Metallwerkstatt (auf der linken
Seite), die keinerlei Zulieferung von den anderen Unternehmen erhält, zum Augsburger
Zweiradwerk (auf der rechten Seite), das von allen Unternehmen Produkte erhält. Diese
Richtung der Ströme entspricht grundsätzlich dem mentalen Modell von Nutzern. (Hin-
weis: Die Webapplikation RawGraph erzeugt lediglich statische und keine interaktiven
Diagramme.)

---

[11] https://observablehq.com/@d3/sankey.

[12] https://app.rawgraphs.io/.

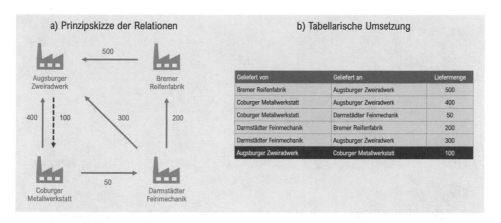

Abb. 7.7 Eine rückbezügliche Relation am Beispiel zugelieferter Produkte. **a** Prinzipskizze der Relationen, **b** Tabellarische Umsetzung als Datenbasis zur Erzeugung eines Sankey-Diagramms. Die rückbezügliche Relation ist rot hervorgehoben

Fügen wir im nächsten Schritt eine rückbezügliche Relation hinzu, indem wir das Szenario damit erweitern, dass das Augsburger Zweiradwerk selbst auch Produkte im Wert von 100.000 € an die Coburger Metallwerkstatt liefert (rote gestrichelte Linie in Abb. 7.7a). Die entsprechende zusätzliche Zeile in unserem tabellarischen Datenmodell (Abb. 7.7b) führt in RawGraph dazu, dass ein sog. zirkuläres Sankey-Diagramm („Circular Sankey") dargestellt wird (Abb. 7.8b).

Immerhin! Denn ein sichtbares Ergebnis ist nicht bei allen Plattformen selbstverständlich. So führte der Versuch des Autors, mittels entsprechender JSON-Daten aus dem obigen Datensatz ein Sankey-Diagramm auf der observable Plattform in d3.js zu erzeugen, zu keinem sichtbaren Diagramm, sondern zu einer endlos laufenden Java-Script-Schleife im Browser (Anmerkung: In früheren Versionen von observable erhielt der Autor in solchen Fällen immerhin noch eine Fehlermeldung).

Allerdings sieht der aufmerksame Betrachter beim Blick auf Abb. 7.7b, dass die Abfolge der Knoten sich stark verändert hat und dadurch das Diagramm weniger intuitiv erfassbar wurde: War der Knoten des Augsburger Zweiradwerks vorher ganz rechts in der Logik der Teilelieferungen, so ist er nunmehr in die Mitte platziert. Unverständlicherweise, denn es hätte gereicht, einen einzigen rückbezüglichen Strom im vorherigen Chart zusätzlich einzufügen, das vom rechten Knoten zum linken Knoten zurückführt. Auch dass vorwärts gerichtete Ströme sich visuell nicht deutlich unterscheiden von rückwärts gerichteten, ist eine Hürde für die intuitive Erfassbarkeit der qualitativen und quantitativen Relationen. „Thinking with our eyes" (Few 2009) wird so deutlich erschwert.

Rückwärts gerichtete Relationen sowohl direkter Art (a → b, b → a) als auch indirekter Art (a → b, b → c, c → a) sind in azyklischen Graphen also nicht abbildbar. Eigentlich trivial, denn deswegen heißen sie azyklisch. Entsprechende Datenpunkte

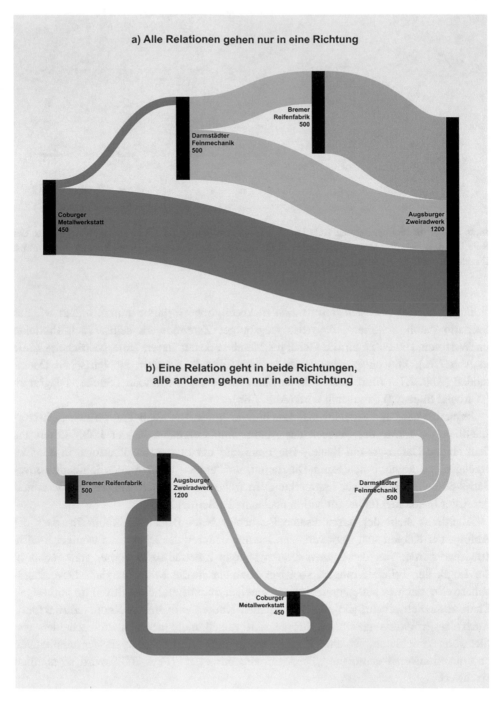

Abb. 7.8 Sankey-Diagramm. **a** ohne, **b** mit zusätzlicher rückbezüglicher Relation basierend auf dem Datenmodell aus Abb. 7.7

müssen ebenso wie Werte mit der Größe null in einer Datentransformation ausgefiltert werden, bevor der Graph gerendert werden kann. Diese Filterung verfälscht allerdings selbstverständlich die in der Visualisierung dargestellten Informationen im Vergleich zu den vorhandenen Daten und sollte daher nur in Ausnahmefällen vorgenommen und dem Publikum deutlich kommuniziert werden.

Eine Alternative stellt die Transformation der Daten in zwei sich gegenüberstehenden Prozesszuständen dar: diejenigen mit eingehenden Strömen und diejenigen mit ausgehenden. Abb. 7.9 stellt ein solches Sankey dar; es visualisiert den bisher verwendeten Datensatz mittels der Extension „ShowMeMore" für die Visual Analytics Software Tableau Desktop.

In der Regel sind alle Knoten sowohl auf der linken als auch auf der rechten Seite dargestellt und die Summe aller abgehenden Ströme links ist gleich der Summe aller eingehenden Ströme rechts. Der Nachteil dieser Art von Sankey: die Daten der zwischen dem Anfang und dem Ende der Prozesskette liegenden Prozesszustände werden nicht dargestellt und entziehen sich damit der Datenanalyse und somit auch möglicher Erkenntnisse.

Interessanterweise charakterisiert Kirk diese auf Input versus Output reduzierte Anordnung als die am meisten übliche für das Sankey-Diagramm, wenn er ein Sankey folgendermaßen beschreibt: „The two sides represent different states of a paired, ordinal relationship, such as input vs. output, or time A vs. time B. On each side there is effectively a stacked bar hart displaying proportionally sized and differently coloured constituent parts of each whole. … Curved bands join each side of the display to represent the connecting categories with proportionally sized thickness representing the quantitative flow of this relationship." (Kirk 2019, S. 167).

Ein typisches Anwendungsgebiet einer solchen Sankey-Variante ist die Darstellung von Wählerwanderungen. Sie kommt oft zur Anwendung bei der Untersuchung der analytischen Frage, welche Partei an welche andere Partei, welche Menge an Wählerstimmen im Vergleich zweier (typischerweise) zeitlich zweier aufeinanderfolgender Wahlen verloren hat. Als interaktives Beispiel dienen Hassenkamp und Pauly: „Wo die vielen CDU-Stimmen herkommen".[13] Zirkuläre Relationen sind hierbei nicht nur unvermeidlich, sondern stehen sogar im analytischen Fokus.

Dennoch ist der Bedarf für eine Software-gestützte Prozess-adäquate und interaktive Visualisierung von zirkulären Prozessabläufen sichtbar. Darauf deuten entsprechende Notebooks[14] bei der Plattform observable zum Thema „Circular Sankey" ebenso wie die zahlreichen Papers zu Kreislaufwirtschaft. Im Zusammenhang mit letzterem sei lediglich verwiesen auf die Publikationen von Mayer et al. (2018) und Nuss et al. (2017).

---

[13] https://www.spiegel.de/politik/deutschland/landtagswahl-sachsen-anhalt-2021-ergebnis-der-waehlerwanderung-im-detail-a-ede793dc-d806-4081-becc-0b3a8c77b367, zugegriffen 20.04.2022.

[14] Der Leser erhält eine Liste von Circular Sankey Notebooks auf der observable Plattform mittels der URL: https://observablehq.com/search?query=circular%20sankey.

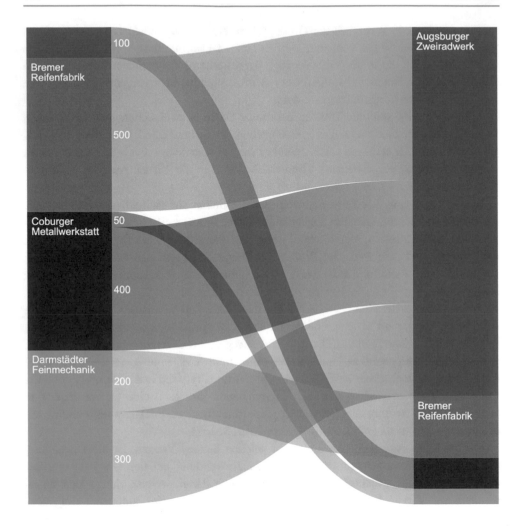

Geliefert von	Geliefert an	Liefermenge
Augsburger Zweiradwerk	Coburger Metallwerkstatt	100
Bremer Reifenfabrik	Augsburger Zweiradwerk	500
Coburger Metallwerkstatt	Augsburger Zweiradwerk	400
	Darmstädter Feinmechanik	50
Darmstädter Feinmechanik	Augsburger Zweiradwerk	300
	Bremer Reifenfabrik	200

Abb. 7.9 Sankey-Diagramm als reine Input/Output-Gegenüberstellung inklusive rückbezüglicher Relationen. Alle beteiligten Entitäten erscheinen auf beiden Seiten des Diagramms. Datengrundlage wie für Abb. 7.8

Mit der zunehmenden Diskussion von kreislaufwirtschaftlich organisierten Produktions-
und Verwertungsprozessen wird auch die Visualisierung zirkulärer Prozesse in Sankey-
Diagrammen noch weiter an Bedeutung gewinnen.

Es sei auf ein weiteres nützliches Tool hingewiesen: Die Forschungsgruppe Industrial
Ecology Freiburg hatte vor einigen Jahren eine Webapplikation „Circular Sankey"[15] als
Freeware publiziert, mit der diese Graphen in ihren Grundzügen auf der Grundlage von
eigenen Daten gebaut werden können. Ähnlich wie in der Webapplikation Rawgraph
können die erzeugten Sankeys im SVG-Format anschließend exportiert werden und in
vektorbasierten Grafikprogrammen wie beispielsweise Illustrator, Sketch oder Figma
grafisch und semantisch sauber ausgestaltet werden.

7.7   Sankey und Alluvial Diagramm – Zwillinge oder Geschwister?

Bislang haben wir Sankey-Diagramme im Kontext klassischer Anwendungsbereiche
und ihrer Use Cases betrachtet: Dabei stellten die dem Sankey zugrunde liegenden
Daten Messungen in der realen Welt von materiellen (z. B. Fahrradteile) oder auch
immateriellen Strömen (z. B. Energie, Nutzerklicks) an bestimmten Stationen oder
Zuständen dar. Diese Stationen wurden entsprechend ihrer strukturellen, logischen oder
zeitlichen Abfolge auf der x-Achse angeordnet. Die Magnitude des jeweiligen Flussteils
wurde durch die Breite des jeweiligen Stromes visualisiert.

Lupton und Allwood (2017) wiesen bereits 2017 darauf hin, dass Sankeys auch
dazu benutzt werden können und bereits auch so benutzt wurden, um quantitative
Beziehungen zwischen Kategorien zu visualisieren und nicht nur Strömungsprozesse.
Diese Kategorien brauchen im Unterschied zu Prozessstufen keine logische Reihenfolge;
ihre Anordnung würde eher der jeweiligen analytischen Fragestellung folgen und entsprechend angepasst werden.

7.7.1   Interaktives Sankey: ein Beispiel

Schauen wir uns beispielsweise einen typischen Use Case aus der Business Intelligence
an: Wir verwenden dazu den Datensatz Superstore Europe des fiktiven Handelsunter-
nehmens Superstore. Unser Measure sind die Umsätze und wir untersuchen in Abb. 7.10,

---

[15] http://www.visualisation.industrialecology.uni-freiburg.de/frmHome.aspx.

a) Sankey in normal state: Overview

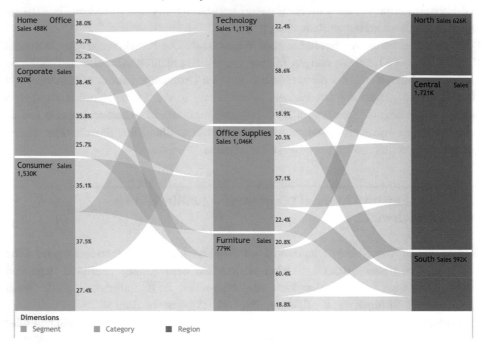

b) Hovering über einen Stream: Visueller Fokus auf einen Datenschnitt

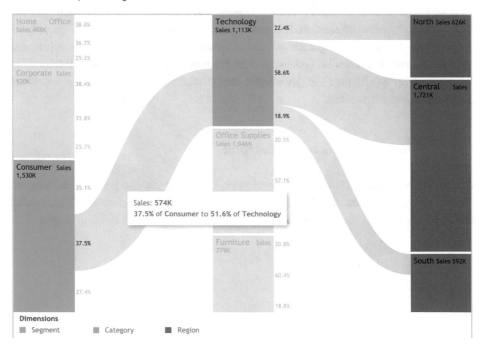

Abb. 7.10 a) Sankey der drei Dimensionen Kundensegment, Produktkategorie und Region des fiktiven Datensatzes Superstore. Der obere Screenshot **a** zeigt die Übersicht über alle 10.000 Transaktionen. Der untere Screenshot **b** zeigt die Hervorhebung des Datenschnitts Konsumenten-Segment ∩ Technologie bei Hover-Interaktion des Nutzers

wie dieser sich bezüglich der Dimensionen Kundensegment, Produktkategorie und Region zusammensetzt (Abb. 7.10a).

Von jeder der Kategorien einer Dimension laufen Verbindungsstreams zu den benachbarten Dimensionen. Da wir in Tableau Desktop mit der Extension ShowMeMore[16] diese Visualisierung umsetzen, kann der Nutzer mit den Daten des Sankeys interagieren. Beispielsweise kann er durch Selektion einer Kategorie einen Datenschnitt ('Slice') definieren, der die eingehenden und abgehenden Anteile der anderen Dimensionen hervorhebt (Abb. 7.10b). In Kombination mit einer tabellarischen Darstellung kann der Nutzer durch den gesamten Datenraum navigieren und beliebige Datenschnitte oder Drilldowns mit wenigen Klicks sich als Sankey darstellen lassen; beispielsweise die Größe der Umsätze der Produktkategorie Office Supplies.(Abb. 7.11).

Dieses wirkmächtige Zusammenspiel zwischen Sankey-Diagramm als Visualisierungsinstrument und Tabelle als Selektionsinstrument erlaubt eine gelungene Umsetzung der Regeln von Shneiderman's Mantra, da es dem Nutzer effektive Controls zur Erforschung komplexer mehrdimensionaler Daten an die Hand gibt, die ein schnelles Zoomen und Filtern bei gleichzeitiger Betrachtung mehrerer Dimensionen ermöglichen.

Das Sankey-Diagramm visualisiert in dieser Datensicht, wie sich die numerische Variable Umsätze in den verschiedenen Dimensionen quantitativ zusammensetzt. Dabei gibt es allerdings keinerlei Prozessstufen mehr – im Unterschied zu dem zuvor diskutierten Beispiel der Fahrradzulieferer. Der fehlende Prozesscharakter wird auch daran sichtbar, dass die horizontale Reihenfolge der Dimensionen „Produktkategorie" – „Kundensegment" – „Region" beliebig austauschbar ist, ohne einen logischen Bruch zu erzeugen. Die Verwendung von vorwärts gerichteten Graphen („DAGs") wäre für diese Art analytischer Fragestellung eigentlich überflüssig, da die Graphen eine beidseitige quantitative Beziehung zwischen den Knoten wiedergeben. Anders formuliert, mit Blick auf die reale Welt hinter den Daten: Die in Abb. 7.10b hervorgehobenen Produkte im Wert von 573,5 TEUR „fließen" ja nicht vom Kundensegment „Consumer" zur Produktkategorie „Technology", sondern diese Produktwerte stellen bei jeder Dimension lediglich unterschiedliche Anteile dar; nämlich 37,5 % bei „Consumer" und 51,6 % bei „Technology".

7.7.2 Ein Blick auf die taxonomische Diskussion

Aus diesem Grund wird in der Community der Datenvisualisierer kontrovers diskutiert, ob es sich bei einem Sankey-Diagramm, das lediglich die Verteilung eines Measures über Dimensionen visualisiert – ohne dass diesen Dimensionen eine Prozessabfolge

---

[16] Die Firma infotopics hat dem Autor freundlicherweise die Tableau-Extension ShowMeMore zur Verfügung gestellt. Mehr über diese umfangreiche Visualisierungssoftware unter https:// appsfortableau.infotopics.com/extensions-for-tableau/showmemore-extension.

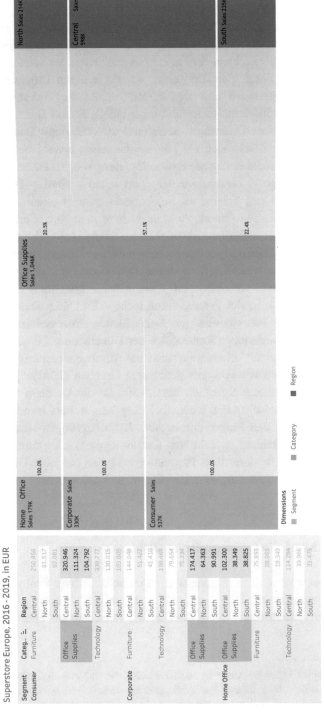

Abb. 7.11 Datenschnitt im Datensatz Superstore. Gefiltert wird mittels der Tabelle nach allen Umsätzen der Produktkategorie Office Supplies (blau hinterlegt) und ihren Relationen zu den Dimensionen Kundensegment und Region. Das Sankey aktualisiert sich automatisch auf die gefilterten Werte.

zugrunde liegt –, überhaupt noch um ein Sankey-Diagramm handelt, oder ob es sich nicht vielmehr um einen anderen Charttypen handelt. Die oftmals hier in die Diskussion gebrachte Alternative lautet „Alluvial Diagram".

Alluvial Diagrams sind äußerlich (also bezüglich der typischen visuellen Erscheinungselemente wie Knoten, Streams und der horizontalen Anordnung von Dimensionen) nicht von Sankey-Diagrammen zu unterscheiden. So sieht ein Alluvial, das das Sales Measure über die Dimensionen Kundensegment, Produktkategorie und Region visualisiert, prinzipiell genauso aus wie ein von der Show Me More Extension in Tableau erzeugtes Sankey.

Die Unterschiede beider Charttypen beziehen sich vielmehr auf die auf tieferliegende, strukturelle Merkmale. So stellt beispielsweise Brunson (2019) in ihrem Blogbeitrag fest: „Alluvial plots are parallel sets plots in which classes are ordered consistently across dimensions and stacked without gaps at each dimension." Sowohl Alluvial als auch Parallel Sets fehle das entscheidende Merkmal von Sankey und einfachen (qualitativen) Flussdiagrammen, nämlich die Richtung. Sie merkt an, dass Alluvial Plots zwar Flussdaten repräsentieren können, betont aber, dass dieser Charttyp eben nicht spezifisch für Flussdaten ist. Auch Elijah Meeks (Meeks 2017) verweist auf den spezifischen Charakter von Sankey-Diagrammen in seinem Blogartikel „Alluvial Charts and Their Discontents": „Like all network diagrams, a sankey diagram represents explicit connections between elements. It represents an explicit system, rather than a simple collection of correlated datapoints." Insbesondere könnte ein Alluvial Diagramm nicht rückwärtsgerichtete („zyklische") Ströme abbilden und könnte auch nicht zwischen vorwärts und rückwärts gerichteten unterscheiden.

Diesen Versuchen, die Unterscheidung zwischen Sankey und Alluvial Diagrams zu schärfen, stehen aber aktuelle Werke zur Datenvisualisierung entgegen, die keine deutliche Trennlinie zwischen diesen beiden Diagrammtypen ziehen. So betont das „Data visualization handbook" (Koponen and Hildén (2019)) eher die Gemeinsamkeit: „There is some disagreement on whether alluvial diagrams should be considered separate from Sankey diagrams, or just a minor variant, but regardless, the two chart types are very similar in construction". Auch Andy Kirk sieht keinen großen Unterschied, wenn er schreibt „The Sankey is closely related to the ‚alluvial diagram', which tends to show changes in composition and flow over time and often across multiple stages." (Kirk 2019, S. 167).

Die Erörterung taxonomischer Abgrenzungen des Sankey-Diagramms gegenüber ähnlichen Charttypen soll an dieser Stelle nicht weiter vertieft werden. Es sei verwiesen auf die strukturierte Sammlung von Merkmalen dieser Charttypen im Observable Notebook von McDonald (2020) sowie auf den bereits erwähnten Artikel von Brunson (2019) auf der Webplattform Github. Vielmehr soll im Weiteren die praktische Relevanz des Sankey-Diagramms im Anwendungsgebiet der Business Intelligence und ihre Usability, also ihre Tauglichkeit für den Gebrauch aus Sicht der Nutzer, erörtert werden.

7.8   Usability von Sankey-Diagrammen im Kontext von Business Intelligence

Meeks (2019) argumentiert, dass – obwohl Sankey-Diagramme mittlerweile auch in Mainstream Analytics Tools produziert werden können – diese üblicherweise als überkomplex und nur bedingt nützlich betrachtet werden. Einerseits sei dies ein Problem der (mangelnden) „Data Literacy", wenn Menschen sich schwertäten, komplexe Flussdiagramme zu „lesen". Daraus leitet er die Forderung nach organisatorischen Maßnahmen ab, solche Fähigkeiten bei Menschen zu entwickeln. Andererseits sei dies aber auch ein Problem von aktuell begrenzten Darstellungsmöglichkeiten in den Tools. Dementsprechend fordert er bessere Visualisierungstools im Allgemeinen und bessere Layoutalgorithmen im Speziellen, um den Datenvisualisierern zu ermöglichen, diese Flussdiagramme besser lesbar zu machen.

Es stellt sich daher die Frage, inwieweit Sankey-Diagramme von Fachanwendern in Unternehmen und Organisationen (die keine Experten für Energie- und Materialströme sind) überhaupt verstanden, interpretiert und für andere analytische Kontexte verwendet werden können. Beispielsweise interessieren Nutzer mit Rollen innerhalb der Business Intelligence, des Marketings oder des Controllings. Haben einerseits diese Nutzer die Fähigkeit zur Interpretation von Sankeys? Und haben andererseits die Tools die entsprechende Darstellungs- und Interaktionsmöglichkeiten, damit analytische Aufgaben erfüllt werden können? Beide Fragestellungen nach dem aktuellen Stand von Nutzern und Tools führen zu User Research Studien über die Nutzung von Sankeys im Business-Kontext und den dabei erhobenen empirischen Daten.

Im Rahmen des Forschungsprojektes „User Centered Interactive Visualization for Big Data (USIVIS)" entstanden an der FH Oberösterreich in den vergangenen Jahren unter der Leitung von FH-Prof. Mag. DI Peter Hofer mehrere Studien zur Gestaltung neuartiger Visualisierungs- und Bedienkonzepte und deren Erforschung im Hinblick auf Usability, User Experience und Praxistauglichkeit mittels empirischer Methoden. Einige dieser Studien verglichen die Usability von Sankey Diagrams mit der von anderen Charttypen. Dabei steht der Nutzertyp des Controllers und die mit dieser Rolle verbundenen analytischen Aufgaben sowie ein Datensatz aus dem Weinhandel mit Businessrelevanz im Zentrum dieser Studien.

Im Folgenden werden die wesentlichen Erkenntnisse aus den entsprechen Studien zur Usability von Sankey-Diagrammen zusammengefasst.

Zuvor jedoch eine Anmerkung zu dem in den Studientiteln verwendeten Begriffs „Big Data": Der den Usability Test zugrunde liegende Datensatz aus dem Weinhandel weist lediglich 26 Spalten mit 9961 Zeilen auf (Hofer et al. 2018, S. 102). Aus Sicht von Data Science ist das Volumen dieses Datensatz damit weit entfernt von einer Klassifizierung als Big Data. Die in den Studien formulierten Forschungsfragen legen allerdings nahe, dass ihr Fokus eher auf Multidimensionalität der Daten und ihrer Visualisierung lag als auf einem sehr großen Datenumfang.

Hofer et al. (2018, S. 111) verglichen u. a. die Usability der Standardvisualisierung des Sankey im Framework d3.js mit einer um neue Interaktionstechniken erweiterten Visualisierungssoftware. Im o. g. Research Paper kommen sie zu dem Schluss, dass die in d3.js vorhandenen Standardvisualisierungen des Sankey-Diagramms „deutliches Verbesserungspotenzial" aufweisen, wenn es darum geht, ein Sankey für analytische Aufgaben von multidimensionalen Daten innerhalb von Businesskontexten zu verwenden. Dieses gelte auch für die komplexen Charttypen Sunburst und Polar Coordinates, die ebenfalls in dieser Studie untersucht wurden. Einfache Aufgabenstellungen wie die Identifikation eines Dimensionswertes oder der Vergleich einiger weniger Objekte konnten die testenden Nutzer damit bereits meist zufriedenstellend lösen.

Das Sankey hatte bei Aufgabentypen wie das „Erfassen von Zusammenhängen" allerdings eine höhere Effektivität, eine höhere Effizienz und teilweise eine höhere Zufriedenheit, wenn es über folgende zusätzlichen Interaktionsmöglichkeiten für den Nutzer verfügte (Abb. 7.12):

- Umorientierung des Charts von horizontaler zu vertikaler Ausrichtung
- Neuanordnung von Dimensionsachsen (Interaktion „Arrange")
- Dimensionsübergreifendes Hervorheben von einzelnen Strömen

Hieraus lässt sich ableiten, dass das Visualisierungsprinzip der Prozessstufen, Knoten und Ströme durchaus für BI-typische Fragestellungen benutzbar ist. Jedoch müssen Interaktions- und Konfigurationsmöglichkeiten des Standard-Sankeys deutlich erweitert werden, wenn damit die alltäglichen Fragestellungen der Business Intelligence effizient und zuverlässig beantwortet werden können sollen.

Perkhofer et al. (2020) „Does design matter when visualizing Big Data? An empirical study to investigate the effect of visualization type and interaction use" verglichen mehrere komplexe Charttypen miteinander in Bezug auf die Usability. Dabei verwenden sie ebenso den in der Studie von 2018 verwendeten Datensatz wie die Aufgabenstellung an die Nutzer mit verschiedene Aufgabentypen. Zwei wesentliche Ergebnisse ziehe ich aus dieser Studie:

a) Es zeigte sich, dass die untersuchten Charttypen auf der Grundlage eines kartesischen Koordinatensystems wie Sankey oder Parallel Coordinate für die Nutzer besser lesbar und nutzbar sind als Sunburst oder Polar Coordinate, die auf Polarkoordinaten basieren und die ihre Ergebnisse radial vom Zentrum aus zeichnen.
b) Die Möglichkeit von Interaktion hatte einen starken Effekt auf die Zufriedenheit der Nutzer und einen mittleren Effekt auf die Effizienz der Aufgabenerfüllung. Ein signifikanter Effekt auf die Effektivität wurde allerdings nicht festgestellt.

Nach den Ergebnissen beider Studien wage ich die Hypothese, dass die o. g. Tableau Extension ShowMeMore eine deutliche Steigerung der Usability bei der Nutzung von Sankeys bei BI-Aufgaben gegenüber dem klassischen Sankey im d3.js Framework

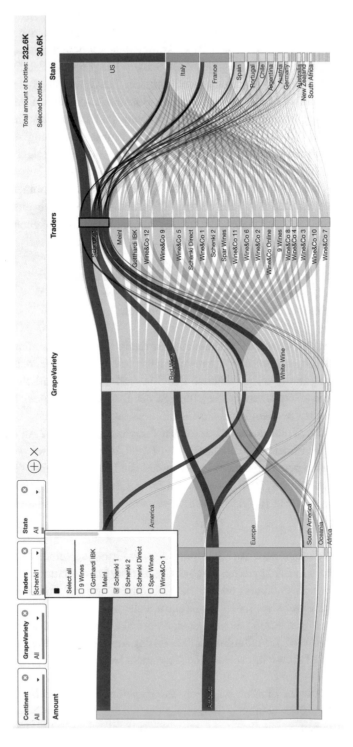

Abb. 7.12 Screenshot des interaktiven „Sankeys-Explorers", der mit erweiterten Funktionalitäten im Usability-Test verwendet wurde. Der Proband konnte die Achsen selektieren, ihre Abfolge definieren sowie innerhalb der Achsen nach Werten mittels eines Dropdowns filtern. (Quelle: http://hgb-sankey-wine.herokuapp.com/ zugegriffen. 31.12.2020)

erbringen würde. Dies, weil sie über eine Vielzahl von Interaktionsmöglichkeiten wie Filterung, Drilldown, Rollup sowie Konfiguration von Farbkodierung, Kontrolle der Anzahl der dargestellten Dimensionen, Einblenden von Werten oder Kategorienlabels usw. verfügt. Und dies insbesondere im Zusammenspiel mit den in Tableau ohnehin reichlich vorhandenen Interaktionsmöglichkeiten für den Nutzer, die unterschiedlichsten Datensichten und verschiedene Level of Detail zu steuern.

Sankeys haben also das Potenzial, ein Instrument von Visual Analytics zur Beantwortung analytischer Fragestellungen bei der Verwendung multidimensionaler Daten durch Fachanwender/Information Prosumer zu sein. Aber einiges fehlt ihnen in vielen Frameworks, um ihr Potenzial auch in der Breite und Tiefe der analytischen Fragestellungen ausspielen zu können. Welche Fähigkeiten sind dies?

7.9   Die Zukunft des Sankeys

Ich sehe zwei zentrale Bereiche, auf die Visual Analytics Tools die Funktionalitäten des interaktiven Sankey-Diagramms hin entwickeln sollten, um eine breitere Anwendung unter den Anwendern außerhalb des klassischen Anwendungsgebietes von Energie- und Materialflüssen, insbesondere im Bereich der Business Intelligence, zu unterstützen.

Dies ist zum einen eine Ausweitung der Interaktionsmöglichkeiten im Kontext des Sankeys durch den Information Prosumer/Fachanwender durch Filterung, Zoom-in/Zoom-out, Drilldown/Rollup. Dazu gehört auch – wie bei modernen UIs mittlerweile Standard – die mögliche Verlagerung von Detailinformationen auf Layers bei Mouseover von Streams oder von Knoten. Diese Interaktionsmöglichkeiten sollten vom Nutzer konfiguriert werden können statt wie in Expertensoftware wie R oder in d3.js gecoded werden zu müssen. Das entsprechenden Schlagworte lauten „Demokratisierung der Datenanalyse" auf der Seite der Tools und „Data Literacy" auf der Seite der Anwender. Beide Anforderungen ergänzen sich gegenseitig.

Der zweite Bereich, in dem Entwicklung nötig ist, ist die Einbeziehung und sinn-fällige Darstellung von rückbezüglichen Graphen. Verstärkt werden Daten über Prozesse in industriellen, verwaltungsmäßigen und organisatorischen Abläufen erfasst und mittels Process Mining oder durch Decision Intelligence gesammelt, strukturiert, modelliert und ausgewertet. Diese Abläufe verlaufen selten – eigentlich nie – nur in eine Richtung; sowohl das Überspringen von Prozessstufen als auch der Rücksprung auf einen früheren Zustand ist ein völlig normales sowie auch häufiges Ereignis im Ablauf. Die im Process Mining oft verwendeten Petrinetze können Rücksprünge problemlos abbilden; die gleiche Fähigkeit sollte für Sankeys ebenfalls selbstverständlich werden.

Insofern kann ich mich den Worten Meeks (2017) S. 4 nur anschließen: „The sankey diagram is one of the most readable of the complex data visualization methods but despite this there seems to be little effort to produce more than the traditional limited sankey layout. What's really needed is a layout that produces the cyclical representation present in Sankey's original diagram."

Literatur

Blum, L. B. 2018. Von der Tabellenkalkulation zur assistenzgestützten visuellen Analyse. In *Qualität und Data Science in der Marktforschung,* Hrsg. B. Keller, H. W. Klein, und T. Wirth. Wiesbaden: Springer Gabler. https://doi.org/10.1007/978-3-658-19660-8_11.

Bostock, M., et al. 2011. D^3 data-driven documents. *IEEE Transactions on Visualization and Computer Graphics* 17(12):2301–2309.

Brunson, C. 2019. Defining and taxonomizing alluvial diagrams, https://corybrunson.github.io/2019/09/13/flow-taxonomy/. zuletzt besucht 23.04.2022.

eurostat: Energieflussdiagramm für Europäische Union (27 Länder). 2020a. Screenshot von https://ec.europa.eu/eurostat/cache/sankey/energy/sankey.html?geos=EU27_2020&year=2020&unit=KTOE&fuels=TOTAL&highlight=_&nodeDisagg=0101000000000&flowDisagg=true&translateX=0&translateY=0&scale=1&language=DE. Zugegriffen: 26. Juni 2022.

eurostat: Energieflussdiagramm für Europäische Union (27 Länder). 2020b. Screenshot von https://ec.europa.eu/eurostat/cache/sankey/energy/sankey.html?geos=EU27_2020y&year=2020y&unit=KTOE&fuels=TOTAL&highlight=_&nodeDisagg=111111111111&flowDisagg=true&translateX=-29.73891750805774&translateY=-6.213393770115687&scale=0.7722688698355182&language=DE. Zugegriffen: 26. Juni 2022.

Few, S. 2009. *Now you see it,* 12. Analytics Press, Oakland.

Few, S. 2017. What is data visualization? https://www.perceptualedge.com/blog/?p=2636. Zugegriffen: 27. Apr. 2022.

Gansor, T. 2019. BI ist tot … oder doch nicht? *BI Spektrum* 2:29.

Hofer, P., C. Walchshofer, C. Eisl, A. Mayr, und L. Perkhofer. 2018. *Sankey, Sunburst & Co – Interaktive Big Data Visualisierungen im Usability Test. In: Konferenzband CARF 2018 Luzern,* 92–116. IFZ – Hochschule Luzern – Wirtschaft.

Hoogzaad, J. et al. 2019. *Circular Economy Opportunities in Almaty. A metabolic apporach to define a resource efficient and low-carbon future for the city,* 26 f.

Hullmann J. The purpose of visualization is insight, not pictures: An interview with visualization pioneer Ben Shneiderman. https://medium.com/multiple-views-visualization-research-explained/the-purpose-of-visualization-is-insight-not-pictures-an-interview-with-visualization-pioneer-ben-beb15b2d8e9b. 2019, zugegriffen 18. Apr. 2022.

Kirk, A. 2019. *Data visualisation. A handbook for data driven design (2nd Edition).* Sage, London.

Koponen, J., und J. Hildén. 2019. *Data Visualization handbook.* Aalto University publication series, Keuruu.

Lupton, R.C., und J.M. Allwood. 2017. Hybrid Sankey diagrams: Visual analysis of multidimensional data for understanding resource use. *Resources, Conservation & Recycling* 124:141–151. https://doi.org/10.1016/j.resconrec.2017.05.002.

Mauri, M., T. Elli, G. Caviglia, G. Uboldi, und M. Azzi. 2017. RAWGraphs: A visualisation platform to create open outputs. In *Proceedings of the 12th Biannual Conference on Italian SIGCHI Chapter* (p. 28:1–28:5). New York: ACM. https://doi.org/10.1145/3125571.3125585.

Mayer, A. et al. 2018. Measuring progress towards a circular economy. A monitoring framework for economy-wide material loop closing in the EU28. *Journal of Industrial Ecology, Volume 23, issue 1,* . 62 - 76 https://doi.org/10.1111/jiec.12809.

McDonald, D. 2020. About Sankey, Alluvial, Parallel Sets, and Parallel Coordinates, https://observablehq.com/@didoesdigital/18-july-2020-about-sankey-alluvial-parallel-sets-and-parall. Zugegriffen: 03. Febr. 2022.

Meeks, E. 2017. Alluvial charts and their discontents. https://medium.com/@Elijah_Meeks/alluvial-charts-and-their-discontents-10a77d55216b. Zugegriffen: 26. Juni 2022.

Meeks, E. 2018. Designing for complex data visualization. https://www.youtube.com/watch?v=iqWSJLFa9hg.

Meeks, E. 2019. We live in a world of funnels. https://medium.com/noteableio/we-live-in-a-world-of-funnels-4f2d5c841d47. Zugegriffen: 07. März 2022.

Nuss, P., et al. 2017. Development of a Sankey diagram of material flows in the EU economy based on Eurostat data: Monitoring of non-energy & non-food material flows in the EU-28 for the EC Raw Materials Information System (RMIS). *Publications Office of the European Union.* https://doi.org/10.2760/362116.

Perkhofer, L., et al. 2020. Does design matter when visualizing Big Data? An empirical study to investigate the effect of visualization type and interaction use. *Journal of Management Control* 31:55–95. https://doi.org/10.1007/s00187-020-00294-0.

Sankey M. H., und A. Kennedy. 1898. The thermal efficiency of steam engines. *Minutes of Proceedings of The Institution of Civil Engineers. Vol. CXXXIV, Session 1897–98. Part IV.*

Shneiderman, B. 1996. The eyes have it: A task by data type taxonomy of information visualizations. *Proceedings IEEE Symposium on Visual Languages '96.* (p. 337).

Smith, A. Visual Vocabulary. Designing with Data. https://github.com/Financial-Times/chart-doctor/tree/main/visual-vocabulary. 2016, zugegriffen: 13. Febr. 2022.

Steger, S. et al. 2019. Stoffstromorientierte Ermittlung des Beitrags der Sekundärrohstoffwirtschaft zur Schonung von Primärrohstoffen und Steigerung der Ressourcenproduktivität, Abschlussbericht. Hrsg. Umweltbundesamt, Dessau-Roßlau 2019. https://www.umweltbundesamt.de/publikationen/stoffstromorientierte-ermittlung-des-beitrags-der. Zugegriffen: 01. Apr. 2022.

Lothar B. Blum ist Diplom-Designer und ausgebildeter Usability Consultant. Er stellte bereits während seines Studiums des Produktdesigns an der HfG Offenbach die Interaktion zwischen Mensch und Computer in den Mittelpunkt seiner Tätigkeit. Heute arbeitet er für den internationalen Softwarehersteller Infor als Principal UX Designer. Seine Schwerpunkte umfassen das Design datengetriebener und KI-unterstützter Applikationen, User Research und Datenvisualisierung. Zusätzlich lehrt er interaktives Informationsdesign und Data Storytelling am FB Onlinemedien der DHBW Mosbach, an dem er auch von 2003 bis 2012 das von ihm entwickelte Gestaltungscurriculum in Lehrveranstaltungen umsetzte. 2018 gründete er mit Anatol Reibold die Veranstaltungsreihe Data Science Darmstadt und leitet und organisiert seitdem deren Meetups.

Teil III
Prozesse

Jenseits der Algorithmen

8

Einsichten aus der Datenanalyse in der experimentellen Wissenschaft

Dieter Bingemann

Inhaltsverzeichnis

D. Dingemann (✉)
Spectroscopy & Data Science, Wiesbaden, Deutschland

© Der/die Autor(en), exklusiv lizenziert an Springer Fachmedien Wiesbaden GmbH, ein   195
Teil von Springer Nature 2023
L. B. Blum (Hrsg.), *Angewandte Data Science*,
https://doi.org/10.1007/978-3-658-39625-1_8

Zusammenfassung

Data Science folgt einem traditionellen Analysemodell zur iterativen Verbesserung der Analyse eines Datensatzes. In diesem Artikel werfen wir ein Blick darauf, wie die „Sciences" mit Data umgehen – der wissenschaftlichen Datenanalyse – und finden Herangehensweisen, die auch auf Data-Science-Projekte zutreffen können und die den Horizont in der Entwicklung von Data-Science-Modellen deutlich erweitern könnten. Insbesondere schlagen wir parallel zur experimentellen chemischen Analytik vor, die Daten nicht als gegeben, sondern als Resultat eines Experimentes anzusehen. Wir schlussfolgern, dass neue Daten mit neuen Experimenten erzeugt werden können; aber auch, dass es gute und schlechte Experimente sowie gute und schlechte Daten gibt. Diese Sichtweise erweitert den Horizont des Data Scientist weg von einem engen Fokus auf die Auswertealgorithmen hin zu einer Sichtweise, die das Data-Science-Projekt als System begreift und die Datenaufnahme als ein Experiment. Die Verbesserung dieses Experimentes und die Entfernung von externen Einflüssen aus den Daten sind dann die größten Hebel, durch deren Einsatz man die besten Resultate erzielen kann.

8.1   Einleitung

Datenanalyse war in der Wissenschaft gang und gäbe, lange bevor der Begriff Data Science überhaupt existierte, ja selbst vor der weiten Verbreitung von Personal Computern. Es lohnt sich daher, einen Blick zu werfen auf die über lange Zeit gereifte Herangehensweise in der experimentellen Wissenschaft. Diese etablierten Methoden lassen sich erstaunlich gut auf die junge Disziplin der Data Science übertragen und eröffnen hierbei ungeahnte Perspektiven.

In der Businesswelt hat sich ein Ansatz etabliert, der seit etwa der Jahrtausendwende unter dem Namen CRISP-DM (cross-industry standard process for data mining) gehandelt wird (Chapman et al. 2000). Bei diesem Ansatz dreht sich im wahrsten Sinne des Wortes alles um die Daten, die auszuwerten sind. In einem iterativen Prozess führt eine explorative Datenanalyse, geleitet von den ursprünglichen Fragestellungen, mit geeigneter Datenvorbereitung und eingehender Modellierung zu Erkenntnissen, die wiederum neue Fragestellungen hervorbringen. Zentral sind hierbei die Daten, die in diesem Ansatz als gegeben angesehen werden.

Auch in der wissenschaftlichen Herangehensweise ist die Datenanalyse iterativ, allerdings sieht die experimentelle Wissenschaft im Gegensatz zum CRISP-DM die Daten als Resultat eines Experimentes an. Dieses Experiment muss so konzipiert sein, dass Daten von geeigneter Qualität erzeugt werden. Im Verlaufe der Auswertungs- iteration wird dieses Experiment zur Datenerzeugung auch häufig weiter verbessert. Hierbei werden dann solange neue, bessere Daten erzeugt, bis die Resultate der Daten- analyse ausreichend gut sind, um die ursprüngliche Fragestellung oder die in der Iteration neu entstandenen Fragestellungen zu beantworten.

Wir zeigen in diesem Artikel Beispiele dieser Optimierung in der wissenschaftlichen Datenauswertung „jenseits der Algorithmen" und ziehen Parallelen zu Anwendungen in nicht wissenschaftlichen Bereichen. Dies geschieht mit der Hoffnung, dass sich hierbei neue Perspektiven für Data Scientists in der gesamten Breite des Feldes eröffnen.

8.2   Das CRISP-Modell für Data Mining

Das CRISP-DM (**CR**oss-**I**ndustry **S**tandard **P**rocess for **D**ata **M**ining)-Modell ist ein offener Standard und derzeit der führende Ansatz der Datenanalyse im Businessbereich (Piatetsky-Shapiro 2014).

8.2.1   Wesentliche Schritte

Nach dem CRISP-Modell durchläuft ein Data-Science-Projekt die folgenden Schritte in einem iterativen Ansatz:

- Projektvorgabe – Definition der Ziele und Erfolgskriterien
- Datenverständnis – Daten Sammlung, Sichtung, Erkundung
- Datenvorbereitung – Daten Auswahl, Säuberung, Vorbereitung
- Modellierung – Fit eines Modells und Bestimmung der Qualität
- Evaluierung – Abgleich der Ergebnisse gegen Zielvorgaben, Iteration falls nötig
- Einsatz – Vorbereitung des Einsatzes und Pflege des Modells

Diese Abfolge der Schritte und deren gegenseitige Abhängigkeit wird gerne in einem Flussdiagramm wie in Abb. 8.1 dargestellt.

Wie angedeutet, führen die Ergebnisse der Evaluierung oft zu einer Anpassung der Projektziele mit neuen Fragestellungen, die erneut an die Daten gerichtet werden können, was einen iterativen Prozess startet.

Weiter ist durch die Doppelpfeile angedeutet, dass auch im kleineren Maßstab die Modellierung und Datenvorbereitung oft mehrfach iterativ durchlaufen wird, um die Qualität des Modells zu verbessern oder das Businessverständnis zu vertiefen. Selbst die anfängliche Datenvisualisierung, auch ohne weitere Modellierung, kann schon neue Ein-

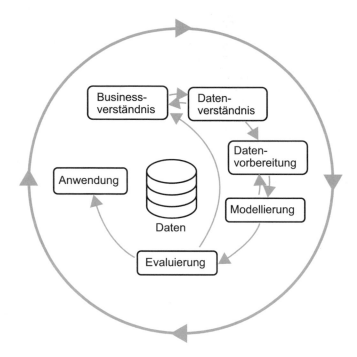

Abb. 8.1 Zusammenspiel der einzelnen Schritte im CRISP-DM-Modell der Datenanalyse

sichten liefern. Im iterativen Prozess werden weiterhin hierbei oft neue, bessere Fragestellungen entwickelt.

8.2.2   Was kann wissenschaftliche Datenanalyse beitragen?

Ein Data Scientist verbringt oft einen signifikanten Teil der Zeit mit der Datenvorbereitung und weniger Zeit mit der Modellierung. Trotzdem wird die Modellierung oft
glorifiziert und das Hauptaugenmerk liegt oft auf den verwendeten Algorithmen, mit
denen das Optimum an Vorhersagekraft aus den Daten extrahiert wird.

   Demgegenüber wird die Datenvorbereitung, die Auswahl geeigneter unabhängiger
Variablen oder deren Kombination genauso wie die Datensäuberung – das heißt die
Entfernung von Ausreißern und das Auffüllen fehlender Daten – gerne automatischen
Skripten überlassen.

   In diesem Artikel vergleichen wir diesen CRISP-DM-Ansatz mit dem Vorgehen
der Datenanalyse, wie sie in der Wissenschaft betrieben wird, hier am Beispiel der
instrumentellen chemischen Analytik. Dies scheint auf den ersten Blick ein sehr
spezieller Vergleich zu sein, aber auch in der Wissenschaft sollen Daten eine Frage
beantworten. Statt „Welche weiteren Filme sollten dem Kunden nun zum Schauen
empfohlen werden?" lautet so eine Frage dann zum Beispiel „Wie viel Vitamin C enthalten die Erdbeeren auf diesem Feld?"

Bei diesem Vergleich zwischen Data Science und wissenschaftlicher Datenanalyse erschließen sich Einsichten, die möglicherweise den CRISP-DM-Ansatz befruchten könnten. Eine wesentliche Schlussfolgerung ist eine Verschiebung des Fokus weg von den Algorithmen und hin zu den Daten. Dies betrifft zum einen die Datenvorbereitung. Zum anderen schlägt diese von der wissenschaftlichen Analyse inspirierte Sichtweise vor, auch die Datenerhebung selbst als neuen, aber sehr wesentlichen, Beitrag zum Erfolg eines Data-Science-Projektes einzuführen.

8.3   Spektroskopie – chemische Analytik mit Licht

Die instrumentelle chemische Analytik untersucht die Zusammensetzung und Identität von Proben mithilfe von Messinstrumenten im Labor. Die Bandbreite dieser Instrumente ist sehr groß; eine spezielle Unterkategorie dieser Instrumente benutzt Licht zur Untersuchung der Proben – ein Ansatz, der als „Spektroskopie" bezeichnet wird. Hierbei wird Licht von einer Lichtquelle auf die Probe gelenkt, gemessen wird die Intensität des Lichtes, das die Probe passiert oder von ihr wieder zurückgeworfen wird. Meist wird diese Intensitätsmessung für verschiedene Farben (Wellenlängen) des Lichtes getrennt durchgeführt, was eine große Anzahl von (allerdings teilweise korrelierten) Datenpunkten (das sogenannte Spektrum) liefert und sehr detaillierte Einblicke in die Eigenschaften der Probe eröffnen kann.

8.3.1   Vorgehensweise in der Spektroskopie

Ein wesentlicher Teil der Spektroskopie ist die Umwandlung der Daten (das Spektrum) in eine Antwort, die den Forscher eigentlich interessiert. Parallel zur Beschreibung des CRIPS-DM-Ansatzes skizzieren wir hier daher das Vorgehen in der chemischen Analytik, ausgehend von der Fragestellung hin zur Antwort, als Abfolge von Schritten in einem Flussdiagramm, welches in Abb. 8.2 dargestellt ist.

Die Fragestellung bestimmt, welche und wie viele Proben gezogen werden sollten. Diese werden zunächst chemisch oder physikalisch so aufbereitet, dass das Spektrometer ein Spektrum messen kann, zum Beispiel durch Verkleinern der Partikel oder Auflösen der Probe in Wasser. In der Spektroskopie wird nun Licht auf diese Probe im Probenhalter gelenkt und das Spektrum gemessen. Aus diesen Spektren (den Daten) wird durch Abgleich mit der unabhängig bestimmten Zielgröße (die vorherzusagende Eigenschaft der Probe) ein Modell erstellt (oder ein existierendes Modell angewendet) und so die gewünschte Antwort bestimmt.

Wie im CRISP-DM-Modell kann auch hier die Evaluierung der Resultate und der Abgleich gegen die Projektvorgaben die Wiederholung eines vorhergehenden Schrittes bedingen. Häufig zeigt zum Beispiel die Datenanalyse, dass unerwünschte Messartefakte im Preprocessing der Daten entfernt werden müssen oder dass Quereinflüsse in der

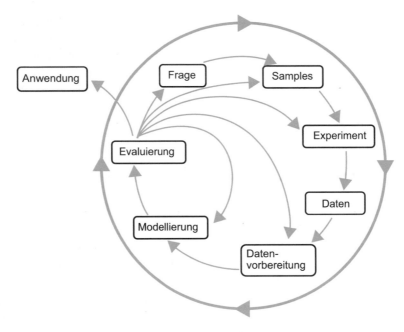

Abb. 8.2 Abfolge der Schritte in der Chemischen Analytik als Informationsfluss von der Fragestellung über die untersuchten Proben und die Messungen zur Antwort

Messung, hervorgerufen von anderen Bestandteilen der Proben, durch eine gezielte Vorbehandlung in der Probenvorbereitung reduziert werden müssen.

Wie bei CRISP-DM wird durch diesen iterativen Prozess das Ergebnis Stück für Stück optimiert, bis es den Ansprüchen der Anwendung genügt.

8.3.2   Vergleich des Vorgehens in Spektroskopie und CRISP-DM

Beim Vergleich der beiden Flussdiagramme fallen einige Gemeinsamkeiten, aber auch einige Unterschiede auf. Sehr ähnlich ist hier zum Beispiel das iterative Vorgehen, sowohl zur Optimierung der Datenvorbereitung als auch der Modellierung der Daten oder beim Test der Vorhersagen mit weiteren Daten.

Der größte Unterschied zwischen den beiden Ansätzen liegt jedoch in der Einbeziehung der Daten selbst innerhalb dieses iterativen Optimierungsprozesses bei der wissenschaftlichen Datenanalyse. In der chemischen Analytik werden die Daten als Resultat einer Messung in einem Experiment angesehen, welches in iterativen Prozessschritten ebenfalls optimiert wird. In jedem Iterationsschritt entstehen hierbei neue Daten; sie sind daher in der chemischen Analytik nicht gegeben, sondern werden im Experiment neu erzeugt.

In der gleichen Weise hängt auch die Qualität des Modellinputs stark sowohl von der Messung selbst als auch von der Datenvorbereitung ab. Es bieten sich in diesem wissenschaftlichen Ansatz daher zahlreiche weitere Stellschrauben zur Verbesserung der Daten und damit in der Folge auch zur Modellierung. Die Planung des Experimentes und dessen Durchführung zur Datengenerierung werden somit integraler Bestandteil der Modellentwicklung.

Auch im Zeitalter von Big Data sind Daten in der chemischen Analytik rar, da die Messungen oft langwierig und teuer sind. Die Modelle müssen sich daher mit wenigen Daten trainieren lassen und trotzdem robust sein, da die Ansprüche an die Vorhersagekraft der Modelle oft auch im Einzelfall sehr hoch sind. Man denke zum Beispiel nur an eine Qualitätskontrolle in der Pharmaindustrie.

In den nachfolgenden Abschnitten zeigen wir anhand von Beispielen, wie vor allem die Optimierung der Messanordnung zur Erzeugung der Daten, aber auch die gezielte Vorbereitung der Daten zur Entfernung von unerwünschten Artefakten einen weit größeren Einfluss auf die Qualität der Ergebnisse haben kann als die Optimierung der Modellierung selbst, zum Beispiel über die Auswahl der Auswerte-Algorithmen. Nach den Erfahrungen des Autors sind oft einfache Regressionen in der chemischen Analytik in ihrer Vorhersagekraft ebenbürtig mit komplexen Algorithmen, solange die Messung und die Datenvorbereitung optimiert sind und somit qualitativ hochwertige Daten erzeugen.

8.3.3   Spektroskopie

In einer speziellen Unterkategorie der Spektroskopie, der sogenannten Raman-Spektroskopie, mit der die folgenden Beispiele gemessen wurden, wird ein Laser als Lichtquelle eingesetzt, auf die Probe fokussiert, und die Intensität des zurückgestreuten Lichtes, nach dem Durchgang durch optische Filter, als Spektrum gemessen.

Ein solches Raman-Spektrum besteht typischerweise aus tausend Einzelpunkten; geplottet sieht man hierbei scharfe Banden mit charakteristischen Positionen, Breiten, und Höhen. Abb. 8.3 zeigt Spektren am Beispiel von Lösungen von Alkohol in Wasser mit unterschiedlichen Konzentrationen. Die Banden im mittleren Bereich des Spektrums wachsen mit zunehmender Alkoholkonzentration, die drei Banden im linken Bereich stammen von der Messanordnung und ändern sich genauso wenig mit der Alkoholkonzentration wie die breite Bande am rechten Rand, die vom Wasser in der Lösung stammt.

8.3.4   Chemometrie

Da sich die gezeigten Spektren mit der Konzentration ändern, liegt es nun nahe, im Umkehrschluss aus den Spektren wiederum die Konzentration zu ermitteln. Dies würde erlauben, die Alkoholkonzentration einer unbekannten Lösung (um bei diesem Beispiel zu bleiben) auch in einem geschlossenen Gefäß mithilfe eines Lasers zu messen. Diese

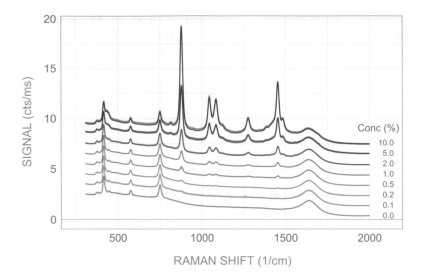

Abb. 8.3 Beispiel-Spektren für Lösungen von Alkohol in Wasser mit verschiedenen Konzentrationen, die Spektren sind zur Unterscheidung vertikal verschoben

Vorhersage einer unbekannten Größe aus einem multivariaten Datensatz geschieht mit Standardmethoden der Data Science, allerdings angewandt auf die chemische Analytik. Dies führte zur Definition eines separaten Begriffs (der „Chemometrie"), obwohl es sich im Grunde nur um die Anwendung der Prinzipien der Data Science auf chemische Analytik handelt.

Die drei klassischen Anwendungen in der Chemometrie sind in Abb. 8.4 schematisch dargestellt:

- Qualitätskontrolle: Ist diese Substanz so wie sie sein soll?
- Identifizierung: Welche Substanz(en) liegen hier vor?
- Gehaltsbestimmung: Wie groß ist die Konzentration der Substanz in der Probe?

Aus der Data-Science-Perspektive werden diese drei Fragestellungen jeweils durch Ausreißer Identifizierung, Klassifizierung und Regression abgedeckt.

Da die Messungen mithilfe des Lasers berührungsfrei, schnell und ohne Zerstörung der Proben erfolgen, sind die Anwendungen für diese Methode äußerst vielfältig. So wird auf diese Weise zum Beispiel während der Eingangskontrolle in der Pharmaindustrie (durch die Umverpackung hindurch) die Identifikation von unbekannten, möglicherweise illegalen, weißen Pulvern in kleinen Plastiktütchen oder die Glukosekonzentration in großen Biotechnologie-Fermentern sehr erfolgreich durchgeführt.

In den folgenden Abschnitten stellen wir zwei solcher Anwendungen der Raman-Spektroskopie vor: die Identifikation von Plastiksorten – zum Beispiel als Mikroplastik im Ozean – und die Bestimmung der Alkoholkonzentration in einer Lösung. In beiden Fällen untersuchen wir detailliert, wie die Qualität der Vorhersage von der

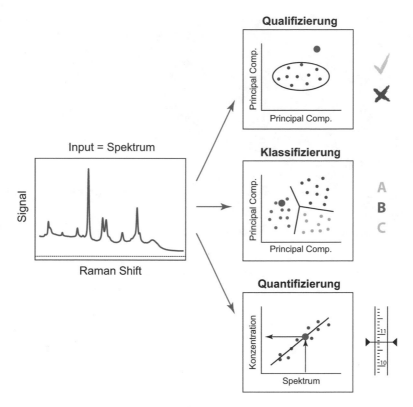

Abb. 8.4 Typische Anwendungen der Chemometrie: Quantifizierung, Klassifizierung, und Qualifizierung

Messanordnung und der Datenvorbereitung abhängt. Wir stellen diese Einflüsse der Verbesserung gegenüber, die durch die Anwendung ausgefeilter Algorithmen aus den gleichen Daten erzielt werden kann.

8.4   Identifikation von Plastiksorten

Als Beispiel für eine Klassifizierung in der Datenanalyse und speziell die Verbesserungen durch gute Datenvorbereitung diskutieren wir hier die Identifikation von unbekannten Plastikpartikeln mittels der Raman-Spektroskopie. Hierbei wird das zu identifizierende Stück Plastik wie oben beschrieben und in Abb. 8.5 gezeigt mit dem Laser bestrahlt und das Spektrum des zurückgestreuten Lichtes gemessen.

Die Identifikation der unbekannten Proben erfolgt mit einem Klassifizierungsmodell, das mit bekannten Plastikproben trainiert wird. Abb. 8.6 vergleicht zahlreiche Plastik-Raman-Spektren, die Abfolge und relative Höhe der Peaks ist hierbei charakteristisch für jede Plastiksorte.

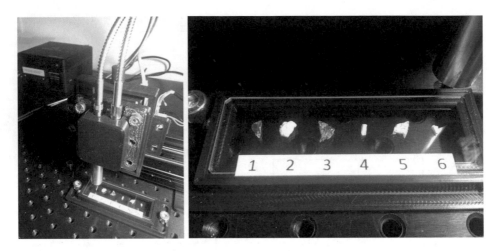

Abb. 8.5 Links: Aufbau zur Identifikation von unbekannten Plastikpartikeln mittels Raman-Spektroskopie, Spektrometer mit Laser im Hintergrund, Licht wird in Lichtleitern über die Sonde zu den Proben (auf Objektträger) geführt. Rechts: kleine Plastikproben vergrößert dargestellt

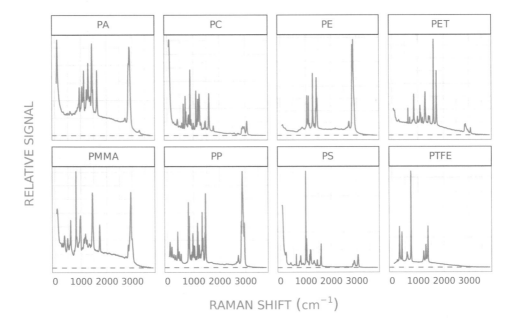

Abb. 8.6 Vergleich der Raman-Spektren verschiedener Plastiksorten

Die Unterschiede und Gemeinsamkeiten der Spektren lassen sich besser über eine PCA (Principal Component Analysis) darstellen, wie in Abb. 8.7 gezeigt. Die Spektren fallen hierbei in deutliche Untergruppen, deren Positionen im PCA-Raum zur Klassifizierung herangezogen werden können. Dies kann über verschiedene Algorithmen

Abb. 8.7 Auftragung der
ersten beiden Scores der
Principal Component Analysis
(PCA) der bearbeiteten
Raman-Spektren für
verschiedene Proben jeder
untersuchten Plastiksorte

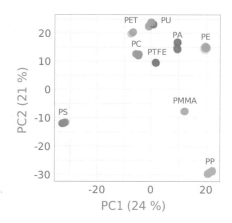

geschehen. Üblich in der Chemometrie sind hierbei PCA-basierte Methoden, wie zum
Beispiel eine Ein-Klassen-Definition auf der Grundlage einer multidimensionalen
Normalverteilung der Scores aus der PCA. Dabei ist der „Soft-independent-modelling-
of-class-analogy"-Ansatz (SIMCA) am verbreitetsten.

8.4.1 Preprocessing

Diese klare Klassifizierung wird allerdings nicht direkt mit den Originalspektren
erreicht; es benötigt hierzu erst eine gute Aufarbeitung der Spektren im sogenannten
„Preprocessing". Raman-Spektren zeigen bisweilen nicht nur die gewünschten Peaks,
sondern oft auch einen starken Untergrund, der nicht charakteristisch für die Plastiksorte
ist, sondern vielmehr von der irrelevanten Farbe der Proben herrührt. Am Beispiel von
Spektren für verschiedene PET (**P**oly**E**thylene **T**erephthalate)-Proben zeigt Abb. 8.8 die
starke Variation des Untergrundes. Im Gegensatz dazu gleichen sich die Peak-Positionen
und Breiten, die die Plastiksorte identifizieren. Sichtbar ist hier auch eine Variation in der
Höhe der gleichen Peaks im Vergleich verschiedener Spektren, was zum Beispiel von
der Entfernung der Probe zur Sonde abhängt. Allerdings ist das Verhältnis der Höhen
bestimmter Peak-Paare – das eigentliche qualitative Erkennungsmerkmal eines Materials –
bei allen Proben der gleichen Sorte identisch.

    Untergrund und Peak-Höhen-Variation dominieren das Signal und würden die
Klassifizierung stark verfälschen. Zur Verdeutlichung des Einflusses dieser externen
experimentellen Faktoren sind die Scores der PCA der Originaldaten in Abb. 8.9 gezeigt.
Die Gruppierung ist hier sehr undeutlich und eine Klassifizierung auf der Grundlage
dieser PCA wäre sehr schwierig, wenn nicht gar unmöglich.

    In einem „Preprocessing"-Schritt werden daher diese unerwünschten Variationen
vor der eigentlichen Modellentwicklung entfernt. In der klassischen Data Science
könnte man diesen Schritt am besten mit einem Feature-Engineering vergleichen; durch
geschickte Manipulation der multivariaten Originaldaten werden hierbei neue Vektoren

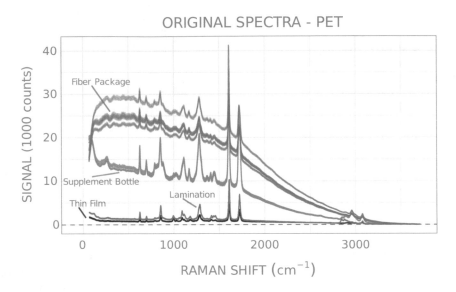

Abb. 8.8 Originalspektren für verschiedene PET-Proben

Abb. 8.9 Auftragung der ersten beiden Scores der Principal Component Analysis der Original-Raman-Spektren der gleichen Proben wie in Abb. 8.6

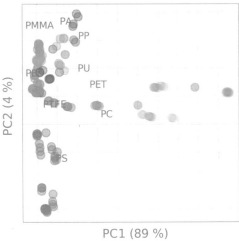

erzeugt, die die gewünschten Variationen verstärken und unerwünschte Variationen unterdrücken oder ganz entfernen.

Im gezeigten Fall besteht das Preprocessing aus zwei einfachen Schritten:

1. Bestimmung der numerischen ersten Ableitung des Spektrums von einem Pixel des Spektrums zum nächsten. Dieser Schritt spricht besonders auf die erwünschten scharfen Banden an und unterdrückt den Untergrund, da dieser sich nur sehr wenig von Pixel zu Pixel ändert.

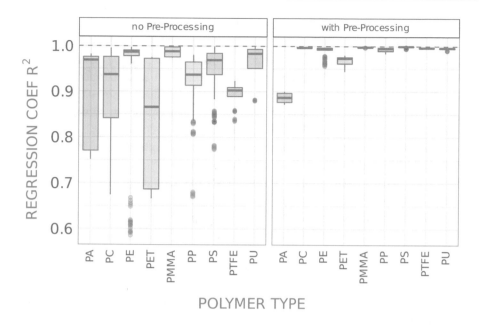

Abb. 8.10 Vergleich der Verteilung der Pearson-Korrelation zwischen Einzelspektren und dem Gruppenmittelwert als Referenz, mit und ohne Preprocessing für die Identifikation von Plastiksorten mittels Raman-Spektroskopie

2. Skalierung des Spektrums mit der Standardabweichung des Spektrums. Die Standardabweichung wird hierbei über alle Punkte des Spektrums hinweg ermittelt. Dieser Schritt entfernt absolute Intensitätsänderungen zwischen Spektren, während die relativen Verhältnisse der Höhen der Peaks eines Spektrums erhalten bleiben.

Diese Schritte sind sicherlich sehr simplistisch; insbesondere die Standardabweichung über das Spektrum hinweg hat keinerlei statistische Bedeutung und erscheint daher sehr unorthodox. Aber beide Schritte sind deterministisch und damit vorhersagbar und zudem erklärbar. Letzteres ist für viele Anwendungen, zum Beispiel im medizinischen Bereich, eine Grundvoraussetzung für den Einsatz eines Modells. Und wie in den PCA-Scores der so behandelten Spektren sichtbar ist – diese Schritte funktionieren hervorragend!

Um diese Verbesserung der Klassifizierung an diesem Beispiel zu quantifizieren, haben wir die Verteilung der Pearson-Korrelation (als einfaches Ähnlichkeitsmaß) zwischen dem mittleren Spektrum einer Plastiksorte als Referenz einerseits und den Einzelspektren ohne und mit diesem Preprocessing andererseits bestimmt und in Abb. 8.10 verglichen.

8.4.2 Verbesserungen durch spezielle Algorithmen

Können ausgefeilte Algorithmen einen ähnlichen Effekt haben und lernen, den unerwünschten Untergrund von den erwünschten Peaks zu unterscheiden, um so auch mit den Originalspektren eine Klassifizierung zu ermöglichen. Da die Auswahl der Preprocessing-Methoden und deren Schrittfolge auf viel Erfahrung beruht oder mittels Brute-Force-Ausprobieren optimiert werden muss (Woods et al. 2022; Bocklitz et al. 2011), scheint es zunächst verlockend, Erfahrung und Bauchgefühl durch eine GPU zu ersetzen und ein neuronales Netzwerk mit dieser Optimierung zu beauftragen (Zhang et al. 2019).

Das beschriebene, sehr einfache Verfahren auf der Grundlage des Preprocessing ist jedoch trotz der Einfachheit schon zu 100 % erfolgreich in der Klassifizierung über die beste Korrelation mit einem gemittelten Referenzspektrum. Das Modell erreicht diese Vorhersagequalität, obwohl es nur mit 38 verschiedenen Proben trainiert wurde, für die jeweils 5 Spektren an 4 verschiedenen Positionen aufgenommen wurden, eine Datenbasis von 760 Spektren, die für ausgefeilte Algorithmen viel zu klein ist.

Durch geschicktes Feature Engineering war es also hier möglich, mit einem kleinen Datensatz ein einfaches und erklärbares Modell zu generieren, das hervorragende Vorhersagen trifft. Obwohl mit komplexeren Algorithmen das Feature Engineering intrinsisch mitangepasst werden kann, wären hierzu weit größere (und damit kostspieligere) Datensätze nötig, um die gleiche Performance zu erreichen. Zudem sind derart komplexe Modelle nach der Optimierung nicht mehr oder nur sehr schwer erklärbar.

8.5 Bestimmung des Alkoholgehaltes

Nach dieser Klassifizierungsaufgabe betrachten wir in einem zweiten Beispiel ein Modell zur Vorhersage einer quantitativen Größe. Abb. 8.3 zeigt, wie die Höhe des Raman-Signals mit der Alkoholkonzentration in einer wässrigen Lösung ansteigt. Die Signalhöhe kann daher zur Konzentrationsbestimmung, zum Beispiel per Regression, herangezogen werden. Diese Quantifizierung und ihre Optimierung werden wir im Folgenden im Detail untersuchen.

8.5.1 Wahl der Messanordnung zur Quantifizierung

Verschiedene Messanordnungen sind hierbei denkbar. Man kann beispielsweise die Lösungen in runden Probengläsern in einem Probenhalter mit dem Laser bestrahlen wie in Abb. 8.11 gezeigt. Alternativ können die Lösungen auch erst in eine hochwertigere Küvette umgefüllt werden, deren optische Qualität deutlich besser und deren Position vor dem Laser wesentlich reproduzierbarer ist. Beide Maßnahmen können die Variationen zwischen Spektren reduzieren, die für die gleichen Konzentrationen aufgenommen werden. Die Spektren in Abb. 8.3 wurden mit einer dritten Anordnung aufgenommen, bei der die Sonde direkt in die Lösung eingetaucht wird. Als weiterer

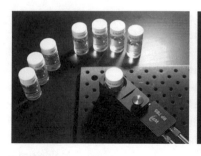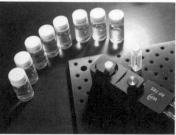

Abb. 8.11 Links: Messung in runden Gefäßen aus einfachem Glas, die in einem Probenhalter mit dem Sondenmodul (rot) stehen. Mitte: nach Umfüllen in Präzisionsküvetten aus Quarzglas. Rechts: durch Eintauchen der Sonde in die Lösung. Im Hintergrund jeweils die Referenzlösungen mit verschiedenen Alkoholkonzentrationen

Vergleich wurde die Sonde auch in einem vierten Test einfach mit der Hand (ohne Probenhalter) direkt gegen die Probengläser gehalten.

Gemessen werden hierbei die Spektren für Lösungen mit den Konzentrationen von 0,1; 0,2; 0,5; 1,0; 2,0; 5,0 und 10,0 % Alkohol in Wasser.

Bei der Aufnahme der Spektren müssen Einstellungen am Spektrometer gewählt werden. Hierbei kann sowohl die Messzeit für ein Spektrum variiert werden als auch die Anzahl der Messungen, über die gemittelt wird. Längere Messzeiten und mehr Mittelungen verlängern den Messvorgang, aber erhöhen auch die Signalqualität. Letztlich kann auch die Leistung des Lasers verändert werden. Zu hohe Leistungen könnten die Probe erwärmen oder gar zerstören und so das Ergebnis verfälschen. Zu niedrige Leistungen verringern aber wiederum die Signalqualität.

Zwei Experimente wurden durchgeführt, um diesen komplexen Parameterraum zu erkunden. Im ersten Experiment wurden die gleichen Lösungen mit den abgebildeten Messanordnungen in fünffacher Wiederholung auf jeweils zwei Qualitätsstufen vermessen: zum einen mit einer halben Sekunde Messzeit ohne Mittelung und zum anderen mit 10 Mittelungen über jeweils eine Sekunde Messzeit, eine 20 × längere Gesamtmessdauer. Im zweiten Experiment wurden die gleichen Lösungen vermessen, allerdings wurden hier die Einstellungen am Instrument mit nur einer Anordnung (die Probengläser im Halter, links in Abb. 8.11) über eine größere Bandbreite variiert.

8.5.2 Auswertungsmethoden

Mit den gesammelten Spektren kann nun eine Regression erstellt werden. Einfache Auswertungen fokussieren zum Beispiel auf einen Punkt im Maximum des größten Peaks (univariate Auswertung) und korrelieren dieses Signal mit der Konzentration. Weitere Möglichkeiten sind eine Mittelung über mehrere Pixel des gleichen Peaks, eine Integration über den gesamten Peak, aber auch die Projektion des Haupt-Peaks (oder des gesamten Spektrums) mittels PCA auf einen „Score", der dann stellvertretend korreliert wird. Eine spezielle multivariate Regression ist in der Chemometrie sehr erfolgreich, die sogenannte

Partial Least Squares (PLS), welche zur Gruppe der Strukturgleichungsmodelle gehört. In einem ersten Schritt werden hierbei solche „latente" Spektren gefunden, die am besten mit der abhängigen Variablen (hier die Konzentration) korreliert sind. In einem zweiten Schritt wird dann mit diesen ‚Loading"-Spektren eine Regression erstellt.

Wie bereits diskutiert, können in einem Preprocessing weitere Schritte vorgeschaltet werden. Mit Blick auf die Spektren bietet sich hier zum Beispiel eine Basislinien-korrektur an. Im Falle der Haupt-Peak-Analyse kann dies zum Beispiel ganz einfach durch eine Gerade durch zwei Punkte links und rechts vom Peak erfolgen. Im Falle der Gesamt-Spektren-Analyse werden spezielle „glatte" Fits „von unten" an das Spektrum angepasst und abgezogen, da alle Peaks, die die relevante Information enthalten, ja nach oben zeigen. Beliebt ist hier zum Beispiel die „AirPLS"-Methode. Wie im Klassi-fizierungsbeispiel kann der Untergrund aber auch einfach mittels einer Ableitung entfernt werden, da die gewünschten Peaks wieder sehr scharf sind und somit von der Ableitung gegen den sehr flachen Untergrund stark hervorgehoben werden.

Alternativ kann, wie in der obigen Klassifizierung, versucht werden, das Preprocessing durch komplexere Algorithmen zu ersetzen.

8.5.3   Überblick über die Faktoren zur Optimierung

Es sind daher im Vorfeld vielfältige Entscheidungen zu treffen, die alle die Qualität der Vorhersage beeinflussen können:

- Messaufbau
  - Probenhalter
  - Probenglas
  - Küvette Austausch der Lösung nach Herausnahme aus dem Halter
  - Küvette fixiert mit Austausch der Lösung in Küvette ohne Herausnahme
  - Tauchsonde
- Einstellungen am Instrument
  - Messzeit
  - Anzahl der Mittelungen
  - Laser-Leistung
- Preprocessing
  - Ohne Preprocessing
  - Basislinienkorrektur (Gerade durch zwei Punkte)
  - Basislinienkorrektur (Fit)
  - Fokus auf Haupt-Peak (statt Analyse des ganzen Spektrums)
  - Ableitung
- Dimensionsreduktion
  - Peak-Höhe im Maximum
  - Peak-Mittelung oder Integration
  - Principal Component Analysis (PCA) und Fokus auf Score der ersten Komponente

- Analyse Algorithmus
  - Einfache Regression
  - Multivariate Regression (PLS)
  - Komplexe Algorithmen

8.5.4 Einfluss der Messung auf die Modellqualität

Wir wollen nun den Einfluss dieser Entscheidungen zum Setup, den Einstellungen am Instrument, und dem Preprocessing mit dem Effekt der Auswahl der Analyse Algorithmen vergleichen. Da es sich hierbei um eine quantitative Vorhersage handelt, lässt sich die Qualität der Herangehensweise einfach durch das mittlere Fehlerquadrat bestimmen. Dies erfolgt zum einem im Sinne einer ANOVA-Analyse durch ein lineares Modell der Varianz (als Mean Square Error, MSE), mit dem die (gemittelten) Beträge der einzelnen Faktoren bestimmt werden. Zum anderen betrachten wir die Vorhersage der optimierten Regression als Referenzpunkt und bestimmen den Zuwachs des Vorhersage- fehlers, der durch das Weglassen einzelner Faktoren hervorgerufen wird.

Als Startpunkt benutzen wir die Regression mit „mittleren" Einstellungen am Spektro- meter (ohne Mittelung mit 500 ms Integrationszeit) für Messungen mit Probengläsern im Probenhalter, ausgewertet mit einer univariaten Regression des Signals im Maximum des größten Peaks. Der Fehler der Vorhersage ist in Abb. 8.12 links dargestellt.

Mit diesem Experiment und der gewählten Auswertung als Referenzpunkt können wir nun untersuchen, welche Einstellungen maßgebend zum Erfolg der Regression beitragen, welche Änderungen die Regression weiter verbessern können, und welche Änderungen keine Verbesserungen bringen.

In Abb. 8.13 sieht man sehr deutlich, dass eine Messung ohne Probenhalter mit einer manuell gehaltenen Sonde die größte Verschlechterung des MSE verursacht. Auch eine kurze Messzeit oder eine geringe Laser-Leistung verschlechtern die Regression signi- fikant. Während die Referenz-Regression mit den gewählten Einstellungen einen MSE von etwa 0,07 besitzt, erhöht das Halten der Sonde mit der Hand diese Varianz um ganze 0,26, eine kurze Messzeit um 0,18. Die numerischen Angaben beziehen sich hierbei auf die Konzentration in % Alkoholgehalt. Im Umkehrschluss können wir also sehen, dass durch die vorab getroffene Wahl einer „vernünftigen" Messanordnung und Einstellung am Instrument der MSE schon im Vorfeld sehr signifikant gesenkt wurde.

Eine ausgiebige Mittelung oder längere Messzeiten pro Spektrum verbessern mit dieser einfachen, univariaten Auswertemethode die Qualität der Regression nicht wesentlich. Wir können jedoch mit einer anderen Messanordnung noch eine weitere Verbesserung der Vorhersage erzielen, indem wir von Messungen der Lösungen in Probegläsern zu Messungen der gleichen Lösungen in Präzisionsküvetten wechseln, was zu einer Senkung des MSE um etwa 0,018 führt.

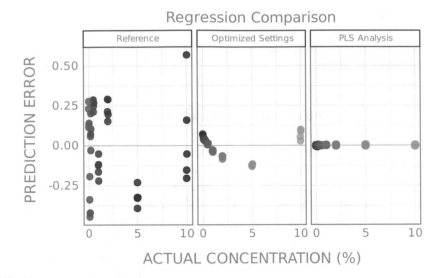

Abb. 8.12 Fehler der Vorhersage der Alkoholkonzentration mittels Regression des Signals im Maximum des größten Peaks. Links: Für Spektren aufgenommen an Lösungen in runden Glascontainern mit „mittleren" Einstellungen am Spektrometer. Mitte: Mit optimierten Einstellungen am Instrument und Basislinienkorrektur für Messungen von Lösungen in Präzisionsküvetten. Rechts: Mittels multivariater Regression

8.5.5 Verbesserung der Vorhersage durch Datenvorbereitung

Eine signifikante Verbesserung der Vorhersage basierend auf der Regression des Signals im Maximum können wir wie im vorangehenden Klassifizierungsbeispiel wieder mit einem zusätzlichen Preprocessing bewirken. Sowohl die Auswertung der Ableitung der Spektren oder der Spektren nach einer Basislinienkorrektur (anstelle der Originalspektren) senkt das mittlere Fehlerquadrat der Vorhersage um etwa 0,04. Dies ist im Einklang mit Berichten in der Literatur – zum Beispiel führt eine vorangeschaltete Wavelet-Analyse zu einer etwa $10 \times$ besseren Genauigkeit der Regression in der Vorhersage von Mischungsverhältnissen in Erdgas (Han et al. 2017).

Mit diesem zusätzlichem Preprocessing macht sich nun, durch den verringerten Gesamtfehler, auch eine verlängerte Messzeit und ausgedehnte Mittelung, von $1 \times 0,5$ s auf 10×1 Sekunde, mit einer Senkung des MSE um weitere 0,005 positiv bemerkbar.

In der Summe aller Maßnahmen erzielen wir nun ein mittleres Fehlerquadrat der Regression von 0,004, eine 20-fache Verringerung gegenüber der ursprünglichen Regression. Auch in der visuellen Verbesserung der Qualität der Regressionsgeraden, wie in Abb. 8.12 gegenübergestellt, sieht man den positiven Effekt des Wechsels zu Messungen in Präzisionsküvetten, gekoppelt mit der Durchführung einer Basislinienkorrektur als Preprocessing bei einer verlängerten Messzeit.

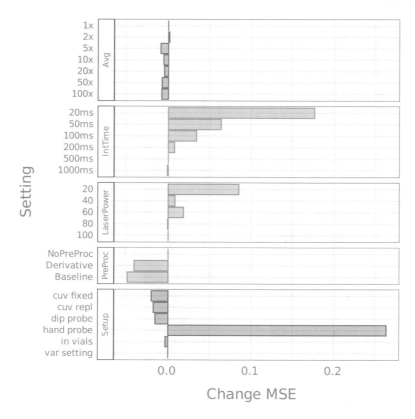

Abb. 8.13 Effekt der Wahl verschiedener Faktoren auf den Mean Square Error (MSE) der Vorhersage der Alkoholkonzentration mittels univariater Regression mit dem Signal im Maximum des Spektrums

8.5.6 Einfluss des Algorithmus

Diese erfolgreiche Regression basiert bislang noch auf dem einfachsten Ansatz, einer univariaten Regression der Signalintensität im Peak-Maximum (nach Preprocessing) gegen die Konzentration. Im Folgenden untersuchen wir, welche weiteren Verbesserungen durch komplexere Algorithmen möglich sind. Schon visuell ist in Abb. 8.12 (Mitte) ersichtlich, dass schon mit Ansatz die Kalibrierung (das Modell) nur noch zu geringen Vorhersagefehlern führt; der Spielraum für weitere Verbesserungen ist daher begrenzt.

Im Folgenden betrachten wir einige komplexere Algorithmen – angewendet jeweils nach dem Preprocessing der Spektren:

- Einfache Regression nach Mittelung, Integration, oder PCA über den Haupt-Peak
- PLS-Regression über den Haupt-Peak oder das gesamte Spektrum
- Komplexere „Blackbox"-Methoden

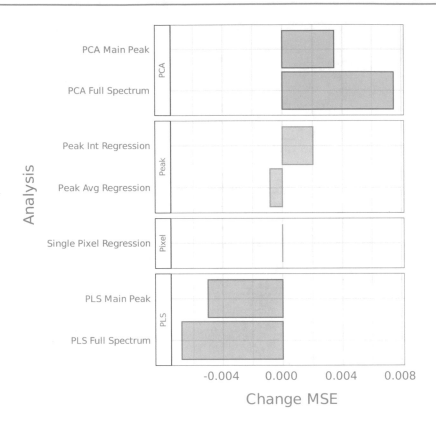

Abb. 8.14 Mögliche Verbesserungen der Regression durch komplexere Algorithmen

Abb. 8.14 zeigt, dass viele „gut gemeinte' Änderungen der univariaten Regression –
zum Beispiel unter Einbeziehung weiterer Messpunkte zusätzlich zum Peak-Maximum
(Mittelung, Integration) – keine signifikanten Verbesserungen bringen. Andere Ansätze, wie
u. a. die Regression des PCA-Scores, führen sogar zu einer deutlichen Verschlechterung.

Die multivariate Regression auf der Basis der „Partial Least Squares" (PLS) nach
dem gleichen Preprocessing hingegen erzielt eine signifikante Verbesserung des Ergebnisses. Dieser Ansatz senkt den verbleibenden MSE der Regression auf gerade einmal
$1,3 \times 10^{-5}$. Die hohe Qualität dieser multivariaten Regression ist auch in den Fehlern der
Kalibrierungskurve erkennbar (Abb. 8.14 rechts).

8.5.7 Vergleich der Verbesserungsschritte

Wir können nun die jeweiligen Effekte der verschiedenen Verbesserungsschritte vom
Messaufbau über das Preprocessing zum Algorithmus quantitativ vergleichen. Wir
quantifizieren die Effekte über die Senkung des MSE, die durch die einzelnen Schritte
bewirkt wird (Abb. 8.15).

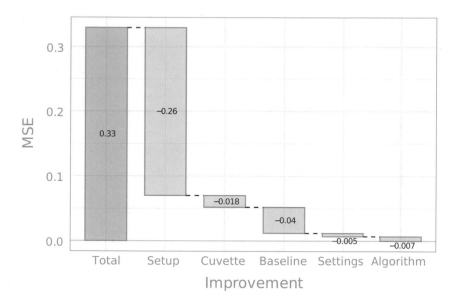

Abb. 8.15 Schrittweise Verbesserung der Konzentrationsvorhersage auf der Grundlage des gemessenen Spektrums, hier dargestellt durch die Verringerung des MSE

Obwohl die quantitativen Änderungen von der gewählten Referenz abhängen, sieht man doch grundlegende Unterschiede in den Effekten der einzelnen Schritte: Die Maßnahmen zur Verbesserung der Messanordnung sind hierbei um etwa eine Größenordnung effektiver als die Einführungen eines Preprocessing, welches wiederum einen um etwa eine Größenordnung höheren Effekt erzielt als die Änderungen des Algorithmus.

Wir können jedoch auch umgekehrt vorgehen und ausgehend von der optimierten Auswertung die relative Erhöhung des Vorhersagefehlers (als Root Mean Square Error, RMSE) durch Weglassen einzelner Faktoren betrachten. Diese relativen Änderungen des Vorhersagefehlers sind in Abb. 8.16 dargestellt. Hierbei ergibt sich ein ähnliches Bild wie zuvor, jedoch sind die Unterschiede der einzelnen Maßnahmen wesentlich weniger ausgeprägt. Dies liegt zum einen an der Wahl der Kenngröße des langsamer variierenden mittleren Fehlers RMSE statt des mittleren Fehlerquadrates MSE. Zum anderen liegt dies auch an der Fähigkeit der multivariaten Auswertemethode (PLS mit drei Komponenten), solche Variationen im Spektrum zu korrigieren, die nicht mit der Zielgröße korreliert sind.

Wir finden im Einklang mit der Betrachtung der stufenweisen Verbesserungen (Abb. 8.15), dass die Messanordnung auch in dieser Analyse den größten Effekt auf die Qualität der Regression hat, die Messzeit jedoch nur einen geringen Einfluss hat, und das Preprocessing eine Mittelstellung einnimmt. In dieser Analyse der relativen Effekte auf die optimierte Auswertung hat der Übergang von der multivariaten PLS-Regression auf die univariate Regression des Signalmaximums jedoch den zweithöchsten Effekt,

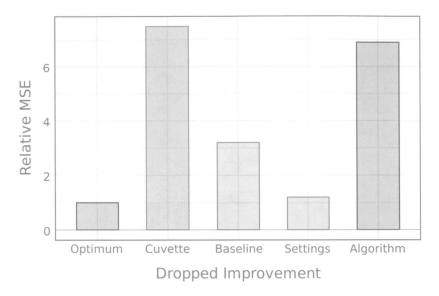

Abb. 8.16 Effekt des Überspringens einzelner Verbesserungsschritte ausgehend von der optimierten Regression, dargestellt als relative Änderung des Vorhersagefehlers

während dieser Schritt im Vergleich der stufenweisen Verbesserungen (Abb. 8.15) am Ende kam und zu keiner großen Änderung mehr führte. Dieser Unterschied im Einfluss der Analysemethode stellt jedoch keinen Widerspruch dar; es handelt sich hierbei vielmehr um zwei unterschiedliche Sichtweisen zur Analyse der Einzeleffekte von Faktoren.

In beiden Betrachtungen finden wir, dass Verbesserungen in der Messanordnung den größten Effekt auf die Qualität der quantitativen Vorhersage haben. Auch eine genaue Untersuchung des Datensatzes mit dem Ziel der Identifikation und Entfernung von unerwünschten Variationen mittels Preprocessing hat wie beim Klassifizierungsbeispiel einen signifikanten Einfluss auf die Qualität des Modells. Wir finden zudem, dass man sich nicht einzig auf den Algorithmus verlassen sollte, diese unerwünschten Variationen aufzufangen. Nur in der Kombination beider Maßnahmen erzielt man die besten Ergebnisse.

8.6 Was lernt man daraus für Data Science?

Wir wollen nun abschließend den Bogen zurück zu unserem Ausgangspunkt spannen: den möglichen Einsichten aus der beschriebenen wissenschaftlichen Datenanalyse für die Data-Science-Praxis in anderen Anwendungsbereichen. Sind diese Schlussfolgerungen übertragbar?

Sicherlich sind die oben beschriebenen Beispiele recht einfacher Natur und viel näher an einem Idealzustand als typische Data-Science-Anwendungen in der Praxis, wo selten Regressionen der Qualität wie in Abb. 8.12 auftauchen. Trotzdem können wir die Lehren der obigen Analyse auch auf weniger ideale Fälle anwenden.

8.6.1 Experimente

Es erscheint vielleicht verwunderlich, Einsichten aus der Datenanalyse in der experimentellen Wissenschaft auf Data-Science-Methoden in der Praxis übertragen zu wollen – schließlich macht man in der Data Science ja keine Messungen und Experimente. Oder vielleicht doch? Sind nicht die Auswahl von Datensätzen auch eine Art Experiment? Welche Daten wählt man aus? Welche ignoriert man? Kann man als Data Scientist Einfluss auf künftige Datensammlungen nehmen?

Im Falle von „Machine Vision", dem Einsatz maschineller Bilderkennung zum Beispiel in der Qualitätskontrolle, ist dies sogar noch deutlicher: Hier werden ja Fotos aufgenommen (eine Art Messung) und dann ausgewertet. Data Science beinhaltet daher auch Aspekte der experimentellen Wissenschaften und es lohnt sich, die obigen Schlussfolgerungen aus der Perspektive der Data Science genauer zu betrachten.

8.6.2 Folgerungen für Messaufbau

Eine typische Anwendung der maschinellen Bilderkennung ist die visuelle Qualitätskontrolle in der Serienproduktion. Hier könnten zum Beispiel unerwünschte Defekte am Produkt von Bedeutung sein oder eine fehlende Komponente auf einer Platine. In beiden Fällen können ausgefeilte Algorithmen trainiert werden, derartige Defekte in den Bildern zu erkennen. Wenn man nun die obigen Prinzipien anwendet, sollte man zuerst die Messanordnung betrachten; das bedeutet im Falle der Qualitätskontrolle: die Kamera, die Ausleuchtung des zu untersuchenden Produktes oder den Winkel zwischen Kamera und Objekt. Ein Kratzer in einer Oberfläche, zum Beispiel, kann durch seitlichen Lichteinfall sehr stark hervorgehoben werden, sodass auch einfachste Algorithmen ihn erkennen können. Auch kann das richtige Objektiv die Perspektive und damit das Bild und in der Folge die Analyse sehr vereinfachen.

Aber auch die Auswahl von Daten kann als ein Experiment aufgefasst werden und die Entscheidungsparameter in der Auswahl im übertragenen Sinne als experimentelle Einstellung gesehen werden. Umfragen, beispielsweise in der Markforschung, sind ebenfalls Experimente; die genaue Formulierung der Fragen ist hierbei bekanntermaßen essenziell. Daher können alle Schritte in der Data Science, die Daten erzeugen oder sammeln, als Experiment aufgefasst werden, und sollten daher genau betrachtet und mitoptimiert werden. Auf der Grundlage der Einsichten aus der wissenschaftlichen Datenanalyse ist dieser Schritt sogar der entscheidendste Schritt zur Verbesserung der Qualität des Modells.

8.6.3 Preprocessing

Wir haben gesehen, dass unerwünschte Variationen in den Daten die Modellqualität grundlegend verschlechtern können. Es sich lohnt daher, gezielt Artefakte, Bias oder in den Daten vorkommende Störungen zu identifizieren. In einem zweiten Schritt sollte dann versucht werden, durch gezielte Manipulation der Daten im Preprocessing diese Variationen zu verringern oder gar zu entfernen. Diese Korrekturen können die Datenqualität, die Korrelationen und damit das Modell grundlegend verbessern. Hierbei sollte man nicht nur blind auf Brute-Force-Methoden vertrauen. Vielmehr wird das Wissen über typische Effekte in der untersuchten Domäne (Domain Knowledge) – u. a. durch Gespräche mit den letztendlichen Anwendern der Datenanalyse – zu sehr gezielten Ansätzen führen, um die unerwünschten Effekte zu identifizieren und zu verringern. Dieser Schritt ist in der wissenschaftlichen Datenanalyse meist der zweitwichtigste Ansatz zur Verbesserung eines Modells und sollte auch in der Praxis von Data Science nicht vernachlässigt werden.

8.6.4 Algorithmen

In den untersuchten Beispielen aus der wissenschaftlichen Datenanalyse haben eine gute Messanordnung und ein intelligentes Preprocessing bereits so eine gute Datenqualität geliefert, dass selbst einfachste Algorithmen zu sehr guten Vorhersagen geführt haben.

Einfache Algorithmen haben zudem den Vorteil, dass sie oft durchschaubar und erklärbar sind, und damit ein wesentlicher Aspekt zur allgemeinen Akzeptanz sowie Voraussetzung in vielen Anwendungen sind, vor allem in der medizinischen Diagnostik. Es lohnt sich also sicherlich auch für Data Science, die Optimierung von Algorithmen erst als letzten Schritt in Angriff zu nehmen und mit einfachen, erklärbaren Methoden zu beginnen.

8.6.5 Sampling

Ein Aspekt der Analytischen Chemie, der in diesem Artikel nicht untersucht wurde, der aber trotzdem essenziell für den Erfolg einer (chemischen) Analyse ist – und dessen Effekt meist gravierend unterschätzt wird – ist das Sampling, also die Probennahme vor der eigentlichen Messung. Man denke hier zum Beispiel an das Ziehen einer Probe aus einem See für eine Wasseranalyse. Der wesentliche Gesichtspunkt ist hier, repräsentative Stichproben zu erhalten, sodass das Ergebnis für die Gesamtheit des zu untersuchenden Objektes (zum Beispiel der ganze See) ‚im Mittel‘ mit den Proben gut abgebildet ist.

Die gleichen Ansprüche treffen auch auf jedes Data-Science-Projekt zu. Die Datensammlung kann wie beschrieben als eine Messung in einem Experiment verstanden werden. Mehr Daten sind aber nicht automatisch besser. Wenn diese zusätzlichen Daten nicht repräsentativ sind, können mehr Daten mehr Bias erzeugen und damit das Ergebnis verschlechtern. Weniger repräsentative Daten sind daher besser als mehr Daten mit Bias. Es lohnt sich, gute – das heißt hier repräsentative – Daten zu finden, zu sammeln oder zu erzeugen. Auch hier kann ein Blick auf die Lehren aus der wissenschaftlichen Herangehensweise die Qualität von Data-Science-Projekten deutlich verbessern.

8.7 Zusammenfassung und Ratschläge

Wir haben in diesem Artikel einen Blick über den Zaun zu Methoden der Datenanalyse in der chemischen Analytik geworfen, um von dieser Disziplin zu lernen.

Mit dem Ziel, die Ergebnisse zu verbessern, fokussiert man sich in der Spektroskopie oft zu häufig auf das Spektrometer – so wie in Data Science zu häufig der Algorithmus im Mittelpunkt steht. Beide Ansätze vernachlässigen oft das Sampling, den Messaufbau, die Messprozedur und das Preprocessing – alles Faktoren, die einen größeren Einfluss auf das Ergebnis haben, als was gemeinhin im Fokus steht: das Spektrometer in der Spektroskopie und der Algorithmus in der Data Science.

Es lohnt sich daher, die Perspektive zu ändern und ein Data-Science-Projekt wie ein Experiment in der Wissenschaft zu betrachten: als Fluss von Informationen, der Korrelation zwischen den zugänglichen Messgrößen und der erwünschten Zielgröße. Korrelationen sind empfindlich und gehen schnell verloren. Ist die Korrelation in diesem Informationsfluss erst einmal verloren gegangen, beispielsweise durch eine ungenügend optimierte Prozedur, so lässt sie sich auch nicht wiederherstellen. Nur in der Gesamtansicht dieses Analysesystems kann man daher die Qualität des Data-Science-Projektes verbessern.

Die beschriebenen Parallelen zur wissenschaftlichen Datenanalyse führen zu folgenden praktischen Ratschlägen:

Sampling	Weniger repräsentative Daten sind besser als mehr Daten mit Bias.
Aufbau	Du findest die größten Verbesserungsmöglichkeiten im Experiment = Datenerzeugung.
Experimente optimieren	Betrachte Daten nicht immer als gegeben. Kannst Du sie in optimierten Experimenten erzeugen?
Preprocessing	Identifiziere unerwünschte externe Einflüsse und verringere diese durch intelligentes Feature Engineering auf der Grundlage von Domänenwissen.
Algorithmen	Algorithmen nicht überbewerten. Gute Daten können mit einfachen erklärbaren Algorithmen ausgewertet werden.
Informationsfluss	Betrachte das Data-Science-Projekt als System zum Fluss von Informationen unter Erhaltung der Korrelation – vom Sampling über die Messung, dem Preprocessing, bis zum Ergebnis.

Der letzte Punkt gibt auch einen Hinweis auf effektive Möglichkeiten zur Verbesserung des Data-Science-Projektes. In jeder Kette gibt es ein schwächstes Glied. Dieses gilt es zu finden und auf dieses sollte sich der Fokus zur Verbesserung richten – nicht auf andere Stellschrauben. Hierzu sollte man Experimente durchführen. Das bedeutet: gezielt Analysen betrachten, die, wie hier dargelegt, in einzelnen Faktoren verändert wurden, um die Effekte der Faktoren auf die Analyse zu bestimmen. Dieser Ansatz bringt damit in die modernen Disziplin der Data Science den Grundsatz vom Urvater der modernen Wissenschaft, Sir Isaac Newton (1642–1727) (Newton 1665–1672):

> The proper method for inquiring after the properties of things is to deduce them from experiments.

Literatur

Bocklitz, Thomas, Angela Walter, Katharina Hartmann, Petra Rösch, und Jürgen. Popp. 2011. How to pre-process Raman spectra for reliable and stable models. *Analytica Chimica Acta* 704:47–56.
Chapman, Peter, Janet, Clinton, Randy Kerber, Tom Khabaza, Thomas P. Reinartz, Colin Shearer, and Richard Wirth. 2000. *CRISP-DM 1.0: Step-by-step data mining guide.*
Han, Xi, Zhi-xuan, Huang, Xiao-dong, Chen, Qi-feng, Li , Ke-xin, Xu, und Da, Chen. 2017. Online multi-component analysis of gases for mud logging industry using data driven Raman spectroscopy. *Fuel* 207:146–153.
Piatetsky-Shapiro, Gregory. 2014. KDnuggets methodology poll. https://www.kdnuggets.com/polls/2014/analytics-data-mining-data-science-methodology.html. Zugegriffen: 05. Juli 2022.
Woods, F. E. R., C. A. Jenkins, R. A., Jenkins, S., Chandler, D. A., Harris, und P. R, Dunstan. 2022. Optimised pre-processing of Raman spectra for colorectal cancer detection using high-performance computing. *Applied Spectroscopy* 76:496–507.
Zhang, et al. 2019. DeepSpectra: An end-to-end deep learning approach for quantitative spectral analysis. *Analytica Chimica Acta* 1058:48–57.
Newton, Isaac. 1665–1672. A series of queries proposed by Mr. Isaac Newton, to be determined by experiments, positively and directly concluding his new theory of light and colors, imparted to the editor in a letter of the said Mr. Newton's of July 8, 1672. *The Philosophical Transactions of the Royal Society of London* 1(85):5004.

Dr. Dieter Bingemann arbeitet seit seinem Chemie-Studium mit Lasern in der Spektroskopie. In der Physikalischen und Analytischen Chemie zu Hause, ist die Analyse von Spektren sein tägliches Brot. So ist denn nicht verwunderlich, dass er immer tiefer in die Data Science eingetaucht ist. Er sieht in der Schnittstelle zwischen der wissenschaftlichen Herangehensweise, der chemischen Analytik, insbesondere der Spektroskopie, und den Methoden der Data Science ein großes ungenutztes Potenzial. Hauptberuflich als „Application Scientist" bei *Wasatch Photonics,* einem Hersteller von Raman-Spektrometern, angestellt, frönt er nebenberuflich mit *Spectroscopy & Data Science* seinem Hobby: diese beiden faszinierenden Zweige enger zusammenzuführen.

A Scalable Architecture for Smart Genomic Data Analysis in Medical Laboratories

Thomas Krause⊙, Elena Jolkver⊙, Michael Kramer, Paul McKevitt⊙
und Matthias L. Hemmje⊙

Inhaltsverzeichnis

T. Krause (✉) · E. Jolkver · M. L. Hemmje
Faculty for Mathematics and Computer Science, University of Hagen, Hagen, Deutschland
E-mail: thomas.krause@fernuni-hagen.de

E. Jolkver
E-mail: elena.jolkver@studium.fernuni-hagen.de

M. L. Hemmje
E-mail: matthias.hemmje@fernuni-hagen.de

M. Kramer
ImmBioMed Business Consultants GmbH, Pfungstadt, Deutschland
E-mail: m.kramer@immbiomed.de

P. McKevitt
School of Arts & Humanities, Ulster University, Derry, UK
E-mail: p.mckevitt@ulster.ac.uk

© Der/die Autor(en), exklusiv lizenziert an Springer Fachmedien Wiesbaden GmbH, ein
Teil von Springer Nature 2023
L. B Blum (Hrsg.), *Angewundte Data Science*,
https://doi.org/10.1007/978-3-658-39625-1_9

Abstract

Genomic data is an important building block for the era of personalized medicine. However, processing this data efficiently in diagnostic laboratories faces several challenges in distinct areas such as big data, artificial intelligence, regulatory environment, medical/diagnostic standards (evolving guidelines), and software requirements engineering.

Analysis of the state of the art in these areas shows promising approaches and suitable reference models but no direct solutions. Existing technical solutions for genomic data analysis tend to be specialized for research projects and do not take into account the requirements for routine medical diagnostics including the regulatory constraints in this area.   This chapter introduces a technical architecture for the GenDAI (Genomic applications for laboratory Diagnostics supported by Artificial Intelligence) project that aims to create a platform for genomic data analysis that is specifically tailored to the needs and requirements of laboratory diagnostics. This includes the automation of processes using data analysis pipelines and artificial intelligence.

9.1   Introduction

Personalized medicine promises to improve the medical standard of care through diagnoses and treatments tailored to the individual patient (Goetz and Schork 2018). The basis for this is the evaluation of biomedical data. Genomic data plays a particular role here (Suwinski et al. 2019).

9.1.1   Genomic Data in Personalized Medicine

The pathological condition of a patient and his/her adequate treatment can be significantly influenced by his/her genetic make-up (Suwinski et al. 2019). Hence, individual sequencing of the genetic material or identification of single relevant alleles is an important basis for laboratory diagnoses. Evidently, this applies to hereditary diseases. However, apart from hereditary diseases, genomic applications may also provide expedient information for the diagnosis and treatment of acquired pathological conditions (Gebrayel et al. 2022). Examples here are, e.g., gene expression analysis and metagenomics.

The goal of gene expression analysis is to determine the activity of specific genes that are, e.g., linked to pathological conditions. A gene—i.e., a stretch of genomic (nuclear) DNA— is called active when it is transcribed particularly frequently by cell-internal mechanisms, i.e., if it is transferred into an mRNA (messenger RiboNucleic Acid) sequence. In a second step, mRNA is then translated into proteins, which then transform genetic information into metabolic activity in living organisms. Thus, one method for determining gene activity is the determination of the number of mRNA copies of given genes by the so-called RT-qPCR (Reverse Transcription quantitative Polymerase Chain Reaction) (Adams 2020).

Since direct measurement of the number of mRNA copies is not possible or only possible with great effort, the RT-qPCR method uses enzymes that are able to select specific mRNA segments, amplify them and make them visible by fluorescent substances. Figure 9.1 shows this process. First, mRNA consisting of a single strand is transcribed into cDNA (complementary DNA), which consists of two strands but contains the same information. The double strands enable amplification by separating the two strands and then complementing them to form a second identical double strand. Various methods allow fluorescent substances to be used in this duplication, which leads to an increase in fluorescence as the number of copies increases. Running through enough duplication cycles, a "chain" of polymerase reactions, produces a clear fluorescent signal that can be clearly distinguished from background noise, indicating the presence of the target sequence. If the number of amplification cycles that are needed to achieve a clearly measurable fluorescence is quantified, conclusions can be drawn as to the original number of copies present in a given sample. Assuming that with each cycle the amount of target sequences is approximately doubled, a sample with 1000 initial mRNA

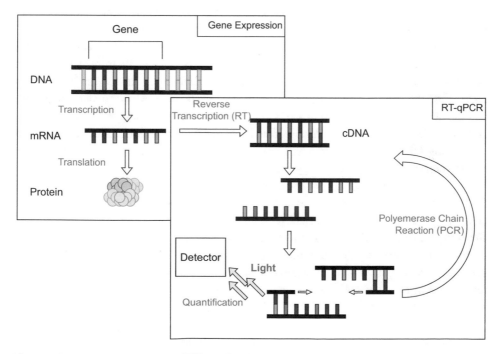

Fig. 9.1 Gene expression and RT-qPCR method for gene expression quantification

copies would need about three cycles more to achieve the same fluorescence as a sample with 8000 copies. This cycle number is called C_q or sometimes C_t. On the basis of the C_q values, further calculations can be made in the next step to normalize them and, using limit values or more complicated formulas, to provide diagnostic indications. Thus the raw data in the RT-qPCR method consist of the fluorescence signals of the individual samples over the duration of the cycles.

DNA microarrays, also called DNA-chip technology, are an alternative method to measure gene expression. Molecular probes are firmly attached to a carrier material. These probes specifically react with mRNA or cDNA sequences and bind tightly to them. Again, quantification can subsequently be performed by measuring fluorescence. In contrast to the qPCR method, the measurement range is significantly reduced and the quantification less precise. The fluorescence signal is only evaluated once at the end ("end-point method"). In other words, the raw data in this method consists of fluorescence values for the individual samples without a time course. In turn, up to several million probes can be attached to a single chip and tested in parallel. Hence, microarrays are well suited for obtaining an overall profile of the gene activity of specific cells, while qPCR is more suitable for the precise investigation of the activity of individual genes in multiple samples.

Finally, gene expression can also be determined by sequencing (RNA-seq). Instead of working with solid probes that recognize specific sequences, sequencing is able to read the existing mRNA/cDNA segments directly without the need to know them in advance. Here, too, different methods have been developed (Hong et al. 2020). Usually, similar to PCR, the natural amplification mechanism of DNA is used, in which a single strand is completed to form a complementary double strand. However, instead of allowing this process to proceed in an uncontrolled manner, it is observed using fluorescence signals to detect each base added to the strand. The advantage of this method is that any sequence can be detected, eliminating the need to develop or purchase special microarrays. Also, the measuring range and the accuracy of quantification are increased with RNA-seq compared to microarrays. A disadvantage can be seen in the significantly larger volume of data that is generated by sequencing which must be stored and processed. Sequencing has also traditionally been more expensive than chip technology, making the latter more common. However, with costs in the field decreasing rapidly, RNA-Seq is increasingly replacing DNA chip technology. The raw data for the sequencing method consists of an unordered collection of "reads" containing the individual bases of cDNA segments. By grouping these reads by sequence similarity (called "binning"), quantification can be performed.

Another example of genomic applications in diagnostics is metagenomics. The importance of microorganisms such as bacteria in and on the human body has been increasingly recognized in recent years. These microorganisms can be found, for example, in blood, saliva, or the gut. The assemblage of microorganisms in these defined environments are called "Microbiota" (Marchesi and Ravel 2015). Metagenomics is the study of these microbiota by characterizing the genomes and genes (the "metagenome") of its members.

Sequencing, the determination of the genome sequences, can be used to identify and categorize microorganisms or relevant genes. Based on the composition of microbiota, pathological conditions can be detected in medicine or general conclusions can be drawn about a patient's condition. Microbiota have been shown to influence metabolism (Fan and Pedersen 2021), mental health (Berding et al. 2021), diseases (Chiu and Miller 2019), disease treatment response (Zhang et al. 2019), and many other physiological and pathological conditions (Gebrayel et al. 2022; Daniel et al. 2021).

Microorganisms can be categorized on the basis of their evolutionary relationships and placed taxonomically in a tree of descent (the phylogenetic tree). In such a tree, evolutionarily closely related organisms whose genome sequences differ little are arranged close to each other, while distantly related organisms with greater differences in the genome sequence have a greater distance in the tree. At the top level of this tree the three domains of life: bacterias, archaea, and eukaryota are found. At the lowest levels, individual species or individual strains are found. In the context of a taxonomy, relevant branches of such a phylogenetic tree are assigned names, which can then be used for diagnostics and the generation of findings. The extent of diagnostics or sequencing determines how detailed, i.e. on which level of the phylogenetic tree the composition can be represented.

9.1.2   Current Challenges

As the aforementioned use cases show, medical data in genomics has high heterogeneity. Hence, the nature and order of the necessary processing steps differ considerably. Moreover, particularly in the field of genomic and metagenomic sequence analysis, large quantities of data in the range of many hundreds of gigabytes are being generated (Liu et al. 2021).

Due to the increasing importance of genomic applications in medicine, the speed at which new data are available and need to be processed is also increasing (Stephens et al. 2015). Figure 9.2 shows the exponential increase of sequence data including whole-genome sequencing records in the NCBI GenBank reference database (National Center for Biotechnology Information 2022) from December 1982 to February 2022, as the number of megabases on a logarithmic scale.

Big Data applications are commonly defined by the three criteria Variety, Volume, and Velocity (Abawajy 2015). All three criteria are present in at least some of the genomic applications as described, and thus data processing in genomics or sub-genomics can be considered a Big Data problem. This presents challenges for systems that seek to process this data. One of these challenges is the automated extraction of information from this data, as manual processing of all data is often not possible. A possible solution to this is the use of Artificial Intelligence (AI) and, in particular, Machine Learning (ML) to extract information automatically. However, this solution approach comes with its own challenges. First, for example, a suitable problem description must be found that can be solved using ML.

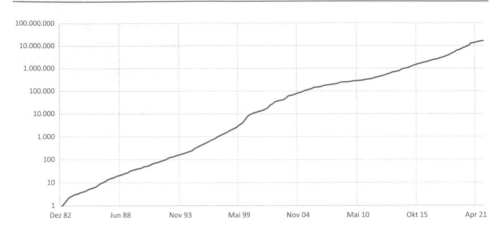

Fig. 9.2 Volume of sequencing data in NCBI GenBank database in megabases over time (National Center for Biotechnology Information 2022)

Then, this problem description must be transformed into suitable models and the established hypotheses must be carefully tested (Mc Kevitt and Partridge 1991).

Laboratory diagnostics are also subject to a great many regulatory challenges. In the European Union, for example, the In Vitro Diagnostic Regulation (IVDR) (The European Parliament and the Council of the European Union 2017) regulates the use of in vitro diagnostics. Similar regulations exist in other countries. In addition, laboratories must meet the requirements of various international and national standards.

A characteristic of laboratory diagnostics is the constant change resulting from advances in science and technology, including changes in the regulatory landscape. Laboratories must respond to this change and constantly adapt their procedures to keep up with the current state of the art. This not only ensures their continued competitiveness but is also increasingly an obligation by law. For example, this principle is reflected in the IVDR (The European Parliament and the Council of the European Union 2017) in the obligation of in vitro diagnostics providers to comply with pre-analytical, analytical and post-analytical requirements. Moreover, comprehensive market intelligence is required under the headlines, "Post-Marketing Surveillance" (PMS) and "Post-Marketing Performance Follow-Up" (PMPF). The many challenges from very different disciplines such as medicine, law, and computer science also make it difficult to gain comprehensive oversight over requirements. There is no established procedure for systematically determining these requirements which carries the risk that key elements may be overlooked.

9.1.3 Methodology

The analysis of genomic data in medical laboratories is a multi-faceted problem area. This raises the question of how information technology solutions must be designed to enable medically sound, efficient, automated, legally secure, and intelligent processing of genomic data within medical laboratories. To answer this question, the current state of research must be investigated first. Subsequently, based on these findings, a technical architecture can be designed that addresses the identified challenges, taking into account the state of the art in the individual sub-aspects, and integrating them.

Hence, the remainder of this chapter is structured as follows: Sect. 9.2 discusses the sub-areas of the state of the art, Sect. 9.3 proposes a technical architecture, and Sect. 9.4 discusses prospects for the next steps toward a complete system.

9.2 State of the Art

A thorough investigation of the State of the Art requires an analysis of relevant reference models, the possibilities of AI in genomics, architectural patterns for suitable system architectures, the regulatory framework under which laboratories operate, the current state in laboratories, techniques for requirements engineering, and systems for orchestrating and automating data analyses.

9.2.1 Reference Models

In the field of data analysis, various conceptual models attempt to standardize and formalize the process. For example, the CRISP-DM (CRoss-Industry Standard Process for Data Mining) (Chapman et al. 2000) model is well-known. It divides the process into the phases, "Business Understanding", "Data Understanding", "Data Preparation", "Modeling", "Evaluation", and "Deployment", whereby these phases are not strictly linear. Other well-known standard models include KDD (Knowledge Discovery in Databases) and SEMMA (Sample, Explore, Modify, Model, and Assess) (Shafique and Qaiser 2014). These standard models have been adapted and modified for different applications to represent better specific requirements in the domains and in turn define standards for processes. Examples are the CRISP4BigData model for Big Data processes (Berwind et al. 2016) and the AI2VIS4BigData model of Reis et al. (2021) for the combination of information visualization, Big Data, and AI.

Specifically developed for the requirements of laboratory diagnostics is the GenDAI (Genomic applications for laboratory Diagnostics supported by Artificial Intelligence) model (Krause et al. 2021a) (Fig. 9.3). The model was developed iteratively from the

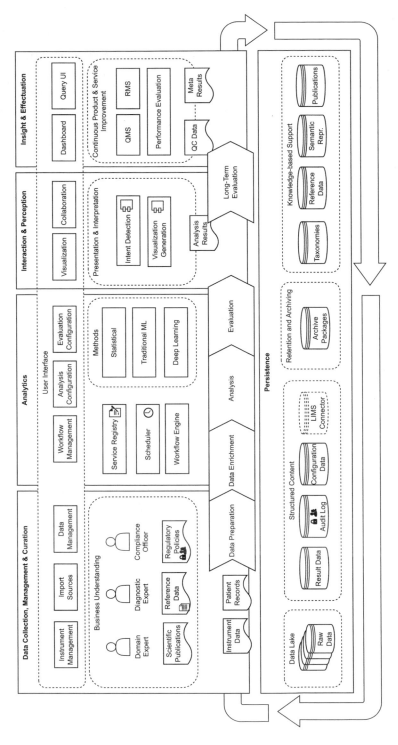

Fig. 9.3 GenDAI conceptual model. (©2021 IEEE. Reprinted, with permission, from Krause et al. (2021a))

AI2VIS4BigData reference model in which the requirements from genetics and the regulatory area were particularly taken into account.

9.2.2   Machine Learning

ML is a valuable tool for the analysis and classification of genomic data. By comparing the composition of microorganisms or their genes in samples from healthy and diseased humans, biomarkers can be developed in metagenomics, which in turn can be used for diagnosis. For example, Armour et al. (2019), used a random forest model in a meta-analysis to show how certain gene families of microorganisms correlate with the development of type 2 diabetes and other diseases. Figure 9.4 shows an example of the composition of samples from human gut microbiota in a sunburst diagram created with Krona (Ondov et al. 2011). The data from Qin et al. (2010) are samples from 124 individuals whose gut microbiota was examined for commonalities. Sunburst diagrams are used to show both abundance ratios and the

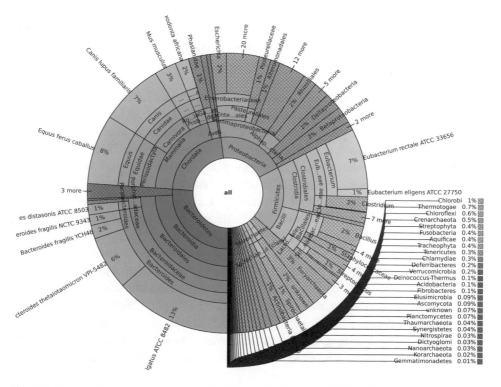

Fig. 9.4 Composition diagram created with Krona (Ondov et al. 2011) with data from (Qin et al. 2010)

phylogenetic structure of the data. In the innermost ring, the roots of the phylogenetic tree are represented. In the further rings, branchings within the phylogenetic tree are represented.

However, the consideration of evolutionary relationships is not only relevant for the representation, but also for the evaluation and classification of the data with ML. If a classifier is trained only on the level of the recognized species of a microbiome sample without taking into account how the individual species are evolutionarily related, important information will be lost. For example, it may happen that sequences of a sample cannot be assigned to a known species or that a recognized species was not part of the training material. However, at higher levels of the tree, these sequences would be clearly assignable to specific families, which may be sufficient for diagnostics. This consideration of evolutionary relationships is thus an active area of research using techniques such as Convolutional Neural Networks (CNN) (Fioravanti et al. 2018), Support Vector Machines (SVM), or Random Forest (RF) (Wassan et al. 2019).

Gene expression data are also suitable for classification using ML (Kuo et al. 2004). However, the focus here is more on data obtained from microarrays or RNA-seq, since in the RT-qPCR method usually only a few genes are considered and these can be evaluated with simple threshold methods or formulas. ML can also be used to guide clinical genomic testing (Dias and Torkamani 2019). Examples of this include the use of facial image recognition for rare genetic disorders (Gurovich et al. 2019) or predicting somatic mutations of cancer cells in histopathological images (Coudray et al. 2018). Thus, the findings generated by ML models based on phenotypic features can be used as recommendations for genetic testing.

Deep learning has proven particularly useful in recent years for recognizing patterns in large data sets (LeCun et al. 2015; Goodfellow et al. 2016). Deep Learning promises to do this without significant preprocessing of data. Feature selection, which is necessary for classical ML methods, also becomes less important in Deep Learning. Thus, Deep Learning algorithms are able to extract information from many features with high noise. This gain is usually bought by the necessity of large data sets and high computing capacities. Deep learning is also finding its way into genomic applications. Perhaps the most prominent example is the neural network, *AlphaFold2,* developed by Google (Jumper et al. 2021), which is able to predict the structure of proteins with high accuracy.

Many diseases arise from a complex interplay of genetic factors, environmental influences, and behavior (Dias and Torkamani 2019). Thus, genetic factors represent only part of the total individual risk and algorithms that determine a risk assessment based only on genomic data are limited in their performance and predictive power. Combining genomic data with other health data can significantly increase performance. In the future, Deep Learning could help to combine heterogeneous data from various sources such as electronic patient records and health trackers with genomic data to generate better diagnoses.

Despite these advantages, simple ML models (Soueidan and Nikolski 2015) currently dominate most genomic applications. Possible reasons for this are, (i) lack of expertise in model selection, (ii) the need for explainable and reproducible AI, (iii) Big Data challenges, and, (iv) lack of extensive training samples (Krause et al. 2021b). The selection of suitable models for a specific problem should be completed in a structured way, by first setting up hypotheses, which are then tested with preselected models (Mc Kevitt and Partridge 1991).

To employ ML models in the regular operation of a laboratory, these must be made available as IT services in order to be usable. The prerequisite for this is a suitable infrastructure.

9.2.3 Architectural Patterns

For the development of software technical architectures, there are various design patterns for distributed systems that have proven effective. The service-oriented architecture (SOA) approach (Gilbert 2021) creates an abstraction layer between the Domain Model, consisting of entities, and the applications which work with these entities. This abstraction layer models thereby no longer the entities themselves but the logic around certain executable processes or actions. Such a process can also include several entities. Related actions are grouped into services. SOA also offers a certain degree of scaling, since individual services can be deployed and scaled on different nodes.

Microservices can be regarded as a further development of a SOA. While the services in a SOA typically access a common backend, e.g. in the sense of an Enterprise Service Bus (ESB) (Gilbert 2021), microservices are more strongly separated from one another and form a bounded context. Hence, a microservice usually manages its own data exclusively and does not rely on other services or databases for its function (Gilbert 2021). This increases resilience.

Another design pattern that can be combined well with micro-services is the event-driven architecture, in which systems can communicate with each other separately via events. This pattern is particularly suitable if several systems coexist on an equal footing and entities are not managed centrally in one place, but are distributed across several systems. Changes to an entity in a system can be passed on to other systems via event-carried state transfer (Fowler 2017).

These architectures result in many independent services and components which can increase the complexity of deployment. Where in the past, perhaps a monolithic Web server and a connected database were used, now several services with their own databases as well as infrastructure components such as Event Queues are required. If individual components have to be scalable, the complexity is further increased by the deployment of additional nodes.

A solution for this is offered on the one hand by cloud services through the simple creation of new resources, features for the simple and automatic scaling of services, or approaches such as Infrastructure-as-Code (Morris 2020), in which required resources can be created programmatically and managed and versioned as part of the source code. This also simplifies the complete replication of an environment.

A further development is Kubernetes, which has established itself as the de facto standard for the deployment, scaling, and management of distributed resources (Bernstein 2014). It is supported by all common cloud providers but also enables deployment within an organization (on-premises) or mixed environments (hybrid cloud).

9.2.4   Law and Regulation

Laboratory medicine is highly regulated. This applies both to the laboratory infrastructure but also to devices, instruments, and consumables. ISO 13485 (ISO International Organization for Standardization 2016) sets extensive requirements for a quality management system for the manufacture of medical devices. ISO 15189 (ISO International Organization for Standardization 2012) concerns quality management in medical laboratories themselves. ISO 14971 (ISO International Organization for Standardization 2019) discusses terminologies, principles, and processes for risk management of medical devices. IEC 62366 (IEC International Electrotechnical Commission 2015) discusses requirements for the usability of medical devices. IEC 62304 (IEC International Electrotechnical Commission 2006) specifically addresses the development of medical software and software in medical devices. These standards are also taken up by regulatory authorities and in some cases extended. In the European Union, the IVDR (The European Parliament and the Council of the European Union 2017) regulates the development and use of devices and tools used for medical diagnosis. Software used for medical diagnoses is also covered by this regulation.

Concrete requirements for software include the use of quality and risk management systems, the use of the latest technological standards, the use of a software lifecycle process, the consideration of usability and security aspects, and verification and validation (The European Parliament and the Council of the European Union 2017; Grömminger 2018).

The lifecycle of software does not end with delivery but extends beyond. Post-Marketing Surveillance (PMS) is designed to ensure that manufacturers proactively collect experiences about their products that affect quality, performance, or risk. This collection must take place systematically so that Corrective and Preventive Actions (CAPA) can be initiated and implemented (The European Parliament and the Council of the European Union 2017).

In principle, the IVDR stipulates that only those diagnostics may be used in laboratories that are also approved for this purpose and fulfill the conditions of the IVDR (conformity declaration). Within limits, the IVDR allows laboratories to use their "own" test procedures, devices, and software which are not provided by commercial providers. The responsibility for the use of such Lab-Developed Tests (LDTs; synonym "In-house Tests", "Home-brew tests") (Spitzenberger et al. 2021) resides with the laboratory, which must demonstrate and document conformity with the essential requirements according to Annex I of the IVDR.

So-called research-use only products are often used as LDTs. These are products that are basically suitable for medical purposes, but for which the manufacturer has not undergone the necessary certifications and hence only offers them for research purposes. They have not undergone the rigorous validation process to demonstrate compliance with the basic requirements of scientific validity, technical performance, and clinical evidence required for in-vitro diagnostic products. Moreover, the requirements for products can differ significantly depending on whether they are to be used for research or for regular use. In research, for example, it may make sense to gear the user interface of a software tool to individual research projects. On the other hand, in regular deployment, such a project-related view could be rather a hindrance, and automation, integration and interoperability with other systems are more important.

There are also increasing efforts to formally regulate the use of ML. In 2020, the Joint Research Center (JRC) of the European Commission published a technical report describing how the trustworthiness and security of AI models can be increased (Hamon et al. 2020). The core criteria for this are transparency, reliability, and data protection. Specifically, the need for explainable AI is discussed. Since the risk of erroneous predictions by AI in the diagnosis of patients can be particularly serious, particularly strict requirements must be applied to the use of such techniques.

9.2.5   Analysis of an Example Laboratory

The actual situation in medical laboratories is recorded here as an example in a preliminary study. This preliminary study includes the documentation of use cases and processes, as well as the determination of requirements for future technical solutions. For this purpose, the use of gene expression analysis in a small laboratory in Heidelberg Biotechnology Park, Germany (operated by ImmBioMed GmbH & Co. KG) was investigated. The detailed methodology of the preliminary study was discussed in (Krause et al. 2022b). It is based on the framework of Nunamaker et al. (1990) and includes transcribed interviews, guided visits, use-case modeling, market analyses, and cognitive walkthroughs to validate the results.

The primary use cases in the laboratory are related to the development of new tests and test procedures, the implementation of tests, and post-market surveillance for ongoing review of tests offered (see Fig. 9.5). In the further course of this preliminary study, it focused on the running of gene expression tests and in particular on the measurement of so-called cytokine-dependent genes, which are important for the diagnosis of inflammatory or antiviral reactions (Barrat et al. 2019). For this purpose, the run of a sample was followed from initial

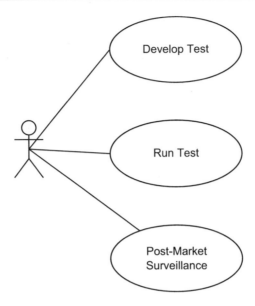

Fig. 9.5 Key laboratory use cases

registration to conversion into a lab report. Figure 9.6 shows the breakdown of this primary use case into more detailed use cases. These were assigned to four user stereotypes, "Lab Biologist", "Data Analyst", "QM & Compliance Officer", and "Clinical Pathologist".

Based on the observed processes and the results of the interviews, these use cases were then evaluated to determine whether they could be optimized or automated from an IT perspective. As expected, this evaluation differed depending on the use case. For example, it was observed that data has to be transferred between different systems at several points in the laboratory process and that this transfer sometimes must be performed manually due to different data formats or missing import/export interfaces. This, in turn, leads to additional effort to avoid or detect errors during the transfer (e.g. 4-eyes principle). Such time-consuming processes at system boundaries are examples of promising targets for optimization and automation some of which could be implemented with ML. An overview of the use cases with the evaluation of their automation potential (low/medium/high) is given in Table 9.1.

The preliminary study also confirmed the finding that medical laboratories are in a process of ongoing optimization of their test offerings. This optimization is partly driven by the market and partly by more stringent regulatory requirements. These advances are also changing the requirements for software. However, a market analysis conducted as part of the preliminary study found that these requirements are inadequately reflected by existing software, and even commercial systems have received few updates in recent years. In addition, the systems do not meet the regulatory requirements and hence can only be used for

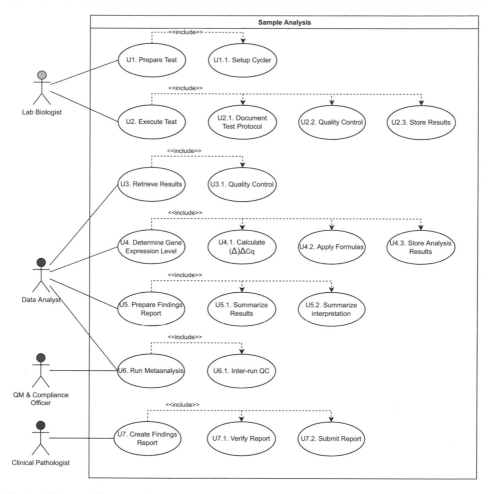

Fig. 9.6 "Run test" use case in laboratory—breakdown into detailed use cases

diagnostics with restrictions. Table 9.2 shows an overview of different software tools that were evaluated in the market study. The percent feature coverage in Table 9.2 is based on 13 essential features for gene expression analysis. A more detailed version of Table 9.2, listing each feature is given in (Krause et al. 2022b). The analysis is based on and extends the analysis done by Pabinger et al. (2014).

In order to evaluate possible analyses and user interfaces for future developments, a prototype called "PlateFlow" was also developed. This demonstrated the loading of raw data, the execution of elementary analyses, and the output of the analysis results in a report (see Fig. 9.7). PlateFlow was then evaluated with a cognitive walkthrough

Table 9.1 Estimated Potential for Automatization of Use Cases. Previously published in Krause et al. (2022a)

Use Case	Potential			Limitations
	Low	Med.	High	
U1. Prepare Test		x		
U1.1. Program Cycler		x		Cycler Capabilities
U2. Execute Test		x	x	
U2.1. Document Test Protocol		x		User Input
U2.2. Quality Control			x	
U2.3. Store Results			x	
U3. Retrieve Results			x	
U3.1. Quality Control			x	
U4. Determine Gene Expression Level			x	
U4.1. Calculate $(\Delta)\Delta$Cq			x	
U4.2. Apply Formulas			x	
U4.3. Store Analysis Results			x	
U5. Prepare Findings Report		x	x	
U5.1. Summarize Results			x	
U5.2. Summarize interpretation		x		Plausibility Checks
U6. Run Metaanalysis		x		
U6.1. Inter-run QC		x		Not Formalized
U7. Create Findings Report	x		x	
U7.1. Verify Report	x			Legal Responsibility
U7.2. Submit Report			x	

9.2.6 Automatization

There are many approaches to automating processing in bioinformatics with the aid of pipelines. A distinction must be made between approaches, (i) that attempt to cover as many use cases as possible with freely configurable pipelines, and (ii) those that map the most common use cases with the aid of fixed or less configurable pipelines. For example, the Galaxy Project (Afgan et al. 2018), a web-based platform for data analysis, falls into the first set of approaches. It offers several thousand tools from different scientific disciplines that can be used and connected in specially defined pipelines. Among them are many tools for genomic applications and for the use of ML models. The project supports the distribution of processes across many compute nodes. Deployment models range from local installation, to pay-as-you-go cloud services, to free public servers.

On the other hand, in principle, software with fixed or low configurable pipelines is application-specific. An example in the field of metagenomics is, e.g., MG-RAST (Meyer

Table 9.2 qPCR Software Evaluation. Summarized from Krause et al. (2022b), Pabinger et al. (2014)

Tool	Feature Coverage (%)	Last Update
CAmpER	38	2009
Cy0 Method	15	2010
DART-PCR	38	2002
Deconvolution	15	2010
ExpressionSuite Software	62	2019
Factor-qPCR	15	2020
GenEx	77	2019
geNorm	8	2018
LinRegPCR	46	2021
LRE Analysis	15	2012
LRE Analyzer	23	2014
MAKERGAUL	23	2013
PCR-Miner	23	2011
PIPE-T	54	2019
pyQPCR	54	2012
Q-Gene	31	2002
qBase	69	2007
qbase+	77	2017
qCalculator	38	2004
QPCR	69	2013
qPCR-DAMS	38	2006
RealTime StatMiner	69	2014
REST	46	2009
SARS	31	2011
SoFAR	31	2003

et al. 2008), which combines a database for metagenome sequences with automatic processing. The configuration options of the processing pipeline are limited to some parameters that can be set before starting the analysis. ML does not play an important role in this fixed pipeline.

The pipelines mentioned above provide a sound basis for biomedical analyses, but as stand-alone applications, they are more suitable for individual research projects rather than for ongoing diagnostics in medical laboratories. Reasons for this are the difficult integration into, and interoperability with, existing laboratory software, complex user interfaces, and legal requirements.

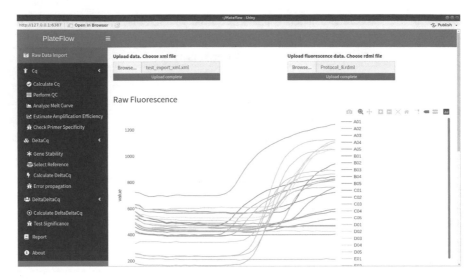

Fig. 9.7 "PlateFlow" prototype user interface

9.2.7 Summary and Remaining Challenges

There are standardized process models for data analysis, which are also basically suitable for the requirements of laboratory diagnostics and particularly genomic applications. There are also generic technical architectures that support these approaches and enable scaling up. The use of sophisticated techniques such as deep learning is also possible in principle. However, in contrast, the analysis of the existing software landscape shows rather isolated solutions that only insufficiently cover the requirements of laboratories. Hence, the analysis of genomic data in laboratory diagnostics using modern methods such as AI remains a challenge.

9.3 GenDAI Technical Architecture

Since there is currently no solution on the market that satisfactorily meets the requirements of medical laboratories in genomic applications, we propose here a specialized technical architecture on which basis such a solution can be developed.

Conceptually, the architecture outlined in Fig. 9.8 is based on the GenDAI conceptual model discussed in Sect. 9.2. The technical basis is a modular frontend based on web technologies and a set of services.

The user interface is composed of pages and elements provided by individual modules. Thus the user interface can be easily extended or customized by incorporating new modules. On the other hand, modules can of course be hidden or removed if the functionalities they

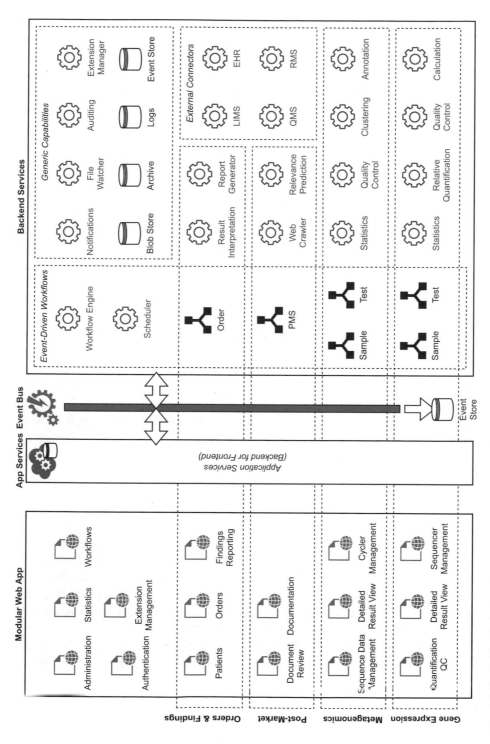

Fig. 9.8 GenDAI technical architecture

contain are provided by other applications and these cannot or should not be integrated into the GendDAI user interface. Basic modules allow, e.g., the registration of new orders, the management of tests, or the support of post-market surveillance.

The service layer consists of a micro-service architecture in which all relevant laboratory processes are mapped. The various services can be deployed independently of each other and are thus open to all technologies. Thus, the services can be either locally deployed or cloud-hosted. This also facilitates the scaling of individual services.

We distinguish between two types of services. So-called "application services" serve as backend-for-frontend (Gilbert 2021) for the support of user interfaces. For this purpose, they provide a synchronous REST-based API and a data model optimized for the frontend. As microservices, they are themselves responsible for managing the necessary data and making it available on request. To keep their data up to date, these services listen for relevant events on the event bus. At the same time, the services also generate new events based on user actions. "Backend services", on the other hand, operate largely asynchronously. They can be triggered by events on the event bus and often generate their own events. Examples of such services include work processes for analysis. Because these services are strongly oriented toward the associated user interface, they are not listed in detail in Fig. 9.8.

The concrete services presented in Fig. 9.8 are to be regarded as examples since depending on the circumstances in the laboratory, additional services may be added or certain services may not be needed. The examples were created using the event-storming method (Gilbert 2021). Thus, all relevant processes of a laboratory analysis were examined for their basic events (e.g., "Employee Authenticated", "Sample Registered", or "Results Computed"). Subsequently, these events were then assigned to subsystems and ultimately to specific services that are expected to produce or consume these events. The assignment is based on various factors such as the actors involved, the business capabilities, or the life cycle of the data.

9.3.1 Events and States

The use of events as the primary communication mechanism between services follows the principle of event-driven architecture with explicit modeling of state machine workflows. Events can cause state changes in entities that are mapped as state machine workflows. For example, an entity "Sample" can be in a state "Registered" after initial capture. When the sample is examined, an event is generated manually or automatically in the system that transfers the sample to the subsequent state "Processing".

This architecture has several advantages. For example, the state of an entity can be restored at any time by reproducing all relevant events (so-called event sourcing) (Gilbert 2021). Events can be recorded in an audit log and are thus available for audits, for documentation, or also for debugging errors.

Another advantage is the decoupling of components from each other. Individual components can be developed or exchanged separately and only have to be enabled to react to events. By the use of adapters, it is possible to connect existing components.

Figure 9.8 shows some examples of these workflows in the "Event-driven Workflows" area. The "Order" Workflow follows the state of a single order from a physician or other lab customer for a single patient starting from "Registration". One order can consist of multiple samples for which different tests are required. The "Sample" Workflow follows a single sample as it moves through the lab. In a single test run in the laboratory, several samples are usually examined at the same time, so it makes sense to have a separate workflow for this. After a test has been performed, the results are assigned to the individual samples again, and finally, the combined results for a patient are assigned to the original order.

As a more thorough example we can look at the use case for PMS (see Sect. 9.2.4) as an important requirement for the use of in-vitro diagnostics. PMS requires the ongoing consideration of the current state of science, e.g. through regular keyword-related searches in the technical literature.

As this research should be structured and comprehensible, it is advisable to use information technology systems that support and document the PMS. The GenDAI architecture can represent these use cases through state-driven workflows. Such a workflow could look like that shown in Fig. 9.9.

First, a web crawler writes an event to the event bus when a new document with matching keywords or other features is found. This event leads to the creation of a PMS workflow for the document that tracks the current state. By assigning a reviewer, the document can be moved to the next "In Review" state. After the reviewer has assessed the relevance of the document, they can either discard the document or document the next course of action.

9.3.2   Application Specific Subsystems

The open, event-based architecture enables the use of different genomic applications in the same platform. The basis for this is the connection of new services to the event bus and, if necessary, the extension of the user interface with new modules. We can refer to the sum of all services and modules required for a new genomic application as a subsystem. In Fig. 9.8, the two subsystems "Metagenomics" and "Gene Expression" are shown as examples.

For example, for metagenomics, a user interface can be used to upload existing sequence data or transfer it from a partner laboratory. If sequencing is performed on-site, the sequencer must be programmed for this purpose. The actual processing in the backend is completed with several process steps, which are executed on one or more compute nodes, one after the other. These usually include "quality control", "clustering", and "annotation" (Krause et al. 2021b). In gene expression analysis, the processing is simpler. In addition to "Quality Control" and actual gene expression quantification from the raw data ("Relative Quantification"), the results can be summarized by calculation formulas ("Calculation").

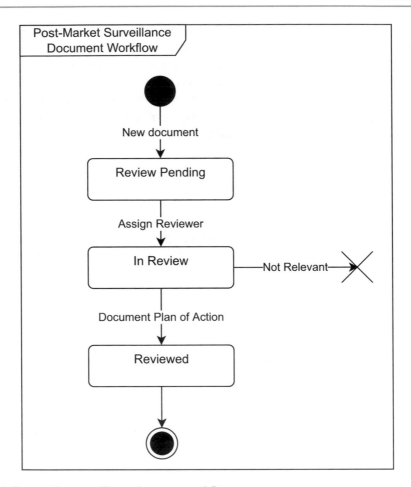

Fig. 9.9 Post-market surveillance document workflow

In summary, the GenDAI technical architecture is based on modern and proven methods for highly scalable solutions. Hence, we believe that GenDAI can also meet the technical requirements of genomics in laboratory diagnostics. Moreover, the improved capabilities of building and deploying such distributed architectures using Cloud, Infrastructure-as-a-Service, or Kubernetes in recent years leave these architectures easier to deploy than previously.

9.4   Conclusion & Future Work

Genomic applications in laboratory diagnostics have the potential to further advance the era of personalized medicine. AI, and particularly ML techniques such as deep learning, can provide support to efficiently analyze data and facilitate relevant results.

There are several technical and regulatory challenges in order to achieve this goal that must be addressed. The "GenDAI Technical Architecture" presented here is based on the "GenDAI Conceptual Model" and makes specific technical proposals to address the complex requirements of laboratory software for genomic applications.

Remaining challenges include the exact technical design of software modules, the implementation of a complete solution, evaluation, and the legally compliant use in practical applications. As a next step, we plan a prototypical implementation of the GenDAI technical architecture for a particular use case.

References

Abawajy, J. 2015. Comprehensive analysis of big data variety landscape. *International Journal of Parallel, Emergent and Distributed Systems* 30 (1): 5–14.

Adams, G. 2020. A beginner's guide to rt-pcr, qpcr and rt-qpcr. *The Biochemist* 42 (3): 48–53.

Afgan, E., D. Baker, B. Batut, M. van den Beek, D. Bouvier, M. Čech, J. Chilton, D. Clements, N. Coraor, B. A. Grüning, A. Guerler, J. Hillman-Jackson, S. Hiltemann, V. Jalili, H. Rasche, N. Soranzo, J. Goecks, J. Taylor, A. Nekrutenko, and D. Blankenberg. 2018. The galaxy platform for accessible, reproducible and collaborative biomedical analyses: 2018 update. *Nucleic Acids Research* 46 (W1): W537–W544.

Armour, C. R., S. Nayfach, K. S. Pollard, and T. J. Sharpton. 2019. A metagenomic meta-analysis reveals functional signatures of health and disease in the human gut microbiome. *mSystems* 4 (4): 1–15.

Barrat, F. J., M. K. Crow, and L. B. Ivashkiv. 2019. Interferon target-gene expression and epigenomic signatures in health and disease. *Nature Immunology* 20 (12): 1574–1583.

Berding, K., K. Vlckova, W. Marx, H. Schellekens, C. Stanton, G. Clarke, F. Jacka, T. G. Dinan, and J. F. Cryan. 2021. Diet and the microbiota-gut-brain axis: Sowing the seeds of good mental health. *Advances in Nutrition* (Bethesda, Md) 12 (4): 1239–1285, https://pubmed.ncbi.nlm.nih.gov/33693453/.

Bernstein, D. 2014. Containers and cloud: From lxc to docker to kubernetes. *IEEE Cloud Computing* 1 (3): 81–84.

Berwind, K., M. X. Bornschlegl, M. A. Kaufmann, and M. Hemmje. 2016. Towards a cross industry standard process to support big data applications in virtual research environments. In *Proceedings of the Collaborative European Research Conference (CERC) 2016*, ed. U. Bleimann, B. Humm, R. Loew, I. Stengel, and P. Walsh. https://www.cerc-conf.eu/wp-content/uploads/2018/06/CERC-2016-proceedings.pdf.

Chapman, P., J. Clinton, R. Kerber, T. Khabaza, T. Reinartz, C. Shearer, and R. Wirth. 2000. *Crisp-dm 1.0: Step-by-step data mining guide. SPSS Inc., U.S.A.*

Chiu, C. Y., and S. A. Miller. 2019. Clinical metagenomics. *Nature Reviews Genetics* 20 (6): 341–355, https://www.nature.com/articles/s41576-019-0113-7.

Coudray, N., P. S. Ocampo, T. Sakellaropoulos, N. Narula, M. Snuderl, D. Fenyö, A. L. Moreira, N. Razavian, and A. Tsirigos. 2018. Classification and mutation prediction from non-small cell lung cancer histopathology images using deep learning. *Nature Medicine* 24 (10): 1559–1567, https://pubmed.ncbi.nlm.nih.gov/30224757/.

Daniel, N., E. Lécuyer, and B. Chassaing. 2021. Host/microbiota interactions in health and diseases-time for mucosal microbiology! *Mucosal Immunology* 14 (5): 1006–1016, https://www.nature.com/articles/s41385-021-00383-w.

Dias, R., and A. Torkamani. 2019. Artificial intelligence in clinical and genomic diagnostics. *Genome medicine* 11 (1): 70.

Fan, Y., and O. Pedersen. 2021. Gut microbiota in human metabolic health and disease. *Nature reviews Microbiology* 19 (1): 55–71, https://pubmed.ncbi.nlm.nih.gov/32887946/.

Fioravanti, D., Y. Giarratano, V. Maggio, C. Agostinelli, M. Chierici, G. Jurman, and C. Furlanello. 2018. Phylogenetic convolutional neural networks in metagenomics. *BMC bioinformatics* 19 (Suppl 2): 49, https://link.springer.com/article/10.1186/s12859-018-2033-5.

Fowler, M. 2017. *What do you mean by „event-driven"?*. https://martinfowler.com/articles/201701-event-driven.html, 2022-04-19.

Gebrayel, P., Nicco, C., S. Al Khodor, J. Bilinski, E. Caselli, E. M. Comelli, M. Egert, C. Giaroni, T. M. Karpinski, I. Loniewski, A. Mulak, J. Reygner, P. Samczuk, M. Serino, M. Sikora, A. Terranegra, M. Ufnal, R. Villeger, C. Pichon, P. Konturek, and M. Edeas. 2022. Microbiota medicine: Towards clinical revolution. *Journal of Translational Medicine* 20 (1): 111, https://translational-medicine.biomedcentral.com/articles/10.1186/s12967-022-03296-9.

Gilbert, J. 2021. *Software architecture patterns for serverless systems: Architecting for innovation with events, autonomous services, and micro frontends*, 1st ed. Birmingham: Packt Publishing Limited.

Goetz, L. H., and N. J. Schork. 2018. Personalized medicine: Motivation, challenges, and progress. *Fertility and Sterility* 109 (6): 952–963.

Goodfellow, I., Y. Bengio, and A. Courville. 2016. *Deep learning*. Cambridge: MIT Press. http://www.deeplearningbook.org/.

Grömminger, S. 2018. *Ivdr – in-vitro-diagnostic device regulation*. https://www.johner-institute.com/articles/regulatory-affairs/ivd-regulation-ivdr/, 2021-08-29.

Gurovich, Y., Y. Hanani, O. Bar, G. Nadav, N. Fleischer, D. Gelbman, L. Basel-Salmon, P. M. Krawitz, S. B. Kamphausen, M. Zenker, L. M. Bird, and K. W. Gripp. 2019. Identifying facial phenotypes of genetic disorders using deep learning. *Nature Medicine* 25 (1): 60–64, https://www.nature.com/articles/s41591-018-0279-0.

Hamon, R., H. Junklewitz, and I. Sanchez. 2020. *Robustness and explainability of Artificial Intelligence: From technical to policy solutions, EUR*, vol. 30040. Luxembourg: Publications Office of the European Union.

Hong, M., S. Tao, L. Zhang, L. T. Diao, X. Huang, S. Huang, S. J. Xie, Z. D. Xiao, and H. Zhang. 2020. Rna sequencing: New technologies and applications in cancer research. *Journal of Hematology & Oncology* 13 (1): 166. https://jhoonline.biomedcentral.com/articles/10.1186/s13045-020-01005-x.

IEC International Electrotechnical Commission. 2006. Medical device software—software life cycle processes. *IEC* 62304: 2006.

IEC International Electrotechnical Commission. 2015. Medical devices—part 1: Application of usability engineering to medical devices. *IEC* 62366–1: 2015.

ISO International Organization for Standardization. 2012. Medical laboratories—requirements for quality and competence. *ISO* 15189: 2012.

ISO International Organization for Standardization. 2016. Medical devices—quality management systems—requirements for regulatory purposes. *ISO* 13485: 2016.

ISO International Organization for Standardization. 2019. Medical devices—application of risk management to medical devices. *ISO* 14971: 2019.

Jumper, J., R. Evans, A. Pritzel, T. Green, M. Figurnov, O. Ronneberger, K. Tunyasuvunakool, R. Bates, A. Žídek, A. Potapenko, A. Bridgland, C. Meyer, S. A. A. Kohl, A. J. Ballard, A. Cowie, B. Romera-Paredes, S. Nikolov, R. Jain, J. Adler, T. Back, S. Petersen, D. Reiman, E. Clancy, M. Zielinski, M. Steinegger, M. Pacholska, T. Berghammer, S. Bodenstein, D. Silver, O. Vinyals, A.

W. Senior, K. Kavukcuoglu, P. Kohli, and D. Hassabis. 2021. Highly accurate protein structure prediction with alphafold. *Nature* 596 (7873): 583–589.

Krause, T., E. Jolkver, S. Bruchhaus, M. Kramer, and M. Hemmje. 2021a. Gendai—AI-assisted laboratory diagnostics for genomic applications. In *2021 IEEE International Conference on Bioinformatics and Biomedicine (BIBM)*, ed. IEEE Computer Society.

Krause, T., J. T. Wassan, P. Mc Kevitt, H. Wang, H. Zheng, and M. Hemmje. 2021. Analyzing large microbiome datasets using machine learning and big data. *BioMedInformatics* 1 (3): 138–165.

Krause, T., E. Jolkver, S. Bruchhaus, P. Mc Kevitt, M. Kramer, and M. Hemmje. 2022. A preliminary evaluation of "gendai", an ai-assisted laboratory diagnostics solution for genomic applications. *BioMedInformatics* 2 (2): 332–344.

Krause, T., E. Jolkver, P. Mc Kevitt, M. Kramer, and M. Hemmje. 2022. A systematic approach to diagnostic laboratory software requirements analysis. *Bioengineering* 9 (4): 144.

Kuo, W. P., E. Y. Kim, J. Trimarchi, T. K. Jenssen, S. A. Vinterbo, and L. Ohno-Machado. 2004. A primer on gene expression and microarrays for machine learning researchers. *Journal of biomedical informatics* 37 (4): 293–303.

LeCun, Y., Y. Bengio, and G. Hinton. 2015. Deep learning. *Nature* 521 (7553): 436–444, https://www.nature.com/articles/nature14539.pdf.

Liu, Y. X., Y. Qin, T. Chen, M. Lu, X. Qian, X. Guo, and Y. Bai. 2021. A practical guide to amplicon and metagenomic analysis of microbiome data. *Protein & Cell* 12 (5): 315–330.

Marchesi, J. R., J. Ravel. 2015. The vocabulary of microbiome research: A proposal. *Microbiome* 3 (1): 31. https://microbiomejournal.biomedcentral.com/articles/10.1186/s40168-015-0094-5.

Mc Kevitt, P., and D. Partridge. 1991. Problem description and hypotheses testing in artificial intelligence. In *AI and cognitive science'90, Workshops in Computing*, ed. M. McTear and N. Creaney, 26–47. London: Springer.

Meyer, F., D. Paarmann, M. D'Souza, R. Olson, E. M. Glass, M. Kubal, T. Paczian, A. Rodriguez, R. Stevens, A. Wilke, J. Wilkening, and R. A. Edwards. 2008. The metagenomics rast server—a public resource for the automatic phylogenetic and functional analysis of metagenomes. *BMC Bioinformatics* 9 (1): 1–8.

Morris, K. 2020. *Infrastructure as code: Dynamic systems for the cloud age*, 2nd ed. Beijing: O'Reilly.

National Center for Biotechnology Information. 2022. *Genbank and wgs statistics*. https://www.ncbi.nlm.nih.gov/genbank/statistics/, 15.04.2022.

Nunamaker, J. F., M. Chen, and T. D. Purdin. 1990. Systems development in information systems research. *Journal of Management Information Systems* 7 (3): 89–106.

Ondov, B. D., N. H. Bergman, and A. M. Phillippy. 2011. Interactive metagenomic visualization in a web browser. *BMC bioinformatics* 12: 385.

Pabinger, S., S. Rödiger, A. Kriegner, K. Vierlinger, and A. Weinhäusel. 2014. A survey of tools for the analysis of quantitative pcr (qpcr) data. *Biomolecular Detection and Quantification* 1 (1): 23–33.

Qin, J., R. Li, J. Raes, M. Arumugam, K. S. Burgdorf, C. Manichanh, T. Nielsen, N. Pons, F. Levenez, T. Yamada, D. R. Mende, J. Li, J. Xu, S. Li, D. Li, J. Cao, B. Wang, H. Liang, H. Zheng, Y. Xie, J. Tap, P. Lepage, M. Bertalan, J. M. Batto, T. Hansen, D. Le Paslier, A. Linneberg, H. B. Nielsen, E. Pelletier, P. Renault, T. Sicheritz-Ponten, K. Turner, H. Zhu, C. Yu, S. Li, M. Jian, Y. Zhou, Y. Li, X. Zhang, S. Li, N. Qin, H. Yang, J. Wang, S. Brunak, J. Dore, F. Guarner, K. Kristiansen, O. Pedersen, J. Parkhill, J. Weissenbach, P. Bork, S. D. Ehrlich, and J. Wang. 2010. A human gut microbial gene catalogue established by metagenomic sequencing. *Nature* 464 (7285): 59–65.

Reis, T., M. X. Bornschlegl, and M. Hemmje. 2021. Ai2vis4bigdata: A reference model for ai-based big data analysis and visualization. In *Advanced visual interfaces*, ed. T. Reis, M. X. Bornschlegl, M. Angelini, and M. Hemmje. Lecture Notes in Computer Science, 1–18. Springer Nature, Switzerland.

Shafique, U., and H. Qaiser. 2014. A comparative study of data mining process models (kdd, crisp-dm and semma). *International Journal of Innovation and Scientific Research* 12 (1): 217–222.

Soueidan, H., and M. Nikolski. 2015. Machine learning for metagenomics: Methods and tools. https://arxiv.org/pdf/1510.06621.

Spitzenberger, F., J. Patel, I. Gebuhr, K. Kruttwig, A. Safi, and C. Meisel. 2021. Laboratory-developed tests: Design of a regulatory strategy in compliance with the international state-of-the-art and the regulation (eu) 2017/746 (eu ivdr in vitro diagnostic medical device regulation). *Therapeutic innovation & regulatory science.* 56 (2022): 47–64.

Stephens, Z. D., S. Y. Lee, F. Faghri, R. H. Campbell, C. Zhai, M. J. Efron, R. Iyer, M. C. Schatz, S. Sinha, and G. E. Robinson. 2015. Big data: Astronomical or genomical? *PLoS biology* 13 (7): e1002195.

Suwinski, P., C. Ong, M. H. T. Ling, Y. M. Poh, A. M. Khan, and H. S. Ong. 2019. Advancing personalized medicine through the application of whole exome sequencing and big data analytics. *Frontiers in Genetics* 10: 49.

The European Parliament and the Council of the European Union. 2017. In vitro diagnostic regulation: Ivdr. http://data.europa.eu/eli/reg/2017/746/2017-05-05.

Wassan, J. T., H. Wang, F. Browne, and H. Zheng. 2019. Phy-pmrfi: Phylogeny-aware prediction of metagenomic functions using random forest feature importance. *IEEE transactions on nanobioscience* 18 (3): 273–282.

Zhang, X., L. Li, J. Butcher, A. Stintzi, and D. Figeys. 2019. Advancing functional and translational microbiome research using meta-omics approaches. *Microbiome* 7 (1): 154. https://microbiomejournal.biomedcentral.com/articles/10.1186/s40168-019-0767-6.

Thomas Krause (M.Sc.) is a researcher in the areas and intersections of artificial intelligence, cloud, Big Data, genomics, and laboratory diagnostics. He draws on more than 15 years of industry experience in highly scalable solutions developed as a consultant for well-known international clients. He holds multiple certifications from industry leaders, such as Microsoft, for machine learning, cloud architecture, and other areas. He is also pursuing a Ph.D. at the Fernuniversität Hagen, Germany since 2019.

Elena Jolkver studied biology (diploma, 2005) and biochemistry (Ph.D., 2009) at the University of Cologne, Germany. Switching the lab coat for a laptop, she proceeded to research as a data scientist at at BASF metanomics GmbH, identifying biomarkers for plant yield. She continued her education in machine learning and computer science (B.Sc., Fernuniversität Hagen, Germany, 2022) while passing on her skills and knowledge in modern data science approaches as a consultant at xValue GmbH and a Guest Lecturer at DHBW Karlsruhe, Germany. Her major focus is on supporting third-party biopharmaceutical companies in the area of biomarker research and software development.

Michael Kramer (M.D.) studied medicine at the University of Heidelberg, Germany. He is a board-certified specialist in laboratory medicine. From 1990 to 1999 he was head of the section for Immunopathology at the University Hospital Heidelberg. Since 1999 he is an adjunct professor of Applied Immunology at the University of Heidelberg. He runs the consulting company ImmBioMed GmbH & Co. KG with a focus on the translational development of laboratory diagnostic procedures and advice on the associated medical-scientific and regulatory issues. To support these activities, ImmBioMed GmbH & Co. KG operates a laboratory infrastructure in the Biotechnology Park of the University of Heidelberg.

Paul McKevitt completed his Ph.D. in Computer Science at the University of Exeter, England (1991). He also completed a Master's degree in Education (M.Ed.), at the University of Sheffield, England (1999). He has 40 years of international experience in Computer Science (Artificial Intelligence [AI], Intelligent MultiMedia/MultiModal Systems, Medical Informatics) focused on teaching, research & technology transfer (with software demonstrators and patents) as an academic deployed at university and R&D institutions in Germany, Northern Ireland, France, Denmark, England, Ireland & the USA. He is currently Professor Emeritus at Ulster University, Magee, Derry/LondonDerry, Northern Ireland and Visiting Professor of AI at FTK—Research Institute for Telecommunication and Cooperation e. V. in Pfungstadt, Germany and at the Academy for International Science & Research (AISR), also in Derry.

Matthias L. Hemmje received a Ph.D. degree from the Department of Computer Science of the Technical University of Darmstadt, Germany. After that, he managed a research division at Fraunhofer IPSI in Darmstadt, Germany. Since 2004 he is a Full Professor of Computer Science at the University of Hagen, Germany, where he holds the Chair of Multimedia and Internet Applications. His primary research interests include Information Systems, Knowledge management, Semantic Technologies, Big Data Analysis, Information Visualization, and Long Term Archival. Since 2009, Matthias Hemmje is director and chairman of the board of FTK—Research Institute for Telecommunication and Cooperation e. V. in Dortmund, Germany. Having worked in many international R&D projects with research and industrial partners, his R&D and innovation teams ensure the transfer of results into widely available prototypes, products, and services.

Die sieben V der Daten – Anforderungen an die Daten in der KI-Entwicklung

10

Ulrich Walter

Inhaltsverzeichnis

Zusammenfassung

Daten sind die Grundlage zur Entscheidungsfindung aller Prozesse in der analogen und insbesondere in der digitalen Welt. Insofern müssen Daten wesentliche Eigenschaften erfüllen, um als Entscheidungsbasis für KI-Systeme zu dienen. Die „sieben

U. Walter (✉)
Wiesbaden, Deutschland

© Der/die Autor(en), exklusiv lizenziert an Springer Fachmedien Wiesbaden GmbH, ein Teil von Springer Nature 2023
L. B. Blum (Hrsg.), *Angewandte Data Science,*
https://doi.org/10.1007/978-3-658-39625-1_10

V" der Datenattribute beschreiben die Anforderungen an die Daten in KI-Prozessen vom Training bis zur Umsetzung im durch KI unterstützten automatisierten Prozess.

Künstliche Intelligenz (KI) ist eine zentrale Schlüsseltechnologie, die alle Bereiche in Wirtschaft, Verkehr, Politik und Gesellschaft nachhaltig verändern wird. KI ist außerdem ein zentrales Element interdisziplinärer Forschung und der Digitalisierungsstrategie Deutschlands und der EU. Wir nutzen bereits heute KI-Systeme, ohne darüber nachdenken zu müssen, welche Aufwände zu deren Entwicklung bis zur Umsetzung notwendig waren. Angewandte KI-Technologie ist längst in unserem Alltag angekommen. Ob als digitaler Sprachassistent, intelligente Chat Roboter wie ChatGPT, bei der Unterstützung in der Reiseplanung oder als Assistent in Fahrzeugen: Überall finden sich KI-Lösungen oder KI-Artefakte, die uns hierbei unterstützen. Dieser Artikel will die Anforderungen und die „Herausforderungen" und die Daten sowie deren Nutzung für KI-Modelle näher betrachten.

10.1 Die Relevanz von Daten

Daten sind neben der technischen IT-Infrastruktur, den mathematischen Algorithmen, den Software-Komponenten und dem Faktor Zeit die fünfte Säule der künstlichen Intelligenz (KI) und ein wesentlicher Baustein der Digitalisierung (Abb. 10.1). Sie bilden das „Rohmaterial" zur Informationsgewinnung und sind damit die Voraussetzung, um Anwendungen, Systeme, Fahrzeuge oder Roboter zu befähigen, anhand von „erlernten" Mustern (Wissen) automatisiert Entscheidungen zu treffen, Prognosen zu stellen,

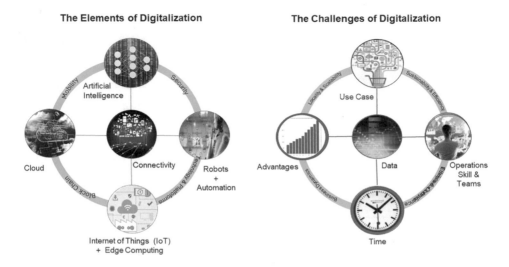

Abb. 10.1 Elemente und Herausforderungen der Digitalisierung

Sprachen zu verstehen, Musik zu schreiben, das Wetter vorherzusagen, digitale Zwillinge (digital twins) zu entwickeln oder sogar selbstständig neue Software, Spiele oder neue digitale Universen zu kreieren.

Insofern spielt die Datenstrategie eine zentrale Rolle bei der Umsetzung von KI. Nur in Verbindung mit der richtigen Datenstrategie lassen sich aus Daten Mehrwerte zur Entscheidungsfindung in automatisierten Prozessen generieren. Eine Datenstrategie sollte synchron mit einer auf den Bedarf gerichteten notwendigen IT Strategie erfolgen.

Entscheidungen werden grundsätzlich aufgrund vorliegender Informationen getroffen, die anhand von Daten (Datenlage, Datenbasis) ermittelt, analysiert und begründet werden. Wie auch in der anlogen Welt ist auch hier die Frage nach der Genauigkeit der Information und der Konsequenz einer auf dieser Information ausgeführten Aktion zu bedenken. Niemand würde sich in ein autonom fahrendes Fahrzeug setzen, dessen Informationen basierend auf einer Datenlage eine 50 %ige Wahrscheinlichkeit der Richtigkeit zu einer automatischen Handlung wie z. B. einem Spurwechsel oder einer Vollbremsung ergeben. Das ist in der analogen Welt nicht anders als in der digitalen Welt der KI. Ob es sich dabei um die Spezifizierung einer Pflanzenart mit dem Smartphone, Entscheidungshilfen für Börsenmakler anhand von Handelsinformationen, die Sprachsteuerung im Auto, Genomsequenzierung in der Forschung, Prozessautomatisierung in einer Behörde, Ursachenforschung im Klimawandel oder bei der Bewertung von epidemischen Lagen handelt – die Informationen sind immer abhängig von der Qualität der Datenbasis, mit welcher die KI-Anwendung ‚trainiert‘ wurde und der Präzision (Accuracy) des erstellten KI-Modells sowie der in der Anwendung benutzten Algorithmen. Grundsätzlich lassen sich KI-Einsatzgebiete in die vier Domänen Automatisierung, Prognose, Bilderkennung und Datamining/Data Analytics kategorisieren (Abb. 10.2).

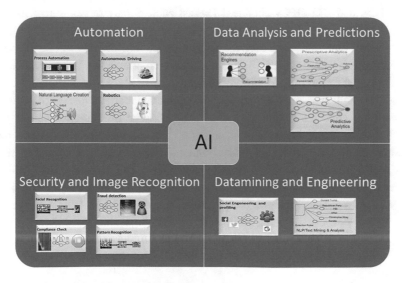

Abb. 10.2 Vier Anwendungskategorien für KI

Dabei bedingt jede KI-Domäne unterschiedliche Voraussetzungen an die Daten
sowohl für die Entwicklung der KI-Anwendung (Training) als auch im realen Einsatz
des KI-Modells. Diese Voraussetzungen unterscheiden sich je nach Anwendungsfall
anhand von sieben Eigenschaften, die wir in diesem Kapitel näher betrachten werden.

10.1.1 Die Entwicklung der Hardware

Über viele Jahre war KI lediglich eine interessante Theorie und wurde bestenfalls in
Labor- oder Forschungsbereichen experimentell getestet und eingesetzt. Im großen Stil
war der Einsatz von KI mangels technischer Voraussetzungen ökonomisch und praktisch
nicht abbildbar. Diese Phase wird auch als KI-Winter bezeichnet. Das änderte sich
allerdings in den letzten zehn Jahren rasant mit dem Aufkommen hochleistungsfähiger
Computersysteme mit integrierten Akzeleratoren (Graphical Processor Units GPUs, Field
Programmable Gate Array FPGAs, Data Processing Units DPUs), welche Milliarden von
Matrixoperationen pro Sekunde durchführen können, für die klassische Rechner Monate
oder sogar Jahre benötigen würden. Aktuelle Akzeleratoren leisten mehr als vier Petaflops
– also 4.000.000.000.000.000 Berechnungen pro Sekunde – und können damit KI-Modelle
mit mehreren Milliarden Parametern in neuronalen Netzen parallel berechnen. Das
aktuelle OpenAI ChatGPT Modell nutzt mit GPT-3 (Generative Pretrained Transformer
3) derzeit 175 Milliarden Parameter was gegenüber GPT-2 eine Steigerung um Faktor
100 bedeutet! Für die nächste Version GPT-4 wird wieder eine Steigerung um mindestens
Faktor 100 erwartet!! Zum Vergleich: Im Jahr 2020 leistete der schnellste Rechner der
Welt 537 Petaflops mit 7,6 Mio. CPU Cores und einem Energiebedarf von 29 MW/h[1].
Die gleiche Leistung könnten heutige Systeme theoretisch mit gerade einmal 2 % des
Energiebedarfs und 135 GPUs abbilden! Das ist auch ein wichtiges Signal im Rahmen
des umweltverträglichen Einsatzes der KI (CO_2 Beitrag). Durch diese Entwicklungen
(gefördert durch eine Reihe innovativer Technologien und der Forschung) spricht man
bereits auch vom „Cambrium des IT-Zeitalters", wo sich unterschiedliche Technologien als
eigenständige Plattformen für AI Einsatzbereiche entwickeln. Diese technologischen Entwicklungen ermöglichen die Umsetzung vollkommen neuer komplexer, datenintensiver
KI-Anwendungen und KI-Trainingsverfahren mit geringem Investitionsbedarf in IT-Infrastruktur, Software und Energie. Cloud Computing ist eine weitere Möglichkeit, moderne
KI-Verfahren schnell zu entwickeln, umzusetzen und nahezu unbegrenzt zu skalieren.

Die Vorteile sind offensichtlich: drastisch reduzierte Trainingszeiten der KI-Modelle
mit wesentlich höherer Genauigkeit durch schnellere Trainingszyklen (Epochen) und den
Einsatz von großen Datenmengen bei gleichzeitig reduzierten Kosten für Energie und
Infrastruktur. Neben der Leistungssteigerung der Rechner sind Speichersysteme sowie
die vorhandene Bandbreite im Netzwerk die technisch limitierenden Komponenten der
IT-Infrastruktur für die KI-Entwicklung und den KI-Einsatz. Moderne Speichersysteme

---

[1] TOP500 List – November 2020 | TOP500, https://www.top500.org/lists/top500/list/2020/11/

bieten mehrere Petabytes oder sogar Exabytes Speicherkapazität, die als physischer Datenspeicherplatz benötigt wird.

Bei der Planung der KI-Infrastruktur muss das Zusammenspiel Rechner – Netzwerk – Speichersystem immer in einem optimalen Verhältnis anhand der Leistungsanforderungen stehen, um Engpässe (Bottlenecks) in der Entwicklung oder je nach Anwendungsfall auch in der Produktion/Umsetzung zu vermeiden. Bei der Umsetzung (Inference) kommt es dabei auch darauf an, ob die logische Entscheidung in einem autarken Endgerät (Edgesystem) erfolgen kann, oder ob ein Datenfluss und eine kontinuierliche Verbindung über ein Netzwerk zu einem Zentralsystem bestehen muss.

10.1.2 Vertikale und domänenspezifische Ausrichtung von KI-Systemen

Grundsätzlich arbeiten KI-Systeme vertikal und domänenspezifisch anhand der Aufgabenstellung; z. B. Therapievorschläge, Diagnosen, Chatbots, Bilderkennung. Man spricht hier auch von „schwacher KI", die eben nur in einem eng umgrenzten Anwendungsumfeld eingesetzt werden kann. Dies bedeutet, sie können keine Empfehlung oder eine Entscheidung zu einer Situation, die sich aus unterschiedlichen Wissensdomänen anhand von Hintergrundinformationen und veränderten Rahmenbedingungen im Kontext der Situation ergeben, treffen oder Rückschlüsse daraus ableiten. Ein einfaches Beispiel einer vertikalen KI wäre z. B. eine Anwendung zur Erkennung von Objekten (z. B. Äpfel). Etwas komplexer wäre das Erkennen von unterschiedlichen Apfelsorten, aber auch das wäre in der Kategorie „Apfel" durch KI relativ einfach abzubilden.

Dagegen wäre eine Analyse durch das Erkennen und Interpretieren von mehreren unterschiedlichen Gegenständen, Zeit und Raum, örtlichen Gegebenheiten, handelnden Personen sowie möglicher Audioquellen (Sprache im Raum, Musik) und den aktuellen Wetterbedingungen, eine komplexe Situation, die sich aus diversen Daten, Datenformaten und Datenrelevanz zusammensetzt. In unserem Beispiel könnte das ein Apfel sein, der auf einem Tisch liegt. Der Tisch steht auf einer Wiese im Schatten eines Apfelbaums, während im Hintergrund Musik von Vivaldi zu hören ist, und eine Frau einen Teller auf den Tisch stellt und mit einem Kind spricht. Für uns Menschen ist es einfach, sich diese Szene vorzustellen, jedoch muss ein System mit solchen Fähigkeiten erst aufwendig mit unterschiedlichen Methoden trainiert und programmiert werden. Lediglich in ihrer speziellen Domäne kann sich die KI durch erlerntes Wissen und Erfahrungen im praktischen Einsatz (Feedback Loop) verbessern. Insofern ist es noch ein weiter Weg bis zur General AI oder der „Allgemeinen künstlichen Intelligenz", die sich auch mit ethischen und anderen eher philosophischen Themen auseinandersetzen muss.

In diesem Artikel werden wir die Anforderung einer Datenbasis zur Entwicklung von KI-Systemen anhand technischer, logischer und ethischer Attribute im Prozess der sogenannten Datenpipeline von der Datengenerierung bis zur fertigen KI-Anwendung beschreiben. Zur Umsetzung sind Skalierung der technischen Infrastruktur, Zeit sowie die zu erwartende Genauigkeit (Accuracy) die technischen limitierenden Faktoren (Abb. 10.3).

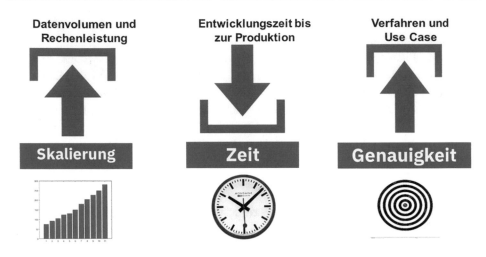

Abb. 10.3 Aspekte zum Einsatz von KI

10.1.3 Datenpipeline

Bevor aus Daten Informationen und damit valide Entscheidungsgrundlagen werden, müssen die Daten einige wichtige Prozessschritte in der „Datenpipeline" zur Daten- hygiene und Aufbereitung durchlaufen. Damit soll sichergestellt werden, dass eine KI- Anwendung auch den Nutzen bringt, der vom Entwickler und vom Anwender geplant und durchdacht wurde. Eine Automatisierung durch KI-Werkzeuge macht insofern nur dann Sinn, wenn sowohl das entsprechende Datenmaterial zum Training als auch die Daten im Einsatz (Inference) technisch analysiert und anhand von KI-Algorithmen in automatisierten Aktionen anhand definierter Vorgaben unter Beachtung rechtlicher und ethischer Grundlagen (Machbarkeit) umgesetzt werden können. Ein weiterer wesentlicher Punkt zur Überlegung in vielen KI-Projekten ist neben der Machbarkeit die ökonomische Frage nach Aufwand und Wirkung. Lohnt es sich in dem jeweiligen Fall KI-Modelle oder Systeme mit allen technischen und operationalen Konsequenzen von der Entwicklung bis zum Betrieb einzusetzen? Ist die Datenlage zu schwach oder der Einsatz zu selten, um ein technisch anspruchsvolles KI-Modell zu entwickeln und zu betreiben? Welche technischen und organisatorischen Voraussetzungen sind zur Umsetzung erforderlich? Auch die Folgekosten und Aufwände sowie die Fragen nach Kompatibilität und Lifecycle Management der Anwendung und des Datenmaterials stehen bei der Planung weit oben auf der Liste der Überlegungen. Viele KI-Projekte scheitern, weil diese wesentlichen Planungsschritte zur Machbarkeit nur teilweise beachtet wurden. Auf jeder Stufe der Ent- wicklung einer AI-Anwendung und in der Umsetzung gibt es eine Reihe von technischen, operationalen und rechtlichen Fragen zu beachten (Abb. 10.4).

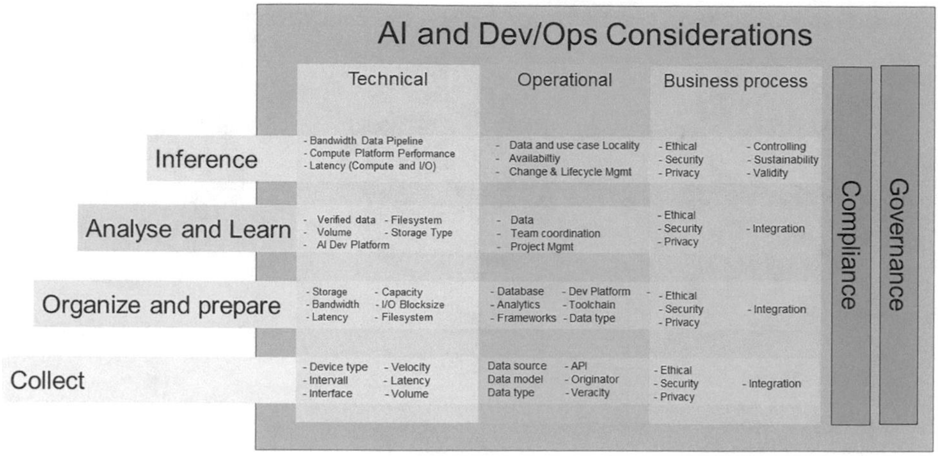

Abb. 10.4   Die „Datenpipeline" von der Datengewinnung bis zum Einsatz des KI-Modells

Grundsätzlich macht eine KI-Lösung überall dort Sinn, wo hoher manueller Aufwand ergänzt oder ersetzt werden kann bzw. praktisch nicht möglich ist. Beispielsweise bei gefährlichen äußeren Einflüssen, bei zu großen Datenmengen, komplexen Datenstrukturen oder bei häufiger Wiederholung manueller Aufgaben. Weiterhin kommen ethische Aspekte und Überlegungen dazu, die je nach Anwendungsfall weitere Voraussetzungen im Entscheidungsprozess (Fairness, Unbiased AI) bereits in der Entwicklung bedingen bzw. sogar den Einsatz von KI verbieten können wie z. B. Gesichtserkennung im öffentlichen Raum. Die Themen Ethik und Recht spielen insofern eine entscheidende Rolle bei der Planung zur Umsetzung von KI-Modellen in reale Anwendungen. Vieles, was technisch möglich ist, kann oder darf aus ethischen oder legalen Gründen nicht umgesetzt werden. Aktuell spielt der Einsatz von KI eine entscheidende Rolle in den zentralen ESG Initiativen (environmental, social, governance)

Eine weitere Herausforderung der Nutzung von KI-Anwendungen ist die Integration sowie der Betrieb in einer Produktivumgebung. Hierzu sei auf eine Reihe von Studien (z. B. Gartner, IDC, IDG u. a.) verwiesen, welche diese Problematik sowie andere Herausforderungen in der Umsetzung von KI-Projekten in der Organisation, der Wertschöpfung und in ihren Einsatzfeldern genauer beleuchten (Abb. 10.5).

Aber wie werden aus Daten schließlich Informationen und aus Informationen Entscheidungen? Nehmen wir an, KI sei ein Schüler. Auch ein Schüler muss aus Datenmaterial (Bücher, Lehrmaterial) sein Wissen erarbeiten und das Erlernte anschließend selbstständig in Können und Wissen umsetzen (Klausur). Technisch geschieht das in ähnlicher Form bei der Entwicklung einer KI-Anwendung, doch etwas komplizierter. In der Data Pipeline (Abb. 10.6) werden aus dem Rohmaterial der Daten durch analytische Verfahren und Tools (Werkzeuge) schließlich nutzbare Informationen für eine KI-Anwendung. Aus diesen Informationen wird antrainiertes ‚Wissen', das in einer

Erfolgreiche Umsetzung von KI Anwendungen in Produktion ist kompliziert

Build	Run	Manage and Monitor
85%	**5%**	**1%**
aller KI und Datascience Projekte Scheitern in der Entwicklung	aller KI Projekte werden produktiv umgesetzt	aller KI Projekte wird in der Umsetzung im Betrieb professionell betrieben und überwacht (Monitoring)

https://qymatix.de/de/warum-ki-projekte-scheitern/

Abb. 10.5 Umsetzung von KI-Projekten

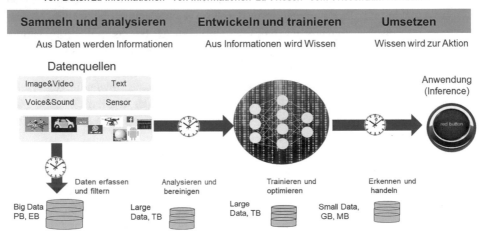

Abb. 10.6 Die KI Data Pipeline

Anwendung eingesetzt werden kann, beispielsweise zur Erkennung von Verkehrs-schildern im Fahrzeug oder als Chatbot in einem Dialog mit einem Onlinesystem. Bei der KI geht es insofern meistens um die Automatisierung von Handlungen anhand erlernter oder antrainierter Verfahren unter dem Aspekt einer definierten Qualität der Genauigkeit (Accuracy). Grundsätzlich lässt sich sagen: Je mehr validierte Daten für das

Training vorliegen, desto genauer kann das trainierte Modell arbeiten. Man bezeichnet
die Genauigkeit der verifizierten und validierten Datenbasis auch als „Ground Truth".
Neben der Datenbasis ist die Genauigkeit des fertigen KI-Modells von einer Vielzahl
weiterer Parameter, den Softwaremodulen sowie vom Einsatz und Anwendungsfall
abhängig.

10.2   Die sieben V der Daten

Daten liegen in ihrer digitalen Form als Nullen und Einsen auf einem Speichermedium
(Platte, Band, NVMe, SSD oder anderen maschinenlesbaren Datenträgern). Hier beginnt
die Herausforderung der Informationsgewinnung, denn sowohl auf der technischen Seite
der Datenträger als auch um die Interpretation der Daten aus den diversen Formaten gibt
es eine Reihe von Anforderungen zu bedenken.

Die Grundlage der Daten sind immer die „sieben V", die sich aus den folgenden
Begriffen ableiten (Abb. 10.7):

1. Veracity = Wahrheit
2. Volume = Datenmenge (in GB, TB oder PB)
3. Variability = Datentyp (Video, Bild, Text etc.)
4. Velocity = Geschwindigkeit (in I/O Sekunde oder Volume/Sekunde)
5. Value = Wert der Daten (in €/US$)
6. Volatility = Veränderbarkeit (Iterationen und Versionen)
7. Validity = Echtheit, Vertrauen (Datenquelle)

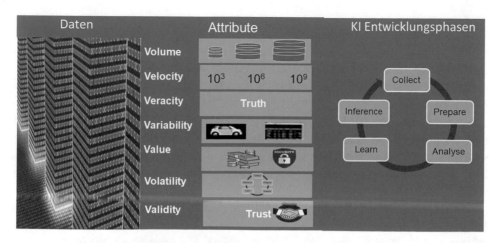

Abb. 10.7 Datenattribute und Entwicklungsphasen

10.2.1 Veracity = Wahrheit/Verlässlichkeit

Damit ein KI-System auch eine Entscheidung anhand von vorliegenden Daten automatisiert treffen kann, muss das verwendete Datenmaterial zur Entwicklung entsprechend vorbereitet, bereinigt und auf seinen Wahrheitsgehalt (Ground Truth) überprüft werden. Dieser Prozess kann durchaus sehr aufwendig sein und bedingt nach wie vor einen hohen Anteil manueller Zwischenschritte (prüfen, taggen, verifizieren). Je nach Datenart und Anwendungsfall kann dieser Prozess bis zu 80 % des Entwicklungsaufwands erfordern!

Nehmen wir an, ein System soll mittels einer Kamera oder mit vorliegenden Bildern Katzen erkennen. Im Training der KI-Entwicklung werden dem System Hundebilder vorgelegt, die fälschlicherweise als Katze getaggt wurden. D. h., die sogenannten Label stimmen in diesem Fall mit dem realen Inhalt des Bildes nicht überein, sind also „Falsche Richtige" oder False Positives. Wenn also die fertige KI-Anwendung in unserem Beispiel Hundebilder vorgelegt bekäme, so würde das System diese Bilder als Katzen identifizieren und wäre für Bilder mit echten Katzen „blind" (die Anwendung hat es ja nicht anders „gelernt"). Probleme dieser Art kennen wir auch aus der analogen Welt mit Fake News oder mit manipulierten Bildern im Internet, die immer wieder zu falschen Informationen oder sogar Fehlentscheidungen führen.

Insofern fällt Datenanalysten bei der Vorbereitung und Bereinigung der Trainingsdaten eine essenzielle Aufgabe im Entwicklungsprozess zu. Das verifizierte Trainingsdatenmaterial ist maßgeblich für die Sicherheit einer KI-Anwendung im Einsatz verantwortlich. Das gilt selbstverständlich für jegliche Datenart und jedes Datenformat. Hier spielen neben der geforderten Genauigkeit der KI-Anwendung auch sicherheitsrelevante Aspekte eine entscheidende Rolle; beispielsweise, wenn eine KI-Anwendung über vitale Funktionen in einer Produktionslinie oder über den Verkehrsfluss im Verkehr entscheiden soll.

10.2.2 Volume = Datenmenge

Datenvolumen wachsen täglich in astronomischen Magnituden. Pro Tag werden heute mehr Daten erzeugt als in der Geschichte der Menschheit von den frühesten Höhlenmalereien und Hieroglyphen vor 5000 Jahren bis ins Jahr 2014! (Nature https://www.nature.com/articles/lsa201458/figures/1). Insofern stellt dieser Datenreichtum ein fast unerschöpfliches Potenzial dar, das für den Einsatz von KI-Lösungen in den unterschiedlichsten Domänen genutzt werden kann. Die Datenmenge ist neben der „Wahrheit" der Daten (Ground Truth) für die Qualität des Ergebnisses in der KI-Anwendung entscheidend. Als Beispiel sollen hier die kognitiven Fähigkeiten beim Menschen gegenüber einer KI-Anwendung im Vergleich dienen. So benötigt ein Mensch z. B. lediglich drei Bilder, bis er eine Katze als solche mit einer Wahrscheinlichkeit >90 % erkennen kann (DFKI, Prof. Dr. Wahlster). Eine KI-Anwendung benötigt für die gleiche Erkennungsqualität schon mindestens 300 Bilder! D. h., eine KI benötigt zur

Entwicklung bereits wesentlich mehr Daten, um einen solchen Erkennungsgrad zu erreichen.

Mehr Daten bedeuten aber auch mehr Technologie in Form von Speichersystemen sowie der Klärung der Frage nach der Archivierung des Datenrohmaterials. Große KI-Entwicklungsumgebungen nutzen mehrere Terabytes oder sogar Petabytes an Datenmaterial für das Training. Ein prominentes Beispiel für großen Datenbedarf ist autonomes Fahren (Advanced Driver Assistant Systems, ADAS). So kann z. B. ein Fahrzeug während einer Fahrt pro 100 km und einer Durchschnittsgeschwindigkeit von 50 km/h ca. 1.7 TB Videodaten sammeln, die später für ein ADAS-System als Trainingsmaterial genutzt werden können. Diese Daten müssen aber immer noch aufbereitet und beschrieben werden. Jedes einzelne Bild in solch einem Video (30 Bilder/Sekunde) muss mit Labeln ergänzt werden, die im Training die Ausgangslage der Informationen zu dem jeweiligen Bild ergeben. Da aber gerade autonome Fahrassistenzsysteme über eine extrem hohe Genauigkeit verfügen müssen, benötigt eine AI-Entwicklungsumgebung hier mehrere Terabytes bis sogar Petabytes an Rohmaterial, um möglichst vielseitige Verkehrssituationen unter unterschiedlichsten Witterungsverhältnissen zu trainieren. Daten können auch synthetisch generiert werden, um so Situationen abzubilden, die praktisch nicht erfahren werden können (z. B. Unfallszenarien) oder um den hohen manuellen Aufwand der Videonachbearbeitung (Metadatenergänzung, Taggen) zu vermeiden.

Ein Trend geht allerdings in die Richtung, große Datenmengen zu vermeiden. D. h. Daten werden nur im Falle einer Statusänderung über die Zeitachse aufgezeichnet (Sparse Data). Daten aus unterschiedlichen Ereignissen, die sich kontinuierlich ändern (z. B. Geschwindigkeit, Wind, Wetter, Temperatur etc.), bezeichnet man als Dense Data.

10.2.3 Variability = Datenarten

Es gibt eine Vielzahl von Datenarten und Datenformaten, die wir an dieser Stelle nur beispielhaft nach ihren Eigenschaften beschreiben können. Grundsätzlich unterscheidet man zwischen strukturierten Daten (z. B. Texte, Datenbanken, E-Mails etc.) und unstrukturierten Daten (Bilder, Filme, Audio-Aufnahmen). Für die Entwicklung eines KI-Systems ist es essenziell, welche Art von Daten, und vor allen Dingen, welches Datenformat als Eingabe in das Entwicklungssystem dienen soll. Der Datentyp (ASCII, EBCDIC) sowie die Byte-Reihenfolge (Endianess, Little Endian, Big Endian) bestimmen die für die Verarbeitung notwendige IT-Architektur. Weiterhin kommt es darauf an, wie die Daten und mit welcher Qualität diese erfasst und trainiert werden können. Die Kombination von Daten, z. B. Sprache und Bild oder das Erkennen von Texten oder Sprache in Filmen, setzt voraus, dass die Datengrundlage und das Datenformat die entsprechende Kompatibilität für die IT-Architektur und Software in der Analyse bereits bieten. Andernfalls müssen die Daten in einem Zwischenschritt für die

KI-Entwicklungsumgebung entsprechend formatiert, konvertiert und unter Umständen auch von einem anderen Datenträger migriert werden. Eine Transformation der Daten kann mitunter recht kompliziert und zeitaufwendig sein. Insofern spielt die Planung in der Vorbereitung der einzusetzenden Plattform, der benötigten Datenmodelle und Typen eine entscheidende Rolle für den Erfolg in der Umsetzung. Neben den Datenformaten spielt auch die Art des Datenträgers und dessen Kompatibilität mit den IT-Systemen bei der Planung eine wichtige Rolle, die sich besonders bei der Nutzbarkeit historischer digitaler Vermächtnisse auf alten Datenträgern wie Disketten, Wechselplatten oder Videobändern stellt.

Ein gutes Beispiel aus der Geschichte zum Thema Daten, Informationen und Datenträger ist der Stein von Rosette, den ein französischer Offizier im Rahmen einer Expedition von Napoleon Bonaparte 1799 im Nildelta fand. Der Stein trägt eine Inschrift in drei unterschiedlichen Schriftarten: Hieroglyphen, Demotisch und Griechisch. Damit war die Botschaft, die zur Zeit Ptolemäus V. verfasst wurde, für drei Bevölkerungs-gruppen im damaligen Ägypten lesbar. Wenn man nun den Stein als „Datenträger" und die drei Inschriften als Datentypen bezeichnet, so hat man ein gutes Beispiel für die Herausforderung der Informationsgewinnung und Transkription der Daten. Bis zu der Entdeckung des Steins waren Hieroglyphen verschlüsselte und nicht lesbare Bot-schaften aus der Antike. Mithilfe des Steins und der bereits bekannten Interpretation der griechischen und demotischen Schrift war es nun erstmals gelungen, auch die Hieroglyphen zu interpretieren und die Schrift zu verstehen. Damit war eine wichtige Transkription erstmals möglich. Ähnlich verhält es sich mit KI-Systemen, die anhand der Datenart trainiert wurden, und so in ihrer jeweiligen Domäne Informationen durch eine Transkription zur Entscheidungsfindung ableiten können.

10.2.4 Velocity = Geschwindigkeit

Die Geschwindigkeit im Trainingszyklus und im Einsatz der Lösung ist abhängig von den technischen Rahmenbedingungen der eingesetzten IT-Infrastruktur (Netzwerk, Rechner und Speichersysteme). D. h., die drei limitierenden Faktoren des Datentransfers vom Speichersystem zum Rechner sind erstens die physikalischen Zugriffszeiten auf das Speichermedium (I/O Leistung pro Sekunde), zweitens das Netzwerk (Bandbreite) sowie drittens die Latenz (in mS) der Datenübertragung, bis die Daten endlich im Rechner genutzt werden können. Hier kommt es auch auf die Caching-Hierarchie in einem System an: So muss ein Byte vor der Verarbeitung in einem CPU-Register-Prozess zuerst von einem Speichersystem über die internen Verbindungen zum Rechner über mehrere Stufen in die unterschiedlichen Caches (CPU naher Speicher) übertragen werden (Fetch Execute Cycle). Das bedingt einen hohen Rechenaufwand der CPU, die ihrerseits damit in der Verarbeitung warten muss (wait state). Das Caching-Verhalten ist maßgeblich für die IO-Optimierung verantwortlich und ist speziell bei der Anwendungsentwicklung zur Effizienzsteigerung zu berücksichtigen. Moderne CPUs bieten mehrere GHz an CPU-

Zyklen, aber auch hier werden große Teile der Leistung für die IO-Verarbeitung benötigt. Abhilfe können hier Methoden wie GPU Direct Storage, DPUs (Data Processing Units) und andere technische Optimierungsmöglichkeiten bieten.

Aber hier nun der Vergleich in der Caching-Hierarchie: Nehmen wir zur Vereinfachung der Darstellung an, die Übertragung eines Bytes zur Verarbeitung würde in einer Sekunde vom Level 1 Cache einer CPU in ein CPU-Register übertragen (in der Realität wären das einige Nanosekunden, aber zur Veranschaulichung rechnen wir in unserem Beispiel mit einer Sekunde, um die Dimensionen besser zu verdeutlichen).

L1 Cache   ca. 5 CPU Cycles = 1 s
L2 Cache   ca 10 CPU Cycles = 2 s
L3 Cache   ca 35 CPU Cycles = 7 s
RAM   ca 65 CPU Cycles + 100 s = 113 s
Storage   ca 20.000 CPU Cycles + 500 s = 1 h 25 min!

Große Plattformen nutzen hier mehrere parallel arbeitende Rechensysteme (Cluster) mit Hunderten oder Tausenden paralleler Netzwerkverbindungen zu den darunterliegenden Speichersystemen und hohen TB/s Volumen sowie Millionen IO/s. Diese Architekturen sind nicht neu und wurden bisher vor allem für High Performance Computing (HPC) genutzt. Sie sind aber speziell für KI-Entwicklungssysteme ideal geeignet, um Trainingszeiten zu optimieren. Ein langsames Speichersystem oder eine Fehlplanung im Netzwerk kann hier sehr schnell zu einem Problem und einem Leistungsengpass (Performance Bottleneck) werden.

Neben den physikalischen und technischen Spezifikationen der eingesetzten Infrastruktur spielt vor allem die Organisation der Daten in einem Dateisystem (Filesystem) eine entscheidende Rolle. Das Filesystem ist für die Interaktion zwischen dem Speichersystem (Datenträger) und der Anwendung das entscheidende Bindeglied, um möglichst nahe an die technisch maximal möglichen I/O-Raten des Speichersystems heranzukommen und den benötigten Datendurchsatz zu realisieren, sowie Funktionen zur Optimierung an das Filesystem (z. B. GPU Direct Storage) auszulagern. Für die Planung einer KI-Infrastruktur sollte das Ziel immer ein hochoptimiertes, effektives und effizientes System sein, um möglichst Leerläufe (Idle State) und Wartezeiten auf der Computerseite zu vermeiden und so neben der beschleunigten Entwicklung auch die Kosten und den Energieverbrauch zu optimieren.

Wichtig an dieser Stelle ist vor allem die Frage der Effizienz der einzusetzenden Software (Programmiersprachen und Entwicklungsumgebungen) und wie optimal diese die jeweiligen IT-Systeme optimal nutzen können. Moderne Entwicklungsplattformen bieten zwar komfortable und einfach zu nutzende Programmierumgebungen. Sie sind aber oft nicht für die darunter liegende Infrastruktur mit all ihren technischen Möglichkeiten optimiert. Das gilt besonders für die Entwicklungsphase. Aber auch in der KI Anwendung spielen Geschwindigkeit, Latenz und I/O-Verhalten ebenfalls immer dort eine Rolle, wo es auf Echtzeitreaktionen im Einsatz ankommt. So beispielsweise bei der automatischen Analyse von Datenströmen in Sicherheitsbereichen (Fraud Detection, Deep Packet Inspection).

10.2.5 Value = Wert der Daten

Der Wert validierter und verifizierter Datensätze ist ein signifikanter Erfolgsfaktor bei der wirtschaftlichen Betrachtung. Insofern stimmt hier der oft gehörte Satz „Daten sind das neue Öl". So werden z. B. hochauflösende Satellitenbilder zur Untersuchung möglicher Lagerstätten von Bodenschätzen, Verbraucherverhalten oder Zielgruppenanalysen teuer gehandelt. Daten in der Pharmaforschung, Chemie, im Finanzwesen, in der Industrie (IoT), bei Versicherungen, Wetterprognosen oder im militärischen Bereich sind in ihrer jeweiligen Domäne Erfolgsfaktoren für die jeweiligen Unternehmen oder Behörden, die diese Datenschätze entsprechend sichern, verschlüsseln und auch vermarkten. Als Beispiele sind an dieser Stelle aufbereitete ADAS-Daten, Wetterdaten oder Verkehrsdaten zu nennen. Selbstverständlich bietet das Internet und auch die analoge Welt eine Reihe von Möglichkeiten, Daten zu sammeln. Einschränkend wirken hier allerdings rechtliche und ethische Auflagen, die eine kommerzielle oder auch private Nutzung zur Entwicklung von KI-Anwendungen untersagen oder erschweren. Neben den diversen gesetzlichen Vorgaben und Datenschutzauflagen (GDPR, European Data Act etc.) kommt es bei der rechtlichen Sachlage immer darauf an, wer jeweils der Ersteller, der Eigner und der Nutzer der Daten ist. Außerdem muss im Einzelfall geklärt werden, ob Ergebnisse aus einer KI-Anwendung wiederum an weitere Nutzer oder „Datenkonsumenten" weiter gegeben werden dürfen. Dies stellt im internationalen Rahmen eine besondere Herausforderung dar, da die rechtlichen Voraussetzungen zum Datenschutz global nicht einheitlich umgesetzt sind und je nach Region und Land voneinander abweichen.

10.2.6 Volatility = Veränderbarkeit (Iterationen und Versionen)

Volatilität bedeutet: Wie häufig und in welchen zeitlichen Intervallen ändert sich das Datenmaterial für die KI-Entwicklung? Insofern spielen statische Daten (z. B. unveränderliche Daten) und dynamische Daten (Wetter, Verkehrslagen, Börsenhandel etc.) bei der Umsetzung in eine KI-Anwendung eine entscheidende Rolle. Möglicherweise muss z. B. in einem Revisionsprozess oder im Falle einer Fehleranalyse Datenmaterial, welches zum Zeitpunkt der Anwendungsentwicklung des KI-Modells benutzt wurde, wieder neu gesichtet werden, um mögliche Fehlerquellen zu eruieren. Diese Daten müssen dann nach der Erstellung des fertigen KI-Modells entsprechend gesichert und ggf. archiviert werden. Die Dauer der Archivierungsfristen richtet sich nach den gesetzlichen Vorgaben und nach den ökonomischen Notwendigkeiten.

10.2.7 Validity = Echtheit (Datenquelle)

Wie schon unter dem Begriff Veracity (Wahrheit) erwähnt, gibt es aber noch einen weiteren Begriff, der sich um die Echtheit der Daten dreht. Hierbei geht es aber nicht um den Inhalt der Daten, sondern um die Vertrauenswürdigkeit der Datenquelle. Fake News, falsche Informationen und falsche Bilder begleiten uns täglich im Internet und dürfen natürlich auch nicht als Basis für die KI-Entwicklung oder in der Anwendung als Informationsquelle zur Entscheidungsfindung genutzt werden. Insofern ist eine KI-Anwendung besonders darauf angewiesen, mit verifizierbaren und validierbaren Daten zu arbeiten. Dabei stellen die Metadaten (also Daten zu den Daten) eine wichtige Informationsbasis dar. Metadaten können z. B. bei Bildern der Ort der Aufnahme (Geoposition), Datum und Uhrzeit sowie weitere Informationen zu Kamera und optischen Einstellungen sein, die ebenfalls in der KI-Anwendung berücksichtigt werden können. Die Frage nach Metadaten und deren Parameter gilt selbstverständlich für jede Datenquelle und jedes Datenformat. Neben den technischen Attributen sind die Fragen zur Datenquelle, dem Originator der Daten und natürlich deren Eigentumsverhältnisse zu klären. Speziell in modernen Anwendungen, die anwendungs- und datentechnisch über mehrere Clouds verteilt sein können, ist das eine anspruchsvolle Herausforderung in der Planung. Wesentlich im Einsatz einer KI ist auch die Fehlertoleranz bzw. die Handlungsfähigkeit einer KI abhängig von ihrer Sicherheit. D. h nur wenn eine KI einen bestimmten Sicherheitswert (z. B. >98%) erreicht, darf sie handeln. Das ist dann Aufgabe in der Entwicklung abhängig von der Anforderungen des Anwendungsfalls.

10.2.8 Abschließende Betrachtung

Diese „sieben V" müssen bei der Planung, der Umsetzung und im Betrieb einer KI-Anwendung ständig kontrolliert und geprüft werden. Sowohl technische als auch rechtliche und ethische Bedingungen stellen hohe Anforderungen an das Thema Datenmanagement. Neben den oben genannten technischen Aspekten für die KI-Entwicklung sind für das Datenmanagement weitere Fragen des Datenschutzes, der Datenlokalität, der Zugriffskontrolle sowie weitere Überlegungen zu Datensicherung und Archivierung zu klären. Jede Anforderung muss individuell betrachtet und mit der Komplexität der KI-Entwicklung im Rahmen der Datenstrategie mittels eines Datenmanagement- und Betriebskonzepts erarbeitet werden. Viele Anwendungsfälle scheitern in der Umsetzung oft an gesetzlichen Vorgaben, hohen technischen Aufwänden, fehlenden Experten im Betrieb, dem Mangel an Fachpersonal in der Entwicklung oder aus wirtschaftlichen Gründen. Insofern nutzen moderne KI-Anwendungen oft bereits antrainierte KI-Modelle und reichern diese lediglich mit neuen Daten an, um einen möglichst kurzen Entwicklungsaufwand und somit eine schnelle Umsetzung in einen praktischen Einsatz zu gewährleisten ohne den komplexen Vorlauf der gesamten KI-Datapipeline. Dennoch gelten auch hier die Vorgaben der „sieben V" und der damit verbundenen Überlegungen (Abb. 10.8).

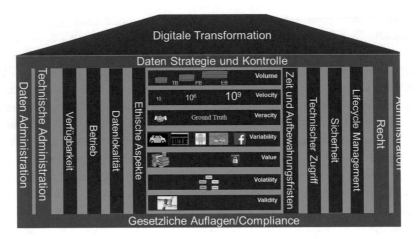

Abb. 10.8 Die Aspekte der digitalen Transformation

10.3 Ausblick

Bei der Entwicklung von innovativen Lösungen stellt sich natürlich immer die Frage: Wie geht es weiter, was kommt danach (the next big thing) und wie wird sich die Technologie weiterentwickeln? Extrem leistungsfähige Systeme mit geringem Stromverbrauch und hoher Speicherdichte in Endgeräten, Maschinen und Fahrzeugen werden „Autonomous AI" im Edge Computing nachhaltig in den unterschiedlichsten Domänen optimieren. Hyperautomation durch KI wird Geschäfts- und Produktionsprozesse maßgeblich rationalisieren. So kann beispielsweise ein AI-Server heute bereits mehrere 100.000 Dokumente pro Stunde automatisch verarbeiten und anhand der Informationen über Transkription und Datenanalyse automatische Aktionen einleiten, für die ansonsten mehrere hundert Sachbearbeiter (Abb. 10.9) notwendig gewesen wären. Die Vorteile dazu liegen auf der Hand: schnellere Reaktionszeit bei Entscheidungen und eine gewisse Unabhängigkeit von zentralen Diensten. Gerade in kritischen Situationen, wo Massendaten schnell analysiert und Entscheidungen getroffen werden müssen, werden AI-unterstützte Systeme ein wesentliches Instrument der Prozessketten bilden. Innovative Technologien wie z. B. neue hochleistungsfähige und energiesparende CPUs, Akzeleratoren, Quantencomputer, hochskalierende und effiziente Datenspeicher sowie die Entwicklung neuer mathematischer Methoden und Verfahren lassen hoffen, dass wir aus dem Status der „digitalen und vertikalen KI-Systeme" eines Tages auch zu domänenübergreifende KI-Systemen (allgemeine KI) kommen werden. Bis dahin ist es noch ein weiter Weg, aber die Richtung der Entwicklung ist schon einmal klar. Vielleicht wird eines fernen Tages einmal ein System wie Mr. Data in der Science-Fiction-TV-Serie Star Trek ein eigenes Selbstbewusstsein entwickeln und von sich behaupten können: „Cogito, ergo sum".

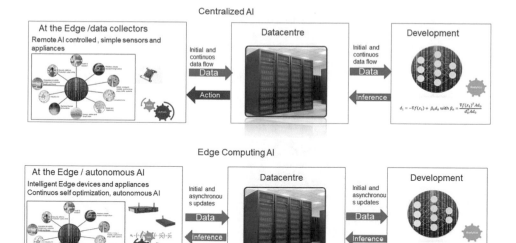

Abb. 10.9 Ansätze für zentrale KI und im Edge Computing

Literatur

Bitkom / DFKI Künstliche Intelligenz Wirtschaftliche Bedeutung, gesellschaftliche Heraus-
forderungen, menschliche Verantwortung. https://www.dfki.de/fileadmin/user_upload/
import/9744_171012-KI-Gipfelpapier-online.pdf
Caching Hierarchy. https://en.wikipedia.org/wiki/Cache_hierarchy.
CPU Fetch Execute Cycle. https://www.robots.ox.ac.uk/~dwm/Courses/2CO_2014/2CO-N2.pdf.
European Data Act. https://ec.europa.eu/commission/presscorner/detail/en/ip_22_1113
Gartner Hype Cycle for AI. https://www.gartner.com/en/articles/the-4-trends-that-prevail-on-the-
gartner-hype-cycle-for-ai-2021; https://www.gartner.com/smarterwithgartner/gartner-predicts-
the-future-of-ai-technologies
IDG Studie Machine Learning 2021. https://www.lufthansa-industry-solutions.com/fileadmin/
user_upload/dokumente/machine-learning-2021-studie-idg-pdf-lhind.pdf
IEEE Transactions on Artificial Intelligence. https://ieeexplore.ieee.org/xpl/RecentIssue.
jsp?punumber=9078688
Spektrum der Wissenschaft. https://www.spektrum.de/thema/kuenstliche-intelligenz/1301266.

Ulrich Walter ist zertifizierter Senior IT Architekt und Experte zum Thema Daten und Datenmanagement. In mehr als 35 Jahren konnte er sowohl auf der Benutzerseite als Systemprogrammierer und System Analyst als auch in zahlreichen nationalen und internationalen
Projekten seine Erfahrung und Expertise zum Thema Daten als Basis der IT-Wertschöpfungs-
kette sowie der dazu notwendigen IT-Infrastruktur aufbauen. Ulrich Walter ist Mitglied der IEEE
Computer Society und der Open Group.

Scope Creep, GUI, Skalierung. Über unbekannte Wesen und ihr plötzliches Auftauchen in Machine-Learning-Projekten

11

Eduard H. van Kleef

Inhaltsverzeichnis

> *Das Nachfolgende ist eine fiktive Erzählung. Sie basiert auf, ist aber nicht identisch mit Erfahrungen des Autors und von anderen. Jegliche Ähnlichkeit mit real existierenden Personen und/oder Firmen ist rein zufällig.*

Zusammenfassung

In einer fiktiven, aber realitätsnahen Geschichte wird erzählt, wie ein unerfahrenes Gründerteam für einen Konzernkunden eine Machine-Learning-Applikation entwickelt sowie über die Probleme, welchen es dabei begegnet. Es werden praktische Herausforderungen angesprochen und Empfehlungen sowie bewährte Lösungen

E. H. van Kleef (✉)
Frankfurt Machine Learning, Frankfurt am Main, Deutschland
E-Mail: Eduard@vanKleef.de

© Der/die Autor(en), exklusiv lizenziert an Springer Fachmedien Wiesbaden GmbH, ein Teil von Springer Nature 2023
L. B. Blum (Hrsg.), *Angewandte Data Science,*
https://doi.org/10.1007/978-3-658-39625-1_11

vorgeschlagen. Einige berührte Themen sind (Projekt-)Organisation, Scope eines Projektes, Umgang mit dem Kunden, Outsourcing von Aufgaben, Einsatz von modernen Managementtechniken wie z. B. „agile" Methoden und MLOps.

Johann war kurz vorm Verzweifeln. Jetzt wurde er von zwei Seiten angegriffen. Seine Mitgründer waren rasend. Jetzt machten sie IHN für die technischen Probleme verantwortlich. Dabei hatte er nur versucht, die Probleme der Entwickler zu erklären.

Er saß vor seinem Laptop in einem kleinen Besprechungsraum. Über Zoom konnte er die indischen Entwickler sehen. Rechts neben ihm saßen seine Mitgründer, Dietrich und Klaus, vor ihren Laptops am Besprechungstisch. Momentan sahen sie ihn an. Und sie waren, gelinde gesagt, nicht glücklich. Eher stinkwütend.

11.1   Wie Johann als Data Scientist zur ABC-Versicherung kam

Johann hatte sein Berufsleben nicht als Datenwissenschaftler angefangen. Ursprünglich hatte er Chemie studiert. Und als Nebenfach Informatik gewählt. Informatik hatte den Ruf, die Zukunftstechnologie schlechthin zu sein. Nach einigen Jahren als Unternehmensberater bei einem bedeutenden Wirtschaftsprüfer machte er sich selbstständig. Allmählich bemerkte er, wie mehr und mehr Projekte sich um das Thema „Datenverarbeitung" drehten. Irgendwann fing er an, Teilprojekte, bei denen Daten verarbeitet werden mussten, selbst durchzuführen. Bald war das Thema „Machine Learning", kurz ML, prominent geworden. Er hatte einige Kurse gebucht und festgestellt, dass ihm ML relativ gut lag. Zwar war es als Selbstständiger nicht so einfach, Projekte in dem Bereich zu finden. Aber jetzt, einige Jahre später, hatte er mittlerweile manches Projekt erfolgreich zum Abschluss gebracht.

Ein Jahr vorher hatte er bei seinem aktuellen Kunden angefangen. Zuvor waren einige Monate ohne Projekt vergangen. Ein erfolgreicher Gebrauchtwagenverkäufer würde er als typischer introvertierter Wissenschaftler wohl nie werden, musste er sich eingestehen. Seitdem arbeitete er an einem reinen Datenverarbeitungsprojekt bei der ABC-Versicherungsgesellschaft. Eigentlich fühlte er sich für das Thema völlig überqualifiziert, aber mittlerweile hatte er eine junge Familie und es musste wieder Umsatz her. Dafür hatte er noch einiges an „Bandbreite" frei.

11.2   Eine Projektidee wird geboren

Nach einigen Monaten bei der Versicherung hatte er einen Geistesblitz. Seit einigen Jahren waren Kundendaten ein heißes Thema. Die Regierung hatte bereits eine neue Gesetzgebung eingeführt, die strenge Regeln für den Umgang mit Kundendaten festgelegt hatte. Bei Verstoß drohten drakonische Strafen. Bereits bevor Johann dazu gestoßen war, hatte sich sein Kunde viele Gedanken zur Handhabung der Kundendaten gemacht. Es waren bereits neue Prozesse rund um die Kundendaten eingeführt worden. Die Kundendatenbanken waren entsprechend angepasst und verschlüsselt worden. Die Versicherungsbranche ist eine sehr konservative und risikoscheue Industrie und Johanns Kunde war keine Ausnahme. Nachdem man meinte, alles Mögliche gemacht zu haben, um „compliant" zu sein, lud man eine externe Auditorin ein. Diese sollte noch mal überprüfen, dass alles wirklich stimmte.

Dem war natürlich nicht so. Die Auditorin stellte unter anderem fest, dass es noch eine substanzielle Menge an Kundennamen, -adressen usw. im Archiv mit Kundenkorrespondenz gab. Dazu hatte ihr bereits eine kleine Stichprobe gereicht. Beim Mittagessen erfuhr Johann von Kollegen, dass sie jetzt in kürzester Zeit die Millionen von eingescannten Briefen, E-Mails usw. durchgehen mussten. Dabei sollten die Dokumente identifiziert werden, die solche „Personally Identifiable Information" (P.I.I.) oder Informationen, die die Identifikation des einzelnen Kunden ermöglichten, enthielten. „Eine unmögliche Aufgabe", seufzte einer. „Es muss unbedingt automatisch gemacht werden. Aber es geht nicht mit einer einfachen Wörterbuchsuche, da viele Namen ebenfalls eine sachliche Bedeutung haben. Wir können nicht zwischen dem Namen ‚Bäcker' und dem Beruf ‚Bäcker' unterscheiden. Dafür müssen wir den Kontext analysieren. Wir haben schon so viele Filter definiert, aber in mindestens 50 % der Fälle geht es trotzdem daneben." Da hatte Johann seinen Geistesblitz.

11.3   Ein Gründerteam bildet sich

„Vielleicht habe ich da eine Lösung", deutete er an. Mehr wollte er für den Moment nicht preisgeben. Er brauchte unbedingt Verstärkung von jemandem, der das Thema als Projekt verkaufen konnte. In den Wochen danach diskutierte er das Thema in seiner Freizeit mit einem befreundeten Freelancer, Dietrich, der beim selben Kunden arbeitete. Zusammen arbeiteten sie ein Konzept aus. In der Vergangenheit hatte er schon ein Projekt zum Thema „Bildverarbeitung" erfolgreich abgeschlossen. Dabei hatte sein System, ein neuronales Netz, Kamerabilder von Verkehrsschildern ausgewertet. Das funktionierte, indem es kleine Bildfragmente, zum Beispiel einen Viertelkreis, in Kontext zu anderen Teilen, zum Beispiel eine weiße Fläche, erkannte. Ein ähnliches Prinzip wollte er jetzt auf Text anwenden. Er arbeitete schon recht bald eine detaillierte Zielarchitektur aus.

Die Erfahrung:
Gründer neigen dazu, einfach anzufangen. Damit eine Firma auf die Beine kommt, ist (harte) Hands-on-Arbeit in der Regel notwendig. Allerdings bringen Gründer selten die gleichen Fähigkeiten und Arbeitsstunden ein. Stillschweigend denkt oft jede(r), er/sie bringt mehr ein als andere. Wenn dann Eigentumsverhältnisse festgelegt werden müssen, kann es zu Konflikten kommen.

> Die Empfehlung:
> **Organisatorische Fragen vor allem anderen regeln**
> *Diskutieren Sie Eigentumsverhältnisse und was jede(r) einbringt zuallererst. Die
> frühe Konfrontation ist die bessere! Wenn Gelder investiert werden, tun Sie dies
> in eine Rechtsperson und bestehen Sie auf transparente und professionelle Buch-
> führung. Vereinbaren Sie am Anfang, wer was entscheiden darf. Halten Sie Verein-
> barungen schriftlich fest.*

Die zwei Freunde schrieben zusammen eine Management-taugliche PowerPoint-
Präsentation. „Mach dir mal keine Sorgen um das Vorzimmer", sagte Dietrich. „Ich
regele für uns ein Meeting mit dem Management, kein Problem." Und er schaffte es tatsächlich. In der Zwischenzeit hatte Dietrich weitere Gedanken zum Produkt entwickelt:
„Es ist schwierig, den Kunden einzubinden, wenn wir nur Python-Skripte anstoßen und
vorführen können. Eigentlich will ich eine Intranet-Applikation haben. Dann können wir
unsere Applikation richtig in einem Browser vorführen. Das sieht wesentlich freundlicher aus." Dietrich kannte sich da offenbar gut aus. „Das musst du dann organisieren,
ich kann nur Python und Machine Learning", antwortete Johann.

Einige Wochen später hielten sie ihre Präsentation ab. Es wurde kein Selbstläufer und
sie hatten noch zwei weitere Meetings, in denen sie Spezialisten überzeugen mussten
und Einzelheiten abgeklärten.

Der Kunde hatte sich einen internen Termin für die Lösung des Problems gesetzt.
Ein Audit-Fehler, der über längere Zeit nicht gelöst wurde, sah für eine Versicherung
nämlich nicht gut aus. Dieser Termin war bereits bei der Präsentation erheblich unter
Druck. Nichtsdestotrotz mussten die normalen Auftragsvergabeprozesse eingehalten
werden, was bei einer größeren Firma wie dieser immer einige Monaten dauerte. Aber
am Ende war das Ergebnis besser als erwartet. Johann und Dietrich erhielten nach einer
gefühlten Ewigkeit einen bezahlten Auftrag für ein Proof-of-Concept. Jetzt waren sie ein
Gründungsteam. Und hatten sofort ein erstes Problem.

11.4   Das neue Projekt wird umfangreicher

„Das kann noch spannend werden", sagte Johann. „Der Kunde erwartet offenbar nach wie
vor das Projektergebnis am Jahresende. In unserem Projektplan waren für den Kunden
drei Monate Bedenkzeit und zwei Monate Bürokratie aber nicht vorhergesehen. Ich bin
mir nicht sicher, ob ich das alles in meiner Freizeit rechtzeitig entwickeln kann. Außerdem
habe ich ein lebensgroßes Risiko, betriebsblind zu werden und meine eigenen Fehler nicht
mehr zu sehen, wenn ich Tag und Nacht nur am Coden bin." Dietrich dachte laut nach:
„Wir haben jetzt doch ordentlich Projektbudget. Dann können wir die eigentliche Entwicklung outsourcen. Du hast ja schon eine detaillierte Architektur erstellt. Dann geht es
schneller und du kannst deine Abende in Ruhe genießen, anstatt Python zu schreiben.

Die Erfahrung:
Projekte verfügen in der Regel über einen Meilensteinplan. Oft wird dies als Gantt-Chart realisiert: In einem Projektplan bauen einzelne Teile des Projekts aufeinander auf bzw. schließen aneinander an. Im Ergebnis entsteht ein recht rigider Zeitplan. Insbesondere führt eine Verschiebung des Anfangszeitpunkts zu einer Verschiebung des Fertigstellungstermins.

Gerade größere Firmen (Konzerne) sind für ihre langsamen Entscheidungen, Prozesse und Auftragsvergabe bekannt. Einkaufsabteilungen können kleinere Zulieferer absichtlich länger auf einen „eigentlich" bereits zugesagten Auftrag warten lassen, um Druck bei Preisverhandlungen auszuüben. Es kann bei einem Großkonzern durchaus 6 bis 12 Monate dauern, bis nach inhaltlicher Übereinkunft eine tatsächliche Beauftragung folgt.

Wenn Sie dann den Auftrag erhalten, könnten eingeplante Ressourcen mittlerweile anderswo gebunden sein.

Die Empfehlung:
Zeitliche Erwartungen realistisch abstimmen
Bei einer Meilensteinplanung sollten Sie Termine immer mit einem flexiblen Datum „ab Auftragsvergabe" planen. Bauen Sie einen Pufferzeitraum bis „Projektanfang" zwecks einer vernünftigen Projektbesetzung ein. Zwar bereiten Kunden gerne immer mal wieder Zeitdruck. Späte eingehaltene Endtermine sind allerdings wesentlich besser als gerissene frühe Endtermine.

Gut, um ein Burnout zu provozieren. Und die Outsourcer können dein Konzept noch mal in Ruhe studieren und eine unabhängige Meinung dazu geben. Ich kenne da eine indische Firma, mit der ich schon gute Erfahrungen gesammelt habe. Ich denke, wir sollten außerdem einen professionellen Projektmanager beauftragen, damit ich da nicht ständig hinterher muss." Johann wäre lieber etwas zurückhaltender mit dem Projektbudget umgegangen, aber irgendwie musste er Dietrich recht geben. Sie waren wirklich unter Zeitdruck und er hatte noch sein anderes Projekt während der Woche. Und er konnte seine Frau auch nicht wirklich komplett mit dem Kind allein lassen. Dietrich hatte glücklicherweise angeboten, das Projekt vorzufinanzieren. Damit wäre es kein Problem, Drittparteien zu beauftragen. Die indische „A.I. Science PLC" wurde somit mit der Entwicklung des ML Codes beauftragt.

Einige Tage später stellte Dietrich seinen Bekannten Klaus vor. Klaus war Scrum Master und hatte bereits mehrere Projekte in dieser Rolle begleitet. Klaus wurde mit dem Projektmanagement beauftragt. Er richtete zuallererst Infrastruktur ein, vor allem Jira und Confluence. Danach führte er Johann und Dietrich darin ein, einzelne benötigte Funktionalitäten in Jira Tickets als „User Stories" einzubinden. Die Entwickler erhielten ebenfalls Zugriff auf das Jira-System. Sie übersetzten teilweise sogar Johanns Systemanforderungen (die sie als Architekturdiagramm erhalten hatten) in Jira-Tickets. Ab da hatte Klaus zweimal pro Woche eine Stand-up-Telefonkonferenz organisiert, wobei

Klaus, Dietrich, Johann und die Entwickler zusammen die einzelnen Tickets und deren Fortschritte durchgingen. Zur Vertrauensbildung gab Klaus sogar dem Kunden Zugang zum Jira, damit dieser sich vom Fortschritt des Projekts selbst überzeugen konnte.

Der AI-Teil des Projekts war somit gut angelaufen. Die Entwickler der A.I. Science hatten in der Vergangenheit wohl bereits einige Machine-Learning-Projekte in Python durchgeführt. Mehr als Johann jedenfalls. Sie waren drei Programmierer und hatten alle ihre eigenen Spezialitäten. Johanns Architektur hatten sie verstanden und sich entsprechend schnell an die Arbeit gemacht. Nur das Thema „Webapplikation" war ihnen wohl völlig fremd.

> Die Erfahrung:
> Es lohnt sich oft, Entwickler zu einem frühen Zeitpunkt einzubinden. Das zwingt Sie als Gründer/Projektleiter, User Stories, Produktprozesse und Teambriefings frühzeitig vorzubereiten, auch wenn der Auftrag nicht sicher ist. Das Vorgehen ist eine Art des „Think on Paper", die Widersprüche und schwammige Gedanken schnell sichtbar macht und sowohl die Auftragsakquise als auch eine nachherige Entwicklerbeauftragung unterstützt. Darüber hinaus können Entwickler Feedback geben und Aussagen zum Beauftragungsvolumen machen.
>
> Die Empfehlung:
> **(Auftrags-)Materialien für die Entwickler vorbereiten**
> *Benutzen Sie Zeiträume bis zur Beauftragung, um User Stories, Produktprozesse und Teambriefings vorzubereiten, auch wenn der Auftrag nicht sicher ist.*

Dietrich musste eingestehen: „Ja, es war wirklich schwierig, überhaupt eine gute Firma zu finden, die vernünftig ML-Projekte zu einem vernünftigen Preis durchführt. Aber keine Sorgen, Webapplikationsentwickler gibt es wie Sand am Meer." Und tatsächlich fand er innerhalb zwei Wochen mehrere Firmen, die „Web App Development and General Coding" anboten. Schon schnell hatte Dietrich die Verhandlungen zu Ende geführt und mit der „Fastcode PLC" einen Vertrag abgeschlossen. „Schickst du ihnen einige Entwürfe, wie die Bedienoberfläche aussehen und funktionieren soll", meinte Dietrich daraufhin lapidar. „Moment", sagte Johann, „ich habe so etwas noch nie gemacht." „Du bist der Einzige hier, der wirklich weiß, wie die App funktionieren soll. Und außerdem muss es ja keine Designpreise gewinnen", hielt Dietrich dagegen. Also setzte Johann sich einige Abende lang an seinen Laptop und skizzierte, wie die App auszusehen hätte. Seine Entwürfe schickte er daraufhin an Fastcode, die damit zufrieden zu sein schien.

> Die Erfahrung:
> „Scope Creep" ist die schleichende Erweiterung eines Auftrages um neue Komponenten. Das Thema ist wohlbekannt aus der Managementberatung, wo Clients Zwischenerkenntnisse sofort internalisieren und daraufhin stetig neue Analysen sehen wollen. Aber auch in der Softwareentwicklung ist Scope Creep nicht

unbekannt. In dieser Erzählung sehen wir sogar, wie der „Scope" des Projekts sich aus dem Team selbst heraus wesentlich erweitert.

Die Empfehlung:
Aufgepasst mit „Scope Creep"
Beschränken Sie den Projektumfang immer auf ein Ausmaß, was Sie hinsichtlich Umfang, Budget und angewendeten Technologien beherrschen können. Setzen Sie zuerst die „Pflicht" um und danach evtl. die „Kür", ohne sich auf letztere zu committen. Eine nützliche Strategie kann der „Minimum-Viable-Product"-Ansatz sein.

11.5   Die bisherige Projektbeschreibung reicht den Outsourcern überhaupt nicht

Nachdem die beiden Teams einige Tage gearbeitet hatten, kamen die ersten Rückfragen. Die Kollegen der A.I. Science wollten wissen, wo die nötigen Trainings- und Testdaten herkommen sollten. Das erwischte Johann kalt. Natürlich benötigt man solche Daten in einem ML-Projekt. Aber da er hier nicht selbst am Coden war, hatte er darüber noch überhaupt nicht nachgedacht. Geistig hatte er das Problem in Richtung A.I. Science „über den Zaun geworfen".

Die Erfahrung:
Allen, die im „Machine-Learning"-Bereich arbeiten, ist klar, dass ML-Projekte Trainings- und Testdaten brauchen. Die Implikationen dieser einfachen Aussage werden aber nicht immer vollständig überblickt. Arbeitet man mit „echten" Daten aus dem Betrieb eines Kunden? Hat man sichergestellt, dass die Eigner dieser Daten dem zugestimmt haben? Sollen die Daten in einer bestimmten Qualität vorliegen? Müssen sie noch vorverarbeitet werden und wer macht dies? Liegen die Daten als „gelabelte" Daten vor? Der Teufel steckt hier oft im Detail.

Die Empfehlung:
Machen Sie sich genauso viele Gedanken über die Datenakquisition und -verarbeitung wie über das eigentliche ML, wenn nicht mehr.
Nicht umsonst wird oft festgestellt, dass 80 % der Arbeit eines Datenwissenschaftlers aus dem Überarbeiten von Rohdaten besteht.

Idealerweise würde man natürlich mit den „echten" Daten aus dem System der ABC arbeiten. Aber der Kunde hatte bereits mitgeteilt, dass solche Daten auf gar keinen Fall das Unternehmen verlassen durften. Und schon gar nicht außerhalb der EU nach Indien. Ein andermal wusste Dietrich eine Lösung: „Ich kenne eine rumänische Professorin, die uns einen großen Simulationsdatensatz erstellen kann." Dieters Schatz an internationalen

Kontakten beeindruckte Johann immer mehr. „Super, dann können wir sie gleichzeitig ‚labeln' lassen. Das Problem sah ich nämlich auch schon kommen."

Die Erfahrung:
Eine Gründung setzt das volle Skillset einer funktionierenden Firma voraus. Neben Technologie werden vertriebliche, kaufmännische, personaltechnische und viele weitere Kenntnisse gebraucht. Außerdem ist eine strikte Projektführung und -organisation notwendig. Bei einem technischen Fokus sind oft mehrere Gründungsmitglieder gefragt, die unterschiedliche Teiltechnologien beherrschen.
   Der Ausweg, die fehlende Fähigkeit, „blind" bei Drittfirmen/-personen einzukaufen, ist sehr gefährlich. Nicht nur begibt man sich damit in eine starke Abhängigkeit. Auch können schnell Missverständnisse und Konflikte darüber entstehen, was genau hergestellt werden soll.

Die Empfehlung:
Outsourcing ist nicht die beste Art, die technischen Herausforderungen zu lösen.
Überlegen Sie sich bei einer Gründung sehr genau, welche Fähigkeiten („Skill-Matrix") das Team benötigt. Idealerweise liegen Kernfähigkeiten redundant vor, damit Kernthemen innerhalb des Teams diskutiert werden können und keine „Ein-person-Betriebsblindheit" entsteht. Eingesetzte Technologien sollten alle innerhalb des Teams beherrscht werden, auch wenn die eigentliche Umsetzung outgesourced wird. Erstellen Sie die Anforderungen zu Architektur, Prozessen und UI vor Beauf-tragung. Verpflichten Sie den Auftragnehmer im Outsourcing-Vertrag, erarbeitete Ergebnisse in ordentlichem Zustand und mit guter Dokumentation zu überreichen.

Durch das Ganze war Johann jetzt allerdings ein Stück aufgeschreckt. Er realisierte, dass eine App Daten auf den Server laden und speichern würde müssen. Und dass diese Daten in der Benutzeroberfläche dargestellt und bearbeitbar/labelbar sein müssten! Insgesamt gab es eine ganze Reihe an Arbeitsschritte und Prozessen für den Umgang mit Daten, die spezifiziert und realisiert werden müssten. Wie war es möglich, dass bislang keiner der Teammitglieder das eingefordert hatte?!
   Johann berief eine Notsitzung mit Dietrich und Klaus ein. Als sie zu dritt im Café zusammensaßen, mussten Dietrich und Klaus kleinlaut eingestehen, dass sie sich dessen ebenfalls überhaupt nicht bewusst gewesen waren und die „technischen" Details (inklusive UI und UX) eher bei Johann gesehen hatten. Johann wurde schlecht. „Jungs, ich bin ein ein-facher Datenwissenschaftler und kein Applikationsentwickler oder gar Applikationsarchitekt oder Full-Stack-Entwickler! Nur dank der Rückfragen der Entwickler wurde mir bewusst, dass wir hier riesige Lücken haben." Dietrich konnte mit all diesen Berufsbezeichnungen offenbar eher weniger anfangen. „Also, du kannst das alles nicht?", meinte er. „Nein, und

ich habe dir das auch schon am Anfang gesagt", sagte Johann. Klaus saß leise daneben. Offenbar hatte er schon vorher Unsicherheit verspürt, sich aber nicht getraut, etwas zu sagen.

Die Erfahrung:
Eine Business ML-Anwendung ist wesentlich mehr als ein Jupyter Notebook. Eine vollständige Anwendung, die von End Usern bedient werden soll, bedingt wesentlich mehr als eine Forschungsumgebung für einen ML-Spezialisten. So ist eine grafische Benutzeroberfläche nahezu unabdingbar. Daten müssen in der Regel zentral, aber redundant vorgehalten werden. Vortrainierte Modelle müssen ggf. automatisiert hochskalieren, wenn sie intensiv beansprucht werden. Eventuell muss eine Nutzeradministration vorgehalten werden.

Die Empfehlung:
Überlegen Sie sich genau, von wem und wie die ML-Anwendung verwendet werden soll, und welche Erfordernisse daraus entstehen.
Überlegen Sie sich genau, in welcher Umgebung Ihr Produkt zum Einsatz kommt und welche Erfordernisse daraus entstehen. Wenn notwendig, setzen Sie Techniken aus dem DevOps bzw. dem MLOps ein. Stellen Sie bei eher experimentellen Projekten eine genaue Dokumentation von Zwischenergebnissen, z. B. mit MLFlow, sicher.

„Es hilft alles nichts", meinte Dietrich in seiner gewohnt optimistisch/anpackenden Art. „Wir organisieren einen Workshop mit den Outsourcern, wobei wir unsere Ideen noch einmal darstellen und sie uns erzählen, was sie dafür alles an weiteren Informationen und Instruktionen brauchen." Klaus meinte dazu: „So etwas funktioniert aber irgendwann nicht mehr über Videokonferenz. Dazu brauchen wir ein Präsenzmeeting, wo sich alle an einen Tisch setzen."

Das war wohl der einzige Ausweg, brachte aber noch einiges an Aufwand mit sich. Inhaltlich musste Johann die ganzen Dokumente vorbereiten und dabei ebenfalls noch einmal die User-Interface-Entwürfe anpassen. Damit die Reisekosten im Rahmen blieben und um die aktuellen Kunden nicht zu vergraulen, mussten sie die Reise drei Wochen im Voraus planen. Drei Wochen, in denen das Frontend weitgehend nicht bearbeitet wurde!

Die Reise war super. Johann war noch nie in Indien gewesen. Bangalore war farbenfroh und aufregend. Teile der Stadt schienen nie zu schlafen und der Verkehr bewegte sich einfach nicht. Als Ergebnis kamen sie zum ersten Meeting eine Stunde zu spät. Ihre Gesprächspartner schien das aber nicht zu stören. Es war schön, die Gesichter aus der Videokonferenz mal in der Realität kennenzulernen. Nach einer Vorstellungsrunde (zur Sicherheit) fingen sie mit dem eigentlichen Workshop an.

Da es doch weitestgehend um technische Themen ging, hatte Johann den Workshop vor seinem Projektor und Whiteboard stehend moderiert. Die indischen Kollegen hatten viele Notizen gemacht, aber nicht viel gesagt. Nur ein paar wenige Verständigungsfragen hatten sie gestellt. Dieter und Klaus hatten scheinbar auch einiges aus seiner Präsentation

mitgenommen, nur mit dem indischen Englisch schien Klaus nicht so viel anfangen zu
können. Nach einem gemeinsamen Mittagessen hatte man sich ein wenig besser kennen-
gelernt und die Diskussion nahm Fahrt auf. Als Johann dann explizit zu Verbesserungs-
vorschlägen aufforderte, wurde das Gespräch intensiver und er erhielt einige gute
Hinweise. Die beiden indischen Teams arbeiteten selbstständig an der Kommunikation
zwischen den beiden Teilen der Applikation.

> Die Erfahrung:
> Eine (Geschäfts-)Kultur ist der Satz ungeschriebener Regeln, wie man sich
> zu benehmen hat. Es kann passieren, dass man im Ausland ungewollt etwas
> „ungehobelt" wahrgenommen wird, da man diese örtlichen ungeschriebenen
> Regeln nicht kennt. Viele werden z. B. die Themen des „Gesicht-Bewahrens"
> sowie die indirekte Kommunikation im Umgang mit Asiaten kennen. Letztere führt
> dazu, dass nicht so geradeaus widersprochen wird, wie es in den deutsch-
> sprachigen Ländern üblich ist. Solche Herausforderungen spielen keinesfalls nur in
> Asien eine Rolle, sondern weltweit und sogar innerhalb Europas. Dabei sollten wir
> uns bewusst sein, dass Ausländer mit uns eine ähnliche Herausforderung haben,
> und ebenfalls etwas verunsichert sein können.
>
> Darüber hinaus gibt es in internationalen Teams vielfach ebenfalls schlichte
> sprachliche Herausforderungen. Nicht jede(r) spricht fließend Englisch.
>
> Die Empfehlung:
> **Seien Sie sensibel bei internationaler Zusammenarbeit**
> *Bereiten Sie sich mit etwas Recherche vor. Beginnen Sie jede erste Begegnung mit*
> *einer Vorstellungsrunde der einzelnen Teilnehmer. Beobachten Sie Ihr Gegenüber*
> *(wenn möglich) und hören Sie genau zu. Lesen Sie zwischen den Zeilen. Sieht es so*
> *aus, als wäre Ihr Gegenüber verletzt, fragen Sie nach und entschuldigen Sie sich*
> *lieber einmal zu oft. Aber übertreiben Sie es ebenfalls nicht, falls Sie es z. B. mit einer*
> *international erfahrenen Person zu tun haben. Falls Sie das Gefühl haben, sprachlich*
> *nicht verstanden zu werden, sprechen Sie langsamer, einfacher und klarer. Schreiben*
> *Sie Kernaussagen parallel auf dem Whiteboard mit. Kommen Sie selbst nicht mit,*
> *sagen Sie dies und bitten darum, dass Ihnen dieser Gefallen getan wird.*

Nebenbei gestand Dieter, dass er dem Kunden versprochen hatte, einen automatischen
Konnektor zwischen dem Textarchiv und der Applikation zu kreieren. Damit sollten
die Daten automatisiert aus dem Archiv geladen anstatt manuell exportiert und trans-
portiert werden. Johann hätte es besser gefunden, wenn sie das Thema vorher erst einmal zu zweit besprochen hätten. „Ich stand in der Verhandlung und sonst hätten wir das
Projekt nicht bekommen", sagte Dieter dazu. „Es schien mir kein großes Zugeständnis."

11.6   Das Ganze ist mehr als die Summe der Teile

Zurück in Deutschland, nahmen sie den Faden wieder auf. Jetzt, wo die notwendigen Architekturen und Prozessen wesentlich klarer waren, konnten sie diese schnell in User Stories und Tickets gießen. Klaus organisierte „Scrum Sprints" und begleitete sie. So kamen sie schnell voran. Die rumänische Professorin hatte den Satz mit gelabelten Übungsdaten fertiggestellt. Die A.I. Science arbeitet jetzt damit. Johann konnte in einer Reihe an Videokonferenzen wunderbar mit den Kollegen fachsimpeln, welche ML-Architektur am besten funktionierte.

Parallel arbeitete die Fastcode am Frontend. Das Frontend sollte eine Weboberfläche sein, worüber die Daten manipuliert und verschoben, die ML Maschine bedient sowie Ergebnisse dargestellt würden. Johann bemerkte allmählich, dass das Ticket mit dem Archivkonnektor wochenlang liegen blieb, ohne dass sich jemand dafür zuständig fühlte. Er sprach das Thema bei Klaus an, und der machte es zu einem Agendapunkt beim nächsten Stand-up. „Wir kennen diese Archivtechnologie nicht und es gibt auch keine öffentlich verfügbare Übungs-API. Deswegen sind wir hier ziemlich unsicher", meinten die Fastcode-Kollegen. Dieter gab ihnen zu verstehen, dass das so nicht ginge: „Ihr seid eine größere Firma, die allgemeines Coding im Vertrag mit angeboten hat. Ich akzeptiere nicht, dass ihr euch von einem API für eine weitverbreiteten Software einschüchtern lasst. Jetzt baut uns diesen Konnektor in das Frontend ein!" Der Fastcode-Chef nickte schweigend.

Bald hatten beide Firmen ihre Teile (mit Ausnahme des Konnektors) als erste Prototypen fertiggestellt und getestet. Als sie die beiden Teile allerdings auf einem Server zusammen installierten, kam eine Reihe an unerklärlichen Fehlern zustande. Praktisch nichts schien mehr zu funktionieren. Die Stimmung sackte in den Stand-ups schnell in den Keller, als beide Firmen versuchten, sich gegenseitig die Schuld in die Schuhe zu schieben. Hier machte Klaus sich bezahlt. „Leute, das ist kein ungewöhnliches Problem. Die Amerikaner nennen es sogar etwas spöttisch das „It-works-on-my-server"-Problem. Die Lösung besteht darin, entweder die einzelnen Komponenten auf unterschiedlichen virtuellen Servern oder in Containern zu installieren." Johann hatte von Containern schon mal entfernt etwas gehört, kannte aber keine Details. Glücklicherweise wussten die Inder offenbar Bescheid. „Genau, so machen wir das!" Zwar war das Problem noch immer nicht ganz gelöst, weil es noch einige kleine Missverstände bei der API gab, aber die wurden schnell und konstruktiv gelöst. Damit lief die Anwendung auf dem Server des Gründungsteams.

Als Nächstes wurde das Zwischenergebnis dem Kunden als Minimal Viable Product vorgestellt. Johann hatte jede Menge Hirnschmalz in das UI gesteckt. Über die Art, wie identifizierte P.I.I. zurückverfolgt und dargestellt wurden, schienen Dietrich und Klaus sogar noch begeisterter als der Kunde. Der nickte zwar zustimmend, war allerdings noch etwas skeptisch. „Das sieht zwar sehr ansprechend aus. Die Funktionalität ist allerdings einfach zu realisieren mit selbst hergestellten Daten. Und das hier ist ein Proof of

Concept für die ML-Technologie. Also ich würde gerne schon bald ein System sehen, das auf unseren Servern und mit unseren Daten getestet werden kann." „Aua, da hat der die Finger in die Wunde gelegt", dachte Johann. „Der Herr ist nicht dumm. Wir müssen hier echt liefern." Und dazu hatten sie nur noch vier Wochen …

Er besprach sich mit Dietrich: „Dietrich, du kennst die Kundenorganisation am besten. Kannst du bitte herausfinden, wie wir unser System zwecks Testbetrieb beim Kunden installieren können?" Dietrich sagte zu. Als sie sich am nächsten Tag wieder-sahen, sah Dietrich etwas blass aus. „Das ist hier einen Riesenbürokratie. Test-server müssen drei Monate vorher angemeldet werden." „Das hatten wir also direkt am Anfang des Projekts machen müssen", stellte Johann ernüchtert fest. „Es geht noch weiter", sagte Dietrich. „Aus Sicherheitsgründen darf nur eigenes Personal der ABC hier Applikationen installieren. Weder wir noch unsere Zulieferer haben hier Berechtigungen."

> Die Erfahrung:
> Jeder Kunde ist anders. Firmennetzwerken können unterschiedlich ausgeführt sein. Sicherheitsregeln sind unterschiedlich und können in stark regulierten Industrien wie beispielsweise Finance strikt ausgelegt werden und zu unerwarteten Komplikationen führen.
>
> Die Empfehlung:
> **Vereinbaren Sie Mitwirkungspflichten des Kunden.**
> *Versuchen Sie, solche Firmenspezifika frühzeitig vor Vertragsunterschrift zu identi-fizieren. Nehmen Sie eine Mitwirkungspflicht seitens des Kunden im Vertrag auf. Ansprechpartner müssen kompetent sein und deren Zugänglichkeit muss vereinbart werden. (Kundenseitige) Faktoren, worauf Sie keinen Einfluss haben, müssen als Haftungsgründe ausgeschlossen werden. Sollten Ihnen durch kundenseitigen Ver-zögerungen Schäden entstehen, soll eine entsprechende Klausel im Vertrag eine Entschädigung garantieren.*

Während der nächsten Wochen wurde das Leben zäh. Einen internen Server hatten sie mit viel Betteln noch auftreiben können. Für die Installation neuer App-Versionen waren sie allerdings auf die freiwillige Mitarbeit eines Versicherungsangestellten angewiesen. Den hatte Dietrich nach längerer Zeit unter Zuhilfenahme des Stakeholders rekrutieren können. Allerdings war dieser allenfalls zu bestimmten Tageszeiten verfügbar, wodurch sie nur einen Installations-/Testlauf pro Tag durchführen konnten. Weiter konnten die (umfangreichen) Container nur durch eine Firewall mit niedriger Bandbreite in das Netz der ABC-Versicherungen geladen werden. Nicht einmal Logfiles konnten sie unabhängig einsehen. Manchmal war ihr Ansprechpartner nicht verfügbar, wie beispielsweise, als er ohne Ankündigung für drei Wochen in den Urlaub ging. Zu allem Überfluss hatte Fast-code erst dann mit dem Konnektor angefangen, als Dietrich sie dazu geprügelt hatte.

Hätte alles wenigstens funktioniert, dann wären dies eher Irritationen gewesen. Aber stattdessen funktionierte überhaupt nichts. Die Bedienung am Bildschirm, die auf dem eigenen Server noch flüssig gelaufen war, stürzte jetzt regelmäßig ab. Die Userverwaltung ließ regelmäßig das Einloggen nicht zu. Vor allem der Konnektor war ein Desaster und der Code schaffte es von Mal zu Mal nicht, Daten sinnvoll aus dem Archiv zu laden.

Als die Wochen sich aneinanderreihten, war der Kunde noch erstaunlich geduldig. Er hatte schon zwei Monate extra Zeit gegeben. Dafür wurde Dietrich nervös. Er hatte schon einige Male darauf hingewiesen, dass er mittlerweile einen sechsstelligen Betrag ausgelegt hatte, und eine Zahlung durch den Kunden in immer weitere Ferne rückte. Klaus war vom Produkt mehr als je überzeugt und hatte Dietrich Aktien der GmbH abgekauft, die Dietrich und Johann in der Zwischenzeit gegründet hatten.

11.7   Wenn die Hürden zu groß werden …

Beim nächsten Stand-up überkam Johann die Verzweiflung. Er saß vor seinem Laptop in einem kleinen Besprechungsraum. Über Zoom konnte er die indischen Entwickler sehen. Rechts neben ihm saßen seine Mitgründer, Dietrich und Klaus, vor ihren Laptops am Besprechungstisch. Momentan sahen sie ihn an. Und sie waren, gelinde gesagt, nicht glücklich. Eher stinkwütend.

Das automatisierte Einlesen der Daten wollte einfach nicht funktionieren. Johann wusste viel zu wenig über die internen Firewalls der Bank, die API des Dokumenten-archivs, Einzelheiten des Linux OS und Wirkungsmethoden von Docker Containern, um das Problem wirklich eingrenzen zu können. Wobei er allerdings immer noch wesentlich mehr zu diesen Themen wusste als die anderen beiden. Dietrich zog der Fastcode die Reißleine: „Wenn ihr das in den nächsten zwei Wochen nicht hinkriegt, stoppen wir das Projekt und ich werde euch verklagen." Er war nicht mehr bereit, weitere Mittel in das Projekt zu investieren …

In den nächsten Wochen schaffte Fastcode es gegen alle Erwartungen dann doch noch, eine halbwegs funktionierende Applikation hinzustellen. Der Kunde zahlte am Ende für das Projekt. Es blieb allerdings eher eine rote Null übrig. Womit sie noch gut davongekommen waren, dachte Johann. Die Probleme der letzten Monate waren beim Kunden nicht unbemerkt geblieben und der Ruf des Gründerteams war ziem-lich beschädigt. Johann versuchte noch, durch einen professionellen Endbericht den entstandenen Eindruck wieder wettzumachen. Allerdings musste er feststellen, dass die experimentelle Phase der ML-Entwicklung kaum reproduzierbar war, da sie fast nicht dokumentiert worden war.

Der erhoffte Nachfolgeauftrag blieb aus …

In den Monaten danach versuchte Johann, den überreichten Quellcode für weitere Kunden umzuschreiben. Allerdings musste er feststellen, dass die Entwickler wohl bis

zur letzten Minute entwickelt hatten. Und deshalb nicht dokumentiert und/oder auf-
geräumt hatten. Das Repository bestand aus einem Chaos aus halbfertigen und fertigen
Codeblöcken in Technologien, die Johann nicht beherrschte. Einige Monate lange
wendete er jede freie Minute auf, die neue Technologien zu studieren und den Quellcode
zu analysieren. Am Ende stand ein Klinikaufenthalt wegen Burnouts. Das Gründerteam
redet nicht mehr miteinander …

Dr. Eduard H. van Kleef ist Data Scientist und Data Engineer. Er hilft Unternehmen, Data
Science und künstliche Intelligenz in der Praxis gewinnbringend einzusetzen. Außerdem verfügt er über langjährige internationale Erfahrung als Management-Berater (ex PwC; Detecon)
und Manager (ex Deutsche Telekom; Nokia Siemens Networks). Er studierte Physik,
Informatik und BWL in den NL und DE und promovierte im UK. Er ist verheiratet, hat vier
erwachsene Kinder und wohnt in Frankfurt/Main.

Printed in the United States
by Baker & Taylor Publisher Services